Die bedürfnisorientierte Versorgungswirtschaft

Alfred Fresin

Die bedürfnisorientierte Versorgungswirtschaft

Eine Alternative zur Marktwirtschaft

PETER LANG
Frankfurt am Main · Berlin · Bern · Bruxelles · New York · Oxford · Wien

Bibliografische Information Der Deutschen Bibliothek
Die Deutsche Bibliothek verzeichnet diese Publikation in der
Deutschen Nationalbibliografie; detaillierte bibliografische
Daten sind im Internet über <http://dnb.ddb.de> abrufbar.

Gedruckt mit Unterstützung
des Bundesministierums für
Bildung, Wissenschaft und Kultur in Wien.

ISBN 3-631-54446-4
© Peter Lang GmbH
Europäischer Verlag der Wissenschaften
Frankfurt am Main 2005
Alle Rechte vorbehalten.

Das Werk einschließlich aller seiner Teile ist urheberrechtlich
geschützt. Jede Verwertung außerhalb der engen Grenzen des
Urheberrechtsgesetzes ist ohne Zustimmung des Verlages
unzulässig und strafbar. Das gilt insbesondere für
Vervielfältigungen, Übersetzungen, Mikroverfilmungen und die
Einspeicherung und Verarbeitung in elektronischen Systemen.

www.peterlang.de

INHALTSVERZEICHNIS

VORBEMERKUNGEN 9

EINFÜHRENDER LEITFADEN 11

DIE RATIONALITÄT EINER IRRATIONALEN ÖKONOMIE 18

1 Gesellschaftliche Produktionsweise und Privateigentum 19
2 Privateigentum und Geld 19
3 Geld und Profit 21
4 Konkurrenz um den Profit 21
5 Konkurrenz um den Arbeitsplatz 22
6 Geld als Kredit 23
7 Kredit als Spekulation 24
8 Resümee 25

DAS ELEND DER MARKTWIRTSCHAFT 27

1 Armut 27
2 Arbeit 29
  2.1 Der schlechte Ruf der Arbeit in der Marktwirtschaft 29
  2.2 Moderne Arbeit 31
3 Gesundheit 33
4 Umwelt 36
5 Krieg und Frieden 37
6 Resümee 38

DER STAATLICHE UMGANG MIT DER MARKTWIRTSCHAFT UND
DEREN ELEND 41

1 Grundsätzliches zum bürgerlichen Staat 42
  1.1 "Wer" ist der bürgerliche Staat? 42
  1.2 Charakteristika des bürgerlichen Staates 43
  1.3 Der funktionale Umgang mit den Staatsbürgern 45
2 Menschenfreundliche (soziale) Marktwirtschaft? 47
  2.1 Die Reduzierung der "Normalarbeitszeit" 47
  2.2 Was ist von staatlicher Politik zu erwarten? 51
    2.2.1 Armut / Wohlstand 51
    2.2.2 Arbeit 54
    2.2.3 Gesundheit 54
    2.2.4 Umwelt 55
    2.2.5 Krieg und Frieden 55
  2.3 Das Verhältnis des Bürgers zu Staat und Marktwirtschaft 56
3 Resümee 58

GRUNDRISS DER BVW 60

1 Zwecke der BVW 61
2 Voraussetzungen der BVW 62
  2.1 Vergesellschaftung der Produktionsmittel 62

Inhaltsverzeichnis

2.2 Gemeinsamer Wille 62
2.3 Hohes Niveau der Technologie 63
2.4 Überregionale Durch- und Umsetzung der BVW 63
3 Ausgangspunkt: Erfassung der Bedürfnisse und des Bedarfs 64
4 Planung der Produktion und Leistungserstellung 66
    4.1 Aufgaben der Planungskomitees 66
    4.2 Mitarbeiter der Planungskomitees 67
    4.3 Vielfältigkeit der Güter 68
5 Produktion von Gebrauchswerten 69
    5.1 Vergesellschaftung (versus Privateigentum) 69
    5.2 Gebrauchswert (versus Tauschwert) 70
    5.3 Planzahlen 72
    5.4 Qualität 74
    5.5 Produktivität 75
    5.6 Einhaltung der Liefertermine 77
6 Arbeit (und Zuteilung) in der BVW 78
    6.1 Zweck der Arbeit 78
    6.2 Planung der Arbeit 79
    6.3 Angenehme Arbeitsbedingungen 81
    6.4 Arbeit und Zuteilung 83
        6.4.1 Zuteilungsstufen (Dreistufenmodell) 85
        6.4.2 Bewertung der Arbeit 87
        6.4.3 Arbeitszeiterfassung 89
    6.5 Mögliche Schwachpunkte des Arbeits- und Zuteilungsmodells? 90
    6.6 Andere Güterzuteilungsmodelle 92
        6.6.1 Geldzirkulationsmodell 92
        6.6.2 Arbeitsgeldmodell 94
        6.6.3 Fixkreditmodell 95
        6.6.4 Mehrstufenmodell 97
        6.6.5 "Jeder nach seinen Fähigkeiten, jedem nach seinen Bedürfnissen" 97
        6.6.6 Resümee Zuteilungsmodelle 98
7 Zuteilung 100
    7.1 Zuteilungssystem 101
    7.2 Information 102
    7.3 Chipkarte 102
    7.4 Nutzungsdauer 103
    7.5 Spezielle Güter und Leistungen 104
        7.5.1 Dienstleistungen 104
        7.5.2 Wohnungen 104
        7.5.3 Speisepavillons / Nachtarbeit 105
        7.5.4 Haushaltsarbeit 106
        7.5.5 Kunst und Sport 107
8 Ausbildung 109
9 Gesundheit 113
10 Umwelt 116
11 Politik 118
    11.1 Die (politischen) Gremien 120
    11.2 Verbindliche Regelungen 122
    11.3 Sicherheit und Beurteilungsinstanzen 123

Inhaltsverzeichnis

11.4 Informationen 124
12 Ethik 125
  12.1 Erstes Beispiel: Anerkennung der Person 126
  12.2 Zweites Beispiel: Gleichberechtigung 127
13 Außenhandel, Außenpolitik 129

DER ÜBERGANG 135

1 Überzeugungsarbeit 135
2 Stichworte zum Umbruch 136
3 Die Umgestaltung 138
  3.1 1. Phase 139
    3.1.1 Politik 139
    3.1.2 Ökonomie 140
    3.1.3 Arbeit 143
    3.1.4 Gesundheit 144
    3.1.5 Ausbildung 145
  3.2 2. Phase 145
  3.3 3. Phase 146

DIE GEGNER DER BVW (UND IHRE ARGUMENTE) 147

1 Der (erfolgreiche) bürgerliche Staat 147
2 Nutznießer der Marktwirtschaft 148
3 Charakter des Menschen 149
  3.1 Erziehung 149
  3.2 Homo homini lupus 151
  3.3 Die Vernunft des Menschen 153
  3.4 Arbeitsmoral 154
  3.5 Konkurrenz 157
4 Ökonomie 160
  4.1 Planung 160
  4.2 Knappheit 162
  4.3 Geld und Preis 166
  4.4 Sowjetökonomie - "Realer Sozialismus" 169
5 Demokratische Werte 172
  5.1 Freiheit 172
  5.2 Individualität 173
  5.3 Freie Wahlen 175
6 Tugend 176

DIE ALTERNATIVE GESELLSCHAFT ALS UTOPIE 178

1 Thomas Morus - "Utopia" 180
  1.1 Erstes Buch (Kritik) 181
  1.2 2. Buch (Modell) 184
  1.3 Resümee 189
2 Edward Bellamy - "Looking Backward" 191
  2.1 Kritik der Marktwirtschaft 193
  2.2 Die neue Gesellschaft 194
  2.3 Resümee 203

DIE NICHT-UTOPIE: DER WISSENSCHAFTLICHE SOZIALISMUS ... 206

1 Kritik am Kapitalismus ... 206
2 Das Programm ... 209
3 Wissenschaft statt Utopie ... 212
4 Historischer Materialismus ... 214
5 Resümee ... 218

REALISIERTE VERSUCHE ALTERNATIVER ÖKONOMIEN ... 220

1 Vorspann: Die Reduktionen in Paraguay ... 220
  1.1 Errichtung ... 221
  1.2 Versorgungswirtschaft ... 222
  1.3 Resümee ... 224
2 Der Kriegskommunismus und der Reale Sozialismus ... 225
  2.1 Der Kriegskommunismus ... 225
    2.1.1 Kritik an der Marktwirtschaft ... 226
    2.1.2 Vorstellungen hinsichtlich einer neuen Gesellschaft ... 228
    2.1.3 Die Voraussetzungen des Übergangs zum Kommunismus ... 231
    2.1.4 Die Umgestaltung ... 234
    2.1.5 Der Abbruch ... 242
    2.1.6 Resümee ... 243
  2.2 Der Reale Sozialismus ... 245
    2.2.1 Die Etablierung des Sozialismus - Aufstieg zur Weltmacht ... 246
    2.2.2 Kollektivierung, Verstaatlichung, Vergesellschaftung ... 247
    2.2.3 Revidierte Vorstellungen hinsichtlich einer neuen Gesellschaft? ... 250
    2.2.4 Vom Sozialismus zum Kommunismus ... 253
    2.2.5 Ausnutzung der Ware - Geld - Beziehung ... 256
    2.2.6 Die staatlich dirigierte Warenwirtschaft ... 258
    2.2.7 Anmerkungen zum politischen System / Stalinismus ... 265
    2.2.8 Resümee ... 270
3 Der Dritte Weg - Volksrepublik China ... 272
  3.1 Maoistisch sozialistische Ära ... 273
    3.1.1 Die Gründung des "roten" Chinas ... 273
    3.1.2 Maoismus ... 274
    3.1.3 Entwicklung bis Maos Tod ... 279
    3.1.4 Resümee ... 283
  3.2 Postmaoistische Ära ... 287
    3.2.1 "Sozialistische Warenwirtschaft" (ab 1978) ... 287
    3.2.2 "Geplante Marktwirtschaft ohne Kapitalismus" (ab 1984) ... 288
    3.2.3 "Sozialistische Marktwirtschaft" (ab 1994) ... 289
    3.2.4 Resümee ... 291

SCHLUSSBEMERKUNGEN ... 294

ÜBERSICHT: VERGLEICH DER WIRTSCHAFTSSYSTEME ... 296

LITERATURANGABEN ... 299

VORBEMERKUNGEN

Der Titel dieses Buches weckt vielleicht bei einigen das Interesse, sich die Ausführungen genauer anzusehen, bei anderen wiederum verursacht er ein Naserümpfen: noch so eine Utopie und einer der glaubt, es besser zu wissen.
Tatsächlich gibt es eine Fülle von Schilderungen einer besseren Welt. Angesichts dieser großen Anzahl nimmt sich die Zahl vernünftiger Gesellschaftsmodelle, die aus einer wissenschaftlichen Beschäftigung mit der Marktwirtschaft entspringen und einen radikalen Bruch mit dieser bedeuten und nicht bloße Fantasie, Märchen oder Utopie sein wollen, sehr bescheiden aus.
Das ist auch der Grund, weshalb bei der Behandlung „schon dagewesener" Alternativen auf - geschichtlich gesehen - unaktuelle Ansätze näher eingegangen wird. Dabei handelt es sich um Modelle, die einer ökonomischen Kritik der Marktwirtschaft entspringen und in einer ernsthaft durchdachten Alternative münden.
Das im Hauptteil des Buches vorgestellte Wirtschafts- und Gesellschaftsmodell einer „bedürfnisorientierten Versorgungswirtschaft" wird sich selbst der Bezeichnung „Utopie" nicht entziehen können, obwohl es nicht bloß Utopie sein soll. Trotz dieses Anspruches, ein realisierbares Modell zu präsentieren, kann dieses nicht als „dogmatisch wahr" bezeichnet werden. Der Modellentwurf ist nicht die Beschreibung bestehender Wirklichkeit und auch keine wissenschaftliche Prognose, wie eine zukünftige Gesellschaft aussehen wird. Sollte in mehr oder weniger ferner Zukunft die Marktwirtschaft durch eine andere Wirtschaftsform abgelöst werden, so liegt es an den Beteiligten, sich auf die Organisation einer menschenfreundlichen Ökonomie zu einigen. Die Ausführungen zur „bedürfnisorientierten Versorgungswirtschaft" können dafür überlegenswerte Anhaltspunkte bieten.

Angesichts der Diskussionen, die der Autor mit vielen Leuten über diese brisante Thematik führte, kamen ihm manchmal ähnliche Gedanken wie Thomas Morus, die dieser in seiner Vorrede zur „Utopia" schildert, in den Sinn:
„Indessen, um die Wahrheit zu sagen, bin ich mir selbst noch nicht im Klaren, ob ich das Werk überhaupt herausgeben soll. Der Geschmack der Menschen ist nämlich so verschieden, die Einstellung mancher Leute ist so seltsam, es gibt so viel Undank, so viele widersinnige Urteile, dass damit offenbar die viel besser zurechtkommen, die froh und

sorglos in den Tag hineinleben, als die sich mit der Sorge abplagen, etwas zu veröffentlichen, was undankbaren und verwöhnten Lesern Nutzen oder Vergnügen bereiten könnte."
Dank erwarte ich nicht - ein wenig Aufmerksamkeit erhoffe ich.

EINFÜHRENDER LEITFADEN

Teil 1: Kritik der Marktwirtschaft

Der Gegenentwurf zur Marktwirtschaft setzt eine Kritik dieser Ökonomie voraus. Diese wird in den ersten Abschnitten des Buches ausgeführt. Thesenartig werden die Ökonomie der Marktwirtschaft (früher auch als Kapitalismus bezeichnet), deren Wirkung auf Lebensbereiche und der Umgang der staatlichen Politik mit diesen Wirkungen dargestellt.

Im ersten Kapitel "Die Rationalität einer irrationalen Ökonomie" wird die ökonomische Basis dieser Gesellschaft beleuchtet. Diejenigen, die tagtäglich damit umzugehen haben, beziehen sich meist positiv darauf, weil sie auf Gedeih und Verderb darauf verwiesen sind. *Markt, Privateigentum, Geld, Konkurrenz* erscheinen als "natürlich" (- "es geht gar nicht anders"), gottgegeben oder vernünftig. Rational ist die Marktwirtschaft tatsächlich vom Standpunkt des Kaufs und Verkaufs von Eigentum und der damit verbundenen Vermehrung von Reichtum. Irrational ist diese allerdings dann, wenn eine Wirtschaft vom Standpunkt begutachtet wird, all ihren Mitgliedern einen gesicherten und (bedürfnis)befriedigenden Lebensunterhalt zu ermöglichen. Ist dies überhaupt Sinn und Zweck der Marktwirtschaft? Die Antwort lautet: nein. Es wird zwar gesellschaftlich produziert, die Produktion unterliegt allerdings Interessengegensätzen und die Produkte liegen als Privateigentum vor, welches mit entsprechender Zahlungsfähigkeit angeeignet werden kann. Nur mit Geld kommt man an die Waren heran, die jeder für seinen Konsum braucht: Geld öffnet und - bei nur spärlicher Menge - verschließt den Zugang zum Warenangebot. Konkurrenz und Spekulation treiben die Marktwirtschaft voran - mal in eine Krise, mal in einen Boom. Keiner, auch nicht die oft befragten Wirtschaftsfachleute, weiß so recht, wie sich "die Wirtschaft" entwickelt.

Die Wirkungen, welche die Marktwirtschaft bei vielen Mitwirkenden zeitigt, machen das **"Elend der Marktwirtschaft"** aus. Nicht nur in der Dritten Welt, auch in den Metropolen der Marktwirtschaft gibt es nach wie vor *Armut* - und das nicht zu knapp. Nur Schönfärberei und

Vergleiche mit mieseren Zeiten oder ärmlicheren Landstrichen können diese kaschieren und retuschieren.
Die *Arbeit* und der Arbeitsplatz werden in der Marktwirtschaft oftmals beargwöhnt - und das kommt nicht von ungefähr. Arbeitsentgelt, Arbeitszeit, Arbeitsinhalte und Arbeitsbedingungen sind oft keineswegs dazu angetan, die Arbeit als befriedigend oder angenehm zu empfinden.
Darunter leidet dann u.a. auch die *Gesundheit*, deren Erhaltung in der Marktwirtschaft ein "Kostenproblem" ist. Besonders "unangenehm" fallen dabei in dieser Gesellschaft Arbeitslose, Kranke und ältere Personen auf, die den Sozialstaat "belasten", weil sie nichts (mehr) "erwirtschaften".
Und mittlerweile ist auch die "*Umwelt*" zu einem Problem geworden. Die Unterwerfung der Natur unter marktwirtschaftliche Kriterien führt zu Schäden, die kurzfristig entstehen und nur langfristig, wenn überhaupt, zu beseitigen sind.
Dies gilt auch für die Schäden durch *Kriege*, die unter dem Titel Freiheit und Demokratie geführt werden und Störungen des marktwirtschaftlichen Zugriffs auf gewisse Regionen bereinigen sollen.

Ist nun von der Politik des demokratischen bürgerlichen Staats eine Behebung dieser Zustände zu erwarten? Wie sieht der **"staatliche Umgang mit der Marktwirtschaft und deren Elend"** aus?
Diesbezüglich wäre zu klären, um Missverständnisse zu vermeiden und diese Fragen zu beantworten, *wer der Staat ist* und worin die *Grundprinzipien seiner Politik* bestehen. Könnte sich womöglich aufgrund dieser Klärung ergeben, dass die Menschenfreundlichkeit dieser Politik sich in sehr eng abgesteckten Grenzen hält? Auch wenn die dafür Zuständigen ständig beteuern, das Beste für ihre WählerInnen erreichen zu wollen - welche WählerInnen meinen sie und wie gut ist das Beste für wen? Allen könne man es gar nicht recht machen, beteuern die Politiker - da haben sie recht, denn dies ist auch nicht gut möglich in einer Gesellschaft, die auf Interessengegensätzen beruht.
Was können also unzufriedene und kritische Menschen erreichen und *erwarten*, wenn sie ihre Sorgen und Befürchtungen dem Staat, seiner Regierung und seinen Beamten kundtun? Die Politiker werden vielleicht Verständnis zeigen - ob und wie dann etwas "getan" wird, hängt von bestimmten "Bedingungen" ab und ist mit Vorbehalten versehen. Die Grundprinzipien des bürgerlichen Staates werden dabei jedenfalls nicht verlassen - da kann mal für den einen mehr und für viele weniger herausschauen. Nichts für ungut, aber *ein* Recht wird man beim de-

mokratischen Staat wohl vergeblich einklagen können: das Recht auf ein sicheres, angenehmes und materiell sorgenfreies Leben.

Teil 2: Das alternative Modell

Aus der vorangegangenen Kritik ergibt sich das Kernstück dieser Abhandlung, nämlich die Darstellung einer alternativen Wirtschaft und Gesellschaft.
Was sind die Voraussetzungen dieser Alternative, wie ist diese organisiert und wie kommt es dazu? Das sollen die folgenden Abschnitte klären.
Auch mögliche Gegenargumente werden ausführlich behandelt.

Im Abschnitt "Grundriss einer bedürfnisorientierten Versorgungswirtschaft (BVW)" werden die Zwecke, die Voraussetzungen und die Organisation dieser Ökonomie und Gesellschaft ausgeführt. Dem Leser wird nichts weiter zugemutet, als sich von dem Vorurteil der Unmöglichkeit solch einer Alternative zu lösen und der argumentativen Entwicklung des Modells aufmerksam zu folgen.
Der "Grundriss einer BVW" lässt sich nicht auf angebliche wirtschaftliche Sachzwänge und auf eine konstruktive Weiterentwicklung einer sozialen Marktwirtschaft ein. Die Kritik an der Marktwirtschaft ist Ausgangspunkt, mit den Grundlagen dieser unvernünftigen Organisation der Gesellschaft radikal zu brechen. *Vergesellschaftete Produktionsmittel, geplante Produktion* und *Verteilung der erarbeiteten Güter* an alle Mitglieder der Gemeinschaft sind die Grundlagen dieser neuen Gesellschaft, also einer Gesellschaft, in welcher das Eigentum als Rechtstitel obsolet geworden ist, in der es keinen Markt auf dem getauscht wird gibt, und als Gipfel der "Ungeheuerlichkeit", deren Wirtschaft ohne Geld auskommt. Von zentraler Bedeutung ist dabei der *Zusammenhang zwischen Arbeit und Verteilung*, der in der BVW weder auf Lohn noch auf Geld bzw. Tausch basiert.
Die kritisierten Bereiche der Marktwirtschaft (*Arbeit, Gesundheit, Umwelt*) werden vom Standpunkt des neuen Gesellschaftsmodells nochmals durchdacht und skizziert. Bei der Darstellung wird es nicht auf epische Breite, sondern die Konzentration auf das Wesentliche ankommen.

Wohlwollend Interessierte werden das Modell für durchaus realisierbar halten, doch sich die Frage stellen, wie die Marktwirtschaft verändert werden solle, sodass eine BVW entstehe? Im Abschnitt "**Der Übergang**" wird der Versuch unternommen, die Möglichkeit der Veränderung der Gesellschaft zu erörtern - und dies ganz ohne den, bei so manchen noch immer beliebten, Verweis auf die Tendenzen der Geschichte, welche in diese Richtung weisen und dieser neuen Gesellschaft zuarbeiten würden. Für Anhänger dieser Weltanschauung mag es ernüchternd sein, dass von "der Geschichte" keine Hilfe zu erwarten sein wird. Es wird auf den *gemeinsamen Willen* von Menschen einer größeren Region ankommen, diese neue Vorstellung der Wirtschaft und Politik durch- und umzusetzen. Diese radikale Änderung wird wohl als *Revolution* zu bezeichnen sein. Mit einer evolutionären Entwicklung der Marktwirtschaft in diese Richtung ist nicht zu rechnen. Erst wenn Privateigentum und Tauschbeziehungen abgeschafft sind, können die geplante Produktion, Arbeit und Verteilung *phasenweise* auf das Niveau einer gut funktionierenden BVW gehoben werden.

Weniger Wohlwollende werden einiges an dem Modell der BVW zu kritisieren haben. Diesen ist der Abschnitt "**Die Gegner der BVW (und ihre Argumente)**" gewidmet. Außer der Gegnerschaft der staatlichen bzw. marktwirtschaftlichen Institutionen und der Superreichen dieser Gesellschaft, die mit der BVW dem ersten Anschein nach wirklich etwas zu verlieren hätten, gibt es eine Reihe von Argumenten gegen die BVW, die auch von Leuten vorgebracht werden, deren Erfahrungen mit der Marktwirtschaft nicht so gut sind. Diese Gegenargumente finden sich quer durch alle Klassen und Schichten, in mehr oder weniger ausgefeilter Form. In vielen Diskussionen stellte sich heraus, dass sich die Skepsis hinsichtlich des Modells einerseits auf den *Charakter des Menschen* und andererseits auf die *ökonomische Machbarkeit* bezieht. Darauf wird ausführlich eingegangen, wie auch auf Befürchtungen, die *demokratischen Werte* und *Tugenden* würden durch eine BVW beseitigt werden. Und dann gibt es schließlich den Verweis auf die *Sowjetunion*, deren Mangelökonomie, Stalinismus und Untergang. Der Sowjetökonomie und deren Ökonomie als realisierter Versuch einer alternativen Ökonomie ist im Teil 3 ein eigenes Kapitel gewidmet.

Teil 3: Frühere alternative Modelle und realisierte Versuche

Was hat es mit dem Einwand auf sich, das Modell der BVW wäre gar nichts Neues, wäre "schon dagewesen"? Auch wenn dies richtig wäre, ergäbe sich daraus noch keine Kritik der BVW. Außerdem stellt sich beim genaueren Studium heraus, dass es wenige gut durchdachte *Modelle* gibt, die Ähnlichkeiten mit einer BVW aufweisen. Noch rarer sind gesamtgesellschaftlich *realisierte* Alternativen der Marktwirtschaft. Worin bestehen nun Ähnlichkeiten und Unterschiede einiger Modelle und Versuche zur BVW?

Im Abschnitt "Die alternative Gesellschaft als Utopie" werden zwei Modelle vorgestellt, die von einer Kritik an Privateigentum und Geld ausgehen.
Das eine Modell, die *"Utopia"* von *Thomas Morus*, ist kein Gegenmodell zur Marktwirtschaft und zwar aus dem einfachen Grund, da die Marktwirtschaft zu Zeiten des Morus gar noch nicht das war, was sie heute ist. Es gab zwar Privateigentum, Markt und Geld als Kapital und Kredit, aber so etwas wie Arbeitsmarkt, Industrie, Währung und Weltmarkt waren erst im Entstehen begriffen oder überhaupt noch nicht vorhanden. Warum ist die „Utopia" für die Thematik des Buches dennoch interessant? Morus ist vor allem Kritiker des Privateigentums und Geldes. Er analysiert die Zustände der englischen Gesellschaft seiner Zeit, kritisiert auch die Schönfärberei und entwickelt daraus als Antithese sein auf Gemeineigentum, geplanter Produktion und Verteilung beruhendes Modell. Diese Gesellschaftskritik und konsequent durchdachte Alternative enthält Gedanken, die es lohnen, kommentiert zu werden.
Von der Flut alternativer Gesellschaftsmodelle, die vor allem mit dem Erstarken der Marktwirtschaft, der Industrialisierung und der Verelendung des Proletariats entstanden, passt *"Looking Backward"* von *Edward Bellamy* am besten zur Thematik dieses Buches. Wie bei Morus ist der Ausgangspunkt eine Kritik an Privateigentum und Geld: Die Marktwirtschaft bringe für wenige Reichtum und für viele bescheidene bzw. ärmliche Lebensverhältnisse. In vielen Beispielen versucht Bellamy die Marktwirtschaft als irrationale Ökonomie zu entlarven und konterkariert sie mit seinem Modell. Dieses basiert auf Gemeineigentum und Güterverteilung. Durchaus überlegenswert ist sei-

ne Lösung des Zusammenhangs zwischen Arbeit und Zuteilung. Die Grundkonzeption des Werkes und einige Passagen werden erläutert und kritisiert.

Die wohl schärfsten Kritiker der Marktwirtschaft, die Sozialisten und Kommunisten des 19. Jahrhunderts hielten nicht viel von utopischen Gesellschaftsmodellen. Bei Marx, Engels und anderen führenden Köpfen der Arbeiterbewegung wird man nicht viel über die Funktionsweise der alternativen Ökonomie und Gesellschaft erfahren. Sie stellten den Utopien ihre "**Nicht-Utopie: den wissenschaftlichen Sozialismus**" gegenüber. Die Verweigerung der Darstellung einer Alternative beruhte vor allem auf zwei Standpunkten: dem wissenschaftlichen Anspruch und dem Historischen Materialismus. Kann man diesen Standpunkten etwas abgewinnen? Das Für und Wider wird abzuklären sein.

Schließlich gab es auch "**realisierte Versuche alternativer Ökonomien**", welche sich der Logik des Privateigentums, Marktes und Kapitals entzogen. Im *Vorspann* wird an ein Gemeinwesen erinnert, welches zwar aufgrund seiner historischen Entwicklung nicht als bewusste Antithese zur Marktwirtschaft verstanden werden kann, aber alle Eigenschaften einer geplanten Versorgungswirtschaft aufwies. Die *Reduktionen (der Jesuiten) in Paraguay*, auch bekannt als *Jesuitenstaat*, bestanden aus vielen Siedlungen, die jede für sich eine Art Planwirtschaftseinheit darstellten. Die auf Gemeineigentum, geplanter Produktion und Verteilung der Güter beruhende Wirtschaft, die in puncto Güterproduktion erfolgreicher als die Feudalwirtschaft der europäischen Ländereien war, erinnert an die Ökonomie "Utopias". Mit dieser praktizierten Gemeinwirtschaft wurde anschaulich widerlegt, dass Privateigentum und Geld quasi natürliche Elemente einer praktikablen und florierenden Wirtschaft wären, und Gewalt eine notwendige Klammer menschlichen Zusammenlebens sei. Die Kolonialherren hatten letztendlich dafür kein Verständnis.

Als bewusst organisiertes Gegenkonzept zur Marktwirtschaft kann die Ökonomie der *Sowjetunion* aufgefasst werden. Beginnend mit der Russischen Revolution von 1917 sollte für ein riesiges Land eine sozialistische Wirtschaft eingerichtet werden. Die erste historische Phase der Revolutionierung der sowjetischen Ökonomie wird als "*Kriegskommunismus*" bezeichnet. Es gab eine Perspektive namens "Kommunismus" und ein dementsprechendes gesellschaftliches Modell, das rasch umgesetzt werden sollte. Innen- und außenpolitische Umstände sprachen dann schließlich gegen die Fortsetzung der raschen Umsetzung. Das

Modell des Kommunismus wurde nicht aufgegeben, aber im Streit über den richtigen Weg dorthin entschied letztlich (vor allem) Lenin, vorerst wieder auf marktwirtschaftliche Elemente zurückzugreifen. Mit der Stabilisierung der politischen Verhältnisse wurde dann unter Stalin das Privateigentum rigoros (auch in der Landwirtschaft) in Staatseigentum umgewandelt und eine Ökonomie aufgezogen, die von den führenden Ideologen die Bezeichnung "*Realer Sozialismus*" verliehen bekam. Wie sah diese Ökonomie aus und was unterschied diese von einer vernünftig organisierten Versorgungswirtschaft? Wurde letztere deshalb nicht eingeführt, weil man sich noch viel zu sehr an der Marktwirtschaft orientierte und schließlich auch die Kritik der Marktwirtschafter an dieser Ökonomie für richtig hielt? Die Klärung dieser Fragen sollte auch einiges zum Verständnis einer BVW beitragen und diesbezügliche Missverständnisse und unkorrekte Analogien vermeiden helfen.

Etwas später als in Russland entstand in *China* eine weitere Alternative, die mit der Marktwirtschaft nichts zu tun haben wollte. Dieser "*Dritte Weg*" erschien vorerst als Übernahme des sowjetischen Modells, doch mit der Zeit ergaben sich Abweichungen vom sowjetischen Kurs. Mao Tse-tung sah die Chance, mit einer sozialistischen Wirtschaft die gesamte Bevölkerung für den Aufbau einer Weltmacht China einzusetzen und damit auch die Abhängigkeit vom marktwirtschaftlichen Ausland abzuschütteln. Um dies zu verwirklichen, setzte er nicht nur auf ein spärlich vorhandenes Proletariat sondern vor allem auf die Bauern des Landes. Dieser "*Maoismus*" prägte mehr als zwei Jahrzehnte die Entwicklung der Volksrepublik China. Die Souveränität gegenüber dem kapitalistischen Weltmarkt wurde mit der Politik der kollektiven Anstrengung tatsächlich erreicht. Die Nachfolger Maos sahen China nun stark genug und in der Lage, auf die Gegnerschaft zur Marktwirtschaft zu verzichten. Sie arbeiteten sich beim Umbau der Wirtschaft von einer "*sozialistischen Warenwirtschaft*" bis zu einer "*sozialistischen Marktwirtschaft*" vor und es könnte sein, dass der "Dritte Weg" demnächst den Titel "Chinesische Marktwirtschaft" erlangt.

Hatte Mao so etwas wie den Aufbau einer Versorgungswirtschaft im Sinn? Worauf kam es ihm, der wie kein anderer Politiker "das Volk" zitierte, an? Was sahen die Nachfolger Maos anders als der große Vorsitzende? Was unterscheidet die Marktwirtschaft der Volksrepublik China heutzutage noch von einer Marktwirtschaft eines Landes der Ersten Welt? Beweist dies die Überlegenheit der Marktwirtschaft gegenüber allen radikalen Alternativen und wäre die BVW ebenso zum Scheitern verurteilt?

DIE RATIONALITÄT EINER IRRATIONALEN ÖKONOMIE

„*Kind eines Arbeitslosen: ‚Warum können wir nicht heizen?'*
Mutter: ‚Weil wir keine Kohle haben.'
Kind: ‚Warum haben wir keine Kohle?'
Mutter: ‚Weil dein Vater arbeitslos ist.'
Kind: ‚Warum ist Vater arbeitslos?'
Mutter: ‚Weil es zu viel Kohle gibt.'"
(Aus Ernst Wagemann: Struktur und Rhythmus der Weltwirtschaft, München 1932)

Wenn man die Lebensumstände der Menschen in der so genannten "Ersten Welt" (die etwa 25 Länder mit dem größten Bruttosozialprodukt pro Kopf der Bevölkerung) begutachtet, so kann man eine Menge existenzieller Sorgen und auch Elend feststellen - ein Elend der Lebensführung, das selbst die größten Apologeten dieses ökonomischen Systems nicht abstreiten, es jedoch als irgendwie gerechtes bzw. als ein in Kauf zu nehmendes betrachten oder gar nicht dieser Ökonomie anlasten.

Einige vertreten die Meinung, die Marktwirtschaft sei eben ein Wirtschaftssystem, das nicht allen zugute käme, und das sei schon in Ordnung. Der Großteil wird jedoch der Marktwirtschaft unterstellen, diese sei prinzipiell zum Wohle der Menschen da - die Probleme entstünden aufgrund falscher Politik, aufgrund der Schlechtigkeit der Menschen, etc...

Dem ist entgegenzuhalten, dass die Marktwirtschaft schon hinsichtlich ihrer Grundbestimmungen keine Wohlfahrtswirtschaft ist. Sie ist keine Mangelwirtschaft und produziert dennoch eine Menge Elend.

Die Marktwirtschaft ist eine *unvernünftige* Ökonomie - verglichen mit einer Gesellschaft, in der es um eine ausreichende Versorgung der Leute mit Gütern und Leistungen, die für ein angenehmes Leben notwendig sind, ginge - und die für dieses Leben auch genügend Kraft und Zeit ließe.

Diesen Zweck kann die Marktwirtschaft aufgrund ihrer Grundbestimmungen nicht haben. Diese hat *ihre eigene Rationalität,* die in den folgenden Thesen erläutert wird.

1 Gesellschaftliche Produktionsweise und Privateigentum

Die heutige Wirtschaft hat sich - über mehrere Entwicklungsstufen hinweg - von der ursprünglichen, lokal beschränkten Subsistenzwirtschaft (Selbstversorgerwirtschaft) emanzipiert. Heutzutage werden auf weltwirtschaftlicher Stufenleiter Produkte erstellt und Dienstleistungen erbracht. Begünstigt durch Transport- und Kommunikationstechnologien gibt es kein Stückchen Erde, das nicht in den Produktions- und Leistungsprozess miteinbezogen werden könnte und letztlich in irgendeiner Art und Weise auch wird.

Die Entfaltung der wirtschaftlichen Aktivitäten, betrieben von Staaten und Privateigentümern, verläuft auf Grundlage ständiger Interessengegensätze: Die Privateigentümer als Konkurrenten streiten um Marktanteile, die Arbeitnehmer konkurrieren auf dem Arbeitsmarkt um Arbeitsplätze, Verkäufer und Käufer feilschen um den Preis, Arbeitnehmer und Unternehmer haben gegensätzliche Interessen bezüglich Arbeit und Verdienst.

Die erste Crux ist also, dass zwar die gesamte Gesellschaft in die Produktion (worunter auch Dienstleistungen subsumiert werden) miteinbezogen wird, diese jedoch privat vollzogen und gegeneinander betrieben wird.

2 Privateigentum und Geld

Jeder bringt sich mit seinem Privateigentum in einen Markt ein, auf dem jeweils seine Ware gegen eine andere getauscht wird. Der Tausch in der Marktwirtschaft geht nun nicht so vor sich: Tausch einer besonderen Ware gegen eine andere besondere Ware. Der Tausch vollzieht sich über ein allen Waren gegenüberstehendes Warenäquivalent. Dieses Warenäquivalent (früher spezielle Materialien, vor allem Gold) wird Geld genannt. Geld ist die Konsequenz einer Wirtschaft bestehend aus Privateigentümern, die mit dem Verkauf ihrer Produkte andere Produkte bekommen können.

Nur mit dem damit eingenommenen Geld verfügen die Privateigentümer über die Möglichkeit, sich andere Waren zu besorgen - um damit zu produzieren, zu handeln bzw. diese zu konsumieren. Nur mit Geld erschließt sich für jeden die Warenwelt.

Der Markt ist der Ort, das heiß begehrte Geld zu erstehen - der "Markt" ist keine Versorgungsanstalt, sondern Chance und Notwendigkeit, das zu erhalten, worauf es in der Marktwirtschaft ankommt: Geld.

Um es antiquiert auszudrücken: die Marktwirtschaft relativiert alles am Tauschwert. Gebrauchswerte gelten am Markt nur, insofern sie als Tauschwerte taugen.
Der Tauschwert ergibt sich weder aus der Nützlichkeit noch aus dem Bedarf eines Gutes. Dazu folgende Überlegungen:
1. Wenn man den Preis eines Laibes Brot mit dem eines goldenen Schuhlöffels vergleicht, so widerlegt dies die Behauptung "je nützlicher, umso teurer".
2. Auch derjenige, für den der goldene Schuhlöffel nutzlos ist, müsste für diesen den gleichen Preis zahlen wie ein Liebhaber solch eines Gutes.
3. Angebot und Nachfrage erklären auch nicht die Preishöhe: Wenn man Angebots- und Nachfragezahlen bezüglich besserer Fernsehgeräte und Mittelklasse - PKWs vergleicht, so sind diese etwa gleich groß - der Preis weist aber einen großen Unterschied auf. Angebot und Nachfrage erklären die Schwankungen eines bestimmten Preises, aber nicht die Höhe, um die der Preis schwankt.

Der Tauschwert konstituiert sich aus der Arbeitszeit, die in einem Gut enthalten ist, und zwar gesellschaftlich (durchschnittlich) notwendige Arbeitszeit. In der Betriebs- und Volkswirtschaftslehre erscheint diese als durchschnittlicher Marktpreis (bzw. Durchschnittskosten plus Durchschnittsgewinn).

(An der Wertpapierbörse hat sich die Preisbestimmung allerdings von dieser Grundlage ziemlich weit emanzipiert. Um das Geld geht es da auch, ja nirgendwo so pur und ohne Umweg über Gebrauchswerte. Weitere Ausnahmen sind der Immobilien- und der Kunstmarkt, auf denen die Preishöhe sich nicht an der Arbeitszeit relativiert.)

Es wird nur das auf den Markt geworfen, was Geld verspricht, und das ist nicht mit dem Gesichtspunkt zu verwechseln, die Leute lückenlos mit nützlichen Gütern und Leistungen zu versorgen.
Dies ist auch alles andere als effizient: So manches wird produziert und geleistet, was sich nachträglich auf dem Markt als "wertlos" herausstellt. Nicht etwa aufgrund von Qualitätsmängeln. Alleine die Tatsache, dass sich etwas nicht gegen entsprechendes Geld tauscht, macht es wertlos (z.B. Lebensmittel, die am Markt unter dem Selbstkostenpreis verkauft werden müssten - vielfach werden solche Gebrauchsgegenstände lieber vernichtet als verschenkt).

3 Geld und Profit

Bloß der Tausch Ware gegen Geld interessiert den Kapitalisten nicht. Wenn er etwas unternimmt, dann soll mit dem Vorschuss in Geld, den er zur Verfügung stellt, ein Überschuss in Geld erwirtschaftet werden. Profit ist notwendiger Bestandteil der marktwirtschaftlichen Rationalität - und insofern ist die Marktwirtschaft Kapitalismus. Nicht nur, dass der Unternehmer von seinem Geschäft leben will - da würde manchmal ein Bruchteil des Profits ausreichen, sondern Gewinne schaffen vor allem die Möglichkeit für die notwendigen Ergänzungs-, Neu- und Erweiterungsinvestitionen. Diese sind unbedingte Voraussetzungen, um in der Konkurrenz bestehen zu können.
Dieser Druck, Profite erwirtschaften zu müssen, macht das Leben aller Beteiligten gerade nicht einfach. Die Konkurrenz trägt das Ihre dazu bei.

4 Konkurrenz um den Profit

Privateigentümer setzen ihr Kapital dort ein, wo sie die Möglichkeit sehen, Profite zu erwirtschaften. Dabei treffen sie auf andere Privateigentümer, die das Gleiche vorhaben. Dementsprechend sieht die Arbeitsteilung in der Marktwirtschaft aus. Von vielen Betrieben werden gleiche oder ähnliche Produkte angeboten. Jeder der Privateigentümer will verkaufen und verdienen. Jeder hat es dabei mit mehr oder weniger Konkurrenten zu tun, die den Verdienst den (wie es oft euphemistisch heißt) "Mitbewerbern" streitig machen - ob sie wollen oder nicht. Unabhängig von der Zahlungsfähigkeit des Marktes (nicht zu verwechseln mit dem tatsächlich vorhandenen Bedarf: Der Bedarf an schönen Wohnungen ist bestimmt größer als die allgemeine Zahlungsfähigkeit diesbezüglich) werfen sie ihr Angebot auf den Markt. Dort kann nicht alles lukrativ verkauft werden. Die negativen Auswirkungen auf den Profit von so manchen Unternehmen können diese mittel- bzw. langfristig nicht verkraften - werden deren Kredite nicht weiter bedient, so bedeutet dies die Liquidation.

"Konkurrenz belebt das Geschäft", heißt es. Das ist zweifellos richtig - nur wie sieht diese Belebung aus: ein Vernichtungskampf auf Biegen und Brechen, wobei sich nicht, wie es Apologeten gerne sehen, das Beste und schon gar nicht das Menschenfreundlichste durchsetzt. Kapitalstärke, rücksichtslose Geschäftsmethoden und rentable Ausnützung der Arbeitskräfte küren die Sieger.

5 Konkurrenz um den Arbeitsplatz

Diejenigen, die nichts anderes anzubieten haben als ihre Arbeitskraft, sind einer Konkurrenz um den Arbeitsplatz ausgesetzt. Dies bedeutet für beinahe alle, dass ihre existentielle Grundlage, das Arbeitsentgelt, vom Unternehmer unter Ausnützung der Konkurrenz (nicht immer aber) meistens gedrückt werden kann und für manche, dass sie überhaupt aus dem Arbeitsmarkt ausscheiden, weil sie aus verschiedensten Gründen der Konkurrenz nicht gewachsen sind.

Alles in dieser Ökonomie wird in Geld bewertet. So auch die Arbeitskraft, die daran bemessen wird, welche Geldwerte sie schafft und wie viel nach Abzug ihrer Kosten dem Privateigentümer verbleibt. Der Einsatz der Arbeitskraft soll sich für den Unternehmer lohnen. Die Produktion in der Marktwirtschaft ist bezüglich der daran Beteiligten als Interessengegensatz eingerichtet: Das, was die einen notwendig zum Leben brauchen, sind für die anderen Kosten und als solche gering zu halten. Meistens bleibt da für die Arbeitskräfte nicht viel über - der Großteil verdient (in den so genannten Industrieländern) gerade so viel, um sich selbst und die Familie erhalten zu können. Für das gute Leben fehlen Freizeit und / oder Geld.
Der Ausdruck "gutes Leben" erregt die puritanische Seele von Berufs- und Hobbyethikern: 'Was ist denn gutes Leben? Gehört dazu ein Schloss oder reicht eine Vierzimmerwohnung?' Klar, jeder hat einen anderen Begriff von gutem Leben. Was die materiellen Dinge betrifft, ist es wohl ein gutes Leben, wenn man bei den grundlegendsten Bedürfnissen wie Essen, Wohnen, Bekleidung für gute Qualität nicht sparen muss und für die restlichen Bedürfnisse noch Zeit und Geld überbleibt - und dies abgesichert ein Leben lang. Eines gleich vorweg. Solch ein "gutes" Leben ist nicht unbedingt identisch mit einem "glücklichen" Leben - dazu bedarf es freilich noch anderer Zutaten. (Siehe dazu auch Kapitel "Das Elend der Marktwirtschaft / Armut")

Sich als Arbeitskraft zu verdingen bedeutet für die meisten ein ständiges "Zurechtkommen" mit unsicheren Lebensverhältnissen. In der "Ersten Welt" laufen Arbeitende aufgrund schlechter Bezahlung und vor allen beim Verlust des Arbeitsplatzes Gefahr, in die absolute Ar-

mut abzugleiten. (In der "Dritten Welt" sind Arbeitsplätze von vornherein eine Rarität. Armut ist der Normalzustand, oft steht das Verhungern an.)
Es ist einfach eine Mär, dass in der Marktwirtschaft alle Tüchtigen und Fleißigen belohnt werden bzw. ein Anrecht auf ein gutes Leben hätten. Konkurrenz, Konjunkturlagen, Rationalisierungen, technologische Änderungen, Alter, Angebot und Nachfrage auf dem Arbeitsmarkt bestimmen über die Existenz der davon Betroffenen.

Der Gegensatz zwischen Arbeit und Kapital, also der Umstand, dass die eine Klasse umso besser verdient, je weniger für die andere Klasse ausgegeben werden muss, hat die Konsequenz, dass die Kapitalisten die Zahlungsfähigkeit ihrer größten Kundengruppe ständig beschneiden und sich damit den Markt zusätzlich eng machen.

Abgesehen von vielfach schlecht bezahlter Arbeit ist die Arbeit selbst meist kein Honiglecken. Wenn die Arbeitskraft daran gemessen wird, wie viel Wert sie schafft und wie viel nach Abzug ihrer Kosten dem "Arbeitgeber" überbleibt, so sehen dementsprechend Arbeitsbedingungen, Arbeitstempo und Arbeitsinhalte aus. (Siehe Kapitel "Das Elend der Marktwirtschaft / Arbeit")

Da die menschliche Arbeitskraft den variabelsten Teil der Kosten für die Unternehmer darstellt, hat die Marktwirtschaft zeit ihres Wirkens einiges unternommen, um diesen Kostenanteil in Relation zu den anderen Kosten zu senken. Technologische Entwicklungen führten zu enormen Produktivitätssteigerungen und zu Arbeitszeiteinsparungen. Doch da der Zweck dieser Anstrengungen Kosteneinsparung und nicht Arbeitserleichterung war und ist, führt(e) dies nicht zu einer der Produktivitätssteigerung angemessenen Arbeitszeitverminderung für die Arbeitenden. Diese werden durch die Verfolgung dieses Zwecks allerdings freigesetzt (arbeitslos), was letztendlich nicht vermehrte Freizeit sondern zumindest eine Einschränkung des Lebensstandards, wenn nicht Existenzbedrohung bedeutet.

6 Geld als Kredit

Mit dem Einsatz als Kredit hat sich das Geld von der Funktion des bloßen Zahlungsmittels emanzipiert. Der Kredit ermöglicht den Unternehmern, sich mit einem Kapitalvorschuss in die Schlacht um

Marktanteile zu werfen - auch mit dem Risiko, diesen bei verlorener Schlacht nicht mehr bedienen zu können. Je nach Vehemenz der Schlacht, der Größe und Bedeutung der Beteiligten gerät fallweise die ganze Ökonomie (nicht nur eines Landes) ins Trudeln. Unternehmen und ihre Zulieferer müssen zusperren, Banken geraten in Schwierigkeiten und mit diesen das gesamte Kreditsystem. Währungsverfall, Massenarbeitslosigkeit und ab und zu ein Krieg sind recht bekannte Phänomene in der Geschichte der Marktwirtschaft. Heutzutage meinen Minister und Staatsbankdirektoren - als Hüter der heimischen Ökonomie - mit einer geschickten Wirtschaftspolitik die für sie wie Naturkatastrophen hereinbrechenden Krisen im Zaume halten zu können. Eine gut gehende Wirtschaft mit niedriger Arbeitslosigkeit bereitet da ebenso viele Sorgen wie eine darniederliegende, denn es besteht auch immer die Gefahr des "Überhitzens" der Konjunktur. Es wird dann staatlicherseits einiges unternommen, um die Wirtschaft abzuschwächen, sodass in Folge wieder mehrere Unternehmen zusperren müssen, Leute vermehrt arbeitslos werden und dann nicht mehr in der Lage sind, ihre Kredite zurückzuzahlen.

7   Kredit als Spekulation

Das Geld als Kredittitel hat sich als eigener Markt (Geld- und Wertpapiermarkt) neben dem stattfindenden Produktions- und Leistungsprozess etabliert, wobei letzterer als Grundlage für diese Geschäfte wertmäßig nur mehr einen Bruchteil ausmacht.
Keine Sphäre der Marktwirtschaft verdeutlicht so drastisch wie diese, worum es in dieser Ökonomie geht: Aus Geld mehr Geld zu machen. Ohne Umweg über die (lästigen) Gebrauchswerte werden Kapitalwerte mit der Hoffnung auf zukünftige Gewinne gehandelt. Es entspricht der Rationalität der Marktwirtschaft, Risiken einzugehen und zu spekulieren - jeder Unternehmer macht dies mit seinem Kapital. Der Handel an den Börsen ist letztlich nur die ungeschminkte Version des Geschäftemachens in der Marktwirtschaft.
Diesen Bereich als unbedeutende Spielwiese der Marktwirtschaft abzutun, gelingt selbst professionellen Schönfärbern nicht. Das Steigen und Fallen der Börsenkurse zeitigt Auswirkungen auf alle anderen Märkte und in extrem kritischen Phasen auf die gesamte Weltökonomie. Die gesamte Wirtschaftswelt starrt tagtäglich gebannt - wie das Kaninchen vor der Schlange - auf die Börse und beobachtet, in welcher Stimmung dieses unerklärliche Wesen ist. Man versucht Prognosen

und bezweifelt gleichzeitig deren Relevanz. Nachher will man es dann immer besser gewusst haben. Wenn ein weltbekannter "Börsenguru" als sein Erfolgsgeheimnis verkündet, immer das Gegenteil dessen zu machen, was die Börsenfachleute empfehlen, so sagt dies einiges über die Verfassung dieser Sphäre aus. Die Spekulanten bezeichnen ihren Markt manchmal als verrückt, um sich dann umso stärker am Handel zu beteiligen - es kommt nämlich darauf an, schneller als die anderen zu ahnen, wie sich die "Verrücktheit" entwickelt.

8   Resümee

- Die Marktwirtschaft setzt für die Produktion und Leistungserstellung alle gesellschaftlichen Ressourcen ein. Dieser Einsatz wird allerdings nicht gesellschaftlich koordiniert vollzogen, sondern privat und gegeneinander (in Konkurrenz).

- Nicht die Bedarfsdeckung ist Zweck der Produktion, sondern das Erwirtschaften von Geld und Profit. Das bedeutet für die Unternehmer, Tauschwerte (Preise) zu realisieren und nicht Gebrauchswerte nach Bedarf herzustellen.

- Nachfrage zählt in der Marktwirtschaft nur als zahlungsfähige. Am Markt stellen dann für die Verkäufer die zahlungsfähige Nachfrage heraus. Risiko ist eine Eigenschaft marktwirtschaftlicher Aktivitäten.

- Die Produzenten ("Arbeitnehmer") sind bei dem Kampf um Profite vom Unternehmer ("Arbeitgeber") abhängig. Die grundlegenden Interessen ihres Verhältnisses sind gegensätzlich: Für die einen ist das Entgelt eben Existenzgrundlage und kann insofern nicht hoch genug sein, für die anderen sind es Kosten und diese können nicht niedrig genug sein.

- Der Großteil der Bevölkerung ist Manövriermasse der Unternehmen - je nach Bedarf wird eingestellt oder gekündigt. Letzteres verschärft für die Betroffenen die materielle Situation, denn mit allzu wenig Geld ist in der Marktwirtschaft vielleicht gerade ein Überleben möglich, ohne Geld nicht mal das.
Dass durch die Beschränkung der Geldmittel der Arbeitnehmer ebenso die Zahlungsfähigkeit der Konsumenten (mit)eingeschränkt

wird, ist dem einzelnen Unternehmer egal - er denkt nie volkswirtschaftlich.

- Die gesamte Wirtschaft wird von Booms und Krisen heimgesucht, wobei vor allem in Rezessionen etliche Unternehmen, Werte und Arbeitsplätze vernichtet werden - Phänomene, die in dieser Ökonomie den Charakter von Naturkatastrophen haben und als solche (bedauernd) zur Kenntnis genommen werden.

- Angeheizt werden die konjunkturellen Schwankungen der Ökonomie von der aufgeblasenen Spekulation mit Krediten - aufgrund dieser kommt es von Fall zu Fall nicht nur zu erheblichen Abstrichen von Buchgeld, sondern auch zur Vernichtung von Gebrauchswerten.

Schon alleine diese Punkte sollten reichen, dass ein unvoreingenommener Begutachter diese Ökonomie als unvernünftige Art des Wirtschaftens einschätzen könnte - in der Annahme, es ginge beim Wirtschaften darum, die Menschen ausreichend mit Gütern zu versorgen, um ein angenehmes Leben zu führen.

DAS ELEND DER MARKTWIRTSCHAFT

Die Marktwirtschaft prägt das Leben eines großen Teils der Menschen seit mehr oder weniger zwei Jahrhunderten.
In dieser Zeit haben sich die Lebensbedingungen stark verändert, die Grundbedingungen blieben allerdings gleich. Es soll nicht bestritten werden, dass die Routine des täglichen Lebens durch die technologische Entwicklung erleichtert wurde, gewisse Krankheiten besser in den Griff bekommen wurden und dadurch die Lebenserwartung gestiegen ist. Doch dies sind Begleiterscheinungen einer Ökonomie, deren Zweck nicht die Schaffung lebenswerter Bedingungen und allgemeinen Wohlstands, sondern die Erzielung von privatem Kapital(reichtum) ist.
Dementsprechend sehen dann auch die Verbesserungen der Lebensbedingungen aus.

1 Armut

Die Marktwirtschaft ist keine Mangelwirtschaft wie etwa die Wirtschaft des Mittelalters. Reichtum ist vorhanden und diese Produktionsweise wäre technisch in der Lage, alle mit Gütern gut zu versorgen - doch darum geht es in der Marktwirtschaft nicht:
Die Produzenten (Arbeitskräfte) kommen beim Erwirtschaften von Geld (bzw. Kapital) als Kostenfaktor vor. Das bedeutet, dass ihre Beteiligung an dem von ihnen erzeugten Reichtum relativ knapp gehalten wird. Diese Grundlage der Armut, der Gegensatz zwischen Kapital und Lohn, hat sich bis heute nicht geändert, da sich jene aus der ökonomischen Verfassung der Marktwirtschaft ergibt, die (noch immer) mit dem Begriff Klassengegensatz am treffendsten charakterisiert ist.
Gewandelt hat sich in den letzten hundert Jahren die Einstellung der Staaten, zumindest der Industrieländer, gegenüber der Verelendung der arbeitenden Bevölkerung: es wird darauf geachtet, dass der Großteil der Arbeitskräfte brauchbar für den Einsatz in der Wirtschaft bleibt - auch in arbeitslosen Zeiten und in Krankheitsfällen. Benützt werden dazu Einkommensteile, die bei den Arbeitenden (vorher) einbehalten werden. (Siehe dazu Kapitel "Der staatliche Umgang mit der Marktwirtschaft und deren Elend")
Geändert hat sich in der Ersten Welt auch das Bild des Elends. Die heutige Gesellschaftstheorie kennt deshalb nur mehr „Schichten" - der

ökonomische Klassenbegriff ist „verschwunden" − und spricht von einer „Wohlstandsgesellschaft".

Bei all dem Anwachsen des absoluten Reichtums bleibt der relative Anteil der Arbeitnehmer daran gering. Man sollte sich nicht blenden lassen von der angebotenen Warenvielfalt und dem Reichtum der Oberschicht, sondern sich die Lebensumstände des Großteils der Bevölkerung genauer ansehen. Der Großteil, selbst in der Ersten Welt, muss mit dem Einkommen haushalten, um sich grundlegende Bedürfnisse erfüllen zu können - vielleicht bleibt dabei ab und zu etwas für ein bisschen "Luxus" über. Da können sie dann aber schon gehörig aufpassen, sich dabei nicht zu übernehmen. Für viele reicht es nicht einmal für die Abdeckung der grundsätzlichsten Bedürfnisse, wie z.b. das Vorhandensein eines ausreichenden Wohnraums. Selbst die Statistiken der Marktwirtschaft belegen die Armut großer Teile der Bevölkerung, auch wenn dabei die Armutsgrenze sehr tief angesetzt wird. Diese Lebenslage ist am besten mit dem zynischen Spruch "Zum Leben zu wenig, zum Sterben zu viel" zu charakterisieren.

Wenn man die Dritte Welt in diese Begutachtung miteinbezieht - und das ist immerhin der Großteil der Weltbevölkerung - wird die Armutsproblematik noch drastischer. ("Zum Leben zu wenig" trifft da zu, "zum Sterben zu viel" nicht mehr.)
Da sind dann sogar glühende Verfechter der Marktwirtschaft "erschüttert". Allerdings kommt es ihnen auch nicht in den Sinn, dies der Marktwirtschaft anzulasten sondern dem jeweiligen Menschenschlag oder den klimatischen Bedingungen.
Angesichts der Armut in der Dritten Welt lassen sich so manche Prediger dazu hinreißen, den Reichtum in den Industrieländern als "Überfluss(gesellschaft)" zu charakterisieren. Erstens unterliegt diese Charakterisierung dem (absichtlichen) Missverständnis, dass der Reichtum in den Auslagen der Geschäfte allen *unbeschränkt* zugänglich wäre. Zweitens meint das "Über-", dass der Mensch zum Leben eigentlich viel weniger brauchen würde − ein Zynismus angesichts der Lebensumstände eines großen Teils der Bevölkerung. Drittens lebt dieses Bild von dem Vergleich mit den kargen Zuständen früherer Gesellschaften oder den Hungerregionen der Welt: Mit dem Deuten auf noch miesere Zustände wird die Unzufriedenheit von Leuten, die meinen, ihnen fehle einiges für ein angenehmes Leben, als irrelevant abgetan.

Sehr beliebt in diesem Zusammenhang ist auch der Spruch: "Geld allein macht nicht glücklich". Das stimmt, denn Geld ist für die meisten nur Mittel, sich ein paar angenehme Sachen zu leisten. Gemeint ist allerdings vielmehr, dass Gesundheit, Freundschaften, Liebe etc. zum Lebensglück dazugehören. Das ist nicht zu bestreiten - und einiges vom Glück lässt sich auch mit noch so viel Geld nicht kaufen. Doch stimmt es nicht auch, dass sich ein Leben mit ausreichend Geld viel komfortabler gestalten lässt, bzw. umgekehrt, dass ständiger Geldmangel Sorgen beschert, die dem Glück nicht zuträglich sind? Jemandem, der damit kämpft, mit den Lebensumständen zurechtzukommen und Widrigkeiten auszuhalten, diesen Spruch entgegenzuhalten, ist zwar Trost spendend gemeint aber dennoch zynisch. Trost kann dies nur denjenigen spenden, die sich mit ihren bescheidenen Verhältnissen schon abgefunden haben.

2 Arbeit

2.1 Der schlechte Ruf der Arbeit in der Marktwirtschaft

Einen bedeutenden Teil (für viele den Großteil) der Lebenszeit verbringt ein Bürger der Industrieländer "in der Arbeit". Die Leute sind zwar froh, "Arbeit zu haben" - schließlich sind sie ja davon existentiell abhängig -, aber wirklich zufrieden mit ihrer Arbeit sind die wenigsten.

Die Arbeit ist für die Arbeitnehmer in der Marktwirtschaft als Abhängigkeitsverhältnis eingerichtet. Der Arbeitnehmer arbeitet für den Arbeitgeber (Unternehmer) und ist dessen Kalkulationen ausgesetzt - jener hat seine Arbeitskraft als Lohnarbeiter verkauft. Was er für seine geleistete Arbeit erhält ist Geld, - und zwar nicht den Geldgegenwert seiner erwirtschafteten Produkte, sondern ein Quantum, das von mehreren Faktoren wie Tradition, Ausbildung, Geschlecht, Konkurrenz etc. abhängig ist. Letztendlich bestimmt der Unternehmer, was die Arbeitskraft ihm wert ist. Ob er nun viel oder wenig bezahlt - die Arbeitkraft ist ein Kostenfaktor und somit immer Abzugsposten des zu erwirtschaftenden Profits. Die Konsequenz für die meisten Arbeitenden wurde schon oben beschrieben: Ein bescheidenes Leben trotz aller Plackerei.

Die Kalkulation des Unternehmers wirkt sich auch auf die Arbeitsinhalte aus:
Die Arbeit ist so gestaltet, dass möglichst viel produziert werden kann, bzw. dass die Kosten der Arbeit in Relation zu den Werten gering gehalten werden. Dies hat - je nach Branche - bestimmte Auswirkungen auf die Arbeitsinhalte.
In der Industrie ist die Fließbandarbeit ein beliebtes betriebswirtschaftliches Effektivierungsinstrument. Gekoppelt mit dieser oft körperlich sehr einseitigen und geistig monotonen Arbeit ist die Entlohnung als Akkord - es wird gemäß geleisteter Stückmenge bezahlt. Dies erhöht den Druck auf Psyche und Physis, und dementsprechend verbraucht sind die Arbeitskräfte ab einem gewissen Alter.
Da die großen Maschinen viel kosten und nichts bringen, wenn sie ungenutzt herumstehen, muss auch in der Nacht gearbeitet werden. Die sozialen und gesundheitlichen Schädigungen durch die Schichtarbeit sind bekannt.

In den so genannten Industrieländern ist ein Großteil der Bevölkerung im Dienstleistungsbereich tätig. Bei der Bürotätigkeit, die heutzutage einen großen Teil dieses Bereichs ausmacht, gibt es zwar eine vergleichsweise geringere körperliche Belastung jedoch meistens ständigen Zeitdruck, Erfolgsdruck, Konkurrenz unter den Kollegen (Intrigen, Mobbing), Ungewissheit bezüglich der Arbeitsplatzsicherheit. Denn auch in diesem Bereich gilt das Prinzip, dass die Arbeitskraft "ihr Geld Wert sein muss", d.h. ihr Einsatz muss sich als Gewinn für den Unternehmer niederschlagen.
Phänomene, die heutzutage mit dem viel strapazierten Begriff "Stress" bezeichnet werden, der von Leuten, die in der Verwaltung oder im Management beschäftigt sind, gerne als Ausdruck ihrer allgemeinen Lebensbefindlichkeit verwendet wird. Sich gegen andere durchsetzen zu müssen, schlägt sich in den sozialen Beziehungen nieder, und verursacht psychische und letztlich auch physische Probleme (siehe Kapitel "Das Elend der Marktwirtschaft / Gesundheit"). Bei manchen stellt sich auch eine Aversion gegen die Arbeit ein (- vor allem bei mangelndem Erfolg trotz intensiver Anstrengungen), die umso nachhaltiger ist, je weniger Chancen bestehen, diesen Zustand zu ändern.

Um Bedürfnisse einigermaßen befriedigen zu können, ist der Arbeitnehmer im Regelfall darauf verwiesen, 35 - 45 Stunden in der Woche gegen Entgelt zu arbeiten. Auch diejenigen, die sich um den Haushalt und ihre Kinder kümmern, müssen Geld verdienen, um die Familie erhalten zu können. Erziehung und Haushaltsarbeit wird in der Marktwirtschaft nicht als Lohnarbeit anerkannt, da der Bereich Familie nicht in die Profitmacherei miteinbezogen ist. Man braucht gar nicht die umfangreichen Studien zum Thema "Persönliches Zeitmanagement" studieren, sondern kann es sich selbst ausrechnen bzw. weiß es aus eigener Erfahrung: Rechnet man die Zeit für die Wiederherstellung von Körper und Geist (Körperpflege, Essen, Schlaf, Haushaltsarbeit) und die Wegzeit zur Arbeit und retour, so bleibt für das sonstige Leben zumindest während der Woche nicht allzu viel Zeit übrig. Konsequenterweise versuchen viele dann in der ihnen zugestandenen Erholungszeit (Wochenende und Urlaub) möglichst viel nachzuholen und sich "auszuleben". Auch dies gerät dann mehr zum Stress als zur Muße und zu Genuss. Der heutige Mensch ist selbst in seiner Mußezeit in "Zeitnot".

Andererseits sind so manche von ihrer Arbeit so "ausgebrannt", dass es in ihrer Freizeit gerade zum passiven Erholen reicht. Liegestuhl und Fernsehen, zu mehr hat man keine Lust - man will nur Ruhe, sich einigermaßen erholen, um danach die Arbeit wieder aus- und durchhalten zu können.

Wenn die marktwirtschaftliche Arbeitswelt den älteren Menschen nicht mehr lohnend einsetzen kann, wird er in den "Ruhestand" entlassen. Dann hat er zwar weniger Geld aber nichts als Freizeit. Eingeschränkt durch Geldmittel und körperliche Befindlichkeit erschließt sich für die Alten dann die Welt der Muße. (Und diese Mußejahre werden trotz einer höheren Lebenserwartung infolge der Anhebungen des gesetzlichen Arbeitsaustrittsalters auch nicht vermehrt.) Der freudigen Erwartung des Ruhestands folgt dann oft die Ernüchterung. Hatte man früher zu wenig Zeit, so weiß man im Alter die Freizeit nicht mehr so recht zu nützen oder kann sie nicht wunschgemäß verbringen.

2.2 Moderne Arbeit

Zweifellos haben sich Arbeit und Arbeitsbedingungen in den letzten zweihundert Jahren drastisch verändert. Vor allem in den letzten Jahrzehnten hat vor allem die technologische Entwicklung die Arbeitswelt nachhaltig beeinflusst.
Aber hat sich dadurch der Ruf der Arbeit verbessert?

Steigerung der Produktivität durch den Einsatz von Computern
Computer wurden und werden nicht zur Arbeitserleichterung oder Verkürzung der allgemeinen Arbeitszeit entwickelt, sondern um Kosten zu senken und Profite zu steigern. Die Arbeit selbst hat sich dadurch in den meisten Bereichen verändert, diese mag auch manchmal "bequemer" geworden sein. Auf der anderen Seite sind Belastungen anderer Art dadurch gestiegen und diese Technik hat in keinem Fall den so genannten "Arbeitsdruck" reduziert. Die Durchsetzung des PCs als Arbeitsgerät machte die Schreibmaschinen überflüssig aber nicht das "Schnellschreiben" und die erhöhte Belastung für die Augen.
Eine weitere Konsequenz der Computerisierung war (und ist), dass vor allem ältere Arbeitskräfte für ihren lohnenden Einsatz unbrauchbar wurden (und werden) und den Einstieg in einen neuen Beruf auch bei bestem Willen nicht mehr schaffen.

Flexibilisierung des Arbeitseinsatzes
In der modernen Marktwirtschaft ist es nicht mehr selbstverständlich einen Arbeitsplatz mit einer fix geregelten Arbeitszeit angeboten zu bekommen. Es besteht seitens der Unternehmer das Interesse, Arbeitnehmer je nach Bedarf einsetzen zu können, ohne dass dadurch Mehrkosten entstehen - und dies wurde durch die Abschaffung alter "überkommener" Arbeitszeitregelungen erreicht:
Neue Arbeitszeitmodelle machen Überstunden ohne Überstundenentlohnung und Teilzeitarbeit mit Verdiensteinbußen möglich. Kurzarbeit mit sehr starkem Verdienstrückgang und 60 Stunden-Wochen wechseln einander je nach Auftragslage ab und erschweren für die Betroffenen eine gesicherte und geregelte Lebensführung. Viele werden gar nicht mehr angestellt, sondern arbeiten als Selbständige für die Firmen, ohne arbeitsrechtliche Ansprüche und sind jederzeit ohne Belastung mit Lohnnebenkosten sofort einzusetzen oder abzubauen.
Die in der Regel schlecht bezahlten Heimarbeitsplätze (Teleworking) ändern nichts am Charakter der Arbeit selbst, - die freie Zeiteinteilung und der Vorteil der eigenen vier Wände erweisen sich oft als Chimäre.

"Informationsgesellschaft"
Die moderne Kommunikationstechnologie ermöglicht durch die Vernetzung von Informationen einen schnelleren und umfassenderen Zugriff auf Daten. Diese Möglichkeit wird kommerziell genutzt: rascher und billiger sind einleuchtende Argumente für Unternehmer. Die Arbeitswelt ist um eine Facette bereichert, der Umgang damit will gelernt sein. An den grundsätzlichen Bestimmungen der Arbeit ändert

dies nichts: die Arbeitszeit wird dadurch für die Arbeitenden allgemein nicht verkürzt, auch nicht mehr Lohn gezahlt. Eine eventuelle Arbeitserleichterung wird durch verschärften Zeitdruck mehr als kompensiert.

"Fluktuation"
Arbeitsplätze sind heutzutage nicht nur wegen schwankender Konjunkturen und des wechselnden Geschäftsgangs der Unternehmen, sondern auch wegen der technologischen Entwicklung keinesfalls als Dauerstellung vom Arbeitnehmer planbar. Firmen- bzw. Arbeitsplatzwechsel alle drei, vier Jahre sind normal - wenn der Arbeitnehmer sich nicht ständig aus- und weiterbildet, wird er auf dem Arbeitsmarkt aussortiert und sehr bald zum Dauerarbeitslosen. Aber auch Weiterbildung ist kein Garant auf einen Arbeitsplatz.

So wird in der Marktwirtschaft wieder aus einer Möglichkeit der Entlastung - nämlich durch die moderne Technologie - für die arbeitenden Menschen eine Belastung und eventuell eine Gefährdung einer sicheren Existenz.

3 Gesundheit

Es gibt wohl neben der Technologie kaum einen Bereich, der bezüglich seiner Fortschritte so gepriesen wird wie die Medizin und verwandte Disziplinen, die sich mit der Gesundheit bzw. den Krankheiten der Menschen beschäftigen.
Ein erster Eindruck scheint dies zu bestätigen:
Die früheren großen Volksseuchen sind weitgehend ausgerottet, die Lebenserwartung ist gestiegen, die Kindersterblichkeit gesenkt worden, viele früher unheilbare Krankheiten sind heutzutage wissenschaftlich erklärbar und deshalb heilbar bzw. einzudämmen, Defekte von Organen und Gliedern werden mit Routineeingriffen behoben, etc.

Dieser erste Eindruck relativiert sich schon bei einem Blick in die Länder außerhalb der Ersten Welt. In großen Regionen sind die Errungenschaften der Medizin kaum zu bemerken. Chronische Unterernährung, katastrophale hygienische Verhältnisse, schwerste körperliche Arbeit von Kindheit an, Infektionen, die aufgrund fehlender Medikamente kaum bekämpft werden - dies und vieles mehr lässt dort die Menschen frühzeitig sterben. Man braucht keine Statistiken zu bemühen, um den Grund auszumachen: wirtschaftliche Verhältnisse, die ärmlichste Lebensumstände bedingen. Zum Teil sind diese Verhältnisse auch Hinterlassenschaften der "reichen" Marktwirtschaften der "Ersten Welt", durch die innerhalb von zweihundert Jahren die bescheidene Subsistenzwirtschaft in den Kolonien zerstört wurde. Die für die Ausbeuter des Landes nutzlose Bevölkerung wurde von ihren Ländereien vertrieben, und die Rohstoffe wurden abtransportiert.

Doch auch in der "Ersten Welt" sollte man sich die gesundheitliche Verfassung der Bevölkerung näher ansehen (und sich dabei auch von einem Vergleich mit früheren Zeiten befreien):
Bedenklich stimmt, dass viele Leiden erkannt und registriert werden und die Ursachen in einem „ungesunden Lebenswandel" gesehen werden, für den jeder selbst verantwortlich wäre. Dass dieser ungesunde Lebenswandel häufig mit der Arbeit und der Sorge um den Arbeitsplatz zu tun hat gar, wird zwar nicht geleugnet, diese Ursachen aber als quasi naturgegebene unveränderliche Konstante gesehen, von welchen man sich „selbstverantwortlich" nicht kaputt machen lassen sollte.
Vor allem ab 40 häufen sich Krankheiten, die auf eine rigorose Abnutzung schließen lassen - eine Abnutzung, die nicht nur "mit der Zeit" entsteht, sondern durch das Berufsleben befördert wird. Abgesehen von den umfassenden Belastungen in einigen Berufen (wie z.B. Bauarbeit) führen auch einseitige körperliche Belastungen zu Schädigungen des Knochenbaus und des Bewegungsapparates. 35 - 40 Jahre lang ungefähr 40 Stunden in der Woche diesen einseitigen Belastungen ausgesetzt zu werden, kann dem Körper nicht gut tun. Bei der Arbeitsplatz- und Arbeitsgestaltung wird auf die Gesundheit der Arbeitnehmerinnen und Arbeitnehmer Rücksicht genommen, - aber bloß in dem Maße, um die vehementesten Schädigungen durch die Arbeit mit unmittelbarer Krankheitsfolge, sprich Arbeitsausfallfolge, zu vermeiden (und auch das ist nicht Norm in allen Betrieben.) Die Langzeitschäden, die sich erst im Alter zeigen, und Schädigungen, welche die "Arbeitsfähigkeit" - und da liegt die Latte sehr hoch - nicht beeinträchtigen, können vom Arbeitgeber getrost ignoriert werden und müssen von den Geschädigten in Kauf genommen werden.
Bezeichnend ist, dass die Anfänge des so genannten "Sozialstaates" als Reaktion auf die Auswirkungen des Mitte des 19. Jahrhunderts wütenden Manchesterkapitalismus, mit Kinderarbeit und Arbeitszeiten bis zu 16 Stunden täglich, gesehen werden. Angesichts des verheerenden Gesundheitszustandes seiner Soldaten aufgrund der rigorosen

Ausbeutung schon in jungen Jahren wurde mit staatlichen Gesetzen in die Arbeitsverhältnisse eingegriffen. Die Arbeitskräfte sollten auf längere Zeit brauchbar bleiben und nicht innerhalb kürzester Zeit verschlissen werden. (Siehe dazu Kapitel "Der staatliche Umgang mit der Marktwirtschaft und deren Elend / Ein Beispiel staatlicher Sozialpolitik: Die Reduzierung der Normalarbeitszeit")

Gesundheit ist gegeben, wenn gemäß den Auflagen des Arbeitgebers gearbeitet werden kann. Die Kranken werden also oftmals gar nicht als solche eingestuft, und diese sind aus beruflichen Überlegungen dazu bereit, die Krankheit zu überspielen bzw. nicht auszukurieren. Dementsprechend agiert die medizinische Betreuung: bei einem Großteil der Bevölkerung geht es um die Wiederherstellung der Arbeitsfähigkeit - die "Fließbandabfertigung" bei den praktischen Ärzten ist nur ein Indiz dafür.
In der Dritten Welt kommt es oft gar nicht zur Wiederherstellung der Arbeitsfähigkeit. Dort, wo vom Standpunkt des Staates sowieso „zuviel" Bevölkerung gibt, geht es bei Erkrankungen gleich um Leben oder Tod. Armut und die dementsprechenden Lebensverhältnisse bieten kein Entrinnen aus dieser Situation. Mangelnde oder nicht erschwingliche ärztliche Betreuung und teure Medikamente (bzw. verbotene Generika) sind die marktwirtschaftlichen Angebote zur Bekämpfung dieses Elends.

Von einigen warnend erwähnt, in Statistiken dokumentiert, von den meisten mehr ignoriert als zur Kenntnis genommen, werden die psychischen Erkrankungen. Gebeutelt von unsicheren Lebensverhältnissen, Konkurrenz (Karriere), stressigen Arbeitsbedingungen, ungemütlichen Familienverhältnissen und sonstigen sozialen Beziehungen, stempeln sich die Leute selbst zu Versagern und werden Patienten der Psychotherapie, im schlimmsten Fall der Psychiatrie. Die unauffälligeren Fälle schaffen es noch, ihre Depressionen, Neurosen, Psychosen etc. in Schach zu halten und Kopfschmerzen, Herzschmerzen, Angstzustände, Schlafstörungen etc. mit Chemie bzw. Alkohol zu betäuben. (Neuere Studien wiesen den deutlichen Anstieg von „stressbedingten" Erkrankungen, wie Bluthochdruck, Schlaganfälle, Diabetes in der Volksrepublik China in den letzten Jahren nach – Krankheiten, die einst in vielen Regionen nicht vorkamen.)

Das Altwerden und Vergreisen ist sehr oft ein schmerzhafter Prozess. Dies ist der Marktwirtschaft nur zu dem Teil anzulasten, nämlich

wenn Belastungen der Arbeit, Umweltschädigungen (z.b. Industrieabgase) und Gifte in den Nahrungsmitteln Krankheiten hervorrufen.
Was jedoch sehr stark vom Gesellschaftssystem geprägt wird, ist die Art und Weise, *wie* die Leute ihren letzten Lebensabschnitt verbringen. In dieser Lebensphase tritt oftmals eine ungewollte Vereinsamung ein. Viele siechen allein in ihren eigenen vier Wänden dahin, und ihr Zustand wird nur dann auffallend, wenn sie ihre Rechnungen nicht mehr zahlen können. Andere werden in Massenpflegestationen untergebracht, die schlechte Bedingungen für das psychische Wohlbefinden der "Insassen" bieten, und dazu beitragen, das Sterben zu beschleunigen. Solche Zustände sind keine Notwendigkeit, denn Leute, die über ausreichend Geld verfügen, können sich durchaus einen schöneren Lebensabend leisten. Gepflegte "Seniorenresidenzen" oder Pflegepersonal im eigenen Haus machen deutlich, dass die Lebensqualität auch in diesem Lebensabschnitt davon abhängig ist, wie arm bzw. reich man ist. Die Trost spendenden Kalauer "wir müssen alle sterben" und "der Tod macht alle gleich", blamieren sich eben an den unterschiedlichen Lebensumständen davor.

4 Umwelt

Der Begriff der Umwelt ist in den letzten Jahrzehnten fixer Bestandteil ökonomischer, politischer und wissenschaftlicher Debatten. Meist wird der Begriff mit dem Beiwort "Problem" versehen. Dies deshalb, weil in den rund zweihundert Jahren Marktwirtschaft durch rigorose Benützung (vor allem in den letzten Jahrzehnten) die Natur stark geschädigt wurde und damit die Lebensbedingungen und Gesundheit stark in Mitleidenschaft gezogen wurden. So stark, dass sich schließlich staatliche Politik angesichts der Folgekosten und irreparablen Schäden bemüßigt sah, die Beachtung einiger Grenzwerte in Form von Gesetzen ihrer Ökonomie vorzuschreiben.
Für profitorientierte Unternehmen bedeutet Rücksichtnahme auf die natürlichen Voraussetzungen eine Einschränkung ihres Geschäftes. Der Umweltschutz verursacht Kosten oder eine Geschäftsbehinderung, ist also letztlich Gewinnbeschneidung und verträgt sich somit meistens nicht mit den Geschäftsinteressen der Unternehmer (- allerdings gibt es auch so manche Unternehmen, die unter dem Titel Umweltschutz profitable Geschäfte betreiben).
Dementsprechend halbherzig fallen die staatlichen Maßnahmen auch aus: die marktwirtschaftliche Ökonomie als Grundlage des modernen

Industriestaates darf nicht so eingeengt werden, dass profitable Geschäfte verunmöglicht werden. Die auffälligsten und krassesten Fälle der Umweltschädigung werden in gewissen Regionen zwar vermieden, die in diesen Regionen schleichende, in anderen Regionen rapide Verwahrlosung und Verdreckung geht weiter.
In ärmeren Regionen der Erde ist Umweltschutz nur dann ein Thema, wenn irgendeine NGO die alarmierenden Zustände in einer Kampagne aufzeigt und dies zum Thema in der Öffentlichkeit gemacht wird.

Genauere Untersuchungen der Nahrungsmittel ergeben oft erschreckende Werte der Belastung für Mensch (und Tier). Einerseits gelangen die Rohstoffe schon "belastet" in den Verarbeitungsprozess, wo dann die Agrar- und Lebensmittelindustrie mit chemischen Zusätzen dazu beiträgt, die Lebensmittel zwar nicht gesünder aber verkäuflicher zu machen. Auf viele der so genannten "Bioprodukte" trifft dies auch zu: sie sind nachweislich nicht gesünder, aber bei "umweltsensiblen" Konsumenten gut zu verkaufen.

Eine recht drastische Gefahr für Mensch und Natur stellen die Atomkraftwerke dar. Auch Befürworter dieser Technologie bestreiten nicht, dass ein nicht zu unterschätzendes "Restrisiko" besteht. Die Katastrophe von Tschernobyl als bekanntester größter "Störfall" machte die verheerenden Wirkungen deutlich und messbar. Aufgrund marktwirtschaftlicher Überlegungen wurden und werden die Kraftwerke weltweit nicht stillgelegt - man nimmt das Restrisiko in Kauf, weil diese Energiegewinnung sich trotz Störfällen noch immer wirtschaftlich rechnet.
Dort, wo auf Atomkraftwerke verzichtet wurde, Werke stillgelegt wurden oder der Ausstieg geplant ist, gibt es Alternativen, die letztendlich wirtschaftlicher sind.

5 Krieg und Frieden

Rückblickend auf die etwa 200 Jahre Marktwirtschaft lässt sich eindeutig feststellen, dass mit dieser Ökonomie die Welt nicht friedlicher wurde - im Gegenteil. Fallweise wurde die ganze Welt mit Krieg überzogen.
Geführt wurden die großen Kriege von Staaten unter Mithilfe der Wirtschaft und eines gehorsamen Staatsvolkes.

Wer nun einwendet, die Kriege seien nicht der Marktwirtschaft anzulasten, sondern den Staaten, die seit jeher Kriege geführt haben (auch schon vor Bestehen der Marktwirtschaft), der nimmt zu Unrecht die Ökonomie vor der Politik in Schutz. Haben denn jemals marktwirtschaftliche Unternehmen gegen Kriege protestiert und diese verhindert? Im Gegenteil, die meisten Unternehmen haben durch Kriege verdient, vor allem wenn diese gewonnen wurden. Sie lieferten und liefern das notwendige Kriegsmaterial von A(tomsprengkörpern) bis Z(yklon B).

Selbst der Nationalsozialismus hat die Marktwirtschaft nicht abgeschafft, sondern sich ganz speziell an ihr bedient.

Wahr ist allerdings auch, dass auch Staaten (bzw. Imperien) mit einer anderen Ökonomie ihr Volk in Kriegen verheizten. Dies kann aber niemals ein Argument *für* die Marktwirtschaft und ihre Staaten sein.

Dass derzeit in der "Ersten Welt" kein Nationenkrieg tobt, ist gewissen politischen Konstellationen geschuldet, keinesfalls jedoch der Einsicht, dass Kriege unzumutbar wären. Dies widerlegt schon die tagtägliche Realität der Kriege in nicht zur Ersten Welt gehörigen Staaten, die je nach politischen Erwägungen der Ersten Welt von dieser entweder auf Sparflamme gehalten oder angestachelt bzw. in diesen Regionen selbst geführt werden.

Aufgerüstet wird jedenfalls (auch) in Friedenszeiten und dafür werden erkleckliche Mittel eingesetzt. In Friedenszeiten ergeben sich die Gründe für Kriege und werden diese vorbereitet.

Wie viele Studien gibt es hiezu, die vorrechnen, wie sehr den Armen geholfen werden könnte, wenn man die Rüstungsgelder in die Bekämpfung der Armut investierte! (Manche Ökonomen behaupten sogar, es gäbe dann keine Hungernationen mehr.)

Wenn Staatspolitiker stets ihre guten Absichten in puncto Frieden und Eintracht betonen, so sollte man beachten, dass sie einen Frieden "in ihrem Sinne" damit meinen. Stellt sich dieser nicht ein oder ist dieser gefährdet, dann lassen sie es auf einen Krieg ankommen.

6 Resümee

- Ein Großteil der Bevölkerung lebt in Relation zum akkumulierten Reichtum der Gesellschaft in bescheidenen Verhältnissen. Die private Aneignung schließt die Produzenten des Reichtums von diesem aus. So paradox es klingt: Mangel ist ein Kennzeichen dieser "Überflussgesellschaft".

Armut lässt sich nicht reduzieren auf die Verhungernden und Obdachlosen. Auch der Besitz eines Fernsehgeräts und Autos weist heutzutage den Besitzer nicht als wohlhabenden Menschen aus.

- Arbeit ist für die meisten Arbeitnehmer kein Mittel, zu Wohlstand zu gelangen. Ein Arbeitsplatz garantiert weder Sicherheit noch ein angenehmes Leben.

- Die Arbeit selbst ist kein Honiglecken: Die Arbeitsdauer lässt für sonstige Betätigungen von Geist und Körper wenig Zeit, die Arbeitsinhalte sind sehr oft eintönig und unter Zeitdruck auszuführen, die Abhängigkeit vom und die Konkurrenz am Arbeitsplatz erhöhen die psychische Belastung.

- Darunter leidet auch die Gesundheit. Doch das Kränkeln wird nicht gern gesehen: wer halbwegs arbeiten kann, ist gesund. Aufwendigere Krankheiten können sich sowieso nur die Reichen leisten. Die kranke bzw. kränkelnde Psyche mit ihren somatischen Folgeerscheinungen (nebst Alkoholismus und Tabletten- und anderen Abhängigkeiten) hat ihren Nährboden in der Konkurrenzgesellschaft und belastet einen großen Teil der Bevölkerung. Wer ohne größere Schmerzen und in angenehmer Umgebung alt wird, hat Glück gehabt.

- Die Geschäftsinteressen nehmen keine Rücksicht auf die Umwelt (außer der Umweltschutz ist selbst ein Geschäft). Beschränkungen der rücksichtslosen Ausbeutung der Natur werden als Einschränkung des Geschäfts gesehen.

- Auch die vehementesten Befürworter der Marktwirtschaft könnten nicht behaupten, dass diese ein Garant für Frieden sei. Selbst zwischen den Staaten der Ersten Welt könnte es dann wieder krachen, wenn es Wirtschaft und Staatsräson erfordern - die marktwirtschaftlichen Kräfte werden sich bestimmt nicht als Kriegsgegner formieren und den Krieg verhindern.

Die Wirkungen, welche die Marktwirtschaft zeitigt, sind ebenfalls nicht dazu angetan, irgendein gutes Haar an dieser Ökonomie zu lassen.
Trotzdem hat die Marktwirtschaft (mächtige) Befürworter: Erstens diejenigen, die es in dieser Gesellschaft "geschafft" haben (bzw. daran

sind oder glauben, es zu schaffen) und vor allem zweitens den bürgerlich demokratischen Staat. (Siehe folgendes Kapitel)

DER STAATLICHE UMGANG MIT DER MARKTWIRTSCHAFT UND DEREN ELEND

Die Instanz, welche die Marktwirtschaft eingerichtet hat (dies sei nicht zu verwechseln mit „erfunden hat"), diese hegt und pflegt und sich an ihr bedient, ist der „bürgerliche Staat".
Die Charakterisierung „bürgerlich" ergibt sich aus der Stellung des Staates zu seinen Untertanen: Der Staat der Marktwirtschaft zeichnet sich u.a. dadurch aus, dass er jeden Untertan als „freien", „gleichberechtigten" *Bürger* behandelt. (Siehe dazu auch weiter unten)

Da es das Anliegen des Autors ist, ein Modell einer vernünftigen Ökonomie vorzustellen, ist es angebracht, auch ein paar Gedanken dem bürgerlichen Staat zu widmen.
Dies erstens deshalb, weil sich die alternative Gesellschaft auch hinsichtlich des Zwecks und der Wirkungsweise der politischen Instanz von der bürgerlichen Demokratie unterscheidet.
Zweitens besteht bei den meisten Bürgern ein unangebracht hohes Vertrauen in die staatlichen Instanzen. Sie meinen, die Behörden wären dazu da, sich ihrer jeweiligen Interessen und Sorgen anzunehmen. Wenn diese das nachweislich nicht tun, kreiden sie das bestimmten Beamten, Politikern, Parteien oder erfundenen staatsfeindlichen Subjekten an, jedoch nie der Instanz selbst.
Eine gängige Variante des Misstrauens bezüglich der Politik besteht in dem Verdacht, dass "es sich die da oben schon richten, während der kleine Mann alles auszubaden hat". Man misstraut den Politikern, dass sie ihr Amt ehrlich, ohne Bedacht auf ihren Eigennutz und im Sinne der Bürger ausfüllen. Sicherlich gibt es Politiker, die ihr Amt auch für persönliche Vorteile nützen. Doch auch der Politiker, der in der Ausübung seines Amtes nicht an seinen Eigennutz denkt, orientiert sich in erster Linie an dem übergeordneten Standpunkt des Staates und nicht an den Interessen einzelner Bürger.
Drittens gab und gibt es kritische Bürger, die durchaus Bedenken bezüglich der Marktwirtschaft und deren segensreichen Wirkungen anzumelden haben und diese politisch verändern wollen. Das Fatale dabei ist, dass die meisten Kritiker dabei entweder an die Vertreter des bürgerlichen Staats appellieren oder gleich mit dessen Instanzen eine "andere" Politik machen wollen. Änderungen mögen dabei herauskommen (siehe weiter unten - Beispiel "Normalarbeitszeit"), jedoch

keine der grundsätzlichen Zwecke und Konsequenzen der Marktwirtschaft und staatlichen Politik.

1 Grundsätzliches zum bürgerlichen Staat

1.1 "Wer" ist der bürgerliche Staat?

Der bürgerliche Staat und seine Verwaltung haben sich weitgehend von der Abhängigkeit von bestimmten Personen emanzipiert. Der Ausspruch eines früheren Monarchen: "Der Staat bin ich" würde, von einem Regierungspräsidenten verkündet, heutzutage selbst bei sehr obrigkeitshörigen Personen Verwunderung auslösen. Jeder weiß, dass sich der bürgerliche Staat eine Dreiteilung in Legislative, Judikative und Exekutive verordnet, deren Prinzipien jeweils unabhängig von einem bestimmten Regenten funktionieren. Ein Heer von Beamten ist mit Staatsangelegenheiten beschäftigt, deren Maßstab Gesetze, Verordnungen und Bescheide sind.

Die Besetzung der Legislative wechselt je nach Wahlergebnis ebenso wie die Regierungsmannschaft. Politische Kommentatoren entdecken je nach Besetzung eine eher sozial-, oder wirtschaftsorientierte Politik. Sieht man sich die jeweilige Politik an, so wird man sich schwer tun, grundsätzliche Unterschiede zu erkennen. Staatspolitiker, ob nun sozialdemokratisch, konservativ, grün oder liberal, sorgen sich um das Staatsbudget, versuchen, ihre Wirtschaft zu fördern, halten Polizei und Militär intakt und machen eine Außenpolitik im Sinne der Stärkung ihres Machtbereichs.
Gerade an der Staatsmacht Nr.1 der Welt wird deutlich, wie wenig es an den persönlichen Vorlieben von bestimmten Politikern liegt, wie Staatspolitik gemacht wird. Dies klingt im ersten Moment seltsam, gerade wenn man die Präsidentschaftswahlen der USA beobachtet - da geht es ja um nichts anderes als um die Persönlichkeit des Kandidaten. Doch sieht man sich die Wahlprogramme der Kandidaten an, wird man wenige Unterschiede finden. Im "Land der unbegrenzten Möglichkeiten" gibt es nur zwei politische Gruppierungen, die um die Staatsmacht streiten. Selbst professionelle Politkommentatoren tun sich schwer, an der tatsächlich vollzogenen Politik Demokraten und Republikaner voneinander zu unterscheiden – sowohl Demokraten als auch Republikaner haben Kriege angezettelt und durchgefochten. An der

amerikanischen Verfassung und an der Ökonomie erkennt man den Unterschied schon gar nicht. Käme es einem Präsidenten in den Sinn, die Grundkonstanten dieser Macht, nämlich Privateigentum, Währung und Militär zu schädigen, gar abzuschaffen? Worum geht es dann bei der Wahl, wenn beide Kandidaten das gleiche wollen und die gleichen Instrumente dafür einsetzen? Letztlich um den Charakter des Kandidaten, d.h. darum, wer die repräsentablere Herrscherfigur sei. Da spielen "Charisma", "Glaubwürdigkeit", "Unbescholtenheit", "Durchsetzungsfähigkeit" eine große Rolle. Wer dem entspricht oder nicht entspricht, ist eine Geschmacksfrage.

Ein Charakteristikum des bürgerlichen Staates ist, dass er unabhängig von gewissen Persönlichkeiten und Parteien funktioniert, kraft seiner Verfassungsprinzipien, seiner Gesetze und Institutionen, die für seine Ökonomie geschaffen wurden.
Diese Ausführungen gelten für die demokratischen Staaten der Ersten Welt, Staaten mit einer durchökonomisierten marktwirtschaftlichen Gesellschaft. In vielen Ländern, die nicht zur Ersten Welt zählen, hängen Ökonomie und Politik sehr wohl von gewissen Personen bzw. Personengruppen ab. Diese nützen ihr politisches Amt auch für ihre persönliche Bereicherung und die Bezahlung ihrer Privatarmeen.

Der bürgerliche Staat besteht also
- in einer Ansammlung von Gesetzen, wovon sich die meisten auf Rechte und Pflichten hinsichtlich der Ökonomie beziehen,
- einer Regierung, die neue Gesetze beschließt,
- in einer Reihe von Verwaltungsinstitutionen und
- einer Gewalt, die in gewissen Fällen tätig wird,
- schließlich auch in einem Volk, das seine Regierenden (Herrschenden) wählt.

1.2 Charakteristika des bürgerlichen Staates

Was zeichnet den bürgerlichen Staat im Vergleich zu historischen Vorgängern aus:
- Der bürgerliche Staat benützt seine nationale *Marktwirtschaft*, um sich zu erhalten, zu stärken und gegenüber anderen Staaten durchzusetzen.
Das heißt nicht, dass er bei der Durchsetzung gegenüber anderen Staaten nur die Wirtschaft einsetzt und auf Gewaltmittel verzichtet.

- Der Staat gibt einen gesetzlichen Rahmen vor, innerhalb dessen sich jeder frei mit seinen privaten Mitteln (Privateigentum) verdingen kann. Diese Freiheit besteht darin, dass Bürger nicht Eigentum von anderen Bürgern (also keine Sklaven) sind und sich auf Grundlage ihres Privateigentums erhalten müssen. Der Schutz des Privateigentums ist eines der obersten Prinzipien.
- Das Recht bevorzugt nicht mehr gewisse Untertanen aufgrund ihrer persönlichen Eigenschaften (z.b. Abstammung), sondern behandelt alle Staatsbürger als gleich vor dem Gesetz. Das heißt nicht, dass alle Bürger daraus den gleichen Nutzen ziehen. Die Größe des Privatvermögens entscheidet in der bürgerlichen Gesellschaft sehr wohl über Benachteiligungen bzw. Bevorzugungen.
- Es wird *ein* staatlich garantiertes Tauschäquivalent, staatliches (Papier-)Geld, etabliert, worüber der Staat innerhalb der Nation die Hoheit hat. Den nationalen Reichtum misst er an diesem Geld, seinen Staatshaushalt budgetiert er mit Geld.
- Der bürgerliche Staat trachtet, seine gesamten staatlichen Ressourcen (Land und Leute) für seine Ökonomie zu funktionalisieren, das heißt für die Reichtumsproduktion herzurichten und zu nützen. Dies bedeutet, dass er sich in diesem Sinne auch um die Ausbildung, Gesundheit und Infrastruktur kümmert.
- Der bürgerliche Staat hat innerhalb seines Territoriums das Gewaltmonopol (Polizei, Militär). Privatarmeen werden nicht geduldet.
- Die Herrschenden (Regierenden) werden vom Staatsvolk gewählt. Jeder Staatsbürger ab einem gewissen Alter hat das Recht, sich aktiv und passiv an der Wahl zu beteiligen. Das gesamte Staatsvolk wird mit der Absegnung der Politik betraut, indem es dazu seine Stimme abgeben kann. Jeder Bürger - unabhängig von Rang und Stand - kann sich selbst der Wahl stellen, außer er verstößt mit seinem Programm gegen die Grundprinzipien des bürgerlichen Staates.

Ergänzungen zu Privateigentum und Gewalt:
Mit der Festlegung des Privateigentums und der darauf basierenden Marktwirtschaft sind auch ökonomische *Interessengegensätze* der Bürger miteingerichtet:
- Der Anbietende will möglichst viel Geld für seine Ware bzw. Leistung, der Nachfragende möglichst wenig dafür bezahlen, manchmal auch gar nichts (Raub, Diebstahl);

- Privateigentum darf nur vom Besitzer genossen und vermehrt werden, deshalb ist streng auf unzulässige Übergriffe zu achten - bei den meisten Rechtsstreitigkeiten geht es eben darum.
- Vielfach wird er heutzutage schon totgesagt und nur dann als Gespenst wahrgenommen, wenn die Gewerkschaft zum Streik aufruft: der Klassengegensatz. Dieser ergibt sich aus der ökonomischen Grundbestimmung der Marktwirtschaft, dass Arbeitnehmer, die ihre Arbeitskraft verkaufen, ein Kostenfaktor für den Unternehmer sind. Löhne sind für die Arbeitnehmer Lebensbedingung, für die Arbeitgeber minimal zu haltende Kosten!

Gesetze alleine reichen nicht, um diese Gegensätze im Zaum zu halten. Es bedarf auch eines gut funktionierenden Gewaltapparates, der für die Einhaltung der Gesetze bürgt. In den meisten Fällen reicht die Androhung von Gewalt. Der Großteil der Staatsbürger hält sich an die Gesetze. Die Gewalt, die hinter den Gesetzen steht, wird deshalb von den Bürgern nur in Extremfällen bzw. in Spielfilmen als solche wahrgenommen und der Bezug auf diese ist in der Regel positiv (weshalb, siehe weiter unten im Kapitel "Das Verhältnis des Bürgers zu Staat und Marktwirtschaft").

1.3 Der funktionale Umgang mit den Staatsbürgern

Die Erläuterungen zur Einbeziehung der Bevölkerung in die Staatsangelegenheiten ergaben, dass das Wohlergehen aller Bürger nicht oberster Zweck des bürgerlichen Staates ist. Der oberste Zweck ist die Stärkung seines Machtbereiches. Dafür benötigt der bürgerliche Staat eine starke konkurrenzfähige Marktwirtschaft und eine gut bestückte Armee.

Wie kommt nun darin der Bürger vor, welches Interesse hat der bürgerliche Staat an seinen Bürgern? Diese sollen für dessen Ökonomie und Souveränitätserhaltung und -stärkung gut funktionieren bzw. tauglich sein:

- Es werden ausreichend Staatsbürger als Arbeitskräfte und Soldaten gebraucht. Die Familie wird als Keimzelle für den brauchbaren Nachwuchs gesehen. (Familienpolitik)
- Es werden ausgebildete Arbeitskräfte - gemäß den Anforderungen der Wirtschaft - gebraucht. (Bildungspolitik)
- Der Gesundheitszustand der Bevölkerung sollte für den Einsatz in den beiden Bereichen ausreichend sein. (Gesundheitspolitik)

- Interessant ist der Bürger vor allem auch als Steuerzahler, als Quelle der Einnahmen des Staates (andererseits auch als Ausgabenfaktor - z.B. Bildung, Gesundheit etc.). (Finanzpolitik)
- Besonderes Augenmerk gilt den Lieblingsbürgern des bürgerlichen Staates, den Unternehmern. Diese gilt es als Motor der Marktwirtschaft zu unterstützen. (Wirtschaftspolitik)
- Es sollte genügend motiviertes Personal für die Bedienung des Waffenarsenals vorhanden sein. (Wehrpolitik)

Von der Maxime des Funktionierens der Bevölkerung für seine Staatszwecke rückt er auch nicht bei Bereichen ab, die keinen direkten Bezug zu Wirtschaft und Armee haben:

- Der moderne bürgerliche Sozialstaat hält auf der Straße Verhungernde für störend und stellt für das Überleben einen kleinen Betrag zur Verfügung - die Armut und Bedürftigkeit wird damit nicht abgeschafft, aber sie fällt nicht mehr so störend auf. (Sozialpolitik) Die vollkommen aus dem sozialen Netz Gefallenen werden karitativen Organisationen überlassen.
- In die Abteilung Sozialstaat fallen auch die nicht arbeitenden älteren Menschen. Für die Versorgung der Alten hat er ein Versicherungssystem eingerichtet, das den zukünftigen Pensionisten einen Betrag von ihrem Verdienst zwangsweise abzieht, der später als Rente bezogen werden kann.

Diese Rente ist für die meisten Bürger nicht allzu hoch. Wer nicht zusätzlich privat vorgesorgt hat, muss sich im letzten Lebensabschnitt sehr bescheiden.

- Der kulturelle Bereich (Kulturpolitik) ist dem bürgerlichen Staat nicht unwichtig, nicht nur hinsichtlich des Fremdenverkehrs, sondern auch im Hinblick auf seine nationale Reputation. Deshalb gibt es hiefür auch Subventionen.

(Mit dieser Aufzählung der staatlichen Bereiche wird kein Anspruch auf Vollständigkeit erhoben.)

Der bürgerliche Sozialstaat widmet sich also seinen Bürgern, indem er das Elend der Marktwirtschaft verwaltet und darauf achtet, dass alle Ressourcen seines Territoriums funktional für seine Ökonomie sind und es auch bleiben.

Der bürgerliche Staat engagiert sich in Bereichen, bei denen kein Geschäftsinteresse vorliegt oder die er dem Geschäftsinteresse nicht überlassen will. Bei der diesbezüglichen Aufteilung in privates (karitative Einrichtungen) und staatliches Engagement gibt es von Staat zu Staat Unterschiede.

In der Haushaltsrechnung eines "Industrielandes" werden die Einnahmen, also Steuern und andere Abgaben, die den Bürgern abverlangt werden, den Ausgaben gegenübergestellt. Diese Ausgaben beinhalten u.a. die Kosten der Bereiche Gesundheit, Ausbildung, Familie, Arbeitslose, Armee etc.
Der Staat will sich im Sinne seiner Währung und Wirtschaft nicht übermäßig verschulden. Das bedeutet fallweise entweder Steuererhöhungen oder Ausgabenkürzungen bzw. beides finanztechnisch "ausgewogen". Der Bürger ist Kostenfaktor und Einnahmequelle und wird in dieser zweifachen Hinsicht im staatlichen Budget kalkuliert.

2 Menschenfreundliche (soziale) Marktwirtschaft?

Dass sich marktwirtschaftliche Unternehmer um Armutsbeseitigung, angenehme Arbeitsplätze, effektiven Umweltschutz kümmern und dies zu ihrem Anliegen machen, ist nicht zu erwarten - im Gegenteil: Da sie damit beschäftigt sind Gewinne zu erwirtschaften, sehen sie diese menschenfreundlichen Ziele eher als kontraproduktiv an.
Der naheliegende Gedanke für die meisten Bürger besteht darin, ihre Interessen und die Schädigung ihrer Interessen beim Staat anzumelden und von diesem Hilfe zu erwarten - und zwar Hilfe gegen die Interessen anderer, durch welche die Schädigungen hervorgerufen bzw. Interessen behindert werden.
Ist nun, wenn es um Schädigungen durch die Ökonomie geht, der bürgerliche Staat überhaupt der richtige Ansprechpartner bzw. Verbündete? Der Staat ist einer der Hauptnutznießer einer florierenden Ökonomie und wird doch nicht gegen diese vorgehen! Dies bestätigt die tagtägliche Regierungspolitik - doch die besteht auch darin, nicht immer den Standpunkt der Unternehmer zu vertreten. Manchmal wird letzteren auch etwas gegen deren Interessen abgerungen.
Wie und warum das geht, wird im Folgenden an der staatlichen Politik hinsichtlich der Arbeitszeit ausgeführt.

2.1 Die Reduzierung der "Normalarbeitszeit"

In vorkapitalistischen Zeiten gab es keine fest umrissenen Arbeitszeiten. Diese wurden durch die Natur oder die Ablieferungsmodalitäten für Produkte vorgegeben, eine strikte Trennung zwischen Freizeit und Arbeitszeit ließ sich kaum feststellen.

Erst mit der Etablierung der kapitalistischen (marktwirtschaftlichen) Verhältnisse und der Einrichtung von Lohnwerkstätten wurde die Arbeitszeit von privater Freizeit geschieden und ein wesentlicher ökonomischer Faktor. Die Arbeitszeit war und ist die Zeit, in der Arbeitnehmer ihre Arbeitskraft dem Arbeitgeber zur Verfügung stellen. In dieser Zeit soll für letzteren möglichst viel Mehrwert realisiert werden. Alleine diese ökonomische Tatsache, dass eine Arbeitskraft, je länger sie arbeitet, umso größeren Mehrwert schafft, ist ein Stachel für die Unternehmer, die Arbeitskräfte möglichst lange arbeiten zu lassen. Verschärft wurde dies durch den Einsatz von Maschinen. Dieses fixe Kapital verursacht Kosten, auch wenn es nicht genutzt wird - deshalb ist es am rentabelsten, die Maschinen ständig laufen zu lassen. Die Konsequenzen für Arbeitnehmer lagen auf der Hand: Rigorose Ausbeutung der Arbeitskraft durch Verlängerung des Arbeitstages auf 12 bis 16 Stunden und das an 6 Tagen pro Woche. In den Jahren 1800 bis 1860 stieg die durchschnittliche wöchentliche Arbeitszeit z.B. in Preußen von 60 auf 82 Stunden. Als die männlichen Arbeitskräfte nicht mehr ausreichten, wurden vermehrt Frauen und Kinder mit ebenso langen Arbeitszeiten eingesetzt. Oft wurde der Arbeitsplatz auch als Schlafstätte benutzt.

Diese Entwicklungen vollzogen sich in den industrialisierten Staaten Europas und in den USA, von kleineren Unterschieden abgesehen, zur gleichen Zeit. Die Arbeiterschaft protestierte. Abgesehen davon, dass diese Proteste manchmal sehr zahm ausfielen (Widerstand gegen die Sonn- und Feiertagsarbeit) oder gar nicht die Marktwirtschaft oder den bürgerlichen Staat als Ursachen für ihr Elend ausmachten (Maschinenstürmerei), die staatliche Politik registrierte diese als Störung. Wenn die Proteste größere Ausmaße annahmen, wurde diesen mit Gewalt geantwortet. Dennoch wurde der bürgerliche Staat von der Arbeiterschaft als eine Appellationsinstanz erachtet, die doch Rechte der Arbeiter anerkennen sollte. Nur ein relativ kleiner Teil der Arbeiterbewegung gelangte zur Einsicht, dass mit dem bürgerlichen Staat keine Politik zur grundsätzlichen Abschaffung des Elends zu machen ist. Wie sah für viele Jahrzehnte (etwa bis Mitte des 19. Jahrhunderts) die Stellung der Politik dazu aus: Die Marktwirtschaft und der bürgerliche Staat lebten von der Freiheit der Unternehmer, ihre Ressourcen optimal zu benützen. Diese Freiheit wollte man den Unternehmern nicht beschneiden, ebenso wenig wie den Arbeitern, sich möglichst lange zu verdingen.

Das Interesse des Staates an einer konkurrenzfähigen Ökonomie schloss und schließt auch sein Interesse an einem brauchbaren Staatsvolk mit ein. Die Bevölkerungsstatistiken und vor allem die Berichte der Stellungskomitees gaben den Politikern zu denken: Eine erschreckende Verwahrlosung hatte das Staatsvolk heimgesucht:
- Der Gesundheitszustand der Bevölkerung war katastrophal. Nicht, dass man nichts von dem Elend gewusst hätte, aber dieses hatte eine Dimension angenommen, welche den Staat selbst gefährdete. Ein große Anzahl der jungen Menschen war untauglich für den Gebrauch als Soldaten, die Frauen sorgten nicht in ausreichendem Maße für den Nachwuchs, die Lebenserwartung war stark gesunken (auf etwa 40 Jahre), was schließlich die Arbeitspotenz und Wehrkraft eines Staates verminderte.
- Auch der Bildungszustand der Bevölkerung hatte ein Niveau erreicht, das selbst für relativ einfache Tätigkeiten nicht mehr ausreichend war.

Sukzessive begann sich jetzt die staatliche Politik auch gegen die Interessen der Unternehmer bezüglich der Ausbeutung der Arbeitskräfte einzumischen und es wurden einige Gesetze zum Schutze der ArbeitnehmerInnen erlassen (Kinderarbeitsverbot, Jugendlichen- und Frauennachtarbeitsverbot). Bis Ende des 19. Jahrhunderts war in vielen industrialisierten Staaten der Zehn- bzw. Elfstundentag als Maximalgrenze des Arbeitstages gesetzlich festgeschrieben.

Damit war der schrankenlosen Ausbeutung hinsichtlich der Zeitdauer zumindest gesetzlich eine Grenze gesetzt. Und diese Grenze besteht bis heute. Dies bedeutet, dass auch heutzutage eine Arbeitsleistung von 10 Stunden (und sogar mehr, wenn eine Bewilligung vorliegt) den Arbeitnehmern abverlangt werden kann:

"Normalarbeitszeit bei Schichtarbeit
§4a (2) Die tägliche Arbeitszeit darf neun Stunden nicht überschreiten. Sie kann in Fällen des §4 Abs. 3 und 7 bis auf zehn Stunden ausgedehnt werden
(3) Bei durchlaufender mehrschichtiger Arbeitsweise mit Schichtwechsel kann die tägliche Normalarbeitszeit bis auf zwölf Stunden ausgedehnt werden, ..."
(Aus dem österreichischen Arbeitszeitgesetz, derzeit gültige Fassung)

Mit der gesetzlichen Einführung des Maximalarbeitstages von 10 (in gewissen Fällen von 12) Stunden, die lange genug auf sich warten ließ, war zwar die Spitze des Eisbergs gebrochen, doch die Belastungen der Arbeiter kaum geringer geworden. Die Produktionstechnik war fortgeschritten, und die Intensität der Arbeit erhöht worden (Taylorismus). Die Arbeiterschaft rebellierte erneut und es begann der "Kampf um den Achtstundentag". Die Entlohnung sollte nicht gekürzt und die tägliche Arbeitszeit auf acht Stunden reduziert, jedoch nicht begrenzt werden. Die über acht Stunden hinausgehenden Stunden müssten dann als Überstunden entgolten werden. Vorerst verweigerte die staatliche Politik aufgrund der vehementen Proteste der Unternehmer diese Arbeitszeitregelung.

Doch nach dem Ersten Weltkrieg wurde diese Forderung in Deutschland und Österreich zu einem staatlichen Gesetz. Drei Gründe waren dafür ausschlaggebend:
- Erstens der zerrüttete Gesundheitszustand der vom Krieg und der Kriegsarbeit ausgelaugten Bevölkerung: Wieder galt es für den Staat, sein Staatsvolk brauchbar zu halten.
- Zweitens die sehr hohe Arbeitslosigkeit, welche der Staat in dieser Höhe als staatsschädigend erachtete: Mit der Einführung des Achtstundentags erwartete man sich eine Verringerung der Arbeitslosigkeit.
- Drittens eine parlamentarische Mehrheit gegenüber der reformunwilligen Unternehmensfraktion.

Im Verlaufe der folgenden Jahre setzte sich die Ansicht durch, dass es durchaus auch im Sinne der Wirtschaft wäre eine 40-Stundenwoche als Normalarbeitszeit festzulegen (wodurch z.B. die Wirkungen des "Blauen Montags" eingedämmt werden konnten). Die intensivere Nutzung der Arbeiter und die gesteigerte Produktivität würde es durchaus gestatten, ihnen zwei Tage pro Woche frei zu geben und damit die Arbeitnehmer leistungsfähiger und arbeitswilliger zu erhalten. In einigen Ländern wurde dies noch vor dem Zweiten Weltkrieg gesetzliche Norm, in Deutschland und Österreich erst nach dem Krieg stufenweise eingeführt. Für die ebenfalls stattfindende Verschärfung des Jugendarbeitsschutzgesetzes war wiederum der körperliche Zustand der potentiellen Soldaten ausschlaggebend.

Die 40-Stundenwoche bedeutete nun nicht, dass von den Arbeitnehmern nur 40 Stunden in der Woche gearbeitet wird. Überstunden sind gestattet und werden auch geleistet - gemäß den Erfordernissen der Betriebe.

In den sozialstaatlich orientierten Ländern gibt es überdies die Tendenz der Verlängerung der Lebensarbeitszeit ohne Verbesserung der Ansprüche im Ruhestand. Angesichts der Arbeitsbedingungen und ge-

Der staatliche Umgang mit der Marktwirtschaft und deren Elend   51

sundheitlichen Verfassung der älteren Menschen bedeutet das für viele eine Verschlechterung der Lebenssituation.

Zusammenfassend lässt sich Folgendes feststellen:
Der bürgerliche Staat schritt gegen die Interessen der Wirtschaft ein, da sie ihre und des Staates Grundlagen selbst beschädigte und unbrauchbar werden ließ. Weder das Elend der Geschädigten noch ihre Auflehnung gegen die Ausbeutung waren der Grund der Schutzbestimmungen, schon gar nicht, den Leuten ein angenehmes Leben zu ermöglichen, sondern die Wirtschaft und das Staatsvolk funktional für staatliche Ansprüche zu erhalten. Dementsprechend wird (auch) bezüglich der Arbeitszeitpolitik immer abgewogen, wie viel Nutzen eine Maßnahme, die gegen die Interessen der Unternehmer beschlossen wird, für die Volkswirtschaft allgemein (besser nutzbare Arbeitskräfte) oder für staatliche Belange (z.B. Budget und Militär) mit sich bringt. Von diesem Standpunkt aus kann es durchaus angebracht sein, die Arbeitszeit auch mal wieder zu verlängern, wie die Hinaufsetzung des Ruhestandsalters belegt.

2.2 Was ist von staatlicher Politik zu erwarten?

Mit dem oben angeführten Beispiel sollte die Stellung des bürgerlichen Staates zum Elend in der Marktwirtschaft verdeutlicht werden. Es zeigt, dass die Politik des bürgerlichen Staates durchaus Veränderungen in Richtung Verbesserung der Lage der Bevölkerung herbeiführen kann. Die Frage ist eben nur, wieweit diese Verbesserungen gehen können und unter welchen Umständen sich diese dem Staat abringen lassen.
Sieht man sich unter diesem Gesichtspunkt nochmals die schon besprochenen Lebensbereiche Armut (Wohlstand), Arbeit, Gesundheit, Umwelt, Krieg und Frieden an, sollte dabei immer die oberste Maxime des bürgerliche Staats beachtet werden, die lautet: die Politik, die der Staat betreibt, soll letztendlich den Staat stärken - dafür notwendig sind eine starke Wirtschaft, eine adäquate Armee und die dazu passende Bevölkerung.

2.2.1 Armut / Wohlstand

Hält die Tendenz an, so ist davon auszugehen, dass der Gesamtreichtum (in der Ersten Welt) zwar weiter steigen, die Kluft zwischen einigen Reichen und vielen Armen allerdings größer wird. Auch was die

Arbeitslosigkeit betrifft, so wird diese langfristig gesehen weder sinken noch gleich bleiben, sondern steigen.

Allen Politikern des bürgerlichen Staats ist die Marktwirtschaft als Grundlage ihres Regierens vorgegeben.
Gegen die "Rationalität" dieser Ökonomie, der Marktwirtschaft, kann sich keine bürgerliche Partei gleich welchen Couleurs stellen, will sie einen bürgerlichen Staat (mit)regieren.
Demokratische Politiker betonen - besonders penetrant vor den Wahlen -, ihre Politik zum Wohle der Menschen zu betreiben. Ob diese nun selbst daran glauben oder bewusst lügen, der aufgeklärte Wähler weiß, was er davon zu halten hat: Staatspolitische Maßnahmen haben sich an Gesichtspunkten der Souveränität und Marktwirtschaft zu relativieren - ebenso wie die Interessen und Bedürfnisse der Bürger.
Ein Gedankenexperiment möge dies verdeutlichen: Gäbe es einen Finanzminister, den die Armut seiner Bürger tatsächlich störte und der deshalb seine Notenpresse in Gang setzte, um jeden Bürger ausreichend mit Geld zu versorgen, würde er damit in der Marktwirtschaft nicht einmal kurzfristig die Lage der Leute verbessern. Die Preise würden sofort rasant ansteigen und somit die Lebenshaltung wieder verteuern. Außerdem wäre die Stabilität der Währung sehr rasch ruiniert, was weitere wirtschaftliche Nachteile mit sich brächte. (Gelingen könnte so etwas nur durch eine Abkopplung vom Weltmarkt und eine staatliche Preisregulierungspolitik - dies wäre dann aber keine freie Marktwirtschaft)

Auch wenn dem bürgerlichen Staat in Zukunft einerseits durch gestiegene Steuereinnahmen absolut gesehen mehr Mittel zur Armutsbekämpfung zur Verfügung stünden, so wird dieser mit einer wachsenden Zahl von zu Unterstützenden konfrontiert sein. Trotz steigendem Gesamtreichtum werden keine höheren Zuwendungen für die Verlierer in der Marktwirtschaft zur Verfügung stehen.
Auch eine starke Hebung des Mindestlohnniveaus würde die Wirtschaft eines Landes gegenüber anderen unter Druck setzen, dennoch konkurrenzfähig zu bleiben, was nur einigen mit starken Rationalisierungsmaßnahmen und Produktivitätssteigerungen gelingen wird - viele Betriebe würden dies nicht verkraften und die Zahl der Arbeitslosen und Armen steigen.
Eine weitere Möglichkeit, die der Staat ausschöpfen könnte, wäre die so genannte Umverteilungspolitik. Im Prinzip besteht diese Politik darin, Einkommensteile der Reichen den ärmeren Bürgern zukommen

zu lassen. Diesbezügliche Berechnungen ergeben allerdings ernüchternde Ergebnisse. Selbst eine starke Schröpfung der Geldvermögen der Reichen ergäbe nur eine minimale Aufbesserung der Einkommen ärmerer Bürger. Abgesehen davon kann es gar nicht im Interesse des bürgerlichen Staats liegen, das (Kapital-)Eigentum, auf das es in der Marktwirtschaft ankommt, empfindlich zu besteuern - er würde damit viele marktwirtschaftliche Aktivitäten uninteressant machen und damit einen Bereich schädigen, an dem er sich bedient.

Ist die Marktwirtschaft Grundlage des Staates, dann ist damit auch unweigerlich das Interesse des Unternehmers an einem möglichst niedrigen Lohn gegeben und Armut die Konsequenz. Die staatspolitische Variable besteht in der Höhe der Unterstützungen zur Abfederung der schlimmsten Armut. Da für den bürgerlichen Staat das Geld Maßstab seines Reichtums ist, darf der Geldwert durch eine Aufblähung von Schulden nicht gefährdet werden. Und wenn schon budgetierte Schulden in Kauf genommen werden, so gibt es für den Staat wichtigere Ausgabenfelder als die Sozialunterstützungen, wie z.B. das Militär.

Sich die Ausgaben für die Armee zu sparen und das Geld an die Armen zu verteilen, kommt für den bürgerlichen Staat nicht in Frage. Auch unter der Annahme, dass es in der Ersten Welt für längere Zeit keine Kriege geben wird, ist dies undenkbar - es würde eine Schwächung seiner Souveränität bedeuten.

Was die absoluten Elendsregionen der Welt betrifft, ist nicht zu erwarten, dass es diese schaffen, das massive existenzielle Elend zu verringern, geschweige es abzuschaffen. Die Kluft zwischen einigen wenigen Wohlhabenden und einer großteils verwahrlosten Bevölkerung wird nicht kleiner sondern eher größer.

Die Länder der Ersten Welt sind dazu übergegangen, die Entwicklungshilfe zu reduzieren. Die früheren Unterstützungen, die teilweise auch in begünstigten Krediten für den Aufbau des Militärs und der Polizei der Entwicklungsländer bestanden, werden seit der Auflösung der Sowjetunion anders begutachtet. Früher wurde die Entwicklungshilfe als zusätzliches Angebot an die armen Länder gesehen, diese im Lager des "freien Westens" zu halten und einen Wechsel zu "freundlichen Beziehungen" mit der SU zu erschweren. Da die Möglichkeit des Wechsels in ein feindliches Lager entfallen ist, erachten maßgebende Politiker der marktwirtschaftlichen Ersten Welt den Begriff "Entwicklungsland" und damit auch die zweifelhafte "Hilfe" zur Entwicklung als nicht mehr zeitgemäß.

2.2.2 Arbeit

Das Einführen einer gesetzlichen Arbeitsplatzgarantie - und damit die Beseitigung eines der existenziellen Probleme - ist vom bürgerlichen Staat nicht zu erwarten. Nur ein Staat, dessen Grundlage nicht die Marktwirtschaft ist, würde eine Arbeitsplatzgarantie durchsetzen (können).

Der bürgerliche Staat kann und wird nur sehr eingeschränkt auf die Personalpolitik des Unternehmers einwirken. Er kann z.B. die Unternehmer durch staatliche Förderungen dazu bewegen, Arbeitslose einzustellen - zwingen wird er sie dazu nicht. Arbeitslosigkeit wird also durch staatliche Politik nicht verhindert werden; sie wird tendenziell ansteigen, abhängig von den jeweiligen Konjunkturen. Die Unterstützung der Arbeitslosen durch den Staat hat sich an dem Budget des Staates zu relativieren - was das Ausmaß der Unterstützung betrifft, so mag dieses innerhalb einer gewissen Bandbreite von Regierung zu Regierung wechseln.

Das staatliche Eingreifen in die Arbeitsbedingungen wurde schon im Kapitel über "Reduzierung der Normalarbeitszeit" bezüglich der Grundlagen und der Verlaufsform beschrieben - das dort festgehaltene Resümee fasst die Stellung staatlicher Politik zu den Arbeitsbedingungen zusammen.

2.2.3 Gesundheit

Aufgrund der vom bürgerlichen Staat gesetzten Restriktionen der Budgetpolitik wird er auch in Zukunft nur einen Teil der medizinischen Leistungen den Pflichtversicherten zu erschwinglichen Preisen anbieten. Wollen diese eine spezielle bzw. eine bessere Betreuung, werden sie weiterhin (und wahrscheinlich in erhöhtem Maße) privat zuzahlen müssen.

Dies gilt auch für die Altersversorgung. Da sich der bürgerliche Staat in diesen Bereichen (Gesundheit, Altervorsorge) finanziell überfordert sieht, wird dem Bürger vermehrt klar gemacht, dass er zusätzlich noch "privat" vorzusorgen hat. Diesen Trend findet man in allen Staaten der Ersten Welt, egal welche Regierung das Sagen hat.

Eine Reduzierung der Normalarbeitszeit auf 20 - 25 Stunden wöchentlich, gesicherte Arbeitsplätze, die Durchsetzung von angenehmen Arbeitsbedingungen in allen Bereichen (und das bei einer Entlohnung, welche ein gutes Leben ermöglicht), wären Bedingungen, welche den Gesundheitszustand der Bevölkerung erheblich verbessern würden. Abgesehen davon, dass diese allgemein als unrealistisch eingeschätzte

Forderungen gar nicht gestellt werden, so wäre der bürgerliche Staat wohl die falsche Adresse dafür. (Siehe dazu ebenfalls Kapitel "Reduzierung der Normalarbeitszeit")

2.2.4 Umwelt

Allgemein hat sich in der Ersten Welt der politische Standpunkt durchgesetzt, dass auf die natürlichen Voraussetzungen beim Wirtschaften zu achten ist, da sich durch Vernichtung und Schädigung von Natur auf Dauer Schädigungen für das Wirtschaften selbst ergeben. Bei den Umweltschutzvorschriften sind die staatlichen Auflagen insofern zahm, da dadurch das Wirtschaften selbst nicht übergebührlich behindert werden soll. Dies ist auch in Ländern der Fall, wo die Grünen mitregieren.

Mag sein, dass sich der Staat aufgrund der enormen Schädigungen, die sich mittelfristig bzw. langfristig zeigen werden, zu rigoroseren Maßnahmen hinreißen lässt - aber auch nur in einem Ausmaß, welches das *allgemeine* Gewinnmachen nicht beeinträchtigt. Einige Betriebe oder Branchen mögen darunter leiden, die gesamte Wirtschaft darf damit nicht geschädigt werden.

2.2.5 Krieg und Frieden

Krieg ist und bleibt immer eine Option des bürgerlichen Staats. Kriege werden laufend geführt und zwar unter starker Beteiligung der Staaten der Ersten Welt. Daran ändern weder friedvolle Äußerungen von Diplomaten noch der relativ lange Friedenszustand zwischen den Staaten der Ersten Welt etwas.

Daraus ist nun keine Beschwörung eines weiteren Weltkriegs abzuleiten. Für solch einen "großen" Krieg sind mehrere Faktoren ausschlaggebend: die wirtschaftliche Entwicklung, Bündnispolitik, Krisenregionen der Welt, Waffentechnologie, die Politik in einigen Ländern der Ersten Welt. Insofern sind Prognosen bezüglich eines Weltkriegs unangebracht.

Wahrlich keine gewagte Prognose ist, dass weiterhin vehement aufgerüstet werden wird. Auch in den Zeiten der so genannten "Abrüstungsverhandlungen" ging es niemals um eine prinzipielle Reduzierung der Aufrüstung, sondern um die Aufgabe von vorhandenem Kriegsgerät, welches für das Erreichen der Kriegsziele nicht mehr notwendig erschien.

Friedensbewegungen, die meistens aktiv werden, wenn der eigene Staat den "Verteidigungsfall" proklamiert, appellieren dann an die Moral des eigenen Staates. (Was fällt ihnen dann noch an Kritik ein, wenn ihr Staat den Feind der Unmoral bezichtigt!) Der Adressat ihres Appells ist falsch gewählt, denn er unterstellt eine "gute" Seite des Staates. Dieser ist jedoch weder gut noch schlecht, sondern verfolgt Interessen - und für diese nimmt er, wenn es nötig ist, auch eine Menge Leichen in Kauf.

2.3 Das Verhältnis des Bürgers zu Staat und Marktwirtschaft

Es scheint nur nahe zu liegen, dass aufgrund der Wirkungen der Marktwirtschaft und staatlichen Politik ein Großteil der Bürger sich dagegen auflehnt und eine vernünftigere Form des Zusammenlebens wählt. Dem ist aber nicht so - im Gegenteil: Auch wenn an Stammtischen und anderswo Politiker und wirtschaftliche Zustände kritisiert werden, an den Prinzipien der Marktwirtschaft und des Staates haben die wenigsten etwas auszusetzen.

So seltsam es klingt, liegt dies erstens daran, dass die Bürger von diesen Verhältnissen abhängig sind. Sie wollen mit ihrem Leben so gut wie möglich zurechtkommen und dabei sind sie auf die vorgefundenen Verhältnisse verwiesen. Sie kommen gar nicht dazu bzw. lehnen es als luxuriöse Spinnerei oder Träumerei ab, sich mit Alternativen ernsthaft zu beschäftigen und die bestehenden Verhältnisse in Frage zu stellen. Das Kreuzchen bei den Wahlen und fallweise abfällige Bemerkungen über Politiker und deren Politik reichen den meisten als Demonstration ihrer kritischen Stimme. Diese Abhängigkeit wird von den Bürgern kaum als Grund für das Mitmachen und ihr Untertanenbewusstsein akzeptiert - schließlich ist man ein freier Mensch. Als solcher bekennt man sich zu den Prinzipien der Marktwirtschaft und zu seinem Staat und hat hiefür auch Argumente.

Zweitens erscheint ihnen die Marktwirtschaft deshalb als vorteilhaft, weil sie so gerecht wäre: jeder hätte als freier Bürger Chancen, sich in dieser Gesellschaft ein gutes Leben zu erarbeiten (verdienen). Wenn es nicht gelingen sollte, so läge es an einem selbst ("Versager"), oder unglückliche Umstände bzw. andere Personen hätten Schuld an dem Misserfolg. Den Prinzipien der Marktwirtschaft werden die Probleme bei der individuellen Lebensbewältigung und -gestaltung kaum angelastet. Konkurrenz ("belebt das Geschäft") und Markt ("alles ist möglich"), Privateigentum ("jeder ist seines Glückes Schmied"), die Ware Arbeitskraft ("jeder bekommt, was er verdient") werden mit positiven

Attributen besetzt. Wenn Kritik diesbezüglich aufkommt, dann in der Hinsicht "die unsozialen Härten des Marktes und der Konkurrenz einzudämmen" - aber, Gott bewahre, doch nicht die Marktwirtschaft zu beseitigen.
Drittens sind Staatsbürger der Gewalt ihres Staates unterworfen. Diese Gewalt manifestiert sich in Gesetzen, der Polizei und dem Militär, aber sie steht nicht hinter jedem Bürger. Dieser hält sich großteils an die Gesetze. Auch wenn er so manche Bestimmung als nicht gerecht empfindet, hat er einen positiven Bezug zum Staat. Der demokratische bürgerliche Staat wird als Instanz gesehen, die für die Interessen der einzelnen Bürger zuständig ist. Das ist dieser ja auch tatsächlich, aber so, dass diese Interessen in das staatliche Programm von Wirtschaftswachstum, Budget, Steuern, innerer Ordnung und Außenpolitik passen. Somit sind die Interessen diesen Gesichtspunkten unterzuordnen - man hat sich nach der Decke zu strecken. Das findet der Bürger oft ungerecht, schimpft über Politiker und Parteien, akzeptiert aber diese Kriterien der staatlichen Politik.
Nur allzu oft zieht er daraus den (falschen) Schluss, dass sein Wohlergehen eines starken Staates bedarf (- falsch ist der Schluss deswegen, da unterstellt wird, dass es dem Staat und dessen Politik um das Wohlergehen des Einzelnen ginge). Sieht sich der Staat geschwächt, so kann er auf die Zustimmung seiner Bürger zählen, wenn er gegen von ihm ausgemachten inneren Feinde (Ausländer, ethnische Minderheiten, Kommunisten, etc.) und äußere Feinde (andere Staaten) vorgeht, um sich wieder stark zu machen. Auch wenn es die "Nie wieder" - Mahner nicht wahrhaben wollen: die Samen des faschistischen Bewusstseins werden in der bürgerlichen Demokratie gesät. Komplett vollendet ist das nationalistische Bewusstsein dann, wenn das eigene Wohlergehen schon gar nicht mehr vorkommt, sondern nur mehr die Nation - für die man dann auch im Kriegsfall mit einem "Hurra" auf den Lippen sein Leben lassen kann.

Wenn Bürger mit Lebensumständen, die auf Marktwirtschaft und Politik zurückzuführen sind, unzufrieden sind, besteht für viele die Auflehnung darin, mit ihrem Wahlkreuzchen den Politikern einen Denkzettel zu verpassen. Die Enttäuschung folgt auf dem Fuße. Die Politiker wären doch alle gleich, Politik sei ein schmutziges Geschäft. Das prinzipielle Vertrauen in das bestehende System ist allerdings nach wie vor ungebrochen. Bei der nächsten Wahl machen die meisten wieder ihr Kreuzchen. Einige verleihen ihrer Enttäuschung mit einer Stimmenthaltung Ausdruck. Dies ist jedoch in den meisten Fällen nicht als Protest gegen Marktwirtschaft und Demokratie zu interpretieren. Die Kritik politisch engagierterer Bürger sieht so aus, dass sie an den Staat appellieren, dieser solle doch im Sinne gewisser Interessen mehr Rücksicht walten lassen. Werden diese Appelle zur Kenntnis genommen, gilt dies für die Kritiker oft schon als Erfolg. Die tatsächliche Berücksichtigung und Durchsetzung von Interessen gelingt dann, wenn sie in die staatliche Politik und seine Kriterien passen. Forderungen, wie "Fünfstundenarbeitstag für alle" oder "gratis Wohnen für alle" würden wohl Unverständnis bei Politikern und Beamten hervorrufen. Aufgeklärte Bürger wissen das. Deshalb garnieren sie ihre Forderungen mit Vorteilen für den bürgerlichen Staat und deren Marktwirtschaft und dabei bleiben nur allzu oft die Interessen auf der Strecke und nur mehr die Vorteile für Wirtschaft und Staat über.

Eine weitere Facette der Kritik, die heutzutage etwas außer Mode gekommen ist, besteht in der Klage, die eigentliche Demokratie sei gar nicht verwirklicht: es herrsche gar nicht das Volk, dessen Wille werde bei politischen Entscheidungen gar nicht gebührend berücksichtigt. Die schwerwiegendste Fehleinschätzung dieser Kritik besteht in der Missachtung, dass die Demokratie eine Herrschaftsform ist und nicht eine politische Variante von Mitbestimmung. Mit der Demokratie werden bestimmte staatliche und ökonomische Gesamtinteressen durchgesetzt (siehe weiter oben) und dabei Einzelinteressen, je nachdem, ob und wie diese unter das Gesamtinteresse subsumierbar sind, berücksichtigt. Wenn ein Freundeskreis in Diskussion und Abwägung aller Interessen und Standpunkte etwas beschließt, so wäre es verfehlt, dies als Demokratie bzw. demokratisches Verfahren zu bezeichnen.

3 Resümee

- Staaten - und damit ihre Politik - haben sich einem obersten Zweck verschrieben: Aufrechterhaltung und Stärkung ihres Machtbereiches.

- Der bürgerliche Staat bedient sich dabei an seiner Ökonomie, der Marktwirtschaft. Er hat diese Ökonomie eingerichtet und betreut sie ständig. Der bürgerliche Staat und die Marktwirtschaft sind keine getrennten Sphären, sie gehören zusammen und beziehen sich aufeinander.

Der staatliche Umgang mit der Marktwirtschaft und deren Elend

- Staatsgebiet und Staatsvolk werden vom bürgerlichen Staat ständig daraufhin begutachtet, inwieweit sie den Erfordernissen einer starken Wirtschaft (und Armee) gerecht werden. Diesbezüglich betreibt er Politik, aufgeteilt auf mehrere Ressorts.

- Wenn Wirtschaft und Souveränität geschädigt werden (könnten), unternimmt staatliche Politik etwas dagegen - und geht dabei fallweise auch gegen einzelne Interessen der Unternehmer vor. Die Folgen der Politik bestehen darin, dass durch eine von ihm gesetzte Maßnahme gewisse Einzelinteressen begünstigt und andere dadurch geschädigt werden. Staatspolitik hat das "Allgemeininteresse" vor Augen und das bedeutet nicht, dass allen Interessen gedient ist, sondern den staatlichen.

- Verbesserungen der Lebenssituation einzelner Bürger können bei der Politik des bürgerlichen Staates nicht ausgeschlossen werden - diese sind aber nicht Zweck der Politik.

- Insofern ist der bürgerliche Staat: Erstens ein problematischer Adressat für ein geschädigtes Einzelinteresse. Je nachdem, ob und wie er es mit seinen Prinzipien vereinbaren kann, wird er dieses beachten. Zweitens der falsche Adressat für essentielle Änderungen in puncto gutes Leben. Dieses Anliegen hat er nicht und wird er nicht haben. (Auch rote und grüne Regierungen machen letztlich Staatspolitik und der Unterschied zu konservativer Politik ist marginal.)

- Resümee des Resümees: Veränderungen im Hinblick auf ein gutes Leben können in vielen Bereichen nicht, in einigen Bereichen begrenzt mit und im bürgerlichen Staat herbeigeführt werden. Den Bürgern kommt es selten in den Sinn, widrige Umstände dem wirtschaftlichen und politischen System anzulasten. Sie weisen sich meistens selbst die Schuld für ihre Misere zu - dies ist die Konsequenz eines Systems, in dem sich die "Freiheit" des Bürgers jeden Tag bewähren muss. Auch wenn der Staat und seine Wirtschaft kritisiert werden - an deren "eigentlich" guten Zwecken zweifeln nur wenige.

GRUNDRISS DER BVW

Auf Grundlage der Kritik der Marktwirtschaft wird im folgenden, zentralen Abschnitt des Buches die Alternative, eine "Bedürfnisorientierte Versorgungswirtschaft" (BVW), erläutert. Um die Unterschiede zwischen Marktwirtschaft und dieser Alternative deutlich zu machen, wird in einigen Passagen *(welche kursiv gedruckt sind)* nochmals auf die Marktwirtschaft Bezug genommen.

Vorerst ein paar methodische Bemerkungen:
Einige Leser könnten Schwierigkeiten bezüglich des Verständnisses der BVW haben, weil sie sich gedanklich nicht von der Funktionsweise der Marktwirtschaft lösen können und es ihnen deshalb schwer fallen wird, die neue Gesellschaft zu antizipieren.
Für so manche, die tagtäglich in Kategorien der Marktwirtschaft denken, ist z.B. eine Ökonomie nicht vorstellbar, in der Arbeit nicht mit Geld bezahlt wird und Güter zugeteilt statt verkauft werden. Sie sehen im Geld eine Notwendigkeit für eine Ökonomie, entsprechend einem Naturgesetz: nur so könne Arbeit gesellschaftlich funktionieren. Diesen Lesern sei nahe gelegt zu überlegen, seit wann es Lohnarbeit als hauptsächliche Existenzgrundlage der Arbeitenden gibt. Lohnarbeit und ihre Abgeltung mit Geld ist ein Charakteristikum der Marktwirtschaft. Eine allzeit gültige ökonomische Notwendigkeit kann die Entlohnung von Arbeitskraft nicht sein - eine Notwendigkeit allerdings schon, wenn eine Ökonomie auf Privateigentum (der Produktionsmittel) und Geld beruht.
Die folgenden Gedanken setzen also eine Unvoreingenommenheit des Lesers voraus, - einen Leser, der nicht vorschnell zur Beurteilung "das kann nicht funktionieren" gelangt, sondern die vorgebrachten Argumente ohne Vorbehalte überlegt.
Das Konzept der BVW sollte nicht nur an Details, - die auch anders als beschrieben gestaltet werden können, wie z.B. Haushaltsarbeit, Kunst oder Sport -, beurteilt werden, sondern vor allem an den Zwecken und der grundlegenden ökonomischen und politischen Organisation dieser alternativen Gesellschaft.

1 Zwecke der BVW

Vor der detaillierten Befassung mit der BVW seien deren Zwecke bestimmt:
1. Produktion bzw. Leistungserstellung gemäß *Bedürfnissen* (qualitative Ausprägung des Bedarfs) und *Bedarf* (mengenmäßige Abdeckung der Bedürfnisse) der Bevölkerung einer sehr großen Region.
2. Dadurch wird eine Versorgung gewährleistet, die ein *gutes Leben für jeden* ermöglichen sollte.
3. Der *Arbeitseinsatz*, um diese Versorgung zu erreichen, hat sich am Wohl der Arbeitenden und an den *vereinbarten Zielen (Plänen)* zu orientieren. Dementsprechend ist die Arbeit zu gestalten.

Dies sind weder überzogene noch unvorstellbare Absichten, denn sie werden ja von Menschen, die sich mit einem gemeinsamen Zweck zusammenfinden, eben so verfolgt:
Man denke an einen Freundeskreis, der beschließt, gemeinsam etwas zu kochen. Vorerst wird vereinbart, was gekocht werden soll. Dies wird sich daran orientieren, was den Beteiligten mundet, welche Lebensmittel vorhanden sind, bzw. welche besorgt werden können. Man überlegt sich die Mengen, die für ein ausreichend sättigendes Mahl notwendig sind und teilt die notwendigen Kocharbeiten auf - je nach Interesse und Können. Es wird im Interesse aller sein, die Arbeit so gut wie möglich zu organisieren und zu gestalten.

Was bedeutet "gutes Leben", welches in einer BVW jedem Mitglied ermöglicht werden soll?
- Der Schwerpunkt der BVW besteht in der Bereitstellung und Absicherung der materiellen Lebensgrundlagen. Das bedeutet gesicherte Lebensgrundlagen auf Lebenszeit und eine ausreichende Abdeckung des Bedarfs und der Bedürfnisse. Dies schließt auch mit ein, dass
- die Mitglieder dieser Gesellschaft auf Basis gesicherter materieller Lebensverhältnisse, angenehmer Arbeitsbedingungen, reichlich qualitativ guter Ernährung sowie durch medizinische Versorgung ihr Leben in guter Gesundheit führen können,
- Partnerschaften und Freundschaften sich befreit von materiellen Überlegungen entwickeln können,
- kulturellen Aktivitäten infolge der Reduzierung der Arbeitszeiten und der materiellen Absicherung ausreichend Zeit und Aufmerksamkeit geschenkt werden können.

Mit der Aufzählung dieser Grundprinzipien weiß nun der Leser schon einiges über diese neue Gesellschaft, z.b. dass diese andere Prinzipien als die Marktwirtschaft aufweist. Etwas dürftig ist es allerdings, damit einen Einblick in die Wirkungsweise der BVW zu vermitteln. Wie ist diese Gesellschaft organisiert? Wie wird Produktion, Arbeit und Versorgung geplant? Worin bestehen die Unterschiede zur Marktwirtschaft hinsichtlich Ökonomie und Politik?
In den folgenden Abschnitten soll auf diese Fragen näher eingegangen werden.

2 Voraussetzungen der BVW

2.1 Vergesellschaftung der Produktionsmittel

Eine Voraussetzung der BVW ist die Abschaffung des Privateigentums an Produktionsmitteln, ebenfalls von Grund und Boden, und deren Vergesellschaftung, wobei diese nicht mit Verstaatlichung verwechselt werden sollte. (Wie später ausgeführt wird, wird es bei allgemeiner Durchsetzung der BVW keinen Staat geben und insofern auch keinen Staat als Eigentümer. Siehe dazu Kapitel "Realer Sozialismus / Kollektivierung, Verstaatlichung, Vergesellschaftung")
Mit der Vergesellschaftung werden die Voraussetzungen geschaffen, dass die Produktionsmittel der gesamtgesellschaftlichen Versorgung - und nicht staatlichen oder privaten Bereicherungsinteressen - zur Verfügung stehen und in diesem Sinne auch genutzt werden.

2.2 Gemeinsamer Wille

Die BVW kann nur dann erfolgreich sein, wenn sie von den Teilnehmern der Ökonomie gewollt und aktiv mitgestaltet wird. Die BVW ist nicht auf Zwang bzw. Gewalt aufgebaut - es wird auf die Einsicht der Menschen gesetzt, gemeinsam eine "Gesellschaft guten Lebens" zu organisieren und sich dafür einzusetzen.
Wer diesbezüglich skeptisch ist, sollte sich die unzähligen Vereine oder NGOs ansehen, in denen die Mitglieder einen gemeinsamen Zweck verfolgen und dies ohne Zwang und Gewalt vonstatten geht - also von wegen, der Mensch sei dazu nicht fähig. Liegen gemeinsame Interessen

vor und ist kein Interessengegensatz gegeben, bedarf es ja auch keiner Gewalt, die diesen im Zaume hält. Das beliebte Argument "ich bin kein Problem, aber die anderen brauchen die Knute" ist selbstentlarvend, weil es beinahe alle in dieser oder einer anderen Variante behaupten. (Einige Gegenargumente werden im Kapitel "Die Gegner der BVW und ihre Argumente" genauer behandelt.)

2.3 Hohes Niveau der Technologie

Eine weitere Voraussetzung besteht darin, dass die Gesellschaft einen Wissensstand erreicht hat, der einen Einsatz von Technologien ermöglicht, die den Menschen bei seiner Arbeit hinsichtlich des Einsatzes körperlicher Kräfte und der Zeitbeanspruchung entlasten.
Benötigt werden auch Technologien, welche die Herstellung vielfältiger Güter in ausreichendem Maße und guter Qualität ermöglichen.
Es wäre durchaus möglich, eine geplante Versorgungswirtschaft auch auf relativ niedrigem technologischen Niveau einzurichten. Doch ein hohes Niveau der Technologie erhöht auch das Niveau des "guten Lebens" und der "angenehmen Arbeitsbedingungen".
Die Vorstellung einer Versorgungswirtschaft auf niedrigem technologischen Niveau erscheint überdies insofern müßig, da die Technologie einen Entwicklungsstand erreicht hat, der die Erreichung der oben angegebenen Zwecke in jeder Hinsicht ermöglichen sollte.
Ein Zurückdrehen der Technologie ist also nicht sinnvoll, - ein sinnvollerer Einsatz als in der Marktwirtschaft wird allerdings anzustreben sein.

2.4 Überregionale Durch- und Umsetzung der BVW

Schließlich lässt sich die BVW nicht im "kleinen Rahmen", lokal begrenzt, praktizieren. Es sind alle möglichst viele Ressourcen miteinzubeziehen. Nur so ist eine umfassende Güterproduktion möglich. Die BVW ist keine Subsistenzökonomie, in der wenige Güter für den Eigenbedarf einer kleinen Gemeinschaft von dieser selbst erzeugt werden, sondern soll die Versorgung einer größeren Region mit den vielfältigsten Gütern gewährleisten. Dies setzt die Ressourcenbeschaffung und Arbeitsteilung im großen, idealerweise weltweiten Maßstab, voraus.

3 Ausgangspunkt: Erfassung der Bedürfnisse und des Bedarfs

Die Menschen benötigen die unterschiedlichsten Güter, sie haben Bedürfnisse. Diese Bedürfnisse treten in einer gewissen Anzahl, einer Quantität auf, nämlich als Bedarf: Z.B. besteht in gewissen Regionen das Bedürfnis, mit warmen und trockenen Füßen im Winter einherzugehen, also das Bedürfnis nach wärmenden und wasserfesten Winterschuhen. Wie viele dieser Winterschuhe hergestellt werden müssen, gibt der Bedarf an.

In einer Ökonomie, deren Zweck die ausreichende Versorgung ist, sind Bedürfnisse und Bedarf vorerst zu ermitteln, und auf Basis dieser Daten die Produktion und Leistungserstellung zu planen und durchzuführen.

Es wurde schon an einem Beispiel aufgezeigt (Freunde kochen gemeinsam), dass diese Vorgangsweise bei Aktivitäten, welche die Versorgung zum gemeinsamen Zweck haben, naheliegend ist und auch angewandt wird.

In der Marktwirtschaft wird, gesamtgesellschaftlich gesehen, nicht so vorgegangen. Was und wie viel die Leute brauchen, figuriert als mögliche Absatzchance in den Berechnungen der Unternehmen. Die Privateigentümer wollen möglichst viele ihrer Produkte und Leistungen, die sie am Markt anbieten, verkaufen, um Geld zu realisieren. Dabei treten sie als Konkurrenten an, die sich gegenseitig den Gewinn streitig machen. Bedarf und Bedürfnisse werden nur wahrgenommen in Bezug auf ihre zahlungskräftige Realisierung.

Auf die Bedürfnisse von z.B. Hungernden oder Obdachlosen wird mangels Geldtransfers keine Rücksicht genommen.

Unabhängig vom tatsächlichen Bedarf wird für den Markt produziert, auf dem sich nachträglich herausstellt, ob eine Über- oder eine Unterproduktion vorgelegen hat.

Wenn es Schranken bei der Umsetzung des Zwecks der BVW (bedarfs- und bedürfnisgerechte Erstellung von Produkten und Leistungen) gibt, dann liegen diese in den beschränkt einsetzbaren Ressourcen (Arbeitszeit, Technologie, Rohstoffe). Gewisse Bedürfnisse können dann nicht abgedeckt werden, wenn die dafür notwendigen Ressourcen nicht ausreichen. Den Gütern der Grundversorgung, die jedem Menschen garantiert werden soll, wird in diesem Fall der Vorrang einzuräumen sein.

Die Erfassungsmodalität der Bedürfnisse und des Bedarfs kann auf dem jetzigen technischen Entwicklungsstand der Gesellschaft kein Problem mehr sein.
Der grobe Bedarf wird auf Basis der Bevölkerungszahl und gemäß empirischer Daten ermittelt: Die Anzahl der männlichen Personen mit Schuhgröße 50 in einer gewissen Region ist bekannt oder wird statistisch erfasst. Für die Winterschuhe ist eine Nutzungsdauer von x Jahren vorgesehen. Somit lässt sich der Bedarf pro Jahr für eine bestimmte Region berechnen und danach die Lederproduktion planen.
Die Winterschuhe werden nicht nur in einer Ausführung gefertigt. Mit Variationen in Farbe, Verschnürung, Profil etc. wird auf die verschiedenen Bedürfnisse der Konsumenten Rücksicht genommen. Jedes BVW-Mitglied verwendet eine Chipkarte, mit der u.a. auch Bestellungen bezüglich einer bestimmten Ausführung durchgeführt werden.
In einem Zuteillager, in Katalogen oder via Bildschirm kann sich der Interessent für Winterschuhe Größe 50 über die verschiedenen Ausführungen informieren. Er wählt eine Ausführung, bestellt und kann die Schuhe nach einem bestimmten Zeitraum im Zuteillager abholen. Ob die Bestellungen jederzeit oder für bestimmte Regionen und Konsumenten nur innerhalb bestimmter Fristen getätigt werden können (um eine kontinuierliche Auslastung der Produktion zu ermöglichen), bleibe der Entscheidung des Planungskomitees überlassen. Die Neubestellung eines Gebrauchsgutes ist erst nach Ablauf einer bestimmten Nutzungszeit möglich (siehe dazu auch weiter unten).

Bei Gütern des täglichen Bedarfs werden die Produkte auf Basis von Erfahrungswerten des Verbrauchs produziert und bereitgestellt. Z.B. bei Lebensmitteln wird nicht auf tägliche Bestellungen, sondern auf empirische Daten zurückgegriffen.
Diese Erfahrungswerte gibt es übrigens auch in der Marktwirtschaft (z.B. der Fruchtsaftverbrauch in einer gewissen Region beträgt x Liter pro Jahr), doch werden diese nicht als Planzahlen für die Bedarfsdeckung gesehen. Sie dienen den konkurrierenden Betrieben dazu, einzuschätzen, wie groß der potentielle Markt ist und welcher Marktanteil erreichbar ist. Die marktwirtschaftliche Produktion wird nicht auf den Gesamtbedarf abgestimmt.

Ein Teil des Arbeitsprozesses wird in der Erbringung von Dienstleistungen (z.B. Reparaturen) bestehen.

Eine Besonderheit dieser Leistungen besteht darin, dass sich diese nicht in dem Sinne planen lassen wie die Gütererstellung. Ein Bestellwesen wie bei den Gütern ist nicht sinnvoll oder nicht möglich. Nehmen wir als Beispiel Reparaturdienste. Es ist für den Verbraucher nicht möglich, Reparaturleistungen zu prognostizieren und vorzubestellen. Diesbezüglich muss, wie auch in anderen Bereichen der Planung, mit Erfahrungswerten gearbeitet werden. Anhand von Statistiken wird errechnet, wie viel Reparaturstunden bei einer bestimmten Anzahl von Gütern innerhalb eines Zeitraums (etwa ein Jahr) auftreten. Diese Arbeitszeit wird eingeplant und die dafür notwendigen Arbeitskräfte und Arbeitsmittel werden bereitgestellt.

4 Planung der Produktion und Leistungserstellung

Auf Basis der erhobenen Daten wird die Produktion und Leistungserstellung geplant. Die Durchführung obliegt Planungskomitees (oder Planungsgremien), die nach Regionen und Branchen aufgeteilt sein können (etwa Bekleidungsplanung Mitteleuropa).

4.1 Aufgaben der Planungskomitees

- Die allererste Aufgabe dieser Planungskomitees besteht darin, die nachgefragte Qualität und Quantität durch die Organisierung und Gestaltung der Produktion und Leistungserstellung sicherzustellen. Nehmen wir an, es liegt ein Bedarf an braunen gefütterten Winterschuhen Größe 50 in Mitteleuropa in der Größenordnung von angenommen 200.000 Paaren / Jahr vor (tatsächliche Vorbestellungen + Puffer, der sich aus Erfahrungswerten ergibt). Das Planungskomitee für Bekleidung (Mitteleuropa, Spezialabteilung Schuhe) hat die Bereitstellung von x Menge braunem Leder und y Menge Innenfutter, weiters die notwendigen Arbeitskräfte zu berechnen, zu planen und den Ablauf von Rohstoffgewinnung bis Auslieferung an den Konsumenten zu organisieren und zu überwachen. Die Durchführungsorgane sind die Betriebe, welche sich in die Planung korrigierend einmischen können. Läuft die Produktion und Zuteilung einmal gemäß BVW, so reduziert sich diese Aufgabe des Planungskomitees auf Zahlenverwaltung und Kontrolle.
- Dem Planungskomitee obliegt überdies hinaus auch die Entscheidungsbefugnis, welche Produkte in wie großer Anzahl und in wel-

cher Ausführung hergestellt werden sollen, wenn die Ressourcen knapp sind.
- Auch die Entwicklung neuer Produkte und Technologien und die Begleitung der Umsetzung in Betrieben wird von diesen Komitees eingeleitet und überwacht werden.
- Gewisse Abteilungen haben sich mit der Entwicklung der Infrastruktur, wie Krankenhäuser, Schulen, Energieversorgung, Telekommunikation etc. zu befassen, also mit solchen Bereichen, die nicht in das Chipkarten - Bestellsystem integrierbar sind und mit einer längerfristigen Nutzungsplanung zu versehen sind. Auf diese Planungsbereiche ist ein besonderes Augenmerk aufgrund ihrer Bedeutung für die gesamte Versorgung der BVW-Mitglieder zu legen.
- Letztlich wird die BVW nur auf Basis der Zusammenarbeit bzw. Abstimmung mit anderen Komitees zufriedenstellend funktionieren können.

4.2 Mitarbeiter der Planungskomitees

Die Planungskomitees bestehen aus Spezialisten der jeweiligen Sektoren (Branchen), die nach dem Rotationsprinzip in das Komitee berufen werden bzw. sich bewerben. Für die Berufung sind Qualifikation und Interesse ausschlaggebend.
Die Planungskomitees können keinesfalls als Regierung eines bürgerlich demokratischen Staats gesehen werden. Bekanntlich haben Regierungen nichts mit der Planung der gesellschaftlichen Produktion zu tun. Für die Durchführung der Planung bedarf es keiner Gesetze, die durchgesetzt werden müssten. (Weitere Ausführungen dazu im Kapitel "Grundriss der BVW / Politik".)

Die Entscheidungen, welche das Planungskomitee in gewissen Bereichen trifft, basieren auch auf Anregungen von Produktbenützern und den produzierenden Betrieben selbst. Es findet in der BVW in jeder Hinsicht mehr Einmischung der Konsumenten hinsichtlich der Produktgestaltung statt als in der Marktwirtschaft.
In der Marktwirtschaft werden Produktentscheidungen von Unternehmen getroffen. Die Produkte werden auf dem Markt angeboten, dem Konsumenten vorgegeben. Dieser kann dann per Kaufentscheidung "auswählen", wobei sich das Bedürfnis für die meisten am Preis zu relativieren hat.

Unzufriedene Verbraucher werden in der BVW dazu angehalten ihre Kritik zu äußern und partiell in den Planungskomitees mitzuarbeiten, um die Mängel zu beheben. Es könnten Gebrauchswertkomitees gebildet werden, die ein kritisches Forum darstellen und in eine Diskussion mit dem Planungskomitee treten. Spezielle Ausschüsse konkretisieren die dabei erzielten Ergebnisse und sind für die Umsetzung verantwortlich.

4.3 Vielfältigkeit der Güter

Sicher wird es Diskussionen darüber geben, in wie vielen Variationen ein Gut hergestellt werden soll. Letztlich bleibt es dem Planungskomitee vorbehalten, nach folgenden Kriterien zu entscheiden: Die angebotenen Winterschuhe werden in mehreren Designs und Macharten angeboten, wobei sich diese einigermaßen unterscheiden sollten. Dabei werden die vorhandene Produktionstechnik und der notwendige Ressourceneinsatz (Rohmaterial, Produktionsmittel und Arbeitszeit) berücksichtigt. Das bedeutet auch, dass die Vielfältigkeit ihre Schranken im Ressourceneinsatz hat: Haushaltskühlschränke werden sich auf zwei bis drei Modelle beschränken. Bei den Bekleidungsprodukten werden vorerst die Plangrößen für den Bedarf, die zur Verfügung gestellten Arbeitskräfte, das Rohmaterial und die Maschinenkapazitäten festgestellt - danach wird überlegt, wie in diesem Rahmen der Vielfältigkeit Rechnung getragen werden könnte. Auf allzu viele Variationen wird dann zu verzichten sein, wenn dadurch bei der übrigen Versorgung zu große Abstriche gemacht werden müssten.
Die absurde Vielfalt gleicher oder fast gleicher Produkte (mit unterschiedlichem Markennamen) wie in der Marktwirtschaft wird es nicht geben.
Der Grund der Vielfalt in der Marktwirtschaft liegt nicht so sehr in der Vielfalt der Kundenwünsche, sondern in der Vielfalt der unterschiedlichen Privatanbieter, die sich dementsprechend am Markt unterscheiden wollen - und wenn es nur ein anderes Etikett ist. Außerdem werden, entsprechend der zahlungsfähigen Nachfrage, unterschiedliche Preise (und Qualitäten) angeboten.
Die Vielfalt wird übrigens in der Marktwirtschaft stark reduziert, wenn es nur ganz wenige Anbieter gibt.

Es wird auch Diskussionen darüber geben, ob gewisse Güter (gesellschaftlich) hergestellt werden sollen oder nicht - ob etwa für die Herstellung von Dudelsackpfeifen und Gartenzwergen gesellschaftliche

Ressourcen verplant werden sollen. Mit Umfragen und der Vorgabe gewisser Kriterien sollten diesbezüglich vernünftige Entscheidungen getroffen werden können. Wenn nun Gartenzwerge nicht in den Planungsprozess miteinbezogen werden, brauchen Liebhaber von Gartenzwergen nicht unbedingt darauf verzichten. Sollte genügend Rohmaterial vorhanden sein, könnte dies für die Freizeitgestaltung zur Verfügung gestellt werden und die Gartenzwerge außerplanmäßig in der Freizeit - die ausreichen vorhanden sein wird - durch Hobbygartenzwergegestalter hergestellt werden. Um in den Rang einer gesellschaftlichen Arbeit gehoben zu werden, müsste der Gartenzwergeerzeuger eine starke Nachfrage nach Zwergen nachweisen und die Anerkennung eines gesellschaftlichen Bedürfnisses nach Zwergen bei dem Komitee erreichen.

In den einzelnen Branchen werden eigene Sektionen eingerichtet, die sich mit der Entwicklung neuer Produkte (wie schon erwähnt, auch aufgrund von Anregungen der Konsumenten) beschäftigen. Diese werden in den Branchenkomitees vorgestellt und einer Kritik unterzogen. Für die Entwicklung neuer Produkte wird auch Grundlagenforschung notwendig sein. Diese wird in Spezialabteilungen vollzogen, (z.B. anorganische Chemie) welche die Aufträge von Branchensektionen erhalten. Die Grundlagenforschung wird sich allerdings nicht nur an Branchenaufträgen orientieren, sondern unabhängig davon Forschungsprojekte betreiben. Der Druck (der Marktwirtschaft), technologisch und geschäftsmäßig verwertbare Ergebnisse liefern zu müssen, entfällt in solchen Projekten. Dies bedeutet in so manchen Bereichen, dass wissenschaftliche Gegenstände unbeeinflusst von äußeren Interessen gründlich erforscht werden können.

5 Produktion von Gebrauchswerten

5.1 Vergesellschaftung (versus Privateigentum)

Ein Grundcharakteristikum der Marktwirtschaft besteht darin, dass die Güterherstellung von Privateigentümern geleistet wird (in einigen Fällen, wie bereits weiter oben erwähnt, tritt der Staat als Eigentümer auf). Bestimmend für die gesellschaftliche Reichtumsvermehrung in der Marktwirtschaft ist das Privateigentum an Produktionsmitteln bzw. an Waren, die auf dem Markt angeboten werden.

Eines der wesentlichen Merkmale der BVW ist, dass es keine "Eigentümer" der Produktionsmittel gibt - diese sind "vergesellschaftet". Um Missverständnissen vorzubeugen, sei darauf hingewiesen, dass sich die Vergesellschaftung nicht auf die private Nutzung und den privaten Konsum bezieht. Die Wohnung, die Lebensmittel und Gebrauchsgegenstände stehen jedem privat zur Verfügung. Ein (Weiter-)Verkauf gegen Geld ist allerdings nicht möglich.
Zweck der BVW ist die Herstellung und Bereitstellung von Gütern und Leistungen je nach Bedürfnis und Bedarf. Es wäre erstens hinderlich und ineffektiv, wenn Privateigentümer mit ihren jeweils eigenen Kalkulationen und unterschiedlicher Ausstattung zu einer gesellschaftlichen Planung vergattert werden müssten. Zweitens bedeutet Privateigentum exklusive Verfügung über gesellschaftlichen Reichtum und Ausschluss anderer - und das widerspräche den Zwecken einer vernünftigen gesellschaftlichen Reproduktion.

Weiter oben wurde schon angedeutet, dass Vergesellschaftung nicht mit Verstaatlichung gleichzusetzen ist. Denn Verstaatlichung besteht in der Wahrnehmung der Eigentumsfunktion durch den Staat und damit, wie auch das historische Beispiel UdSSR belegt, im Einsatz der Produktion- und Leistungserstellung für staatliche Zwecke. Die staatlichen Zwecke, auch diejenigen des ehemals "realsozialistischen" Staates, sind jedoch nicht in eins zu setzen mit den Zwecken der BVW. Dieser Unterschied wird weiter unten im Kapitel "Realisierte Versuche alternativer Ökonomie / Der Kriegskommunismus und der Reale Sozialismus" näher ausgeführt.

5.2 Gebrauchswert (versus Tauschwert)

Wie schon weiter oben erläutert, ist Geld eine notwendige Konsequenz des Tausches von Privateigentümern, und zwar in einer Gesellschaft, in der arbeitsteilig produziert wird und die einzelnen Privatproduzenten auf die Produkte anderer Privatproduzenten angewiesen sind. Der Tausch - Produkt gegen Produkt - kann in solch einer Gesellschaft nur funktionieren, wenn das andere Produkt eine allgemein tauschbare und wertmäßig anerkannte Ware ist. Gold ist diese Ware und wird in der Marktwirtschaft durch allgemein anerkanntes Papiergeld ersetzt. Die Anerkennung des (bezüglich des Materialwertes beinahe wertlosen) Papiergeldes wird durch die Hoheit des Staates hergestellt.
Die Ware kommt mit einem Preis auf den Markt. Im Preis manifestiert sich der gesellschaftliche Charakter der Produktion, denn er spiegelt

*nicht die jeweilige subjektive Vorliebe des Käufers wieder, sondern drückt notwendig gesellschaftliche Arbeitszeit aus.
Niemand bezweifelt die Tatsache, dass die treibenden Motive für Unternehmer nicht das Herstellen, Anbieten von Leistungen, bzw. Verkaufen an sich sind, sondern das Realisieren von Geld - von mehr Geld, als er in das Unternehmen investiert hat. Profit ist eine Notwendigkeit für den marktwirtschaftlichen Unternehmer.
Die ganze gesellschaftliche Reproduktion wird dem Geld unterworfen. Dieses zu erwerben und zu besitzen verschafft den Zugriff auf den materiellen Reichtum und ermöglicht, wenn in ausreichendem Maße vorhanden, ein angenehmes Leben.*

*Preis, Kosten, Gewinn sind die wichtigen Größen für den Unternehmer, an denen er seine Produktion, seine Angebote, seine Leistungen ausrichtet. Gesellschaftliche Bedürfnisse und Bedarf sind ihm nur als Mittel zum Zweck wichtig, nämlich um seine Gewinne zu realisieren. Worauf es ihm ankommt, ist ein profitrealisierender Tauschwert - dieser ist von ihm nicht vorweg planbar (nur prognostizierbar), da er von einigen Faktoren beeinflusst wird, die nicht in der Hand des einzelnen Unternehmers liegen.
Der Gebrauchswert der Waren dient nur als Träger des Tauschwerts - auf letzteren kommt es in der Marktwirtschaft an. Güter können einen Gebrauchswert haben, sind jedoch marktwirtschaftlich gesehen dennoch wertlos (z.B. unverkäufliche, weil überschüssige Waren. Der marktwirtschaftliche Handel entwickelte auch Waren, die selbst nur mehr Tauschwert sind, d.h. denen der Gebrauchswert abhanden gekommen ist, wie z.B. Wertpapiere.) Die Marktwirtschaft verhält sich also relativ ignorant gegenüber den Gebrauchswerten.
So verläuft die gesellschaftliche Leistungserstellung als Kampf um das Geld, unsicher, mit ständigem Risiko behaftet und Bedürfnisse nur beachtend, sofern sie klingende Münze und Profit bringen.*

Die Produktion und Leistungserstellung der BVW fußen auf vergesellschafteten Produktionsmitteln. Es gibt dementsprechend keine Privateigentümer, die in Konkurrenz auf dem Markt antreten, um dort ihre Produkte (gegen Geld) zu tauschen. Die Güter werden nicht verkauft, sondern zugeteilt. Ein Tauschwert, ein Preis, ist somit obsolet. Die Produktion hat nicht den Zweck, Profite zu erwirtschaften, und ist Kosten und Preisen nicht unterworfen.
In der BVW kommt es vielmehr auf die Erstellung und Zuteilung von Gebrauchswerten an, auf eine bedarfs- und bedürfnisgerechte Versor-

gung der Verbraucher und Benutzer. Die Orientierungs- und Zielgrößen der BVW-Produktion und BVW-Leistungserstellung sind:
- Planzahlen,
- Qualität,
- Produktivität,
- Einhaltung von Lieferterminen,
- möglichst angenehme Arbeitsbedingungen

Darauf wird im Folgenden näher eingegangen.

5.3 Planzahlen

Die Richtgröße für den Produktionsumfang sind die Planzahlen. Diesbezüglich werden Vorlieferungen, Arbeitszeit und Arbeitskräftebedarf festgelegt. Die Produktionsinstanzen haben sich dabei nicht an Kosten und Preisen zu orientieren, sondern ausschließlich auf die Organisation des Betriebsprozesses zu konzentrieren, um die nötigen Gebrauchswerte zu schaffen.
Klarerweise ist bei der Planung auf letztlich beschränkte Ressourcen (Rohmaterial, Maschinen, Arbeitskräfte) Rücksicht zu nehmen, um deren Einsatz und Verbrauch sinnvoll, d.h. auch effizient, zu koordinieren. Dies ist allerdings nicht mit einer Kostenplanung in der Marktwirtschaft zu verwechseln. "Kosten" sind Geldgrößen, die als Relationsgröße zum erzielbaren Preis und als Abzug vom Gewinn kalkuliert werden.
Die Einsatz- und Verbrauchsplanungen in der BVW haben sich ausschließlich an einer optimalen Versorgung mit bestmöglicher Qualität zu orientieren.

Die Fertigungsplanzahl besteht aus den von den Konsumenten angegebenen Bestellungen korrigiert um Erfahrungswerte und einem (Puffer)zuschlag, der eventuelle Produktionsausfälle oder unvorhergesehenen Mehrbedarf kompensieren soll.
Bei den Gütern des täglichen Bedarfs (Verbrauchsgütern) wird, wie schon erwähnt, nicht auf Bestellung produziert, sondern aufgrund geschätzter Bedarfszahlen. Alle Zuteilungsstellen sind mit der Planungsleitstelle vernetzt, sodass ein ständiger Überblick über die vorhandene Nachfrage besteht und bezüglich Fehlmengen relativ rasch reagiert werden kann. (Das Schätzverfahren wird auch bei Kleinteilen, wie z.B. Schrauben und Nägeln, zur Anwendung kommen.)
Bei Gebrauchsgütern werden zwar die Rohmaterialien, wie z.B. Stahl oder Webstoffe, in gewissen geschätzten Mengen vorbereitet - die spe-

ziellen Produkte werden dann auf Bestellung gefertigt. (Das Bestellverfahren gilt auch für Anlagen, wie Maschinen etc., die in Betrieben eingesetzt werden.)
Es werden 200.000 Paare Winterschuhe Größe 50 jährlich in Mitteleuropa benötigt. Die Planzahlen für Materialien, Arbeitszeit, Arbeitskräfte und sonstige Produktionsmitteln (Maschinen, Energie etc.) werden von der Planungsabteilung in Zusammenarbeit mit dem Herstellungsbetrieb entwickelt. Ändern sich die Bedingungen, z.b. durch produktivere Maschinen, so sind die Planzahlen von den Planungskomitees sofort anzupassen. Das Leder wird nun in verschiedenen Farbtönen schon vorweg produziert, sodass die Herstellung eines bestimmten bestellten Modells rascher vollzogen werden kann. (Dabei kann es schon vorkommen, dass gewisse Farben bzw. Modelle rasch "vergriffen" sind und der Konsument mit anderen Modellen vorlieb nehmen oder eine Vorbestellung für die nächste Saison vornehmen muss.)
Das Bestellverfahren kann nur dann rationell, im Sinne von effektiv, betrieben werden, wenn die bestellten Güter nicht jeweils einzeln hergestellt werden, sondern kontinuierlich große Mengen die Fertigung durchlaufen. Deshalb werden einerseits gewisse Bestelltermine und Bestellfristen wie auch andererseits Auslieferungstermine zu beachten sein.

Die Unsicherheit bezüglich des Absatzes, welcher jeder Betrieb, sofern nicht Monopol und staatlich geschützt, ausgesetzt ist, und die ständigen Schwankungen der Nachfrage, welche die gesamte Ökonomie aufgrund von "Überproduktion" oder "Unterkonsumtion" in Krisen geraten lässt, sind ein Spezifikum der Marktwirtschaft.
Wenn in der BVW die Planzahlen nicht erreicht werden, kann klarerweise ein Mangel bei der Versorgung auftreten. Um dies längerfristig zu beheben, wird es erforderlich sein, den Gründen nachzugehen und den Produktionsprozess zu verbessern. Um eine Engpasssituation zu vermeiden, wird der Produktionsprozess laufend beobachtet und auf eine Abweichung von den Sollzahlen sofort reagiert.
Dies macht übrigens auch ein gut geführter marktwirtschaftlich orientierter Betrieb, mit dem Unterschied, dass dessen Sollzahlen sich noch auf dem unsicheren Markt, der nicht planbar und kontrollierbar ist, zu bewähren haben.

Auf die Erläuterung der bei Ökonomen beliebten mathematischen Planzahlenmodelle kann verzichtet werden. Die BVW beruht auf der Planung technischer Größen, wie Arbeitsstunden, Kilogramm Rohmaterial, Stückzahlen der Halb- und Fertigprodukte etc. Klarerweise wird es diesbezüglich auch mathematisch ausformulierte Planberechnungen geben, wie etwa: für die Produktion von x Winterschuhe werden n_1 Meter Rohmaterial und n_2 Arbeitsstunden benötigt. Doch die in Geldgrößen bezifferten Plangrößen sind unnötig, und auch die aufwendigen Zahlenmodelle, die eine Geldzirkulation miteinschließen.

5.4 Qualität

Ein Kriterium der Produktion von Gebrauchswerten in der BVW ist die Herstellung von *qualitativ* hochwertigen Gütern. Dies bedeutet erstens die Fertigung von Gütern, die den Ansprüchen der jeweiligen Nutzung voll gerecht werden: robustes, langlebiges Material, Berücksichtigung der Gesundheit der Benützer, benutzungsfreundliche Ausführung, schönes Design, etc.

Wer nun behauptet, dass Qualität auch in der Marktwirtschaft ein vorrangiges Kennzeichen der Güter sei, sollte über Erfahrungen mit Produkten und Kaufentscheidungen nachdenken. Es mag schon sein, dass allzu miese Ware keinen Käufer findet. Dies aber auch nur dann, wenn es um den gleichen Preis etwas Besseres gibt. Allzu oft relativiert sich die Qualität am Preis, denn ein aufwendigerer Produktionsprozess und hochwertigere Vormaterialien verursachen höhere Kosten. Die Frage ist, ob eine größere Käuferschicht auch bereit und fähig ist, diese zu bezahlen. So gibt es eine breite Palette von Waren besserer und schlechterer Qualität, aufgeteilt in mehrere Preiskategorien, jeweils für eine bestimmte "Zielgruppe" - wobei ein hoher Preis nicht unbedingt ein Garant für gute Qualität sein muss. Gewisse Qualitätsmerkmale sind in der Marktwirtschaft meistens für den Hersteller gänzlich uninteressant: die Langlebigkeit der Güter und die Auswirkungen auf die Gesundheit der Konsumenten. Langlebigkeit wäre nur schädlich für die so notwendige kontinuierliche Nachfrage. Gesundheitsschädigungen werden eventuell nur dann unangenehm für marktwirtschaftliche Produzenten, wenn sie unmittelbar und nachhaltig durch den Konsum erfolgen und eindeutig auf eine bestimmte Ware verweisen - gefürchtet werden dann die rechtlichen (sprich auch finanziellen) Konsequenzen.

Lebensmittel, die zu sofortigen Vergiftungen führen, sind ein "Skandal" und werden eingezogen. Die Wirkungen von Lebensmitteln, die mit allen möglichen Giften und Schadstoffen versehen sind (schöneres Aussehen, schnelleres Wachstum, weniger Schädlinge), welche sich gesundheitlich nur schleichend bemerkbar machen, werden als "nicht nachweisbare Schädigungen" in Kauf genommen.

Qualität ist nicht nur bei bestimmten Produkten, sondern für alle Produkte gefordert. Das bedeutet ständige Qualitätskontrollen beim laufenden Produktionsprozess.
Diese werden zweifellos auch von manchen marktwirtschaftlichen Betrieben durchgeführt; doch dabei entstehen Kosten, die in Relation zu den zusätzlichen Absätzen zu kalkulieren sind - dementsprechend fallen auch die Qualitätskontrollen aus.
Die Kalkulation des marktwirtschaftlichen Betriebes lautet: Wie viel kostet die Qualitätskontrolle und wie groß wäre der Schaden (Ertragseinbußen, Schadensersatzzahlungen etc.), der dadurch vermieden wird. Sollten Qualitätskontrollen letztlich mehr kosten als die Schäden ohne Qualitätskontrollen, so werden jene reduziert oder gänzlich abgeschafft bzw. gar nicht eingeführt.

In der BVW werden eigene Forschungszentren für Branchen eingerichtet, deren Aufgabe darin besteht, Gebrauchswerteigenschaften und Qualität ständig zu verbessern und neue Produkte zu entwickeln.
Auch in der Marktwirtschaft wird in dieser Hinsicht geforscht, aber: Große Betriebe, die sich das leisten können, forschen jeweils für ihre Zwecke und in Konkurrenz zueinander (- vom Standpunkt einer vernünftigen Ökonomie eine beträchtliche Vergeudung gesellschaftlicher Geisteskapazitäten). Die betriebliche Forschung soll durch Kostensenkung oder Neugestaltung eines Produkts Wettbewerbsvorteile für das Unternehmen erreichen.
Wenn sich Forscher den Kopf darüber zerbrechen, wie man Tomaten mit möglichst roter Farbe und gleichmäßig runder mittelgroßer Form züchten kann, so mag das dem Lebensmittelkonzern Vorteile verschaffen, da sich Kunden von solch schönen Tomaten bei der Kaufentscheidung beeindrucken lassen. Ob die Tomaten dann geschmacklich ausgereift sind und wie sich die Manipulationen langfristig auf die Gesundheit auswirken, sind dabei (für die Verkäufer) zu vernachlässigende Randbedingungen.

5.5 Produktivität

Die Geschichte der marktwirtschaftlichen Produktion und Leistungserstellung ist durch beständig stark wachsende Produktivität gekennzeichnet. Produktivität ist das Verhältnis der Ausbringungsmenge zur Einsatzmenge, z.B. Stück pro Stunde. Die Verbesserung dieses Verhältnisses zugunsten der Ausbringungsmenge ist in der Marktwirtschaft insofern wesentlich, da sich dadurch der Kostenanteil pro Stück redu-

ziert, und dies einen billigeren Preis (Konkurrenzvorteil) und auch erhöhten Profit mit sich bringt. Es sind also die Auswirkungen auf Kosten, Preis und Profit, welche die Unternehmen in der Marktwirtschaft dazu anspornen, ständig ihre Produktivität zu verbessern.

Auch in der BVW ist eine Steigerung der Produktivität anzustreben, doch die Triebfeder und Auswirkung für die Betroffenen ist eine vollkommen andere. In der BVW kommt es darauf an, die Arbeitenden zu entlasten, d.h. den Anteil menschlicher Arbeitskraft an der Produktionszeit zu reduzieren, um mehr Zeit für andere Aktivitäten des Lebens zu schaffen. Die Einsparung von menschlicher Arbeitskraft wird nicht nur zur Erhöhung des Freizeitanteils genutzt werden, sondern auch zum Einsatz dieser Arbeitskräfte in anderen Bereichen führen, in welchen Arbeitskräftemangel besteht oder die Erstellung von Produkten und Leistungen ausgebaut werden soll.

Keinesfalls kann eine Produktivitätssteigerung in der BVW zu einer Verschlechterung der Arbeits- und Lebensbedingungen der Arbeitenden führen, wie dies nur allzu oft in der Marktwirtschaft der Fall ist. Die Erhöhung der Produktivität ist nicht über eine Mehrbelastung der Arbeitenden zu erzielen, sondern durch den Einsatz von Technologie und einer effektiven Ablauforganisation. Maschinerie ist in diesem Fall kein "Arbeitsplatzvernichter" (und verursacht maschinenstürmerische Gedanken) und Automatisierung bewirkt nicht Lohndruck und geisttötende Arbeit. Arbeitssparende und bessere Produktionsmittel werden zu Mitteln angenehmeren Lebens. (Ein Schwerpunkt der Forschung wird im Sinne solch einer technologischen Entwicklung zu setzen sein.) Eine weitere Möglichkeit, die Produktivität zu steigern, besteht darin, die arbeitsteilige Produktion anders zu strukturieren. Die gesellschaftliche Arbeitsteilung wird nicht der "unsichtbaren Hand des Marktes" überlassen, sondern sinnvoll gebündelt. Sinnvoll heißt in diesem Zusammenhang, dass, unter Bedachtnahme von Ressourcen und regionalen Gegebenheiten, die Produktion konzentriert wird.

Es könnte sich als ökonomisch unvorteilhaft erweisen, für die Herstellung von Schuhen in Mitteleuropa 30 Produktionsstätten zu betreiben und in 60 unterschiedlichen Macharten zu produzieren. Wie viele Produktionsstätten ausreichen, hängt alleine von der vorteilhaftesten Logistik ab. Wenn sich bei Berechnungen herausstellen sollte, dass Zentralisationen zu einer überdimensionalen Steigerung von Transportzeiten führen, ist davon Abstand zu nehmen.

Ebenfalls wird der in der Marktwirtschaft üblichen Warenbeschaffung aus entfernten Regionen die Grundlage entzogen. Der Bezug asiati-

scher Schuhe für Mitteleuropa ist nicht dem unterschiedlichen Gebrauchswert der Schuhe geschuldet, sondern den niedrigeren Arbeitskosten - erübrigt sich dieser ökonomische Gesichtspunkt, entfällt auch die offenkundige Absurdität, Schuhe für Mitteleuropa in Asien zu produzieren und von dort nach da zu schiffen.
Dass Kartoffeln nur zum Waschen von Deutschland nach Süditalien gefahren werden, gehört - als ein Beispiel von vielen - zu den "rationalen Irrationalitäten" der Marktwirtschaft, die sich in der BVW aufhören.

Aufhebung der Zersplitterung von Produktion bedeutet auch eine produktivere Anwendung der Technologie.
Auch in der Landwirtschaft ließe sich durch eine Zusammenlegung von Flächen und groß angelegtem Anbau die Technologie besser einsetzen, und die Ergebnisse effizienter gestalten. Eine groß angelegte Landwirtschaft wird meist mit einem starken Qualitätsverlust der landwirtschaftlichen Produkte verknüpft. Der Grund für die Qualitätsmängel der Produkte von Großbetrieben liegt nicht in ihrer Größe, sondern in den marktwirtschaftlichen (und staatlichen) Vorgaben: Kosten, Preise, Konkurrenz, Subventionsauflagen. Es gibt keinen notwendigen Zusammenhang zwischen Größe und schlechter Qualität. Sollte sich in der BVW dennoch herausstellen, dass Großbetriebe eine schlechte Qualität abliefern, dann werden deren Produktionsmethoden und nicht die Größe zu problematisieren sein. Weshalb "klein, aber fein" wenn "groß und fein" auch geht und produktiver ist?
In der Marktwirtschaft bieten viele Privateigentümer die gleichen Dienstleistungen an und konkurrieren am Markt. Auch diese Zersplitterung wird so weit wie möglich aufzuheben sein.
In der BVW wird es nicht eine Vielzahl von Reparaturbetrieben geben, sondern Servicecenters, die Produktionsbetrieben angeschlossen sein können. Die jeweilige regionale Stationierung sollte eine sinnvolle Betreuung der Konsumenten ermöglichen.

5.6 Einhaltung der Liefertermine

Die BVW kann nur funktionieren, wenn die Zeit als Faktor in die Planung einbezogen wird und die Planzeiten auch eingehalten werden. Dies insofern, da der Bedarf bei gewissen Gütern in großen Mengen und kontinuierlich anfällt (z.B. bei Lebensmitteln), und Verzögerungen sich unangenehm auf die Lebensumstände der Betroffenen auswirken. Auch wenn diese angehalten werden, für diese Güter eine Vorratshal-

tung anzulegen, wird in der BVW bei Planung und Kontrolle höchstes Augenmerk auf die termingerechte Produktion bezüglich der Grundversorgung zu legen sein. Eine arbeitsteilige gesellschaftliche Produktion ist letztlich nur dann effizient, wenn Lieferanten und Abnehmer zeitlich aufeinander abgestimmt zusammenarbeiten. Stehzeiten und Lahmlegung der Produktion sind in der BVW zu vermeiden.
In der Marktwirtschaft wird ein Unternehmen, welches Liefertermine nicht einhält, vom Markt "bestraft". Bei Verzug bzw. Nichterfüllung der Liefertermine kann dies empfindliche Konsequenzen für den Betriebserfolg und letztlich auch für die Arbeitnehmer haben.
Dies bedeutet nun nicht, dass es in der Marktwirtschaft keine Probleme mit der Liefertermintreue gäbe. Die Kaufverträge sind gespickt mit Klauseln bezüglich mangelhafter Erfüllung und Lieferverzügen - ein Hinweis darauf, dass dies immer wieder vorkommt. Um die Konkurrenz auszustechen, erstellen Betriebe oft Angebote, die dann letztlich nicht eingehalten werden können. Dieses Risiko nehmen jedoch viele Betriebe in Kauf, um im Geschäft zu bleiben.
Der pure ökonomische Druck, rechtzeitig zu liefern, entfällt in der BVW. Es bleibt der organisatorische Druck. Wenn Wohnungen um ein halbes Jahr später als geplant fertig gestellt werden, verteuert dies nicht die Kosten, weder für den Bauenden noch für den Abnehmer, denn es gibt keine Kosten. Zeit ist dann eben nicht mehr Geld! Wie unangenehm es für den Abnehmer ist, später einziehen zu können, wird von der jeweiligen persönlichen Situation abhängen. Ein finanzielles Problem ergibt sich daraus in keinem Fall.
Da den in der BVW Arbeitenden die Bedeutung der Einhaltung der Liefertermine für eine gut funktionierende Versorgung klar ist, werden diese sich in der Regel darum bemühen. Sollte es doch fallweise einen Schlendrian geben, so könnten in krassen und wiederholten Fällen bei den Beteiligten Abzüge bezüglich der Anrechnung der geleisteten Arbeitszeiten vorgenommen werden (siehe auch Kapitel "Arbeit und Zuteilung").

6 Arbeit (und Zuteilung) in der BVW

6.1 Zweck der Arbeit

Die Marktwirtschaft ist vor allem dadurch charakterisiert, dass Privateigentümer Produktionsmittel, also auch Arbeit einsetzen, um ihr Kapital zu vermehren. Dass Unternehmer dabei auch die eigene Arbeitskraft einsetzen, ist nicht auszuschließen, aber nicht unbedingt notwendig, denn es gibt ja genügend Leute, die ihre Arbeitskraft zur Verfügung stellen. Es ist das einzige, was die meisten zu verkaufen haben. Deshalb werden sie als "Lohnabhängige" bezeichnet.
Diese sind nur in einer Hinsicht unabhängig: sie müssen nicht bei einem bestimmten Arbeitgeber arbeiten. Da sie nur mit Arbeit an das lebensnotwendige Geld kommen, sind sie auf Arbeit verwiesen und haben eine einzige "Freiheit", nämlich sich auf dem Arbeitsmarkt einen Arbeitsplatz "auszusuchen". Dabei haben viele Arbeitssuchende aufgrund der Konkurrenz mit anderen und des Drucks, Geld verdienen zu müssen, nicht allzu viele Möglichkeiten des Gustierens. Sie müssen Abstriche bezüglich ihrer Wunschvorstellungen machen. Oftmals bleibt von den Wünschen nicht viel über - Hauptsache, man hat einen Arbeitsplatz ergattert.
In der Arbeit selbst hört sich die Unabhängigkeit vollends auf. Der Arbeitsplatz selbst, die Arbeit, die Arbeitsbedingungen, der Lohn werden vom Arbeitgeber vorgegeben. Der Unternehmer betrachtet jede Arbeitskraft unter dem Gesichtspunkt, wie viel Geldertrag sie ihm erwirtschaftet und wie viel sie ihn kostet. Hat er den Eindruck, dass diese ihn mehr kostet als sie bringt, wird sie für ihn unbrauchbar.

Zweck der Arbeit in der BVW ist es, Gebrauchswerte für die Allgemeine Versorgung zu schaffen. Dementsprechend wird auch die Arbeitskraft beurteilt, nämlich wie und in welchem Ausmaß sie dazu beiträgt und beitragen kann. Dies bringt eine gänzlich andere Organisation der Arbeit mit sich - darauf beziehen sich die folgenden Abschnitte.

6.2 Planung der Arbeit

Die Betriebswirtschaft der Marktwirtschaft und deren Anwender in der betrieblichen Praxis beschäftigen sich u.a. damit, wie die Arbeitskräfte in einem Betrieb möglichst rentabel eingesetzt werden können. Das be-

deutet, dass der Arbeitseinsatz vom Betrieb berechnet und in gewisser Weise auch geplant wird - allerdings auch nur kurz- bis mittelfristig. Man weiß ja nie, wie sich die Auftragslage, wie sich Umsätze und Profite entwickeln.
Gesamtgesellschaftlich gesehen kann von einer Arbeitskräfteplanung nicht die Rede sein. Arbeitskräfte werden je nach Bedarf der einzelnen Betriebe, je nach Befindlichkeit der Wirtschaft (Konjunktur) eingestellt und freigesetzt. Die Bereitstellung von Arbeit funktioniert als Markt und eine Planung dieses Marktes wäre ein Widerspruch in sich.
Unangenehm ist dies für die Arbeitenden und deren Familien, die vom Lohn leben müssen. Eine Sicherheit bezüglich Arbeitsplatz und Einkommen gibt es nicht. Die Sorgen um die zukünftige Lebenserhaltung und -gestaltung begleiten die meisten Menschen ihr Leben lang.

Der Zweck der Arbeit und damit des Einsatzes der Arbeitskräfte in der BVW besteht, wie schon erwähnt, darin, für die Versorgung der Gesellschaft eingesetzt zu werden. Es liegt nahe, Arbeitskräfte je nach den Erfordernissen des Produktions- bzw. Leistungserstellungsprozesses einzusetzen. Diese Erfordernisse ergeben sich aufgrund der Produkt(plan)zahlen und der technischen Daten der Arbeitsprozesse. Arbeitsinhalte und Zeitausmaß der Arbeit sind die Parameter für die Zuteilung von Arbeitskräften.
Diese Zuteilung ist Aufgabe der Branchenkomitees, denen Arbeitskomitees angegliedert sein können.
Als Beispiel: Die geplante Produktion von 10 Mio. Paar Winterschuhen für die Region Mitteleuropa erfordert pro Jahr n_1 Stunden Arbeitszeit und n_2 Arbeitskräfte. Jede Erhöhung oder Senkung der Planzahlen verändert dann auch in einem bestimmten errechenbaren Verhältnis die Anzahl der benötigten Arbeitskräfte.

Die für die Zuteilung in Frage kommenden Arbeitskräfte werden gemäß Ausbildung, Berufserfahrung, Wohnort etc. herausgefiltert. Die persönlichen Daten liegen in den Arbeitskomitees auf.
Das Hauptrekrutierungsfeld für *neue* Arbeitskräfte werden die Schulabgänger bzw. die sich in der Ausbildung Befindenden sein. Arbeitskräfte können aber auch von anderen Betrieben abgezogen werden, in denen sie nicht so dringend benötigt werden.
Schließlich wird es Leute geben, die wieder in den Arbeitsprozess eingegliedert werden, da sie aus verschiedensten Gründen nicht arbeiten wollten (und auf den Status der Grundversorgung herabgesetzt wur-

den) oder eine gewisse Zeit nicht arbeiten konnten (z.B. aufgrund der Geburt eines Kindes).

Die Arbeitskraft in der BVW wird ausschließlich hinsichtlich ihres Arbeitsbeitrages (Arbeitszeit, Kenntnisse, Qualität der geleisteten Arbeit) beurteilt und in dieser Hinsicht ihr Arbeitseinsatz geplant.

Es wird durchaus auch ein Anliegen der BVW sein, menschliche Arbeitskraft freizusetzen, allerdings nicht, wie in der Marktwirtschaft, diese im Sinne der Kostenrechnung einzusparen. Während Rationalisierungskündigungen in der Marktwirtschaft meist fatale Konsequenzen für die Betroffenen haben, diese also gegen die Interessen der Arbeitnehmer durchgesetzt werden, sind Arbeitsentlastungen in der BVW im Interesse aller Beteiligten. Die Arbeit kann effizienter und mit weniger Anstrengung erledigt werden. Die nicht mehr benötigten Arbeitskräfte werden in anderen Bereichen eingesetzt, im gleichen Betrieb oder in anderen, in denen ein Mangel an Arbeitskräften besteht.

Die Arbeit wird nicht nur in Übereinstimmung mit den Fähigkeiten sondern auch mit den Interessen der Arbeitskräfte eingeteilt. Trotz einer allgemein angestrebten angenehmen Gestaltung von Arbeit und Arbeitszeit wird es Präferenzen für einige Arbeiten und eher Ablehnung hinsichtlich anderer geben. Diesbezüglich wird ein Arbeitszeitbewertungssystem eingesetzt, um das Interesse an weniger angenehmen und beliebten Arbeiten zu fördern (dazu ausführlicher weiter unten).

Eine weitere Möglichkeit der Erbringung unangenehmerer Arbeiten bestünde darin, dass diese Tätigkeiten im Rahmen einer Ausbildung eine bestimmte Zeit lang auszuführen sind (z.B. Krankenpflege im Rahmen einer medizinischen Ausbildung).

Bei mangelndem Zustrom zu einigen Tätigkeitsbereichen wäre auch zu überlegen, diese für einen bestimmten Zeitraum als Voraussetzung, um in den Genuss der Allgemeinversorgung zu kommen, zu definieren. Als Beispiel: In der Ausbildung befindliche Leute hätten sich eine Zeit lang den Putz- und Reinigungsdiensten, andere den Pflegediensten zur Verfügung zu stellen.

6.3 Angenehme Arbeitsbedingungen

Befreit von der Kalkulation der Arbeitskraft als Kostenfaktor, befreit vom Druck der Preiskonkurrenz und dem Kampf um Profite, kann

auch die Arbeit im Hinblick auf menschliche Bedürfnisse gestaltet werden.
Erstens bedeutet dies, bei den Arbeitsbedingungen auf die psychische und physiologische Gesundheit der Arbeitenden zu achten. Sie hat Vorrang bei allen Veränderungen der Arbeitsprozesse.
Arbeitsbedingungen haben sich in der Marktwirtschaft an Kosten (Rentabilität) und gesetzlichen Bestimmungen zu relativieren. Letztere reduzieren den allzu ruinösen Gebrauch von Arbeitskräften (siehe Kapitel "Der staatliche Umgang mit der Marktwirtschaft und deren Elend / Menschenfreundlichere Marktwirtschaft"). Die gesetzlichen Bestimmungen beziehen sich nur auf die gröbsten Formen schädigender Ausbeutung und erfreuen sich dennoch häufiger Missachtung.
Bezeichnend ist, dass Arbeitnehmer, die ihren Arbeitsplatz als" angenehm" bezeichnen, verdächtigt werden, nicht hart genug zu arbeiten oder in einem schlecht geführten Betrieb angestellt zu sein.

Zweitens wird es ein langfristiges Ziel der BVW sein, die Arbeitszeit auf etwa 5, 4 oder 3 Stunden täglich, bzw. auf 15 bis 25 Stunden wöchentlich zu reduzieren (je nach Erfordernis der Gebrauchswertproduktion). Auch wenn die Senkung der Arbeitszeit nur schrittweise vollzogen werden kann, so wird langfristig darauf abzuzielen sein, die gesellschaftlich notwendige Arbeitszeit für die einzelnen Arbeitenden auf eine Stundenzahl zu senken, die sowohl verhindert, dass die Arbeit auslaugend wirkt und die Arbeitenden die Gesundheit schädigt, als auch genügend Zeit für die Genüsse des Lebens übrig lässt.
Dieser Gesichtspunkt kann kein Anliegen in der Marktwirtschaft sein. Ein marktwirtschaftliches Unternehmen will seine Arbeitskräfte so lange wie möglich und so billig wie möglich ausnützen. Viele Arbeitnehmer müssen 40 Stunden und noch mehr in der Woche arbeiten, um ihre Familie mit dem bezahlten Lohn erhalten zu können. Die so genannten Teilzeitarbeitsplätze bieten häufig einen Verdienst, der gerade fürs Überleben reicht - und oft nicht mal das, vor allem wenn eine Familie zu erhalten ist ("working poor").
Wenn ein Betrieb "Kurzarbeit" ansagt, überwiegt dann bei den Arbeitskräften wahrscheinlich nicht die Freude über die gewonnene Freizeit, sondern die Sorge um die Zukunft des Arbeitsplatzes und wie man mit dem verringerten Verdienst auskommt.
In der BVW wird auch darauf zu achten sein, dass innerhalb eines Fachbereiches eine ständige Rotation der Arbeiten und des Personals stattfindet, die Arbeitenden also nicht ständig die gleichen Tätigkeiten vollziehen.

6.4 Arbeit und Zuteilung

Ein wesentliches ökonomisches Charakteristikum gesellschaftlicher Systeme - und somit auch für die BVW - ist der Zusammenhang zwischen Arbeit und Zugriff auf den erarbeiteten Reichtum. Vorerst fällt einem dazu folgende Banalität ein: Es kann nur das zugeteilt werden, was erarbeitet wird (abgesehen von den Gütern, die es von Natur aus gibt, wie Grund und Boden, Luft etc.). Die Frage ist allerdings, welchen Anteil die Arbeitenden vom erarbeiteten Reichtum für ihre Arbeitsleistung erhalten.
In einer Subsistenzwirtschaft ist dieser Zusammenhang eindeutig: Was der Einzelne (oder eine Gruppe) erjagt, züchtet, pflanzt und erntet, wird von diesem auch konsumiert (wenn auch mit einer gewissen Rangordnung innerhalb der Gruppe). In einer arbeitsteiligen Wirtschaft gibt es diesen direkten Zusammenhang nicht: Die Arbeitskraft konsumiert nicht das, was sie erarbeitet.
In der Tauschwirtschaft der Marktwirtschaft hat auch die Arbeitskraft ihren Preis. Eine Besonderheit dieses Tauschwertes der Arbeit besteht darin, dass die Ware Arbeitskraft nicht gemäß der geleisteten Arbeitszeit entlohnt wird. Im ersten Anschein könnte der Eindruck entstehen, dass gemäß der Arbeitszeit entlohnt wird, da der einzelne Arbeitnehmer umso mehr verdient, je länger er arbeitet und umgekehrt. Doch vergleicht man den Stundenverdienst einer Putzfrau mit dem eines Vorstandsmitglieds einer Bank, so scheidet die Zeit als Bestimmungsgröße für die Höhe des Entgelts aus.
Auch der vom Arbeitnehmer erarbeitete Tauschwert scheidet als Kriterium aus. Nehmen wir den einfachen Fall, dass ein Reinigungsunternehmen Putzkräfte mit einem Preis von 11 Währungseinheiten pro Stunde anbietet. Darin stecken 8 Einheiten Arbeitslohn, 2 Einheiten sonstige Kosten, 1 Einheit Gewinn. Selbst wenn also keine sonstige Kosten anfielen, wird der Preis nicht dem Lohn entsprechen können.
Der Lohn bemisst sich letztlich daran, wie viel dem Unternehmer die Erhaltung der Arbeitskraft wert ist. Eine grundsätzliche Orientierungsgröße könnten die Lebenshaltungskosten eines Arbeitnehmers (bezogen auf eine 40 Stunden- Arbeitswoche). Diese wären dann so bemessen, dass sie für die Aufrechterhaltung der Arbeitskraft taugen.
Der Logik des marktwirtschaftlich denkenden Unternehmers entspricht es, selbst diesen Lohn bei vielen Arbeiten für zu hoch zu halten und zu unterbieten - und er tut dies, auch wenn ihm die Sozialpolitik des Staates gewisse Mindeststandards vorschreibt (siehe auch Kapitel "Der

staatliche Umgang mit der Marktwirtschaft und deren Elend / Die Reduzierung der Normalarbeitszeit").
Doch in der personalpolitischen Praxis erscheint diese Orientierungsgröße gar nicht als solche, da sie von verschiedensten Bedingungen überlagert wird, die auch die Unterschiede der Lohnhöhen erklären. Dabei spielen Tradition, Moral und Branchenspezifika eine Rolle: Alter, Geschlecht, Ausbildung, Fachwissen, Produktivität der Branche, Konkurrenz der Arbeitnehmer, Firmentreue, Verantwortung. Letztlich müssen die Arbeitskräfte (in Summe!) mehr einbringen als sie kosten - das ist die wesentliche Kalkulationsgrundlage des Unternehmers.
Folgende Kriterien spielen bei der Bewertung in der Marktwirtschaft jedenfalls keine Rolle: Beitrag zur gesellschaftlichen Versorgung, Schwere der Arbeit, Schädigungen durch die Arbeit, was z.B. an dem Vergleich des Gehalts eines Bankvorstandes und eines Bauarbeiters deutlich wird. Und ein Wertpapierbesitzer, der von den Zinsen seines Kapitals lebt, wird in der Marktwirtschaft schon gar nicht nach diesen Kriterien beurteilt.

Wie sieht nun der Zusammenhang zwischen Arbeit und Zuteilung in der BVW aus? Soll es überhaupt diesen Zusammenhang geben, oder anders ausgedrückt, wäre es nicht vorstellbar, dass alle sich unabhängig von geleisteter Arbeit an dem Güterreichtum bedienen könnten? Vorstellbar wäre dies durchaus, aber aufgrund folgender Überlegungen nicht sinnvoll:
Solange Menschen (und nicht Roboter) den Großteil der Güter erstellen, wird die Masse der Güter vom Einsatz menschlicher Arbeitszeit abhängig sein. Vielleicht wird es in ferner Zukunft eine Gesellschaft geben, in der die Arbeitszeit von 20% der Gesellschaftsmitglieder ausreicht, um die Gesellschaft zu 100% gut zu versorgen. Es ist müßig darüber zu spekulieren, wann und ob dies der Fall sein wird.
Das Interesse, sich an der Güterproduktion zu beteiligen, würde nicht unbedingt dadurch befördert werden, wenn Nichtarbeitende die gleiche Güterversorgung wie Arbeitende hätten. Wenn das technische Niveau beibehalten und erhöht werden soll, wenn die Lebensqualität durch die Bereitstellung von Gütern, die das Leben angenehm machen, gesteigert werden soll, so bedarf dies Arbeitsleistungen des Großteils der Gesellschaft. Das Arbeitsinteresse sollte mit den entsprechenden Konsummöglichkeiten vergütet werden.

Grundriss der BVW 85

Es wird also in der BVW dementsprechend einen Zusammenhang zwischen Arbeit und Zuteilung(sanspruch) geben. Wie soll dieser aussehen?
Die Inanspruchnahme der Güter der BVW ist für alle ab einem gewissen Alter (ab dem sie in den gesellschaftlichen Produktionsprozess als Auszubildende eingegliedert sind) abhängig
- erstens von der geleisteten Arbeitszeit,
- zweitens von der Art der Arbeit und
- drittens von der Qualität der geleisteten Arbeit, die einer bestimmten Bewertung unterzogen wird.

Bevor auf diese Bewertung näher eingegangen wird, soll noch geklärt werden, wie die Unterschiede bezüglich der Zuteilung aussehen könnten.

6.4.1 Zuteilungsstufen (Dreistufenmodell)

Das Stufenschema der Versorgung könnte folgendermaßen aussehen:

6.4.1.1 Grundstufe (Grundanspruch)

Diejenigen, die keinen Beitrag zur gesellschaftlichen Versorgung leisten wollen bzw. deren Gesamtarbeitszeit nicht für den Anspruch auf die Allgemeinversorgung reicht (sehr geringe, sporadische Arbeitszeiten), werden nicht dem Hungertod überlassen, sondern können sich mit Gütern versorgen, die ein bescheidenes Leben ermöglichen. Welche Güter dies sind, wäre in den Ausschüssen der BVW zu diskutieren. Je fortgeschrittener die Güterproduktion bzw. Versorgung ist, umso mehr wird auch in dieser Grundstufe zur Verfügung stehen.
Es ist nicht anzunehmen, dass sich viele mit diesem Grundanspruch zufrieden geben, und diejenigen, die arbeiten könnten, nicht arbeiten wollen. Dies auch deshalb, weil die Arbeit selbst hinsichtlich Arbeitsinhalt, Arbeitsplatzgestaltung, Arbeitsdruck und Arbeitszeit, den belastenden Charakter, der ihr in der Marktwirtschaft anlastet, weitgehend abgelegt hat.
Zu unterscheiden sind solche, die nicht arbeiten wollen von denjenigen, die nicht (im normalen Ausmaß) arbeiten können (mangels körperlicher oder geistiger Fähigkeiten). Letztere fallen in die Allgemeinstufe (Allgemeinversorgung). Kinder und Jugendliche bis 18 erhalten die Grundversorgung plus eine Zusatzversorgung je nach Stufe der Eltern (Allgemein- oder Sonderversorgung).

Ältere Menschen, die nicht arbeiten können oder wollen, bleiben in der gleichen Versorgungsstufe, die für sie zuletzt als Arbeitende relevant war.
Die Ausbildung und medizinische Versorgung wird für alle Stufen unabhängig von der geleisteten Arbeitszeit in gleichem Maße zur Verfügung gestellt.

6.4.1.2 Allgemeinstufe (Allgemeinversorgung)

Wer seine Arbeitskraft in einem gewissen Zeitausmaß der Gesellschaft zur Verfügung stellt, wird mit den meisten Gütern (frei) versorgt - und zwar in einem Ausmaß, das ein gutes Leben ermöglicht (was ja Zweck der BVW ist). Voraussetzung für diese Inanspruchnahme ist, dass die erforderliche Arbeitszeit durchschnittlich erreicht wird:
Der Durchschnitt wird auf die Lebensarbeitszeit bezogen gerechnet. Die Berechnung beginnt mit dem Beginn der arbeitsspezifischen Ausbildung:
Nehmen wir an, A. ist 25 Jahre und 6 Monate alt. Sie hat ihre erste arbeitsspezifische Ausbildung mit dem 18. Geburtstag begonnen und bisher 9000 Arbeitsstunden auf ihrem Arbeitskonto. Wenn diese 9000 Stunden durch die möglichen Arbeitstage in diesem Zeitraum dividiert werden, so erhält man die durchschnittliche Arbeitszeit für A pro Tag.
Je nach gesellschaftlicher Einigung werden durchschnittliche Mindestarbeitszeit und Arbeitstage pro Jahr für den Anspruch auf die Allgemeinversorgung festgelegt. Nehmen wir in diesem Fall eine Einigung auf 5 Stunden täglich und 200 Arbeitstage jährlich an. Die 9000 Arbeitsstunden von A würden nun durch 1500 Arbeitstage (200 Arbeitstage mal 7,5 Jahre) geteilt. Damit ergäben sich für A. durchschnittlich 6 Stunden pro Arbeitstag, womit sie über dem allgemein erforderlichen Durchschnittsmaß läge. Der Durchschnitt wird täglich neu durchgerechnet, immer bezogen auf den "Startpunkt" des 18. Geburtstags.
Welche Möglichkeiten hat A. nun bezüglich ihrer überdurchschnittlichen Arbeitszeit? Sie kann es sich leisten, längere Freizeit in Anspruch zu nehmen, ihr Durchschnitt würde damit sinken. Solange dieser bei 5 Stunden oder darüber liegt, kann A. die Allgemeinversorgung in Anspruch nehmen. Oder sie entscheidet sich dafür, ihren Durchschnitt längere Zeit - sagen wir 5 Jahre - auf 6 Stunden zu halten. Dann käme sie in den Genuss der Sonderversorgung (siehe weiter unten).
Was wäre nun im Falle der Unterschreitung der durchschnittlich erforderlichen Arbeitszeit? B. hat an seinem 28. Geburtstag 8000 Stunden auf seinem Arbeitskonto. Das ergäbe pro Arbeitstag durchschnitt-

lich 4 Stunden, also eine Unterschreitung der erforderlichen Durchschnittsarbeitszeit. B. könnte nun in Zukunft länger arbeiten um seinen Durchschnitt zu verbessern. Ist sein Durchschnitt nämlich länger als 5 Jahre (der Zeitraum ist fiktiv gewählt und unterliegt gesellschaftlicher Einigung) um mehr als 10% unter dem allgemeinen Durchschnitt von fünf Stunden, so rutscht er in die Grundversorgung ab.

6.4.1.3 Sonderstufe (Sonderversorgung)

Alle, die längere Zeit mehr als die durchschnittliche Arbeitszeit arbeiten bzw. eine bestimmte Stundenanzahl erreichen (die 5 Stunden durchschnittliche Arbeitszeit im obigen Beispiel sind willkürlich gewählt, d.h. die erforderliche Stundenzahl ist je nach Technologie- und Reichtumsniveau höher oder niedriger anzusetzen), haben Anspruch auf Güter, die aufgrund verschiedenster Faktoren (z.B. mengenmäßig knappes Material) nicht in der Allgemeinversorgung zur Verfügung gestellt werden können.
Darunter fallen auch besonders gut oder schön gelegene Wohnungen, die in diese Sonderversorgung einzubeziehen wären.
Inwieweit die durchschnittliche Arbeitszeit überschritten werden muss, ob nun 10%, 20% oder 30%, und wie lange, ob nun drei, vier oder fünf Jahre, obliegt ebenfalls der gesellschaftlichen Einigung.

6.4.2 Bewertung der Arbeit

Neben der reinen Arbeitszeit spielen bei der Beurteilung der Arbeit auch noch folgende Kriterien eine Rolle:
- Schwere der Arbeit (körperlich, psychisch, geistig)
- Zulauf zu bestimmten Arbeiten
- Erfüllung der Arbeit

Diese Kriterien werden jeweils mit einem Faktor versehen, welcher mit der reinen Arbeitszeit multipliziert wird. Die Festlegung dieser Faktoren erfolgt wieder als gesellschaftliche Einigung. Die Vorschläge, Kontrolle, Nachbesserungen werden von den Arbeitskomitees vorgenommen.

6.4.2.1 Schwere der Arbeit

Zur Beurteilung dieses Kriteriums werden Belastungspunkte aufsummiert, die den Belastungsfaktor ergeben:
Bei Bauarbeitern ergeben sich beispielsweise 20 Zusatzpunkte für körperliche Belastung und 5 Zusatzpunkte für psychische Belastung. Somit ergeben 1 Stunde reine Arbeitszeit 1,25 Stunden Bewertungszeit,

die dann für die Berechnung der geleisteten Arbeitszeit herangezogen wird.
Bei einem Chirurgen könnte die Punktevergabe etwa so aussehen: 15 psychisch, 20 geistig, ergibt 35. Also: 1 Stunde reine Arbeitszeit = 1,35 Stunden Bewertungszeit.
Mitarbeiter des Arbeitskomitees: körperliche Belastung -10, psychisch 5, geistig 5, ergibt 0. Also: 1 Stunde reine Arbeitszeit = 1 Stunde Bewertungszeit.

Nicht geleugnet werden kann, dass diese Bewertung
- erstens ein aufwendiges Unterfangen ist, da jede Tätigkeit eingestuft werden muss. Wie sinnvoll eine Einschränkung der Bewertung auf wenige besondere Arbeiten oder auf umfassende Tätigkeitsbereiche (z.b. Schuherzeugung Produktion, Schuherzeugung Verwaltung etc.) ist, bleibe dahingestellt;
- zweitens kein wissenschaftliches Verfahren ist und der Objektivität dabei nur begrenzt nachgekommen werden kann; - ein und dieselbe Arbeit mag der einen leicht, dem anderen anstrengend erscheinen. Dem subjektiven Empfinden der jeweiligen Arbeitenden kann diese Bewertung klarerweise auch nicht überlassen werden, auch nicht dem Betrieb, in dem sie tätig sind. Damit sind Spezialgremien zu betrauen, die diesbezüglich nachvollziehbare und sinnvolle Entscheidungen zu treffen haben.

6.4.2.2 Zulauf zu bestimmten Arbeiten

Die Zuteilung der Arbeit erfolgt, wie schon erwähnt, nicht einseitig als Zwang, sondern in Abstimmung mit den Betreffenden. Es wird sich herausstellen, dass einige Arbeiten beliebter bzw. unbeliebter als andere sind. Im Sinne einer Steuerung kann nun der Anreiz, eine bestimmte Arbeit zu wählen, mit der Vergabe von Zusatzpunkten erhöht werden.
Z.B. sollte sich herausstellen, dass die Arbeit des Krankenpflegers nicht im geplanten und gesellschaftlich gewünschten Ausmaß erfolgt, so wird diese Arbeit mit beispielsweise 15 Zusatzpunkten pro Stunde versehen.
Das Interesse an dieser Arbeit kann damit insofern gesteigert werden, da die Betreffenden weniger arbeiten müssen, um die gesellschaftliche Durchschnittsarbeitszeit zu erreichen oder bei längeren Arbeitszeiten die Chancen nach einem gewissen Zeitraum steigen, in die Sonderstufe zu gelangen.

Sollte dies nicht ausreichen, um weniger beliebte Arbeitsplätze zu besetzen, so könnten diese zum Bestandteil einer Ausbildung und so für jedes BVW-Mitglied für eine gewisse Zeitdauer obligatorisch werden.

6.4.2.3 Ausführung der Arbeit

Eine weitere Möglichkeit der Anwendung des Bewertungssystems besteht in der Zurechnung von Arbeitszeiten bei besonders guten Leistungen, aber auch im Abzug von Arbeitszeiten bei besonders schlechten Arbeitsergebnissen. Die Bewertung ist sinnvollerweise in den jeweiligen Betrieben vorzunehmen. Diese sollte nur in Extremfällen angewandt und mit einem Quotensystem versehen werden, um ein Überhandnehmen von "Prämierungen" zu vermeiden.

Die Kriterien für die qualitative Beurteilung der Arbeit und die (daraus eventuell resultierende) Höhe des Ausmaßes der Zeitgutschriften bzw. Zeitabzüge kann in – von allen Arbeitenden einsehbaren - Übersichten dargestellt werden.

Betriebsgremien entscheiden etwa halbjährlich diesbezüglich und haben diese Entscheidungen auch den Arbeitskomitees weiterzuleiten und ihnen gegenüber zu begründen.

Leuten, die ständig schlechte Arbeit leisten, werden langfristig für "minder qualifizierte" Arbeiten eingeteilt - für so manche wahrscheinlich Motivation genug, ihre Arbeit ordentlich zu machen.

6.4.3 Arbeitszeiterfassung

Die Arbeitszeit wird auf einer Chipkarte, mit der auch Bestellungen und Besorgungen vorgenommen werden, festgehalten. Damit ist die Versorgungsstufe von den betreffenden Zuteilungsstellen ablesbar und somit die Zuteilung kontrollierbar.

Es wird technisch keine Schwierigkeit bereiten, die Arbeitszeit von den in Betrieben Arbeitenden festzuhalten. Sollte die Arbeit in Heimarbeit erledigt werden, d.h. die Arbeitszeit nicht direkt messbar sein, wird die Arbeitszeit indirekt über die vollzogene Arbeit ermittelt.

Als Beispiel: Eine EDV Spezialistin entwickelt ein neues EDV-Programm in Heimarbeit. Die dafür nötige Arbeitszeit wird vorher vereinbart und nach der Fertigstellung auf der Chipkarte abgebucht.

6.5 Mögliche Schwachpunkte des Arbeits- und Zuteilungsmodells?

Bei der Vorstellung des Arbeits- und Zuteilungsmodells der BVW könnten dem interessierten Leser an einigen Stellen Zweifel bezüglich der Durchführbarkeit aufgekommen sein. Folgende Fragen könnten gestellt werden:

Wie sieht es mit der "Arbeitsmoral" aus, wenn der (existentielle) Zwang zur Arbeit entfällt?
Hinter dieser Frage steckt erstens die Vermutung, dass sich die meisten mit der Grundversorgung zufrieden geben werden und relativ wenige arbeiten wollen und werden. Wäre dies der Fall, so ließe sich eine BVW, wenn überhaupt, nur auf einem ziemlich niedrigen Produktionsniveau gestalten. Dies würde ein bescheidenes Leben für die meisten bedeuten und mit Fortdauer dieser Produktionsweise wahrscheinlich immer bescheidener werden.
Wird es wirklich so sein, daßs die meisten nicht arbeiten werden? Nein, im Gegenteil, es würden wahrscheinlich mehr Leute arbeiten als in der Marktwirtschaft. Wenn die unangenehmen Bedingungen der Arbeit auf ein Minimum reduziert sind und die Arbeitszeit auf drei bis fünf Stunden pro Tag beschränkt ist, verliert die Arbeit den unangenehmen Beigeschmack. Eine der wesentlichen Errungenschaften dieser Gesellschaft wäre, dass Arbeit nicht mehr als Belastung empfunden wird, dass gearbeitet wird, um zu leben, und nicht umgekehrt. Der Anreiz, sich nicht nur ein bescheidenes, sondern ein gutes oder ein sehr gutes Leben erarbeiten zu können, sollte für die meisten ein ausreichendes Motiv sein, ihre Arbeitskraft der BVW-Gesellschaft zur Verfügung zu stellen (siehe dazu auch das Kapitel "Die Gegner der BVW und ihre Argumente / Arbeitsmoral").

Wie sollte die BVW-Versorgung ("ein gutes Leben für alle") auf Basis einer durchschnittlichen Arbeitszeit von fünf Stunden täglich oder noch weniger geleistet werden können?
Langfristig bestimmt dadurch, dass ein bedeutender Teil der wissenschaftlichen Anstrengungen und der damit verknüpften technologischen Entwicklung darin bestehen wird, die Produktivität zu steigern, die menschliche Arbeitskraft zu entlasten und durch Automaten zu ersetzen. Was dies in puncto Produktivitätssteigerung bedeutet, zeigt der Vergleich mit dem Stand der Produktion vor hundert Jahren.

Selbst das derzeitige Produktionsniveau mit der heutigen Technik zu halten scheint mit fünf Stunden täglicher Arbeitszeit kein Problem zu sein, wenn man Folgendes bedenkt:
- Viele Arbeitsbereiche der Marktwirtschaft werden in der BVW nicht benötigt, und die frei werdenden Arbeitskräfte können der Güterversorgung zur Verfügung gestellt werden: Banken, Versicherungen, Werbung, Unternehmensberatung, Rechtswesen (dazu weiter unten im Kapitel "Grundriss einer BVW / Politik"), Buchhaltung, Controlling, Finanzbehörde etc. (Allerdings kommen in der BVW auch Arbeitsbereiche dazu, die es in der Marktwirtschaft nicht gibt, z.B. Planungs- und Arbeitskomitees. Diese werden allerdings nicht die Anzahl von Arbeitenden benötigen, die mit oben genannten Arbeitsbereichen frei werden.)
- Durch die Aufhebung der Konkurrenz einerseits und Konzentration der Produktion, Leistungserstellung und Zuteilungsstellen andererseits ergibt sich eine Reduktion der benötigten Arbeitskräfte im Vergleich zur Marktwirtschaft. Die Vielzahl der im Handel konkurrierenden Geschäfte entfällt und wird durch ein effizientes Zuteilungssystem ersetzt (siehe Kapitel "Grundriss einer BVW / Zuteilung"). Ähnliches Freisetzungspotenzial ergibt sich in den anderen Dienstleistungsbereichen und in der Industrie.
- Die "Reservearmee" der Arbeitslosen der Marktwirtschaft steht auch noch als zusätzliche Arbeitskraft zur Verfügung - würde man diesbezüglich auch noch die Arbeitslosen der Dritten Welt miteinbeziehen, wird klar, welch enormes brachliegendes Arbeitskräftepotenzial in der Marktwirtschaft besteht, welches in einer BVW zur Verfügung steht.
- Außerdem werden auch ältere Menschen, weil in der BVW nicht verschlissen und noch aktiv, ein reduziertes Ausmaß an Arbeitsstunden in gewissen Bereichen noch leisten können und auch bereit sein, weiterhin zu arbeiten (siehe dazu auch Kapitel "Grundriss einer BVW / Gesundheit"). Die Be- und Verurteilung der Marktwirtschaft: 'Die Alten sind zu langsam und deshalb (oder) zu teuer', kann es in der BVW nicht geben. Die Kriterien sind: Die Arbeit muss gut ausgeführt werden (können) und darf nicht zu einer Behinderung anderer (Arbeiten) führen. (Bezüglich dieses Punktes siehe auch das Kapitel "Die Gegner der BVW und ihre Argumente / Knappheit".)
- Schließlich wird es auch eine Intention in dieser Gesellschaft sein, auf Militär und Sicherheitsapparat zu verzichten, was zusätzliche Kapazitäten für die Versorgungswirtschaft schafft.

Die Zuordnung der Güter zu den Zuteilungsstufen und die Bewertung der Schwere einer Arbeit werden von wenigen Leuten vorgenommen und für viele festgelegt. Ist das nicht eine Art Diktat?
Trotz der Möglichkeit von Mitbestimmung in allen Bereichen wird es in gewissen Fällen vorkommen, dass politische und ökonomische Entscheidungen getroffen werden müssen, die nicht immer allen zur Abstimmung vorgelegt werden. Schließt dies jedoch aus, dass vernünftige Entscheidungen im Sinne der betroffenen Menschen getroffen werden können? Bei all den Entscheidungen steht der Zweck des möglichst angenehmen Lebens im Vordergrund, welcher nicht gegen die Interessen der Menschen gerichtet ist. Klar ist auch, - und das trifft ja auch auf allgemeine Abstimmungen zu, - dass nicht alle Auffassungen bei den Entscheidungen berücksichtigt werden können. Aber in dieser Hinsicht von „Diktat" zu sprechen, wäre wohl verfehlt.
Die Marktwirtschaft gebietet wesentlich diktatorischer, denn es wird kein Konsument gefragt, was und wie viel zu produzieren ist, und die demokratische Regierungsform besteht auch nicht aus Umfragen bei Bürgern, wie die Gesetze zu gestalten sind - der Bürger hat bloß das Recht, ein Kreuzchen zu dem von ihm gewünschten Gesetzgeber zu machen. In der BVW würde es jedenfalls mehr Abstimmungen und Mitbestimmung als in der bürgerlichen Demokratie geben (siehe dazu im Kapitel "Grundriss einer BVW / Politik").

6.6 Andere Güterzuteilungsmodelle

Da die Arbeitsbewertung in Verbindung mit der Güterzuteilung ein wesentliches Element der BVW ist, sollte das oben dargestellte Modell anderen Möglichkeiten gegenübergestellt und diese kritisch beleuchtet werden.

6.6.1 Geldzirkulationsmodell

Das Geldzirkulationsmodell geht davon aus, dass in der gesamten Ökonomie Güter auf Basis der Arbeitszeiteinheiten getauscht werden. Die Arbeitenden bekommen gemäß ihrer geleisteten Arbeitszeit Geld bezahlt und kaufen damit am Markt die Güter, die mit festgesetzten Preisen versehen sind, ein:
1 Arbeitsstunde wird mit 100 Einheiten Arbeitsgeld entlohnt. Dafür erhält man bei den Versorgungsstellen beispielsweise 1 Laib Brot (10 Einheiten), 1 Liter Orangensaft (10 E.), 1 Paar Socken (20 E.), 1 Buch (60 E.).

Wesentlich bei diesem Modell ist, dass auch die Verkaufsstellen ihrerseits die Güter von den Lieferanten mit dem eingenommenen Arbeitsgeld kaufen, die Lieferanten ihrerseits die Rohstoffe kaufen etc.
Wie werden nun die Einheiten (Preise) der Güter gebildet?
Die beste Möglichkeit würde darin bestehen, die Arbeitszeit als Maßgröße für die Preise zu nehmen. Je mehr Arbeitszeit in einem Gut enthalten ist, umso mehr Einheiten kumuliert es. Es würde zwar einen nicht unerheblichen Aufwand bedeuten, die Arbeitszeiten für jedes Gut festzuhalten, technisch (rechnerisch) und organisatorisch vorstellbar wäre es aber.
Dieses Modell erscheint vielleicht so manchem als gut vorstellbar und vertrauter als andere Alternativen zu sein. Das mag daran liegen, da es marktwirtschaftliche Elemente wie Geld, Preise und Löhne beinhaltet. Könnte es aber den Prinzipien der Versorgungswirtschaft gerecht werden?
Folgende Konsequenzen ergeben sich aus der Geldzirkulation:
Produktion und Versorgung haben sich am Geldfluss zu orientieren. An dem zur Verfügung stehenden Geld liegt es, ob und wie viel produziert wird, ob und wie viel es zu kaufen bzw. zu verkaufen gibt - dies auch dann, wenn die Produktionsmittel vergesellschaftet sind und geplant produziert werden soll:
- Das vorerst als Hilfsmittel (Rechengröße) gedachte Mittel bekommt eine Eigendynamik. Wird dem Kreislauf Geld entzogen, da es z.B. gespart wird, kommt die Produktion ins Trudeln, weil die geplanten Geldrückflüsse nicht stattfinden. Der Versorgungszweck wird damit unterlaufen und letztlich außer Kraft gesetzt.
- Woher kämen die Geldmittel für zusätzliche Investitionen der Betriebe, wenn nicht aus einer Art von Profit (Investitionsrücklage), der mit dem Produktionsprozess erwirtschaftet wird. Damit werden aber die Arbeitslöhne zu Kosten, die den Profit schmälern. Somit ist ein Interessengegensatz zwischen Betrieb und Arbeitenden angelegt.
- Jede menschenfreundliche Gestaltung der Arbeitsplätze und jede zusätzliche Arbeitszeit, die für Qualitätsarbeit in Anspruch genommen wird, hätte sich am Kostengesichtspunkt zu relativieren - eine Konsequenz, die den Prinzipien der BVW zuwiderlaufen würde.
- Höherpreisige Güter könnten nur im fortgeschrittenen Alter gekauft werden, wenn Arbeitszeiten angespart wurden - oder auf Kredit. Eine Konsequenz könnte sein: Banken und / oder Private

würden Geld gegen Zinsen verleihen. Damit wäre die Funktion des Zirkulationsmittels aufgehoben und es wird zum Kapital.
- Es würden sich sehr rasch Schwarzmärkte bilden, auf denen Private an Private verkaufen, also ein Handel neben der offiziellen Versorgung entstehen. Der private Handel als Geldbereicherung würde den Versorgungszweck unterlaufen.

Die aufgezeigten Konsequenzen müssen nicht alle eintreten, wenn die Verwaltungsinstanz bzw. eine staatliche Obrigkeit Gebote und Verbote erlässt und auch durchsetzt (z.b. für die Produktion fehlendes Geld bereitstellt oder keinen privaten Handel gestattet). Interessengegensätze der ökonomischen Subjekte sind allerdings mit der Inthronisierung des Geldes angelegt und können auch durch Verordnungen nicht aufgehoben werden. Die oberste Instanz müsste ständig gegen Interessen ökonomischer Subjekte vorgehen. Nicht gemeinsame Interessen sind dann Grundlage dieses Systems, sondern staatlich durchgesetzte Zwänge.

Funktionieren könnte dieses ökonomische System, doch es würde den Zweck einer BVW unterlaufen. Marktwirtschaftliche Elemente wie Kredit, Zins, Profit, Spekulation würden die Versorgung desavouieren und eine seltsame Mischung aus Planwirtschaft und Marktwirtschaft (ähnlich wie in der ehemaligen Sowjetunion, siehe Kapitel "Der Kriegskommunismus und der Reale Sozialismus") entsteht.

6.6.2 Arbeitsgeldmodell

Eine weitere Möglichkeit bestünde darin, die oben dargestellte Bezahlung der geleisteten Arbeitszeit und eine Preisfestsetzung für Letztverbrauchergüter beizubehalten, aber eine weitere Zirkulation des Geldes zu unterbinden. Die Produktion und Leistungserstellung erfolgt aufgrund von Planzahlen und Zuweisung von benötigten Materialien, Gütern und Leistungen - die Unternehmen rechnen untereinander nicht in Geld ab. Die Preisbildung beschränkt sich auf die Güter, welche die Arbeitenden benötigen. Es wäre eine Relation zwischen geleisteter Arbeitszeit und Konsummöglichkeit hergestellt. Die im obigen Modell geltende Wertrelation zwischen geleisteter Arbeitszeit und Zugriff auf erarbeiteten Reichtum würde somit auch hier gelten.

Dies hätte den Vorteil gegenüber dem Geldzirkulationsmodell, dass Produktion und Leistungserstellung unabhängig von Geldrückflüssen ablaufen, also von diesem Hemmschuh befreit wären und der Kostengesichtspunkt in Betrieben auch keine Grundlage hätte.

Das Arbeitsgeld wird nicht als materiell vorhandenes Geld (Papiergeld und Münzen) verwendet, sondern wird nur als Abbuchung der jeweiligen Arbeitseinheiten bzw. Konsumeinheiten auf der Chipkarte vorgenommen, jede Chipkarte ist also gleichzeitig ein Arbeits-Konsumkonto. Älteren Menschen, die weniger bzw. nicht mehr arbeiten, müsste eine Art Rente - in Form einer Spezialversorgungskarte - gezahlt werden. Nichtarbeitende erhalten eine "Nichtarbeitskarte", die einen Betrag ausreichend für ein bescheidenes Leben aufweist.
Folgendes ist kritisch zu beurteilen:
- Die Versorgung jedes BVW-Mitglieds relativiert sich nicht nur an den jeweils geleisteten Arbeitsstunden, sondern auch an den vorgegebenen Preisen. Die Versorgung ist keine Zuteilung, sondern ein Arbeitsstunden"tausch". Der Konsument muss haushalten, sich seine Versorgung einteilen. Ist damit eine ebenso gute Versorgungslage der Bevölkerung zu erreichen wie bei dem Güterzuteilungsmodell? Ist nicht mit den Preisen in Relation zu den Arbeitsstunden eine Einschränkung der Versorgung installiert? Viele mögen gerade dies als Vorteil des Arbeitsgeld-Preismodells erachten. Ist der Zweck die bestmögliche Versorgung, mag dieser "Vorteil" allerdings zu bezweifeln sein.
- Für teurere Güter müssten die Konsumenten sparen bzw. Kredite aufnehmen. Es ergibt sich die Frage, ob Kredite überhaupt zugelassen werden sollen. Wenn ja, dann wäre der Kredit durch jeweilige Abzüge von geleisteten Arbeitsstunden "zurückzuzahlen".
- Die Preisbestimmung bei Mieten fällt schwer, ebenso bei Gesundheitsdiensten. Die Frage ist, ob dafür überhaupt zu zahlen ist.
- Die Planbarkeit der Arbeitsstunden wird insofern schwieriger, da das Interesse der Arbeitenden, Arbeitsstunden zu erarbeiten, sich an den jeweiligen Konsuminteressen orientiert und sehr schwankend ausfallen wird.
- Auch bei diesem Modell würde die Preisbestimmung zusätzliche organisatorische und technische Maßnahmen erfordern.

6.6.3 Fixkreditmodell

Dieses Zuteilungsmodell findet sich in Edward Bellamys Roman "Looking Backward" (erschienen in Boston 1888). (Im Kapitel "Die alternative Gesellschaft als Utopie" wird auf dieses Gesellschaftsmodell näher eingegangen. An dieser Stelle soll nur das Zuteilungsmodell kurz dargestellt und kritisiert werden.)

Alle Arbeitenden erhalten eine "Kreditkarte" mit der gleichen Anzahl von Einheiten. Diese Einheiten beziehen sich auf den Jahreskonsum (und sind "reichlich bemessen"). Die Güter sind mit Preisen (Einheiten) versehen, die bei den Massengütern auf Basis der enthaltenen Arbeitsstunden berechnet werden. Bei Spezialgütern, welche knapp sind, wird der Preis mit einem Preiszuschlag erhöht.

Der hauptsächliche Unterschied zum oben dargestellten Arbeitsgeldmodell besteht darin, dass jeder unabhängig von seiner Arbeitsleistung den gleichen wertmäßigen Anspruch (Kredit) auf die Güter der Gesellschaft hat. Jedem obliegt es dann, welche Güter er (im Rahmen seines Kredits) für seine Bedürfnisdeckung auswählt.

Bellamy geht davon aus, dass alle arbeiten werden und wollen. Die Arbeitszeiten werden durch die Schwere der Arbeit (je schwieriger, anstrengender etc., umso kürzer) und das Interesse an gewissen Arbeiten bestimmt (je weniger Interesse, umso kürzer die Arbeitszeit, um Interessenten dafür zu gewinnen). Es wird davon ausgegangen, dass jeder sein Bestes gibt ("soziale Ehre und Patriotismus gebieten es allen, ihr Bestes zu geben"). Die unterschiedlichen Arbeitsergebnisse werden keiner Bewertung unterzogen, allein der Arbeitseinsatz zählt als Anspruch auf die Kreditkarte.

Werden jährlich mehr Einheiten verbraucht als durch die Kreditkarte vorgegeben, wird dies als Kredit bei der Kreditkarte des folgenden Jahres abgebucht und dadurch der Wert (der Einheiten) vermindert.

Auch diesem Modell seien ein paar kritische Anmerkungen beigefügt:
- Die Preisbestimmung muss auch in diesem Modell vorgenommen werden.
- Gegenüber dem Arbeitsgeldmodell hätte es allerdings den Vorteil, dass die Beschränkung über den Preis, das Haushalten und Sparen der Konsumenten entschärft ist - und zwar bei "reichlicher Bemessung des Gesamtkreditkartenwertes". Ist der Kreditkartenwert nicht so reichlich bemessen, bleibt die Einschränkung des Konsums erhalten. Diese steht und fällt mit der Höhe des Gesamtkreditkartenwertes.
- Ein Zusammenhang zwischen Arbeitsleistung und Konsum scheint nicht gegeben zu sein. Bellamy setzt voraus, dass alle "ihr Bestes geben" und gemäß den Anforderungen arbeiten, weil es die Moral gebietet, sich für die Gesellschaft einzusetzen, und die soziale Anerkennung vor allem durch die Arbeit erfolgt. Nicht das materielle Eigeninteresse der Leute wird hier als Motiv angegeben, sondern ein übergeordneter Standpunkt einer sozialen Moral ("Pflicht"). Unterstützt wird diese durch Orden und Beförderungen für gute Ar-

beit und "Isolierhaft bei Wasser und Brot" für bewusst schlechte Arbeit oder Arbeitsverweigerung. Ein Zusammenhang zwischen Arbeitsleistung und Kreditkartenwert könnte insofern hergestellt werden, dass Leute , die nicht arbeiten wollen eine wertmäßig geringere Wertkarte, diejenigen, die länger oder härter arbeiten, einen höheren Wert zur Verfügung gestellt bekommen - bewusst schlechte Arbeit bzw. gute Arbeit wird mit Abzügen bzw. Bonifikationen bewertet.

6.6.4 Mehrstufenmodell

Es wäre denkbar, nicht nur drei Stufen der Versorgung (Grundversorgung, Allgemeinstufe, Sonderstufe) einzurichten, sondern mehrere Stufen abhängig von der geleisteten Arbeitszeit.
Dieses Modell weist folgende Schwachstellen auf:
- Es müssten für jede Stufe eigene Verkaufsstellen eingerichtet werden.
- Jedes Gut müsste einer Stufe zugeordnet werden, was ein auf Basis des Gebrauchswertes orientiertes Verfahren "objektiv" nicht leisten kann.
- Es würde für den Arbeitenden zu einem ständigen Wechsel der Versorgungsstufen je nach Arbeitsleistung kommen, was zwar im Sinne des Arbeitenden sein kann, aber die Planung der Güterproduktion äußerst schwierig und ineffizient gestalten würde.

Der Vorteil bestünde in einer flexibleren Anbindung der Versorgung an die geleistete Arbeitszeit als beim Dreistufenmodell. Dieser Vorteil könnte dann allerdings einfacher und effizienter mit dem Arbeitsgeldmodell erreicht werden.

6.6.5 "Jeder nach seinen Fähigkeiten, jedem nach seinen Bedürfnissen"

In der Kritik des Gothaer Programms (1875) deutet Karl Marx an, wie das Verhältnis von Arbeit und Zuteilung in einer zukünftigen kommunistischen Gesellschaft aussehen könnte: "In einer höheren Phase der kommunistischen Gesellschaft" wären dann die Produktivkräfte so weit entwickelt und die Arbeit hätte sich so gewandelt, dass es nicht mehr notwendig sei, eine Relation zwischen Arbeitseinsatz und Zuteilungsquantität und -qualität geltend zu machen. "Jeder nach seinen Fähigkeiten, jedem nach seinen Bedürfnissen" würde die Auflösung eines Zusammenhangs zwischen Arbeit und Zuteilung bedeuten. Für

die Entnahme aus dem Güterfonds ist dann nicht maßgebend, was und wie viel jemand arbeitet, sondern was sie / er für ein gutes Leben benötigt - und das kann je nach ihren / seinen Bedürfnissen sehr unterschiedlich ausfallen.
Dies setzt voraus, dass die Güterausbringung weitgehend vom Einsatz menschlicher Arbeitskraft entkoppelt ist, also großteils von Maschinen bzw. Automaten bewältigt wird. Arbeit wird nicht mehr als Mühsal empfunden. Die Gesellschaft ist in der Lage, Güter und Leistungen für alle in gewünschtem Ausmaß und bester Qualität zu erstellen.
In solch einer Gesellschaft erübrigen sich die Arbeitsbewertung und die Einrichtung unterschiedliche Versorgungsstufen. Marx konstatiert, dass diese Ökonomie erst in einer "höheren Phase" der kommunistischen Gesellschaft zu verwirklichen ist.

6.6.6 Resümee Zuteilungsmodelle

Im Hinblick auf die schwerwiegenden Schwachstellen und der Gefährdung des Versorgungszwecks sollte das *Geldzirkulationsmodell* als langfristig anzustrebendes Zuteilungsmodell nicht gewählt werden. Mehr schlecht als recht funktionieren könnte es mit Ausübung staatlicher Gebote und Verbote, eben staatlicher Gewalt. Ein Anschauungsbeispiel dieser Art von Geldökonomie bot die Zentralverwaltungswirtschaft, bzw. der "Reale Sozialismus" der Sowjetunion, zu der noch weiter unten ausführlich Stellung genommen wird.

Das *Mehrstufenmodell* würde aufgrund der oben angesprochenen Schwächen in der Praxis kaum bestehen können. Es könnte, wenn das Arbeitsgeldmodell als Zielmodell gewählt wird, als weitere Ausbaustufe angestrebt werden, wobei zweifelhaft ist, ob dadurch der Versorgungszweck besser erfüllt werden kann.

Die anderen drei Modelle, Arbeitsgeld-, Fixkredit- und schließlich das ausführlich besprochene Dreistufenmodell, vermeiden die Schwächen der beiden vorher genannten Modelle. Die Frage ist, in welcher Weise sie den Kriterien der BVW gerecht werden können.
Zusammenfassend seien nochmals die Zuteilungskriterien der drei Modelle beschrieben und kritisiert:
Beim *Dreistufenmodell* (Grundversorgung, Allgemeine Versorgung, Sonderversorgung) wird an den Gebrauchswerten selbst die Auslese getroffen, die jemand erhält, der soundso viel Arbeitszeit geleistet hat.

Beim diesem Modell besteht das "Problematische" hinsichtlich der Versorgung darin, dass eine politökonomische Entscheidung getroffen werden muss, welche Gebrauchgüter den einzelnen Stufen zugeordnet werden. Die Beschränkung der individuellen Versorgung bemisst sich (für "Normalarbeitende") alleine an den zur Verfügung stehenden Gebrauchswerten. Diese können nur durch eine sehr produktive Ökonomie in ausreichendem Maße - gemäß den Ansprüchen der BVW - der Gesellschaft verfügbar gemacht werden.

Bei den Preismodellen wird die Auslese durch die Preise und das Geldeinkommen bestimmt, da sich der Konsument sein Geld einzuteilen hat und durch sein Einkommen beschränkt ist:

Beim *Arbeitsgeldmodell* ergeben sich das Einkommen und damit die individuelle Versorgung aus der Geldbewertung der Arbeitsstunde und der Zahl der geleisteten Arbeitsstunden. Die Preise der Güter stellen eine Beschränkung der individuellen Versorgung dar, da sich das Einkommen an diesen relativiert. Es kommt aber auch auf die Preisbestimmung selbst an. Wenn diese sich an den im Gut bzw. der Leistung steckenden Arbeitsstunden bemisst und dafür der gleiche Stundensatz wie bei der "Bezahlung" der Arbeitsstunde genommen wird, ist damit eine feste Relation zwischen Arbeitsstundenleistung und Konsumation hergestellt. Diese feste Relation kann nur zugunsten der Konsumation verändert werden, wenn die Güter und Leistungen in der gleichen oder besseren Qualität in kürzerer Arbeitszeit hergestellt werden (Stichwort Produktivität).

Die Versorgung beim *Fixkreditmodell* steht und fällt mit der Höhe des vergebenen Fixeinkommens. Daran bemisst sich die individuelle Versorgung. Für die Preise gilt das gleiche, wie beim Arbeitsgeldmodell. Eine Relation zur geleisteten Arbeit kann dadurch hergestellt werden, dass für die Gewährung des Kredits, je nach Art der Tätigkeit unterschiedlich lang gearbeitet werden muss. Es könnten auch unterschiedliche Kreditkarten für Nichtarbeitende, "Normalarbeitende" und besonders intensiv und schwer Arbeitende ausgegeben werden, was dem Dreistufenmodell schon nahe kommt. Der Unterschied zum Dreistufenmodell wäre der, dass mit den Preisen eine Beschränkung in der Versorgung eingezogen wäre.

Abschließend lässt sich festhalten, dass eine Ökonomie, die Gebrauchsgüter bezüglich Qualität und Menge noch nicht für alle ausreichend zur Verfügung stellen kann (z.B. schöne gut gelegene Wohnungen), also in der es noch stärkere Beschränkungen der Zuteilung

gibt, auf das Arbeitsgeldmodell oder das Fixkreditmodell verwiesen sein wird.
Hat die gesellschaftliche Produktion eine Stufe erreicht, bei der gewisse Beschränkungen der Zuteilung wegfallen können (was möglichst rasch gelingen sollte), dann bietet sich das Dreistufenmodell der Versorgung an.
Das Modell *"Jeder nach seinen Fähigkeiten, jedem nach seinen Bedürfnissen"* in der es keinen Zusammenhang zwischen Arbeitsleistung und Zuteilung gibt, streift dann den letzten Rest der alten Gesellschaft ab. Langfristig ist diese Vorstellung anzustreben, kurz- und mittelfristig wird sie allerdings nicht umzusetzen sein.

7 Zuteilung

In der Marktwirtschaft werden Waren von Privateigentümern an die Konsumenten verkauft. Das Hauptinteresse des Verkäufers am Konsumenten besteht darin, dessen Geld an sich zu ziehen.
Diese Privateigentümer konkurrieren einander und versuchen Marktanteile (von Konkurrenten) zu gewinnen. Für den einzelnen Verkäufer stellt sich immer erst im Nachhinein heraus, ob er zu viel oder zu wenig, ob er zu teuer oder zu billig verkauft hat. Was nicht verkauft werden kann, wird preisreduziert angeboten und zu guter schließlich eher entsorgt oder wiederverwertet als verschenkt. Der Absatz bzw. Umsatz ist ständigen Schwankungen ausgesetzt - Sicherheiten bietet der Markt nicht.
Ob sich der Händler gegen andere durchsetzt bzw. behauptet, entscheidet sich an Kapitalgröße, Preispolitik, Werbung, bei einem engen Markt auch Qualität der Ware und Kundenbetreuung. Ist jedoch der Standpunkt "der Kunde ist König" ein Garant für den Erfolg am Markt? Oder umgekehrt: Hat ein Händler, der miese Qualität ohne Beratung (mit Selbstbedienung) verkauft, keine Chancen? Die Erfahrung, die jeder tagtäglich macht, ergibt, dass Markterfolg nicht unbedingt von Kundenservice und Qualität abhängig ist. Es ist ebenso falsch zu behaupten, dass schlechte Waren vom "Markt selbst" eliminiert würden, als auch, dass ein relativ höherer Preis eine bessere Qualität der Ware bieten würde. Wer dies nicht glaubt, kann sich in Broschüren von Konsumentenschutzorganisationen davon überzeugen.

Der Konsument hat sich sein Geld und damit seine Käufe einzuteilen. Seine Kaufentscheidungen relativieren sich an seinem Geldeinkommen.

Die gefeierte Warenvielfalt der Marktwirtschaft ist ein Angebot, das die meisten mangels Zahlungsfähigkeit gar nicht gemäß ihren Bedürfnissen wahrnehmen können.

Der Konsument stellt Preisvergleiche und Qualitätsvergleiche an und ist dabei meist mangels Kenntnissen überfordert. Er hat oft den prinzipiellen Verdacht, übervorteilt worden zu sein, und liegt dabei gar nicht so falsch. Der tatsächliche Gebrauch bzw. Verbrauch und Nutzen des Konsumenten sind "Begleiterscheinungen" des marktwirtschaftlichen Handels. Das Entscheidende ist der Kaufakt und der damit verbundene Geldtransfer.

Konsequenz davon ist, dass sich bei "(lebens)gefährlichen" Produkten der bürgerliche Staat einschaltet und stichprobenartig Prüfungen vornimmt. Ab und zu kommt es in besonders krassen Fällen der Konsumentenschädigung zu Skandalen, deren Bewältigung aber nichts an dem grundsätzlichen Verhältnis Verkäufer - Konsument ändert.

In der BVW kann die ausreichende Bedürfnisdeckung der Konsumenten letztlich nur an einer unzureichenden Güter- und Leistungserstellung scheitern, nicht an der Armut der Konsumenten.
Ebenso kann mangelnde Qualität nicht Resultat beinharter Preiskalkulation (Profitkalkulation) sein, denn gerechnet wird in der BVW nur mit Mengengrößen und nicht mit Tauschwerten. Qualitätskontrollen sind kein Kostenfaktor und wichtiger Bestandteil der Planproduktion. Es geht nicht um Kauf, sondern um Gebrauch und Nutzen! Wenn Qualitätsmängel auftreten, dann als Folge von Unkenntnis oder Unachtsamkeit.

Die folgenden Abschnitte beschäftigen sich mit der Organisation der Zuteilung.

7.1 Zuteilungssystem

Mit der BVW wird die Zersplitterung des Marktes in einzelne private Anbieter aufgehoben. Die Güter werden in großen Lagerhäusern für die Versorgung (Zuteilung) bereitgestellt. Dabei ist auf die Erreichbarkeit und Verbraucherfrequenz Rücksicht zu nehmen. Es werden eigene Versorgungsstellen für Güter des täglichen Bedarfs eingerichtet, die für jeden gut und rasch erreichbar sind.
Wesentlich in diesem Zusammenhang sind auch Konzepte der Raumplanung: Die aus ökonomischen Gründen entstandenen Stadtballungs-

zentren sind sukzessive aufzulockern und langfristig aufzulösen: Wohnbezirke als Wohndörfer mit ausreichender selbständiger Infrastruktur (Versorgung) mit einer guten Anbindung an Arbeitsbezirke, in denen die Betriebe angesiedelt sind.
Wenn man das Dreistufenmodell der Versorgung zugrunde legt, so wird zwischen Lagern für die Grundversorgung, die Allgemeinversorgung und die Sonderversorgung unterschieden. Der Zutritt ist dann nur mit der entsprechenden Arbeitsstundenzahl auf der Chipkarte möglich. Die Grundversorgungslagerhäuser werden auch von Leuten der Allgemeinversorgung und Sonderversorgung aufgesucht, da sich z.B. die Güter des täglichen Bedarfs in den drei Versorgungsstufen nicht unterscheiden.
Eine weitere Möglichkeit besteht darin, die Güter mit Strichcodes für die drei unterschiedlichen Versorgungsgruppen zu versehen.

7.2 Information

Werbung wie in der Marktwirtschaft ist unnötig, da die Grundlage dafür - die Konkurrenz - entfallen ist. Ankündigungen neuer Produkte und dementsprechende Informationen darüber wird es dagegen reichlich geben. Anstatt der Werbeeinschaltungen werden Informationen über den Gebrauch von (neuen) Produkten mithilfe eines elektronischen Informationssystems und auch mittels Broschüren verbreitet. In jedem Lagerhaus wird außerdem genügend gut ausgebildetes Beratungspersonal zur Verfügung stehen.
Leute, die meinen, dass das Leben durch den Entfall von Werbeplakaten in der BVW weniger bunt sein wird, können beruhigt werden: Architekten und andere Fachleute werden dazu beitragen, den "öffentlichen Raum" ansehnlich zu gestalten.

7.3 Chipkarte

In der BVW findet kein Kauf statt. Die Ware wird abgeholt und auf der Chipkarte verbucht.
Wie schon erwähnt wurde, ist auf der Chipkarte auch der Status der Versorgung des BVW-Mitglieds angegeben und damit der Anspruch auf bestimmte Güter bzw. der Zutritt zu den betreffenden Zuteilungsstellen gewährleistet.
Jedes Gut wird mit einem Code versehen, der bei der Entnahme in einen Kontrollautomaten eingegeben wird. Erst nach dieser Eingabe

kann das Lagerhaus verlassen werden. Bei Bestellgütern wird überprüft, ob dieses Gut vom betreffenden Verbraucher bestellt wurde und wann das letzte Mal ein Gut für nämlichen Gebrauch bezogen wurde. Bei Gütern des täglichen Bedarfs, die nicht bestellt werden, wird mit dem Code des Produkts auch die auf einen bestimmten Zeitraum bezogene Menge miteingegeben.
Diese Mengenangabe soll verhindern, dass mehr Waren, als für eine Person notwendig, mitgenommen werden. Diese Menge wird nicht allzu knapp bemessen sein, ist aber als Rationierung zu bezeichnen. Ein Mitglied wird beispielsweise einen Anspruch auf einen neuen Kühlschrank erst nach Ablauf von fünf Jahren haben. Damit wird verhindert, dass eine Person mehr als einen Kühlschrank innerhalb von fünf Jahren bezieht. Mit Familienkarten (Erwachsene plus Kinder) können bei gewissen Gütern größere Rationen in kürzeren Zeiträumen bezogen werden.

7.4 Nutzungsdauer

Jedes Gut ist also für eine bestimmte Nutzungsdauer vorgesehen, was die Konsequenz hat, das Gut vor Ablauf der Nutzungsdauer nicht nochmals besorgen zu können, es sei denn im Falle eines irreparablen Schadens. Dieser Maßnahme bedarf es, damit erstens nicht allzu sorglos mit den Gütern umgegangen wird und zweitens verhindert wird, in Folge von Mehrfachbeschaffungen einen "Handel" zwischen den Zuteilungsstufen in Gang zu setzen.
Die Arbeitenden in der Allgemeinstufe haben die Möglichkeit, sich pro Haushalt ein Fahrzeug zu beschaffen. Gäbe es keine Mindestnutzungsdauer, würde nach ein paar Monaten das neu erhaltene Fahrzeug abgegeben werden, bzw. an Grundstufenbezieher, die kein Fahrzeug zugeteilt bekommen- gegen welche Leistungen auch immer - weitergegeben und ein neues Fahrzeug bezogen werden. Wird eine Nutzungsdauer (von z.B. 8 Jahren) festgelegt, so kann das Fahrzeug nachher zwar auch weitergegeben werden (wenn nicht allgemein festgelegt wird, Fahrzeuge nach einer bestimmten Nutzungsdauer einzuziehen und zu verschrotten, was in diesem Falle noch vernünftiger erscheint), der Erstbenutzer ist jedoch für eine gewisse Zeit (z.B. 8 Jahre) an ein bestimmtes Fahrzeug gebunden.

7.5 Spezielle Güter und Leistungen

Die Grundfunktionen der BVW können nur grob skizziert werden. Dennoch wird im Folgenden auf Details eingegangen und erläutert, wie sich der geänderte ökonomische Zweck der Gesellschaft in einigen Bereichen auswirken könnte. Die angeführten Details sind nicht in dieser Weise "notwendig" für das Funktionieren der BVW, können also auch anders gestaltet sein.

7.5.1 Dienstleistungen

Einige dieser Leistungen, z.B. Gas-, Wasser-, Elektroinstallationen, werden nicht mehr von einzelnen kleinen Gewerbebetrieben erbracht, sondern von großen Servicecentern, was bezüglich der Effizienz Vorteile bringt.
Bei anderen Leistungen, wie z.B. bei Pflege und Betreuung, sind für die Effizienz nicht die Größe bzw. Konzentration maßgebend, sondern die Nähe zu den Bedürftigen und die ständige Verfügbarkeit.
Die Organisation gewisser Dienstleistungen wird auch von der Wohn- und Lebensraumgestaltung abhängig sein. Wird das "Dorfkonzept" gewählt, so werden Häuser bzw. Wohnungen als Dorf gruppiert und mit einer eigenen Infrastruktur, d.h. auch mit eigenen Dienstleistungsbereichen ausgestattet.

7.5.2 Wohnungen

Bezüglich Wohnungen bedarf es aufgrund ihrer Besonderheiten spezieller Überlegungen.
In einer BVW sollte nicht nur jeder ein Dach über dem Kopf haben, sondern auch die Qualität der Wohnungen ein behagliches Leben ermöglichen. Jede Wohnung beim Bau mit einer Grundausstattung versehen, die beweglichen Elemente werden von den Wohnungsbenützern nach ihren Bedürfnissen besorgt.
Die Wohnungsbenützer sind keine Eigentümer, zahlen keine Miete und haben sich um die Instandhaltung zu kümmern. Der Zustand der Wohnungen wird von Hausverwaltungen regelmäßig überprüft.
Obzwar auf einen allgemein guten Standard der Wohnungen zu achten sein wird, und neue architektonische Wohnraumkonzepte alle Wohnungen mit genügend Raum, Licht und Grünumgebung gestalten, werden sich Unterschiede in der Qualität von Wohnungen, z.B. was die Lage betrifft, nicht vermeiden lassen. Wer gelangt nun in den Genuss einer "besseren" Wohnung? Das Zuteilungskriterium sind die geleiste-

ten Arbeitsstunden. Ob nun die Berechnung wie bei der Zuordnung zu einer Versorgungsstufe erfolgt, also die insgesamt absolut erarbeiteten Stunden zählen, oder eine andere Variante gewählt wird, bleibt der gesellschaftlichen Diskussion überlassen.

Eine bessere Wohnung wird auch wieder abgegeben, wenn die Arbeitsstunden - über einen längeren Zeitraum gesehen - abgenommen haben, und die Wohnung von Leuten mit einer höheren Arbeitsstundenleistung gebraucht wird.

An dieser Stelle seien auch Überlegungen zur Wohnform in der BVW angestellt: Das Dorfkonzept basiert auf einer Wohnform im Grünbereich, mit zusammengefassten Wohneinheiten mit einer eigenen Infrastruktur. Zur Infragrundstruktur gehören Zuteilungsstellen für Güter des alltäglichen Bedarfs, Servicestellen (z.B. für Reparaturen), Ärzte, Schulen, Kinder- und Altenbetreuungseinrichtungen. Eine gute Anbindung zu Arbeitsstätten ist notwendig, um Pendelzeiten gering zu halten.

Die neue Wohnform wird sich auch dadurch auszeichnen, dass gewisse Einrichtungen in den Wohnbereich integriert sind, etwa Gemeinschaftsräume (Unterhaltung, Bildung, Kunst, Sport) und auch Kinder- und Altenbetreuung. Als Beispiel für diese Vorstellung des Wohnens bieten sich einige der heutzutage üblichen Feriendörfer (Ferienclubs) an, die dann in der BVW in größerem Maßstab als Wohnanlagen konzipiert werden.

7.5.3 Speisepavillons / Nachtarbeit

An Stelle der vielen Restaurants und Gastwirtschaften werden Speisepavillons eingerichtet, die Mittags- und Abendbüfetts anbieten. Die einzige Bedingung für die Benutzung dieser Einrichtung ist eine Voranmeldung (um die Zahl der Portionen besser planen zu können). Ob es Speisepavillons der Grundversorgung, allgemeinen Versorgung und einzelne der Sonderversorgung geben wird, bleibe dahingestellt.

Es sollte schon in den ersten Phasen der BVW möglich sein, qualitativ hochwertige Mahlzeiten unterschiedslos für alle Stufen anzubieten.

Zudem können diesen Speisepavillons Einrichtungen angeschlossen werden, die der Erholung und Entspannung dienen (Gesundheit, Kultur, Sport).

Ein wesentliches Kriterium in der BVW ist auch die Berücksichtigung der Arbeitsbedingungen. Jeder weiß, dass in der Marktwirtschaft die psychische und physische Beanspruchung des Dienstpersonals in diesem Bereich relativ hoch anzusetzen ist. Diese Beanspruchung wird in der BVW dadurch vermindert, dass die Arbeitszeit die Hälfte - wenn nicht weniger - als in der Marktwirtschaft beträgt. Ein Team ist für die Zubereitung des Mittagsbüfetts, ein anderes für die Zubereitung des Abendbüfetts zuständig.

Da Büfetts angerichtet werden, bedarf es nicht der Bedienung einzelner Tische, sondern nur der Betreuung des Büfetts.

Mit diesem Beispiel soll angedeutet werden, dass bei allen Annehmlichkeiten, welche die BVW bietet, auch immer auf das auszuführende Personal Rücksicht zu nehmen ist. Gewisse Arbeiten werden aufgrund von unzumutbaren Arbeitszeiten oder Arbeitsbedingungen unterlassen (z.B. eine Tischbedienung bis spät in die Nacht hinein).

Dies ist nicht apodiktisch zu verstehen: Wenn sich in der neuen Gesellschaft die Ansicht durchsetzt, dass eine Tischbedienung und Speisezubereitung bis Mitternacht wünschenswert wäre, so wird es dies auch geben - allerdings ist die Arbeit des Küchen- und Bedienungspersonals entsprechend zu bewerten.

In der BVW wird sich bei gewissen Tätigkeiten, trotz aller Bemühungen der Verringerung und Beseitigung (Automatisierung), eine Nachtarbeit nicht vermeiden lassen (z.B. in Krankenhäusern). Es wäre auch bedenklich, wenn das öffentliche Leben (z.B. kulturelle Veranstaltungen) um 20 Uhr endet und sich jeder in seine vier Wände zurückzieht bzw. zurückziehen muss. Die Nachtarbeiten werden bezüglich der Dauer reduziert und höher bewertet (siehe Kapitel "Grundriss einer BVW / Arbeitsbewertung").

7.5.4 Haushaltsarbeit

Die Haushaltsarbeit fällt in der Marktwirtschaft in die Privatsphäre und ist deshalb unbezahlte Arbeit, sofern diese nicht von Dienstpersonal geleistet wird. Für Betuchtere in der Marktwirtschaft gibt es die Möglichkeit, Arbeiten wie Kochen, Waschen, Putzen, Kinderaufsicht von bezahlten Hilfskräften durchführen zu lassen, und sich dieser manchmal "lästigen", auf jeden Fall zeitaufwendigen Arbeiten zu entledigen.

Trotz aller Emanzipation bleibt der Großteil der Hausarbeit nach wie vor den Frauen vorbehalten. Da diese vermehrt zum Familieneinkommen beitragen müssen, entsteht die so genannte Doppelbelastung. Diese vereitelt oft eine zufriedenstellende Haushaltsführung und schafft auch ungemütliche Familienverhältnisse.

Extrem von der Doppelbelastung betroffen sind vor allem Haushalte alleinstehender Mütter (Väter) mit Kindern.

Wie die Haushaltsarbeit in der BVW aussehen wird, hängt von der Organisation bzw. Gestaltung des Familienlebens ab:
Ist es notwendig, zu Hause zu kochen, wenn es die erwähnten Büfetts in Speisepavillons gibt?
Ist es notwendig, die Kinder zu Hause ständig zu betreuen und zu beaufsichtigen, wenn es für Kinder ab einem gewissen Alter Schulungs- und Aktivitätszentren gibt, wo diese den Großteil der Zeit verbringen können?
Muss die Wäsche zu Hause gewaschen und gebügelt werden, wenn es Servicestellen dafür gibt, die Bestandteil der Allgemeinversorgung sind?
Haushaltsarbeit kann also in der BVW auf ein erträgliches Maß reduziert werden. Wer gerne zu Hause kocht und isst, dem sei dies nicht genommen, ebenso wenig wie jenen, die darauf bestehen sollten, sich ihre Wäsche selbst zu waschen. Als Arbeitszeit würde das jedoch nicht angerechnet werden.
Angesichts der Erleichterung durch Serviceeinrichtungen könnte darauf verzichtet werden, die Haushaltsarbeit als Arbeit(szeit) anzurechnen. Eine Ausnahme bildet die Zeit der Baby- und Kleinkindbetreuung. In den ersten Lebensjahren des Kindes wird jeweils dem Elternteil oder den Eltern, welche die Betreuung des Kindes leisten, die Betreuungszeit als Arbeitszeit (der Allgemeinstufe) gutgeschrieben. Welche Dauer diese verrechnete Betreuungszeit haben soll, ob nun zwei, drei oder vier Jahre, soll der gesellschaftlichen Diskussion überlassen bleiben.
Eine Entlastung für Eltern wäre es auch, die ersten Monate der Kinderbetreuung in Gemeinschaftseinrichtungen, etwa Elternwohngemeinschaften, zu bewältigen. Die Eltern könnten sich in der Betreuung der Kinder abwechseln, was Freiräume für die Beschäftigung mit anderen Dingen schaffen würde.
Neue Wohnformen mit integrierten Kinderbetreuungseinrichtungen ermöglichen beiden Elternteilen, schon in den ersten Lebensjahren des Kindes auch Teilzeitbeschäftigungen wahrzunehmen.
Auch die Betreuung pflegebedürftiger Personen sollte als gesellschaftliche Arbeitszeit angerechnet werden.

7.5.5 Kunst und Sport

Kunst und Sport gelten in der Marktwirtschaft gemeinhin als nicht bezahlte Tätigkeiten der Privatsphäre, außer diese werden "professionell" betrieben.

Die private Kunst- und Sportausübung wird in der Marktwirtschaft nicht verhindert. Es ist allerdings nicht jedem möglich, diese auch ausreichend zu praktizieren: Mangelnde Zeit und Muße, ein abgestumpfter Geist und ein ermüdeter Körper verhindern oft die aktive Betätigung - es bleibt eine passive Rezeption als Zuseher oder Zuhörer.
Die professionellen Anbieter von Kunst und Sport mögen zwar gar nicht so rar sein - gut leben von diesen speziellen Angeboten können nur ganz wenige.
Die Kunst ist von Markt und Marketing abhängig, und es setzt sich das durch, was von "Kennern" der Szene zu etwas "gemacht" wird. Können und Geist sind dabei nicht unbedingt die Kriterien, auf die es ankommt. Selbst Originalität bietet keine Sicherheit, dass man von der Kunst leben kann.
Auch bei den professionellen Sportlern kommen die wenigsten in den "Genuss", nach der Ausübung ihres Berufes ausgesorgt zu haben. Eines ist aber auch für jene gewiss, die keinen oder nur einen geringen Marktwert erzielen: Der Körper ist innerhalb weniger Jahre erheblich, oft auf Lebenszeit geschädigt.

Wenn in der BVW mehr "Nichtarbeitszeit" zur Verfügung steht, kann sich das bezüglich der aktiven Betätigung in den erwähnten Bereichen nur positiv auswirken.
Schon in der schulischen Ausbildung wird auf das Erlernen von musischen Fertigkeiten, die dann im späteren Leben ausgebaut und verfeinert werden können, Wert gelegt.
Begabte Mitglieder, die in der Schule durch besonders gute Leistungen in musischen Fächern aufgefallen sind, werden künstlerisch ausgebildet und arbeiten als Auftragskünstler. Auftraggeber sind die für die verschiedenen Künste eingerichteten Kulturgruppen. Diese diskutieren darüber, welche Projekte in Angriff genommen werden sollen.
Kulturgruppen bzw. -vereine geben ihre Bedürfnisse den Kulturabteilungen bekannt, welche die Planung (Bereitstellung von Material und Künstlern) übernehmen.
Es würde auch dem Bedürfnis nach künstlerischer Tätigkeit keinen Abbruch tun, diese Sphäre der Betätigung hauptsächlich den Freizeitaktivitäten zu überlassen und auf den professionellen Künstler zu verzichten. Das bedeutet nicht eine Abwertung kultureller Aktivitäten, sondern würde die musisch Tätigen davon befreien, ihre Kreativität und Originalität ständig unter Beweis stellen zu müssen. Die künstlerischen Betätigungen sollten Spaß machen und nicht zu einer gesellschaftlichen Zwangsveranstaltung pervertieren.

Allen Mitgliedern werden Möglichkeiten geboten, sich sportlich zu bewegen - eine Verpflichtung, Sport zu betreiben, wird es nicht geben. Man sollte gesellschaftlich übereinkommen, ob zwecks Unterhaltung Sportveranstaltungen angeboten werden. Es wäre angebracht, solche Veranstaltungen zu unterlassen, bei denen die Gesundheit der agierenden Sportler auf Dauer angegriffen wird. Auch für diese Sphäre gilt das gleiche, wie für die künstlerischen Aktivitäten: der Sport könnte ebenfalls gänzlich den Freizeitaktivitäten überlassen werden. Dies würde der Bewegungsfreude keinen Abbruch tun und so manchem Sportler Schäden fürs Leben ersparen. Der Jagd nach neuen Rekorden kann jeder in seiner "Nichtarbeitszeit" nachgehen, gefördert wird sie in der BVW nicht.

Wie schon an anderer Stelle erwähnt, obliegt es auch der gesellschaftlichen Diskussion, welche Kunstmaterialien bzw. Kunst- und Sportgeräte hergestellt werden. Anders gesagt: Entschieden werden muss, welche Produkte der gesellschaftlichen Planung unterzogen und als gesellschaftliche Arbeitszeit gewertet werden. Die Artikel, die nicht geplant produziert werden, wie etwa Dudelsäcke oder Boxhandschuhe, können von Vereinen in der Freizeit hergestellt werden, wenn es ein Bedürfnis geben sollte, diese Aktivitäten auszuüben.

8 Ausbildung

Die Vertreter des schulischen Ausbildungssystems in der Marktwirtschaft geben zwar vor, den jungen Menschen bloß Wissen zu vermitteln - dies führt in der durchgeführten Praxis allerdings dazu, eine Aussortierung und Zuweisungen zu Berufshierarchien (und damit auch Einkommenshierarchien) vorzunehmen. Ob jemand sein Leben lang (von Arbeitslosigkeit unterbrochen) einen schlecht bezahlten, nicht minder anstrengenden Job oder eine besser bezahlte, "gehobenere" Tätigkeit ausübt, entscheidet sich meist schon recht früh im schulischen Ausbildungssystem.
In den ersten Jahren werden den jungen Menschen die grundlegenden Wissenselemente für die Anforderungen des (Arbeits)lebens beigebracht: Rechnen, Lesen, Schreiben und staatsbürgerliche Tugenden. Dabei geht es für die einzelnen Schüler um die Bewältigung der Anforderungen in einer gewissen Zeit. Nicht das Vermitteln von Wissensinhalten, so lange bis es jeder versteht, ist Sinn und Zweck, sondern die Feststellung von Unterschieden hinsichtlich Lernbereitschaft und Anpassungsfähigkeit.

Ausgedrückt wird dies in Noten, und es werden Zeugnisse ausgegeben, in denen nicht festgehalten wird, was dem Menschen noch an Wissen fehlt und wie und wann das vermittelt werden soll, sondern wie sehr sich der Schüler - vor allem im Vergleich zu anderen - bewährt hat. Damit bekommt die Jugend auch eine Botschaft mit auf ihren Lebensweg, und sie begreift auch recht früh, worum es geht: sich in der Konkurrenz zu bewähren und durchzusetzen. Wer den Anforderungen nicht entspricht, ahnt, dass sein zukünftiges Leben ziemlich hart und armselig verlaufen wird.

Mit der spezifischen Fachausbildung wird die Sortierung auf höherer Stufe fortgesetzt. Ob man letztlich mit einer Ausbildung auch einen guten Job ergattert, entscheiden wieder die ganz anderen Kriterien des Arbeitsmarktes. Eine gute Berufsausbildung ist also mitnichten ein Garant für einen Job und schon gar nicht auf ein lebenslang gesichertes, gutes Einkommen.

Die den jungen Menschen mitgegebenen Werte, wie Freiheit, Gleichberechtigung, Demokratie etc., werden meist ihr Leben nicht sonderlich beeinflussen, viele jedoch als Weltanschauung lebenslang begleiten. Ist man längere Zeit in einem Berufsfeld tätig, gelingt der Aufstieg und Umstieg durch Weiterbildung bzw. Umschulung nur ganz selten. Die Weiterbildung neben der Arbeit kann sich auch negativ auf die gesundheitliche Verfassung auswirken und wird innerhalb der Familie zur psychischen Belastung. Eine Umschulung, wenn nicht im Betrieb selbst durchgeführt, entspringt meist einer Notsituation und stellt die Betroffenen oft vor schwerwiegende Lernprobleme. Selbst wenn diese Klippe geschafft ist, liegt es beim Arbeitgeber, dies auch entsprechend zu würdigen. Fortgeschrittenes Alter, zu hohe Gehaltsvorstellungen, mangelnde Praxis, traditionelle Vorurteile ("was Hänschen nicht lernt, lernt Hans nimmermehr"), sind weitere Kriterien, die in der Marktwirtschaft zählen. Die Konkurrenz am Arbeitsmarkt tut das übrige ...

Der Zweck des Ausbildungssystems der BVW ist Wissensvermittlung und das Erlernen von bestimmten Fertigkeiten, welche gewährleisten, dass die für die Versorgung notwendigen Tätigkeiten in bester Art und Weise vollzogen werden können. Zur Ausbildung junger Menschen wird auch dazugehören, die Wirkungsweise der BVW zu erklären. Jedem sollte klar werden, dass diese Gesellschaft und ihre gute Versorgung auf der Zusammenarbeit aller Mitglieder bestehen, und jeder im eigenen Interesse seinen Beitrag dazu leisten kann.

In der ersten Stufe der Grundausbildung werden dem jungen Menschen vor allem Sprach- und Rechenkenntnisse vermittelt, in der zweiten Stufe weitere Grundkenntnisse der Naturwissenschaften, Technologie etc.
Der didaktische Schwerpunkt liegt auf der Wissensvermittlung und dem Verstehen des Erlernten.
Die Zusammenfassung in Lerngruppen orientiert sich an dem Grad des Verstehens. Es ist in diesem Sinne durchaus angebracht, vom starren Schulklassensystem, in dem gleichaltrige alle Fächer durchmachen, abzugehen und stattdessen Lerngruppen für bestimmte Wissensgebiete einzuführen. Nicht das Alter der Teilnehmer ist für die Teilnahme an diesen Lerngruppen maßgebend sondern Vorwissen und Auffassungsgabe.
Ziel ist es, jedem diese Grundlagen so lange zu erklären, bis diese verstanden und beherrscht werden. Alter spielt keine Rolle, manche brauchen länger, manche kürzer. Etwas längere Zeit in einem Fach können durch kürzere Zeiten in anderen Fächern aufgeholt werden. Die einzige Konsequenz, die langsameres Lernen hat, ist der spätere Einstieg in die Arbeitsphase (also später als mit dem 19. Lebensjahr, siehe dazu auch Kapitel "Grundriss einer BVW / Zuteilungsstufen")
Tests dienen dazu, das Verständnis des Auszubildenden zu überprüfen, auf eine Notengebung kann verzichtet werden.
Zur Grundausbildung gehören auch die Ausbildung in musischen Fächern und die Vermittlung von Inhalten, die heute mit dem Begriff "Allgemeinbildung" bezeichnet werden.
"Güterversorgung" beinhaltet eben auch "kulturelle Güter", wie z.B. Konzerte etc. Auch in dieser Hinsicht wird keine Verwahrlosung eintreten, im Gegenteil. Durch die gestiegene Freizeit wird es, wie schon erwähnt, auch erhöhten Bedarf an Beschäftigung mit allen möglichen Bereichen des Geistes- bzw. Kulturlebens geben.

Schon während der zweiten Grundstufe werden Begabungen und Interessen beobachtet, und in Absprache mit dem Jugendlichen eine bestimmte Fachrichtung (z.B. Produktion, Naturwissenschaften, Gesundheitswesen etc.) ausgewählt, für die er in der dritten Ausbildungsstufe eine grundlegende Einführung erhält. Die Dauer der dritten Ausbildungsstufe hängt von der gewählten Fachrichtung ab. Sollte die Fachrichtung dem Auszubildenden nicht liegen, ist ein Wechsel zu einer anderen Fachrichtung möglich.

Die vierte Ausbildungsstufe findet in einem Betrieb statt, in den die Auszubildenden integriert werden und durch eigene Betriebstrainer (bzw. Fachtrainer) in den speziellen Arbeitsbereich eingeführt werden. Bei der Aufnahme in einen bestimmten Betrieb mischt sich auch das Arbeitplanungskomitee ein.
Einen wichtigen Faktor im Ausbildungssystem stellen die Betriebstrainer dar, die sich vollends auf die Einschulungskräfte konzentrieren können. Weder Trainer noch Einzuschulender werden als gering zu haltende Kosten wie in der Marktwirtschaft kalkuliert.
Mit Beginn der vierten Stufe beginnt die Durchrechnung der (durchschnittlichen) Arbeitszeit (also ungefähr mit dem 19. Lebensjahr).

Es wird üblich sein und auch von den Arbeitskomitees forciert werden, dass ein und dieselbe Tätigkeit nicht das ganze Leben auszuüben ist, sondern ein Arbeitsleben mehrere unterschiedliche Tätigkeiten umfassen wird. Dieser Wechsel der Tätigkeiten wird innerhalb einer Fachrichtung stattfinden. Die Vorteile dieses Wechsels bestehen darin, dass
- Tätigkeiten nicht zu einer eintönigen Routine werden und damit zu einer Belastung werden,
- das Begabungspotential besser ausgeschöpft werden kann,
- unangenehmere Arbeiten angesichts einer begrenzten Zeitdauer eher angenommen werden,
- ein Potenzial an vielseitigen Arbeitskräften für die gesellschaftliche Produktion zur Verfügung steht.

Ein Wechsel von einer Fachrichtung in eine andere soll auch möglich sein, hätte aber zur Folge, dass die dritte Stufe der Ausbildung nachgeholt werden muss. Ob diese Zeit für die Berechnung der Arbeitszeit verloren geht, bleibt dann der gesellschaftlichen Diskussion überlassen.

Trotz der Ausschöpfung aller Verbesserungsmöglichkeiten wird es Tätigkeiten geben, die sich aufgrund gewisser Belastungen keiner großen Beliebtheit erfreuen werden (z.B. Kranken- oder Seniorenpflege). Wenn beschlossen wird, dass eine bestimmte Tätigkeit für die Gesellschaft notwendig ist und deshalb nicht abgeschafft werden kann, dann könnte das Interesse an diesen Arbeiten, wie schon weiter oben erwähnt, auch durch einer höhere Bewertung der Arbeit gesteigert werden.
Eine weitere Möglichkeit besteht darin, solche Tätigkeiten zum Bestandteil der Ausbildung in der dritten bzw. vierten Ausbildungsstufe

zu machen (z.B. ein Mediziner auch eine Zeit lang die Krankenpflegertätigkeit im Rahmen seiner Ausbildung auszuüben hat), möglicherweise auch mit einer zusätzlichen Zeitgratifikation.
Die Maßnahme, die allgemeine Stufe der Versorgung jemanden nur zukommen zu lassen, wenn er Zeiten dieser Tätigkeiten nachweisen kann ("Sozialdienst"), sollte durch die oben genannten Möglichkeiten vermieden werden können.

9 Gesundheit

Krankheiten können vielfältige Ursachen haben. Unumstritten ist, dass die Belastungen des Alltagslebens, wie Arbeit, finanzielle Sorgen, Probleme in der Familie oder mit Arbeitskollegen, gewisse Nahrungsmittel, Umweltgifte u.a. die Gesundheit der Bevölkerung der Ersten Welt schädigen und gewisse Krankheiten forcieren. (In der Dritten Welt kommt es gar nicht zum Auftreten gewisser Krankheiten, da die Menschen bei einer durchschnittlichen Lebenserwartung von 40 Jahren schon vorher sterben).
Als krank wird offiziell in der Marktwirtschaft vor allem jemand bezeichnet, der nicht in der Lage ist, seinem Broterwerb nachzugehen. Das bedeutet umgekehrt, dass nicht alle, die in dieser Gesellschaft offiziell nicht krank sind, tatsächlich als gesund bezeichnet werden können.

In den Ländern der Ersten Welt gibt es einen umfassenden kostenträchtigen Gesundheitsbereich bzw. Krankenpflegedienst. Bezahlt wird er aus den Versicherungs- und Steuerleistungen der Bürger bzw. aus den "Privatpatientengeldern", die für Extraleistungen bezahlt werden müssen. Der bürgerliche Staat als Hauptverwalter des Gesundheitssektors schaut darauf, dass sich die Ausgaben in diesem Bereich in Grenzen halten. Gesundheit ist zu bilanzieren und zu budgetieren, hat sich also an den zur Verfügung stehenden Finanzmitteln zu relativieren.

Mit Krankheiten (bzw. Gesundheit) lassen sich in der Marktwirtschaft auch Geschäfte machen. Die medizinische Industrie, allen voran die Pharmaindustrie, steckt auch Mittel in die Forschung - jedoch muss sich das auch rentieren. Dies ist nicht gleichzusetzen mit dem Anliegen, die Menschheit von gesundheitlichen Beschwerden zu befreien. Kurzfristige Linderung, nicht Ursachenbekämpfung und Beseitigung, steht oftmals im Vordergrund der Therapie.

Das der staatlichen Budget- und Geldpolitik unterworfene Pensionssystem schränkt die Leistungen für die älteren Menschen immer mehr ein. Die nichtarbeitenden Alten müssen von einer knapp bemessenen Rente und ihren Ersparnissen (falls vorhanden) leben. Dies ergibt für so manche ein bescheidenes Leben, in welchem nicht viel für Gesundheitsvorsorge und Kranken- bzw. Altenpflege überbleibt. Da die meisten Alten kein Geld verdienen und zudem, was ihre Versorgung betrifft, Geld kosten, werden sie als gesellschaftliche Last empfunden.

Eine Gesellschaft, deren politökonomischer Zweck die Etablierung angenehmer Lebensverhältnisse für ihre Mitglieder ist, wird der Gesundheit einen hohen Stellenwert einräumen.
Dies erweist sich schon bei der Gestaltung der Arbeit. Die Arbeitsbedingungen sind im Sinne der Arbeitenden zu gestalten, und die kurze Arbeitszeit lässt einen schädigenden Verbrauch an physischer und psychischer Substanz nicht zu. Zudem werden die psychischen Belastungen durch Konkurrenz, Arbeitsplatzunsicherheit und ständiger Zeitdruck weitgehend entfallen, andere Belastungen auf ein erträgliches Ausmaß beschränkt.
Bei der Produktion von Nahrungsmitteln wird auf Qualität geachtet. Auf schädliche Substanzen, die in der Marktwirtschaft gemäß den Markterfordernissen "schnell wachsend, resistent, lange haltbar, gut aussehend", beigemengt werden, kann in der BVW verzichtet werden.

All das wird Krankheiten nicht verhindern. Die Arbeitenden sind jedenfalls in der BVW durch eine Krankheit nicht doppelt betroffen wie in der Marktwirtschaft, nämlich einerseits durch Krankheitsleid und andererseits der Angst, den Arbeitsplatz zu verlieren. (In so manchen Fällen kommt es in der Marktwirtschaft auch zu Verdienstentgang und teuren Zahlungen als Beitrag zur Gesundung.)
Krankenstände werden in der BVW als Arbeitszeit gerechnet, d.h. Arbeitsstundenanrechnung für den Versorgungsanspruch wird weiter geführt.
Die Gesundheitsversorgung sollte Bestandteil der Grundversorgung sein, also auch den Nichtarbeitenden in vollem Umfang zur Verfügung stehen.
Wenn dies aufgrund fehlender Kapazitäten in einer noch nicht so entwickelten BVW nicht möglich ist, müssen Prioritäten bei der Patientenbehandlung gesetzt werden. Dabei erscheint es unvernünftig, die Versorgungsstufen als Auswahlkriterium heranzuziehen, sondern vielmehr angebracht, die Dringlichkeit der Behandlung als Kriterium

zu wählen, z.b. wenn in einer Region nur ein Spezialgerät für die Behandlung zur Verfügung steht und der Bedarf die Nutzungskapazität übersteigt.
Die Herstellung einer flächendeckenden qualitativ guten Gesundheitsversorgung ist eines der obersten Planziele. Dahinter haben andere Produkte bzw. Leistungen, die etwa der Freizeitgestaltung oder der Sonderversorgung dienen, zurückzustehen, wenn es zu einem Engpass bei Materialien oder zur Verfügung stehender Arbeitszeit kommen sollte.
Die nötigen Arbeitskräfte für eine ausreichende Krankenpflege werden aus den auszubildenden Medizinern bzw. Sozialdienstberufen rekrutiert. Bei einem eventuell auftretenden Arbeitskräftemangel wird die Arbeitszeit mit einer Sonderbewertung versehen. Sollte dies nicht ausreichen, um die nötigen Arbeitskräfte zu gewinnen, so kann für alle Mitglieder der BVW Gesellschaft die zeitweise Arbeit im Sozialbereich als Anspruchsvoraussetzung für die Allgemeinversorgung vorgesehen werden.

Befreit von der Klammer der Rentabilität kann sich die Forschung der Prävention und wirksamen Bekämpfung der Krankheiten widmen. Daran wird mit vereinten Kräften gearbeitet und nicht in Konkurrenz gegeneinander. Dies sollte die Erkenntnisse enorm voranbringen. Patentschutz, der Kampf um Lizenzen und Überlegungen hinsichtlich der Kosten, Preise und Profite können in der BVW diese Erkenntnisse weder be- noch verhindern.

Der Lebensabend der Alten ist in der BVW kein Kostenproblem. Die Versorgung, also auch die Betreuung und Pflege der Älteren ist - auch für die Nichtarbeitenden - ohne Einschränkungen zu gewährleisten. Anzunehmen ist, dass die älteren Menschen in der BVW weniger gebrechlich und krankheitsanfällig ihr Alter verbringen. Sie werden länger, wenn auch in reduziertem Ausmaß, in den gesellschaftlichen Arbeitsprozess eingegliedert sein.
In jedem regionalen Bezirk werden mehrere Zentren bzw. Clubs eingerichtet, die nicht nur gesellschaftlicher Treffpunkt, sondern auch Versorgungsstelle (z.B. bezüglich Verpflegung) für ältere Menschen sind und an Ort und Stelle medizinische Betreuung bieten. Dies wird Bestandteil der Grundversorgung sein.
Ob nun die Unterbringung in Seniorenheimen, die Einrichtung von Hauspflegediensten oder nur eine von den beiden Möglichkeiten der Pflege und Betreuung von Gebrechlichen forciert werden soll, wird in

der gesellschaftlichen Diskussion zu entscheiden sein. Am sinnvollsten wären Wohnkonzepte, die es älteren Menschen ermöglichen, in ihrem "privaten" Wohnbereich zu bleiben und dennoch nicht, was Pflege und Kontakte betrifft, isoliert zu sein. Dies könnte auch dazu führen, Familienangehörige stärker in die Pflege der Gebrechlichen einzubinden. Die Betreuung von pflegebedürftigen Personen durch Familienmitglieder sollte als Arbeitszeit angerechnet werden.

10 Umwelt

Es dauerte eine Weile, bis sich der bürgerliche Staat den Auswirkungen der marktwirtschaftlichen Naturnutzung annahm. Erst als immer deutlicher wurde, dass der rücksichtslose Umgang mit der Natur beträchtliche Schädigungen an dieser hervorrief, wurde der Begriff "Umweltbewusstsein" eingeführt.

Diejenigen, die ihre Geschäfte mit und unter Ausnutzung der Natur betreiben, kommen nicht auf die Idee, diese Geschäfte an der Rücksichtnahme auf die Natur zu relativieren. Unternehmer denken kurzfristig und klarerweise "egoistisch" - das erfordert die marktwirtschaftliche Logik. Lehnten einige ein Geschäft aus moralischen Gründen ab, so würden das Geschäft bestimmt andere machen. Bedachtnahme auf die Umwelt bedeutet verpassten Profit, erhöhte Kosten (für Umweltschutzmaßnahmen), also einen Konkurrenznachteil bzw. eine Schmälerung des Profits. Der bürgerliche Staat hat prinzipiell nichts gegen diese Logik - er ist an Profiten seiner Unternehmer interessiert; doch wenn diese ihre Geschäfte selbst langfristig untergraben, indem sie die Natur schädigen und einiges davon unwiederbringlich zerstören, letztlich auch die Gesundheit der Bevölkerung so gefährden, dass die gesamte Wirtschaft und das Staatsbudget darunter leiden, kann dies dem Staat nicht mehr egal sein. Dieser setzt dann Maßnahmen, die aber eines nicht verhindern sollen, nämlich profitable Geschäfte. Dementsprechend sehen die Maßnahmen auch aus: Wo Abschaffung angebracht wäre, werden Grenzwerte festgesetzt, statt von Beseitigung wird von Eindämmung gesprochen.

Die nach der Energiekrise einsetzende rege Diskussion über alternative Energien führte zumindest zu einem bleibenden Ergebnis: Als Alternative wurden Atomkraftwerke installiert. Solarenergie und andere Möglichkeiten wurden nie ernsthaft als Alternative forciert. Ökonomische Interessen der Energiemultis, die angebliche Billigkeit deren Energieangebote im Vergleich zu anderen Energiequellen und staatliche Inte-

ressen sind die nie verleugneten Gründe der Verhinderung einer umfassenden umweltschonenden Energiegewinnung in der Marktwirtschaft.

Was sollte in der BVW gegen einen vernünftigen Umgang mit Natur sprechen? Die Verwertungslogik der Marktwirtschaft ist außer Kraft gesetzt. Gesellschaftliche Planung der Arbeit und Versorgung ist das Prinzip dieser Gesellschaft. Dabei wird auch auf die Natur zu achten sein. Dies bedeutet nicht, von Eingriffen in die Natur oder ihrer Umgestaltung abzulassen, sondern diese ohne dauerhaften Schaden für Mensch und Umwelt zu nutzen und zu gestalten.
Sicher wird es in der BVW Diskussionen über die Umweltverträglichkeit einiger Güterherstellungsverfahren geben. Aufgegeben wird die entsprechende Versorgungsleistung dann, wenn mit deren Erbringung die Umwelt nachhaltig beschädigt oder zerstört wird, und dadurch auch Schädigungen der Lebensqualität eintreten. "Umweltfreundliche" Herstellungsalternativen sind zu überlegen - das Scheitern von Alternativen aufgrund zu hoher Kosten ist jedenfalls in der BVW auszuschließen.
Mensch und Umwelt schonende Energiegewinnungsmethoden, die in der Marktwirtschaft aus Kostengründen keine Chance haben, werden in der BVW forciert und mit Zeit die riskante Atomenergie und auch Erdöl ersetzen.
Betriebe, Verkehrsmittel und Haushalte sind mit einer umweltschonenden Technologie auszustatten. Dabei hat die Gesundheit der BVW-Mitglieder als eines der wichtigsten Kriterien dieser neuen Gesellschaft im Vordergrund zu stehen. Die "Umwelt" darf nicht zum Gesundheitsrisiko werden - sondern im Gegenteil, diese soll gesundheitsfördernder Bestandteil der Reproduktion und Rekreation der Menschen sein.
Die Produktion gewisser Güter, wie z.B. von Überschallflugzeugen, kann unterbleiben, da die Versorgung dadurch negativ beeinträchtigt wird. Verkehrsmittel sind mit alternativen Antriebsenergien auszustatten. Auch in dieser Hinsicht wird die Wissenschaft in der BVW ihren Teil zu leisten haben. Raumfahrtprogramme, die Entwicklung immer raffinierterer Waffensysteme, Nahrungsmittel- und Pharmachemielabors binden in der Marktwirtschaft wissenschaftliche Kräfte, welche in der BVW die Bereiche Gesundheit und Umwelt mit neuen Erkenntnissen und der Entwicklung menschenfreundlicher Technologie versorgen werden.
Raumplanungskonzepte werden darin bestehen, die marktwirtschaftlichen Ballungszentren aufzulösen und Landgegenden, nicht nur für den

Urlaub, sondern als ständigen Lebensraum (wieder) zu erschließen. Dabei sind allerdings Teile der Landschaft als solche zu erhalten, also nicht zu bebauen und der Obhut von Landschaftspflegern übergeben.

11 Politik

Die politische Verfassung der Marktwirtschaft ist die parlamentarische Demokratie.
Diese Demokratie mit all ihren Einrichtungen wird oft als eigenständige politische Organisationsform der Gesellschaft betrachtet, ganz losgelöst von der dazugehörenden Ökonomie. Solch eine Trennung zwischen Politik und Ökonomie ist nicht einzusehen. Beide Sphären beziehen sich aufeinander und sind zwei Seiten einer Medaille.
Diese Loslösung der Demokratie von der Marktwirtschaft ist ein Grund, weshalb selbst Kritiker der Marktwirtschaft an der Demokratie festhalten und diese ständig einfordern. Sie sehen in der Demokratie - ebenso wie die Verfechter des bürgerlichen Staates - nicht eine Herrschaftsform, sondern ein zutiefst menschliches Prinzip des Zusammenlebens. Kritik an der Demokratie an sich ist für sie daher unannehmbar und eine andere politische Organisation undenkbar, genauso wie es für die Feudalherren und ihre Untergebenen für Jahrhunderte unvorstellbar war, von ihrem "gottgegebenen" Herrschaftssystem abzugehen
Wenn im Folgenden die Werte "Freiheit" und "Demokratie" beleuchtet werden, dann so, wie sie in der Marktwirtschaft tatsächlich vorkommen, und nicht als vorgestelltes Ideal in einer besseren Gesellschaft.

Als Bürger, welche die Freiheit haben, Privateigentum zur persönlichen Reichtumsvermehrung einzusetzen, beziehen sie sich auf den Staat als Garanten dieser Freiheit. Sie betrachten ihn als Schutzmacht ihres Gelderwerbs. Der bürgerliche Staat versteht sich als Schutzmacht der prinzipiellen Nutzung des Privateigentums, was nicht als Garantie für eine sicheres Einkommen der Bürger zu sehen ist.
Bezüglich des prinzipiellen Nutzungsrechts von Privateigentum will die Demokratie auch keine Unterschiede machen und bezieht alle Bürger als gleichberechtigte auf sich und ihre Gesetze.
Die Ungleichheiten, die sich dann aus der unterschiedlichen Verfügbarkeit von Privateigentum ergeben, werden mit dem Hinweis, dass jeder seines Glückes Schmied sein kann, als natürlich und gerecht bezeichnet.
Bei Gefahr allzu krasser Verelendung sieht sich der Sozialstaat (in der

Ersten Welt) zum Eingreifen aufgerufen, um die Funktionalität seiner Ökonomie zu bewahren.
Auch wenn Gesetze in einer etablierten Demokratie nicht mit Waffengewalt geschaffen und durchgesetzt werden, so steht hinter jedem Gesetz die Gewalt des bürgerlichen Staates. Auf diese Gewalt beziehen sich auch die Bürger, indem sie von ihr fordern, gegen die Privatinteressen, welche die ihren einschränken, vorzugehen. Die Demokratie lässt nur ihre Gewalt (also keine Privatarmeen) gelten, um ihren Staatszweck durchzusetzen und aufrechtzuerhalten.
Die politischen Instanzen haben Macht - sie herrschen ("...kratie"!). Sie haben die Souveränität über ein bestimmtes Staatsgebiet. Für dieses Staatsgebiet gelten dann jeweils deren Gesetze und deren Gewalt.

Die wirtschaftliche Nutzung des Privateigentums ist die Quelle des Reichtums und der Macht eines bürgerlich demokratischen Staates. In diesem Sinne betreibt er seine Politik, die der Machterhaltung und -ausweitung (gegen andere Staaten, siehe Außenpolitik) dient.

Die Gesetze und die Gewalt nach innen beziehen sich in großen Teilen auf das Privateigentum und dessen (wirtschaftlichen) Nutzung. Die Interessengegensätze, die in der Marktwirtschaft beim ökonomischen Handeln mitverankert sind, werden per Gesetz, das von der Gewalt festgelegt wird, entschieden (jedoch nicht aufgehoben). Der bürgerliche Staat setzt seine Macht ein, um seine Ansprüche seinen Bürgern gegenüber durchzusetzen. Er erlässt Gesetze, um den gegensätzlichen Interessen seiner Bürger die staatlich verordnete Verlaufsform zu geben: Seine Untertanen sollen für die Staatszwecke brauchbar sein und bleiben.
In der Regel bedarf es gar nicht des Einsatzes von Gewalt, da sich die meisten Bürger an die Gesetze halten. Deshalb erscheint den meisten Bürgern die Demokratie auch gleich als gewaltlose Staatsform - im Gegensatz zur Diktatur.

Seine Politik lässt der Staat vom jeweiligen Staatsvolk per Wahlen absegnen. Zur Disposition stehen dabei nicht die grundsätzlichen Prinzipien wie Privateigentum, freier Markt, Geld, sondern Parteien und Personen, die mit ihren Programmen für die jeweils bessere Ausgestaltung dieser Prinzipien unter "Berücksichtigung sozialer Gesichtspunkte" werben.
Parteien verstehen sich heutzutage nicht so sehr als Vertreter bestimmter Interessensgruppen, sondern vielmehr als jeweils beste Vertreter des Staatszwecks in dem alle Interessen ihren Platz haben sollen. Ihre gar nicht so unterschiedlichen Programme zum "Wohl der Nation" (nicht zu

verwechseln mit dem Wohl des einzelnen Bürgers) stehen zur Wahl. Wenn die Programme nicht allzu große Unterschiede aufweisen, so macht der Wähler diese umso mehr bei den zur Wahl stehenden Personen aus.
Das Wohl der Menschen kommt dabei in Wahlreden auch immer wieder vor, doch die wenigsten Bürger glauben wirklich, dass es bei der Politik auf ihr Wohl ankommt bzw. dass dies letztlich beim politischen Wirken herauskommt. Sie wählen ihre favorisierten Machthaber, weil sie sich die Anliegen des Staates zu ihren eigenen machen, mit dem Fehlschluss, dass ein ökonomisch und politisch starker (bzw. "ordentlich" geführter) Staat ihr Zurechtkommen erleichtern würde.
Die Beteiligung des Staatsvolkes an der Politik hält sich - bis auf das Kreuzchenmachen - in Grenzen. Der "Normalbürger" hält sich aus der Politik heraus, begegnet einerseits den meisten Politikern mit Hochachtung, bezeichnet andererseits deren Tätigkeit (unter seinesgleichen, etwa am Stammtisch) oft als "schmutziges" Geschäft.

Schließlich gibt es noch die öffentliche Meinung, repräsentiert von den Journalisten, die u.a. die Politik berufsmäßig kommentiert. Deren besonderes Anliegen besteht darin, zu begutachten, ob der bürgerliche Staat gemäß seinen Zwecken auch tatsächlich in guten Händen ist, gut regiert wird, und demokratische Manieren eingehalten werden.

Sind die Menschen übereingekommen, die BVW als vernünftige Wirtschaftsform einzurichten und zu gestalten, bedarf es keiner Politik (im Sinne der bürgerlichen Demokratie). Die "politische" Verfassung der neuen Gesellschaft könnte, wie schon anno dazumal von Friedrich Engels (in "Die Entwicklung des Sozialismus von der Utopie zur Wissenschaft"), so charakterisiert werden: Mit der Überwindung des bürgerlichen Staates und der Etablierung der neuen Gesellschaft wird die Herrschaft der Menschen über die Menschen beendet und durch eine Verwaltung von Sachen abgelöst. Damit ist kurz und treffend der Unterschied bezüglich der Politik angegeben.
Wie könnte nun diese Verwaltung aufgebaut und die Beteiligung der Menschen geregelt werden? Dazu einige Hinweise im Folgenden.

11.1 Die (politischen) Gremien

In der BVW geht es um die Organisation und Sicherung der Versorgung. Verantwortlich dafür sind verschiedene Komitees, Ausschüsse, Versammlungen.

Die "Politik" der Komitees und anderen Gremien besteht in der Erarbeitung von Entscheidungen und der Kontrolle der Unsetzung der Planungsvorgaben. Da gegensätzliche ökonomische Interessen keine Grundlage mehr haben, also alle einen gemeinsamen ökonomischen Zweck verfolgen, bedarf es keiner Macht, die diesen Zweck mit Gesetzen durchsetzen müsste. (Erinnert sei an das Beispiel des Freundeskreises, der gemeinsame Aktivitäten unternimmt.)

Die Beteiligung der Mitglieder der BVW an der "Politik" findet in den Komitees, Ausschüssen, Informationsmedien und Versammlungen statt.
Die einzelnen Planungs-, Arbeits- und Kulturabteilungen können bezüglich Entscheidungen und Kontrolle auf drei Säulen ruhen: *Komitees, Ausschüsse* und Diskussion in größerem Rahmen, z.B. auf *Versammlungen* - wobei Einigungen auf argumentativer Basis erfolgen und bei schwierigen Entscheidungen auch Abstimmungen stattfinden.

Die Komitees der verschiedenen Bereiche der BVW-Gesellschaft werden mit Fachleuten besetzt, die Vorschläge unterbreiten, organisatorische Maßnahmen in die Wege leiten und kontrollieren, letztlich auch Entscheidungen treffen.
Die Entscheidungsorgane in den verschiedenen Gremien werden aufgrund ihrer fachlichen Eignung von Ausschüssen ausgewählt und eingesetzt.
Es sei nochmals darauf hingewiesen, die Komitees mit ihren Entscheidungen nicht mit der Staatsgewalt der Marktwirtschaft zu verwechseln. Die Komitees haben die Entscheidungsbefugnis in vielen Belangen, aber letztlich nicht die Macht bzw. Gewalt, die Entscheidungen gegen die Interessen der Mitglieder der BVW durchzusetzen. Die Komiteemitglieder werden von anderen Instanzen gemäß der Erfüllung ihrer Aufgaben beurteilt und dementsprechend ein- oder abgesetzt.
Die Ausschüsse sind die Kontrollorgane der Komitees und können mit Personen nach verschiedensten Kriterien (z.B. Alter, Geschlecht, Single / Familie etc.) besetzt werden. Dies nicht, um gegensätzliche Interessen für das "Gemeinwohl" zu vergattern, sondern verschiedenen Interessen die Darlegung und Berücksichtigung zu ermöglichen. (Man könnte problematisieren, ob die oben angeführten Kriterien sinnvoll sind. Bei einigen Entscheidungen, etwa bezüglich der Gebrauchswerteigenschaften neuer Produkte, könnte dies der Fall sein, bei technischen Fragestellungen werden Alter und Geschlecht wohl keine Rolle

spielen. Die sinnvolle Zusammensetzung der Ausschüsse mögen die Mitglieder der neuen Gesellschaft durchdiskutieren.) Die Ausschussmitglieder sind in Bereichen tätig, die in die Kompetenz des jeweiligen Komitees fällt. Sie können sich in die Tätigkeit des Komitees einmischen, indem sie Vorschläge kritisieren, neue einbringen, neue Fachleute in die Gremien optieren. Ihre Beteiligung in den Ausschüssen wird als Arbeitszeit behandelt.
Wie die Ausschussmitglieder bestimmt werden, soll hier nur angedeutet werden. Möglich wären ein Zufallsverfahren (bezogen auf fachlich geeignete Personen), Interessenten- bzw. Vorschlagslisten oder Betriebsnominierungen (Betriebsabgeordnete). In jedem Fall sollten die Ausschussmitglieder Wissen hinsichtlich des zu verwaltenden Fachgebiets haben.

Die Besetzungen von Komitees und Ausschüssen sind zeitlich befristet, um gewisse Einseitigkeiten zu verhindern. Diese zeitliche Befristung wird allerdings bei Positionen nicht angebracht sein, die Erfahrung und Kontinuität erfordern.
Abstimmungen mit Mehrheitsentscheid werden bei Diskussionen nur dann notwendig sein, wenn keine argumentative Einigung erzielt werden kann.
Es wäre ineffektiv, jede Planungsentscheidung einer Diskussion zu unterwerfen. Viele Entscheidungen werden eigenverantwortlich von den betreffenden Spezialisten in den Komitees zu treffen sein, was eine eventuelle nachträgliche Kritik der Ausschüsse nicht verhindern wird.

Jedes BVW-Mitglied kann sich überdies in den Informationsmedien und bei den regelmäßig stattfindenden Versammlungen der einzelnen Abteilungen in die Diskussion einmischen. Anregungen und Kritik werden willkommen sein.
Grundlegende Entscheidungen können in Versammlungen diskutiert und abgestimmt und müssen in Ausschüssen bzw. Komitees berücksichtigt werden.

11.2 Verbindliche Regelungen

Eine Herrschaft, vergleichbar der demokratischen Staatsgewalt, ist in der BVW nicht notwendig. Da den ökonomischen Interessengegensätzen die Grundlage entzogen ist, wird eine Gewalt, welche die Bürger auf reglementierte Umgangsformen bei der Anwendung ihrer ökonomischen Mittel verpflichtet, obsolet, und damit auch die Gesetze, die diese Umgangsformen für alle Sphären des Lebens Paragraph für Paragraph ausformulieren. Charakteristisch für die bürgerlichen Gesetze ist, dass sie gegen Interessen durch-gesetzt werden müssen, ganz im Unterschied zu allgemeinen Regelungen. Letztere basieren auf einem gemeinsamen Willen hinsichtlich des gemeinsamen Zwecks und erleichtern das Zusammenleben. Man denke z.B. an ein Spiel, zu dem sich Leute zusammenfinden. Das Spiel kann nur dann im Sinne aller funktionieren, wenn sich alle an gewisse Spielregeln halten. Zu Recht heißt es Spielregeln und nicht Spielgesetze.

Es wird in der neuen Gesellschaft durchaus allgemein verbindliche Regelungen geben:

Diese bedarf es der Festlegung und Kontrolle der Arbeit und Zuteilung. Es sind z.B. hinsichtlich des Arbeitszeitmodells, der Arbeitszeitdauer, der Verrechnung und Bewertung der Arbeiten Vereinbarungen notwendig. Sind die Beteiligten mit den Zwecken der BVW einverstanden, so kann davon ausgegangen werden, dass sie diese Festlegungen mittragen, akzeptieren und sich daran halten.

Ebenfalls gibt es diese in Bereichen, wie z.B. im Straßenverkehr, um eine reibungslose Durchführung zu ermöglichen. In diesem Falle spricht sogar nichts dagegen, einige Vereinbarungen aus den Bestimmungen der alten Gesellschaft zu übernehmen. Dass dem Rechtskommenden Vorrang einzuräumen ist, und dass eine rote Ampel "Stopp" bedeutet, sind Regelungen, die keine marktwirtschaftlichen Spezifika aufweisen. Bei Unfallschäden wird in der neuen Gesellschaft allerdings anders zu verfahren sein – finanzielle Erwägungen entfallen.

11.3 Sicherheit und Beurteilungsinstanzen

Allzu kühn wäre es, aus dem Entfall der ökonomischen Interessengegensätze abzuleiten, dass es in der BVW keiner Sicherheitsorgane bedürfe.

Diese regional organisierten Sicherheitsorgane sind mit Gewaltmitteln ausgestattet, welche eingesetzt werden, um Personen, die eine Gefährdung darstellen und vernünftigen Argumenten unzugänglich sind, von ihrem Tun abzubringen und ihrer habhaft zu werden. Auch in dieser Gesellschaft, in der ökonomische Gegensätze nicht mehr vorhanden sind, wird es Leute geben, die sich nicht an Übereinkünfte halten und die Versorgung, die Gesundheit, die Lebensentfaltung anderer behindern oder verhindern. Wenn der Gefährdende nicht zu überreden ist, von seinem Tun abzulassen, oder die Tat schon vollbracht ist, und er mit diesbezüglichen Folgemaßnahmen nicht einverstanden ist, so wird er von den Sicherheitsorganen in Gewahrsam zu nehmen sein.

Verstöße werden beurteilt und nicht gemäß Gesetzesparagraphen verurteilt. Die Gründe für das Verhalten des Betreffenden werden besprochen - Gerichte werden zu Beurteilungsinstanzen. Nicht die Schuldhaftigkeit wird festgehalten, sondern Argumente werden bezüglich ihrer Stichhaltigkeit überprüft. Diskutiert werden der angerichtete Schaden und seine mögliche Wiedergutmachung, aber auch Maßnahmen, um die Wiederholung des schädigenden Verhaltens zu verhindern.

Die "Bestrafung" wird darin bestehen, den verursachten Schaden wieder gut zu machen. Sollte das nicht möglich sein, so könnten Arbeitszeitgutschriften gestrichen werden, was eine Herabstufung auf die Grundversorgung oder längere Arbeitszeiten für den Betreffenden zur Folge hätte. In krassen Fällen wiederholter Gefährdungen des Zusammenlebens werden Personen, die Argumenten nicht zugänglich sind, von der Gemeinschaft abzusondern sein.

Die Beurteilung selbst setzt kein juristisches Wissen voraus, sondern erwägt den Schaden und dessen Wiedergutmachung. Das Hauptanliegen, wie allen Beteiligten und Betroffenen am besten geholfen werden kann, gibt die Anforderungen für die "Beurteilung" vor. Personen, die anhand verschiedenster Kriterien ausgewählt werden, können als eine Art Beurteilungsausschuss in schwierigen Fällen zugezogen werden; bei einfacheren Fällen genügt die Beurteilung durch ein Fachgremium, das in regelmäßigen Abständen ausgewechselt wird. Hauptberufliche "Beurteiler" gibt es nicht.

Um die Beurteilung nicht allzu sehr von der jeweils subjektiven Erfahrungslage des Beurteilenden abhängig zu machen und zu erleichtern, könnte die Vorlage von "Musterfällen" dienen. Diese Musterfälle werden genau geschildert und die Vorgangsweise wird festgehalten.

11.4 Informationen

Die BVW-Gesellschaft wird mit Informationen zu neuen Produkte, Maßnahmen im Bereich der Ausbildung und Zuteilung, wissenschaftlichen Ergebnissen, Ereignissen in der Natur und Kultur versorgt.

Der journalistische Konkurrenzkampf gehört ebenso der Vergangenheit an wie die Auffächerung der oft gleichen Informationen in verschiedensten konkurrierenden Medien. Dies hat nicht die viel beschworene "Gleichschaltung" zur Folge, denn in den jeweiligen Infor-

mationsblättern bzw. -sendungen wird der Diskussion und kontroversen Ansichten breiter Raum eingeräumt.
In der neuen Gesellschaft wird sich auch das Interesse der zu Informierenden ändern. Die Kommentierung des Parteienhickhacks der Demokratie verliert ihre Grundlage, wie auch die Begutachtung der Präsentation der Regierenden. Die Stellung einer Nation zur anderen (Außenpolitik) ist kein Inhalt mehr. Wenn entferntere Regionen kommentiert werden, dann nur mehr als Größen der interregionalen Planung oder aufgrund von Ereignissen der Natur und Kultur. Die Ergötzung des demokratischen Bürgers an den Erfolgen und Misserfolgen von (prominenten) Persönlichkeiten und deren journalistische Ausschlachtung hat ihre Grundlage in der Konkurrenzgesellschaft und den nicht ausbleibenden Misserfolgen der daran Beteiligten - weshalb sollte so etwas ein BVW-Mitglied interessieren, wenn ihm sein eigenes Leben genügend Wonne beschert und ihm Schicksale anderer Menschen weder Trost bereiten noch Schadenfreude hervorrufen?

12 Ethik

Man könnte sich nun fragen, wie es um die so genannten höheren Werte der Menschheit in der neuen Gesellschaft bestellt ist. Wie steht es mit den ethischen Grundsätzen, dem Glauben, der Freiheit, Gleichheit, Brüderlichkeit, den Menschenrechten, etc.?

Um diese Frage beantworten zu können, soll vorerst die "Ethik" in zwei Abteilungen aufgeteilt werden:
Einerseits gibt es Umgangsformen, die das Miteinander der Menschen angenehmer gestalten. Diese bestehen in gewissen Aufmerksamkeiten gegenüber Mitmenschen, wie z.b. Hilfsbereitschaft und Rücksichtnahme. Es ist nicht notwendig, hiefür einen Moralkodex aufzustellen, denn diese Aufmerksamkeiten sind jedem geläufig, der mit anderen in vernünftiger Weise zusammenleben will. In einer Gesellschaft, in der weitgehend auf Gewalt verzichtet wird und Geld, Konkurrenz bzw. Durchsetzung des privaten Interesses gegen andere keine Themen mehr sind, wird deren Praktizierung erleichtert. Diese Abteilung der Ethik wird also in der neuen Gesellschaft verstärkt zum Ausdruck kommen.

Andererseits gibt es ethische Werte, die jeweils einer bestimmten Gesellschaft geschuldet sind. Diese spiegeln die Beschränkungen der ökonomischen und rechtlichen Verhältnisse der jeweiligen Gesellschaft wider, und zwar erstens in kompensatorischer und zweitens in bestätigender Hinsicht.

12.1 Erstes Beispiel: Anerkennung der Person

Einer moralischen Grundhaltung in der marktwirtschaftlichen Demokratie begegnet man im täglichen Leben ständig. Diese gilt als Ausweis von Tugendhaftigkeit bzw. "Menschlichkeit": den anderen Menschen stets ungeachtet seiner sozialen Stellung, seiner Hautfarbe, seiner Herkunft mit Respekt zu behandeln und ihn als "Mensch" anzuerkennen. Den Ursprung hat diese moralische Haltung im Rechtssystem der marktwirtschaftlichen Demokratie, welche die Person ungeachtet ihrer besonderen Eigenschaften als gleich vor dem Recht erachtet: Jeder Staatsbürger hat prinzipiell die gleichen Rechte und Pflichten. Der rechtschaffene demokratische Charakter lässt den bedeutenden, reichen, erfolgreichen, mächtigen als auch den unbedeutenderen, ärmeren etc. Personen seine Anerkennung zukommen, ob das nun im Grüßen, im Austausch von ein paar freundlichen Worten oder anderen Höflichkeiten besteht - moralisch gesehen gehört sich das. Die sich in dieser Gesellschaft tatsächlich ergebenden Ungleichheiten werden mit diesem Anspruch kompensiert und kaschiert, jedoch dadurch nicht aufgehoben. Wie das bei moralischen Ansprüchen so ist, werden diese von den Bürgern nicht ständig durchgehalten. Sympathien, Ressentiments, Karrieredenken, geschäftliche Interessen bestimmen den Umgang der Bürger miteinander. So gibt es auch viele Beleidigte, die Verletzungen des Anstands ihnen gegenüber als persönlichen Angriff auf ihre Person und als Unrecht erachten. Gepaart mit tatsächlichen Misserfolgen kann dies bei den Beleidigten zu psychischen Erkrankungen führen, wenn sie zum Urteil gelangen, Versager zu sein, die zu Recht von anderen mies behandelt werden.

Die Anerkennung der Person als Rechtstitel und moralische Haltung wird in einer Gesellschaft, in der ökonomische Interessengegensätze und Konkurrenz entfallen, weder als Rechtstitel noch als moralische Haltung Bedeutung im Umgang der Menschen untereinander erlangen. Die Haltung zu den Mitmenschen ändert sich insofern, da ihnen diese nicht als Rechtspersonen gegenübertreten, sondern als Mitgestalter der Versorgungswirtschaft. Der Mitmensch erscheint nicht als Konkurrent. Das Mitglied wird, wenn überhaupt, hinsichtlich seines Wissens und Könnens, seines Wirkens in der Versorgungsgemeinschaft beurteilt. Dabei erübrigen sich Gesichtspunkte wie Herkunft, Hautfarbe, Geschlecht etc. Da kann es dann durchaus sein, dass BVW Mitglieder, die bei dieser Beurteilung schlecht abschneiden, von den anderen scheel angesehen werden. Nicht nur das, sondern die Kritik wird auch ausgesprochen werden.

Freundlichkeit und Entgegenkommen werden in der BVW nicht aussterben - im Gegenteil, nachdem viele Gründe für Feindschaften entfallen sind.

12.2 Zweites Beispiel: Gleichberechtigung

Zu einem weiteren Gebot des demokratischen Ehrenkodex gehört die "Gleichberechtigung von Mann und Frau": In der Marktwirtschaft hat die Frau aufgrund ihrer speziellen Eigenschaft, Kinder zu gebären, einen erheblichen Nachteil als Arbeitskraft aufzuweisen. Die Schwangerschaft und die Betreuung in den ersten Lebensphasen sind nicht profitabel verwertbar (außer für Unternehmen, die an Babykleidung und Babynahrung verdienen). Historisch gesehen waren es in der Regel die Frauen, welche sich um Kinder und Haushalt kümmerten. Wenn sie sich als Arbeitnehmerin verdingten, wurden sie als Zuverdienerin angesehen. Als solche werden die Frauen auch heutzutage noch in der Marktwirtschaft mit einem geringeren Entgelt (auch für die gleiche Arbeit) als die Männer entlohnt.
Der demokratische Staat, der sich um die zukünftige Anzahl seiner Staatsbürger sorgt, unterstützt mit mehr oder minder großen Subventionen die Nachwuchsproduktion. Gleichzeitig versucht er zu verhindern, dass die weibliche Arbeitskraft in bloß unprofitabler Haushaltsarbeit vergeudet wird - der Slogan der Gleichberechtigung von Mann und Frau kam auf und wurde (wird) schließlich als Menschenrecht propagiert.
Politisierte Frauen engagierten sich, forcierten den Anspruch und erreichten einige Gleichstellungen, zumindest gesetzlich (u.a. auch die gesetzliche Abschaffung des Nachtarbeitsverbotes und die Ableistung des Militärdienstes für Frauen - ob das den Frauen wirklich gut tun, mag bezweifelt werden ...).
Die Gleichbehandlung von Mann und Frau blieb trotz aller staatlichen Eingriffe letztlich der Anspruch als gleichwertige Arbeitskraft behandelt zu werden, was in der Marktwirtschaft zwar ideologisch aber praktisch nie gänzlich akzeptiert werden wird.

Die "Emanzipation der Frauen" hat auch Spuren in der Alltagsmoral hinterlassen. Männer, die sich gegen die Emanzipation der Frauen aussprechen, treten damit - zumindest in der Ersten Welt - in gewissen Kreisen ins Fettnäpfchen. Es gehört sich einfach, die Frauen offiziell als gleichberechtigt und ebenbürtig zu würdigen – dies hat sicht zumindest als moralischer Standpunkt in der Öffentlichkeit (der Ersten Welt) etabliert.
Diese politisch korrekte Haltung wird z.B. auch an der Grammatik festgemacht: Wenn berichtet wird, dass immer mehr Bürger *unter der Armutsgrenze leben, könnte es sein, dass die grammatikalische Nachlässigkeit bei* Bürgerinnen *mehr Aufregung verursacht als die tristen Lebensverhältnisse.*

In der BVW gibt es keine ökonomischen Nachteile für Frauen: die gesellschaftliche Arbeitszeit gilt gleichermaßen für Frau und Mann, am Arbeitsplatz zählt die Qualifikation, das Geschlecht spielt keine Rolle. (Bei körperlich anstrengenden Tätigkeiten wird auf die Konstitution der Frau Rücksicht genommen.)
Der Nichtarbeitszeitraum von einigen Monaten vor Geburt bis etwa drei, vier Jahre nach der Geburt wird der Frau als Arbeitszeit (Allgemeinstufe) angerechnet. (Sollte der Mann sich in den ersten Lebensjahren um das Kleinkind kümmern, so wird ihm dies ebenso als Arbeitszeit angerechnet.) Nach diesem Zeitraum kann die Betreuung der Kinder, wenn gewünscht, mehr den gesellschaftlich organisierten Kinder- und Jugendschulen überlassen werden.
Die in der Marktwirtschaft übliche Haushaltsführung durch Frauen verliert den geschlechtsspezifischen Charakter: erstens durch die vollständige Eingliederung der Frauen in den gesellschaftlichen Arbeitsprozess und zweitens durch Änderungen der Haushaltsführung und des Familienlebens (siehe dazu Kapitel "Zuteilung / Spezielle Güter und Leistungen").
Der Anspruch auf Gleichberechtigung hat in der BVW seine Grundlage verloren, da es keinen Arbeitsmarkt gibt, der gemäß Geschlecht aussortiert.
Ob in der neuen Gesellschaft auch die Galanterie verschwindet oder eine neue Form annimmt, bleibe dahingestellt.

Diese Beispiele mögen reichen, um klar zu machen, dass sich mit der BVW auch Ethik bzw. Moral ändern. Es wird darauf verzichtet auszumalen, wie diese aussehen würde.

Um Missverständnissen vorzubeugen: Die BVW kann nur dann im Sinne aller gut funktioniert, wenn der Großteil in Weise seinen Beitrag für das eigene und das Wohlergehen anderer leistet. Wenn die Gesellschaft als Produktions-Gemeinschaft verstanden wird, ist der Beitrag nicht als Befolgung eines ethischen Prinzips zu verstehen sondern eine Selbstverständlichkeit, die sich aus der Logik der Sache ergibt. In der Erziehung der Jugend wird auf das Verständnis der gesellschaftlichen Produktion und der Stellung des einzelnen Mitglieds in der Gemeinschaft einzugehen sein - und zwar nicht in dem Sinne, dass die Gemeinschaft alles ist, und das Individuum in dieser aufzugehen hat. Vielmehr ist darauf hinzuweisen, dass das eigene gute Leben in dieser Gesellschaft umso eher möglich ist, je mehr Mitglieder mit ihren Fähigkeiten und Taten dazu beitragen.

13 Außenhandel, Außenpolitik

Die Bildung von politisch souveränen Territorien ist keine spezielle Eigenschaft der marktwirtschaftlich demokratischen Staaten. Auch schon vorher gab es Imperien, deren Machthaber sich kraft ihrer Gewalt für ein bestimmtes Gebiet der Erde zuständig erklärten und auf die dazugehörenden Menschen und die ökonomischen Grundlagen (wie Grund und Boden) ein generelles Zugriffsrecht beanspruchten. Dabei hatten sie sich ständig gegen andere Territorialreiche durchzusetzen, die das Gleiche beanspruchten und so zum Feind der Regionalgewalt wurden. Die Entstehung der kapitalistischen, marktwirtschaftlichen Nationen, der demokratischen Staatsgebilde, änderte nichts an dem Anspruch der jeweiligen Regionalgewalt an ihrer Ökonomie und den dazugehörenden Menschen. Geändert hat sich mit der Marktwirtschaft und ihrem Staat allerdings die Art und Weise der Beanspruchung von Volk und Ökonomie. Frühere Regionalgewalten ließen Sklaven und Leibeigene für die Versorgung einer oberen "Kaste" und ihrer Gewalt (Soldaten) arbeiten. Die bürgerliche Gewalt setzte in ihrem gesamten Staatsgebiet das ökonomische Prinzip der Marktwirtschaft durch, welches sich u.a. dadurch auszeichnet, dass eine gesamtgesellschaftliche Produktion stattfindet, und ein für alle zugänglicher Markt eingerichtet wird, also alle Bürger als Güterproduzenten und -konsumenten betrachtet werden. Der Staat kümmert(e) sich äußerst interessiert um die Fortschritte dieser Produktion, um sich dadurch die nötigen Machtmittel für seinen souveränen Bereich zu verschaffen.

Diese Machtmittel wurden und werden nicht nur nach innen, sondern auch nach außen eingesetzt, denn jede Grenze ist eine Einschränkung der eigenen Ökonomie. Grenzziehungen ergeben sich durch Gewalt und kommen willkürlich zustande.
Es entspricht nicht dem Wesen von Nationen, einen Wirtschaftsraum mit Menschen bestimmter kultureller Identität aufrechtzuerhalten bzw. zu schaffen, auch wenn dies in manchen Ideologien (vor allem in der faschistischen) behauptet wird. Nationen setzen sich bei den gewaltsamen Festlegungen ihres Staatsgebietes über regionale Eigenheiten der Menschen hinweg und stiften dann kraft des souveränen Zugriffs auf ein bestimmtes Gebiet der Erde eine Identität aller Staatsbürger (nicht nur mit der Staatsbürgerschaft, sondern u.a. auch durch die Einführung einer dann allgemein zu verwendenden Amtssprache).
Stehen gewaltsame Korrekturen der Grenzen an, wird mit den Staatsbürgern als militärischer Manövriermasse und Kanonenfutter mit hochgerechneter Ausfallsquote kalkuliert.

Der Handel wird nicht nur als Konkurrenz der Unternehmen, sondern auch der jeweiligen Staaten betrieben. Dabei spielen die Stärke und Größe der nationalen Kapitale, die daraus resultierende Stärke oder Schwäche der Währung und schließlich die politische (militärische) Macht der Nationen eine Rolle. Der Handel mit anderen Staaten ist somit nicht ein harmloser Austausch von überschüssigen Waren, sondern eine Konkurrenzveranstaltung besonderer Art: die Benutzung anderer Ökonomien für die Stärkung der eigenen staatlichen Zwecke.
Daraus ergeben sich oft nicht ganz so friedliche Auseinandersetzungen mit anderen Nationen. Beim Umgang der Nationen miteinander, sei es wirtschaftlich oder politisch / kriegerisch, gibt es Verlierer und Gewinner. Verlierer versuchen ihre schlechte(re) Position, so sich die Gelegenheit dazu ergibt, zu revidieren. Dies kann, wenn diplomatische Mittel nicht fruchten, als lokal begrenzter Krieg ausgetragen werden oder sich fallweise zu einem Weltkrieg auswachsen.

Der Welthandel brachte und bringt es zustande, dass in gewissen Regionen auch ganz ohne Kriege massenhaft gestorben wird, und zwar aufgrund von mangelhafter Ernährung und anderen inferioren Lebensbedingungen.
Bei den offiziellen Stellen setzt sich allerdings immer mehr die Ansicht durch, dass die Armen dieser Welt (immerhin ein Großteil der Weltbevölkerung) an ihrem Elend selbst schuld seien. Darauf verweisend, werden "sinnlose" Entwicklungshilfegelder gestrichen und es wird gar

nicht mehr so getan, als ginge es um Entwicklungs-Hilfe. Unterschlagen werden bei solchen Schuldzuweisungen die jeweiligen Aktivitäten der starken Handelsnationen: Ausbeutung der Rohstoffe mit ein paar billigen einheimischen Arbeitskräften, Aufkauf von Land und Vertreibung der restlichen für marktwirtschaftliche Zwecke nicht verwendbaren Bevölkerung, Abzug der Gewinne in die Heimatregionen der Kapitalien, Ruinierung von Währungen durch Schuldendienste, Hintertreibung des Aufbaus nichtmarktwirtschaftlicher Ökonomien und ständige kriegerische Bedrohung beim Versuch, sich aus dem marktwirtschaftlichen Welthandel auszuklinken.

Mit ihrer Außenpolitik versuchen Staaten andere Nationen trotz der prinzipiellen Einmischungsavancen als "Partner" zu erhalten. In einem groß angelegten Geflecht von Erpressungen und Gegenpressungen werden Verträge geschlossen und die Diplomatie gepflegt. Dabei werden alle Register der Politik gezogen, um Vorteile für die eigene Machtentfaltung und Wirtschaft beim Umgang mit anderen Staaten zu erlangen. Diese Politik bezieht sich nicht nur auf die jeweiligen Nachbarstaaten. Marktwirtschaftliche Demokratien sehen die ganze Erde als potentiell für sie zur Verfügung stehenden Wirtschaftsraum. Der Begriff Weltmacht gebührt einer Nation, die diesen Anspruch tatsächlich verwirklicht hat. Letztlich steht hinter dem Anspruch eine Gewalt, und bei aller Diplomatie schwebt jene wie ein Damoklesschwert über allen Verhandlungen. Was Staaten gegenüber anderen durchsetzen können, entscheidet sich in letzter Konsequenz an den Gewaltmitteln, die eingesetzt werden können - und manchmal, wenn sich alle Diplomatie aufhört, auch eingesetzt werden.
Staaten unterscheiden zwischen inländischen und ausländischen Staatsbürgern. Sie haben einen prinzipiellen Vorbehalt gegen Ausländer, da diese fremde Mächte repräsentieren, die der eigenen gefährlich werden könnten. Marktwirtschaftliche Demokratien können allerdings von dieser Ausländerfeindlichkeit dann Abstand nehmen, wenn die Ausländer einen positiven Beitrag für die Ökonomie des Landes leisten: Touristen, ausländische Firmen, ausländische Fachkräfte, ja selbst ausländische Hilfskräfte, wenn nötig, sind willkommen und können sich auch länger im Lande aufhalten. Darüber hinaus sind sie das moralische Aushängeschild einer gegenüber "Fremden" eher skeptisch eingestellten marktwirtschaftlich demokratischen Gesellschaft.
Faschisten sind in dieser Hinsicht radikaler: Sie nehmen den Vorbehalt gegen Ausländer sehr ernst und wollen keine Ausnahmen zulassen. Jeder Ausländer wird als potentieller Feind betrachtet und hat innerhalb

der eigenen Reihen nichts verloren. Das geht so weit, dass auch der Verweis auf einen inländischen Pass nichts nützt, wenn die Rasse dazu nicht passt.

Mit der BVW kommt es zur Auflösung staatlicher Herrschaft und, wenn sich diese Ökonomie in größerem Maße durchsetzt, damit auch zur Auflösung der Nationen.
Die BVW wird aus mehreren Planungsregionen bestehen. Diese Planungsregionen sind für die Versorgung der Bevölkerung eines größeren Gebietes (z.b. Mitteleuropa) zuständig. Die Planungsregionen sollten so angelegt sein, dass der größtmögliche Teil der Versorgung innerhalb der jeweiligen Planungsregion selbst bewerkstelligt werden kann.

Eine Planungsregion wird bei gewissen Gütern (z.B. Rohstoffen) "Überschüsse" produzieren, die anderen Regionen zur Verfügung gestellt werden. Betriebe, die diese besonderen Güter herstellen, werden aus der regionalen Planung herausgenommen und in eine interregionale Planung eingebunden. Diese wird von einem interregionalen Planungskomitee durchgeführt, das mit der jeweiligen regionalen zusammenarbeitet und Arbeit und Logistik koordiniert.
Z.B. kann die Produktion von Orangen nur in gewissen Regionen betrieben werden. Das Obst soll allerdings allen Regionen zur Verfügung gestellt werden. In diesem Fall hat das interregionale Planungskomitee für den Planungsgroßraum Europa dafür zu sorgen, dass die Orangenproduktion in der Region Südeuropa die Versorgung für ganz Europa gewährleistet und sich um die entsprechende Zuteilung zu kümmern.

Ganz wesentlich ist, dass diese "interregionalen Güter" nicht getauscht oder verkauft, sondern, ebenso wie innerhalb jeder Region, geplant, produziert und zugeteilt werden. Es findet kein Handel auf Basis einer Verrechnung von Wertäquivalenten (z.b. Gold, Geld) statt. Der Handel hat mit einer im großen Maßstab betriebenen BVW seine Grundlage verloren.
Die beschriebene interregionale Planung und Zuteilung setzt voraus, dass die BVW überregional durchgesetzt ist, ja im Idealfall im Weltmaßstab betrieben wird. Diese Wirtschaft hätte dann damit kein "Problem", was z.B. die Region Südeuropa für ihre Orangen als Gegenwert bzw. Austauschprodukt erhält. Die Orangen sind Bestandteil des interregionalen Zuteilungsplanes, genauso wie Erdöl, welches u.a.

von der Region Nordeuropa den Südregionen zur Verfügung gestellt wird (bis eine Alternative für diesen Rohstoff gefunden ist). Den Orangen und dem Erdöl entsprechen keine wie immer gearteten Austauschrelationen. Für die interregionale Planung und Zuteilung gilt also dasselbe wie für die Planung und Zuteilung innerhalb einer Region.

Bei der interregionalen Produktion ist darauf zu achten, dass die nötigen Arbeitszeiten, sprich Arbeitskräfte, zur Verfügung stehen. Die regionale Versorgung darf nicht unter dem Abzug der Arbeitskräfte für die interregionale Versorgung leiden. Sollte dies doch der Fall sein, so ist dafür Sorge zu tragen, dass fehlende Produkte von anderen Regionen zur Verfügung gestellt werden, also die fehlende Arbeitszeit durch andere Regionen kompensiert wird.
Die interregionale Planung hat auf regionale Planungsgebiete Rücksicht zu nehmen, die in der Produktion nachhinken. Die Güter, welche notwendig sind um eine eigene Reichtumserstellung in die Wege zu leiten bzw. zu den produktiveren Regionen aufzuschließen, sind von anderen Regionen bereitzustellen. Dabei wird nicht darauf abzuzielen sein, dass alle Regionen alle Produkte selbst produzieren. Die Grundversorgung sollte allerdings jede Region in großem Maße selbst sichern können.

Die Verständigung und Beziehungen der Regionen untereinander bestehen hauptsächlich in der Abstimmung der Zuteilungspläne und der gezielten Kontrolle und Nachbesserung der Produktzuteilung.
"Ausland" gibt nicht, da es keine Staaten mit Staatsgrenzen gibt. "Grenzen" werden zum Zwecke der Unterteilung in Planungsregionen gezogen, wodurch räumlich sinnvolle Planungs- und Produktionseinheiten entstehen. Hinfällig ist, dass sich eine Region gegen die andere durchsetzen und behaupten muss.

Ebenso wie die private Verwertung der Produktion entfällt auch der Eigentumsanspruch von Regionen auf die in diesen hergestellten Produkten. Einzig und allein die geleistete Arbeitszeit eines BVW-Mitglieds ergibt einen Anspruch auf allgemeine bzw. Sonderversorgung. Dies gilt nicht nur regional sondern interregional.
Eine regionale oder interregionale Wanderung von Leuten ergibt für die Zuteilung kein Problem - die Chipkarte gilt in allen Regionen. Sollten sich die Leute nicht als Touristen bewegen, sondern sich in der neuen Region auch niederlassen, so sind sie als Auszubildende oder Arbeitskräfte bzw. nicht Arbeitende in die Planung miteinzubeziehen.

Die Chipkarte wird mit einem Regionalcode versehen. Wird sie in anderen Regionen benützt, verliert sie nach einer gewissen Zeit ihre Gültigkeit. Das betreffende Mitglied hat sich bei dem jeweiligen regionalen Arbeitskomitee zu registrieren, bekommt eine neue Karte ausgestellt und wird somit in das Planungssystem integriert.

DER ÜBERGANG

Die Vorstellung einer neuen, ökonomisch völlig anders konzipierten Gesellschaft wäre unvollständig und dazu verdammt, in das Reich der Utopien verwiesen zu werden, wenn es nicht auch ein Konzept zum Übergang von der alten zur neuen Gesellschaft gäbe. Außerdem sollten die potentiellen Organisatoren der BVW nicht nur das Ziel vor Augen haben, sondern auch klare Vorstellungen darüber, wie ein machbarer und ökonomisch sinnvoller Übergang von der Marktwirtschaft zur BVW bewerkstelligt werden könnte.

1 Überzeugungsarbeit

In einigen Veränderungskonzepten wird davon ausgegangen, dass der Kapitalismus sich nach einer mehr oder weniger langen Zeit von selbst überlebt und den Samen für eine gesellschaftlich geplante Ökonomie legt: Revolutionäre hätten diesen Samen zu hegen und zu pflegen, mit unzufriedenen Teilen der Bevölkerung zu gegebener Stunde die Schwäche des alten Systems auszunützen und die neue Gesellschaft zu etablieren.
Jede Rezession, jeder Börsenkrach, jede globale Auseinandersetzung um Märkte wurde und wird von einigen Gesellschaftskritikern als Zeichen der Schwäche, des Verfalls der Marktwirtschaft interpretiert. Dabei wird ignoriert, dass Krisen zur Marktwirtschaft dazugehören und nach der Vernichtung von Kapital (und der Existenzen vieler Menschen) die Geschäftemacherei verstärkt weiter geht. Die Marktwirtschaft hat sich in den letzten 200 Jahren weder abgenützt noch abgeschwächt. Nach jeder Krise gab es einen Boom, - dies widerlegt auch einige Ökonomen der Marktwirtschaft (z.B. J.A. Schumpeter), welche, vor allem in Krisenzeiten, dieser Wirtschaftsform eine düstere Zukunft prophezeiten. Die Erscheinungsformen der Marktwirtschaft haben sich in den letzten 200 Jahren zwar geändert - die in den vorangegangenen Kapiteln dargestellten Charakteristika sind allerdings nach wie vor gültig, und es ist nicht abzusehen, weshalb und wodurch sich das in Zukunft ändern sollte.

Die Marktwirtschaft wird den Sympathisanten einer neuen Ökonomie und Gesellschaft nicht den Gefallen machen, sich von der Bühne der Geschichte zu verabschieden, da „ihre Zeit gekommen" sei. Die Men-

schen müssen willens sein, diese Wirtschaftsform gänzlich abzuschaffen und eine neue zu organisieren. Sie müssen vom Schaden, den ihnen diese antut, überzeugt sein und erkennen, welche die Gründe der Schädigungen sind. Sie müssen bestärkt werden, gewohnte Pfade zu verlassen, um die neue Gesellschaft in Angriff zu nehmen.
Dies setzt Überzeugungsarbeit voraus. Es führt kein Weg daran vorbei, gesellschaftliche Verhältnisse zu erklären und falsche Schlüsse aus Aktionen von Politik und Ökonomie zu kritisieren. Trotz aller Schädigungen ist ein Großteil der Menschen der Marktwirtschaft nicht feindlich gesinnt. Deshalb ist es nicht damit getan, die BVW als Alternative vorzustellen. Den Menschen, welche die BVW organisieren, sollte klar sein, was sie warum an der Marktwirtschaft auszusetzen haben. Nur auf dieser Basis lässt sich die alte Ökonomie abschaffen und die neue einrichten.
Es wäre z.B. verfehlt, jemanden, der die "Profitgier in der Marktwirtschaft" anprangert, sofort als Gesinnungsgenossen bezüglich der Abschaffung von Marktwirtschaft und Kapital bzw. des Aufbaus einer BVW einzustufen. Seine Kritik lässt vermuten, dass er nichts gegen eine Marktwirtschaft einzuwenden hätte, in der Unternehmer sich mit bescheidenen Gewinnen zufrieden geben und die Geschäfte und Spekulationen nur kleinem „maßvollen" Ausmaß betreiben. Ihn stört nicht das Zustandekommen des Profits, das die Schädigung von Interessen anderer mit sich bringt, und auch nicht der Profit als notwendig bestimmendes Element der Marktwirtschaft, sondern ein Mangel moralischer Grundsätze: auf Bescheidenheit und Rücksicht käme es an. So ein Kritiker der Marktwirtschaft wäre wahrscheinlich gar nicht damit einverstanden, eine Planwirtschaft zu organisieren, bei der es um etwas anderes als die Eindämmung der Gier von Menschen geht. Vielleicht hätte er sogar Vorbehalte gegen die Abschaffung des Privateigentums.
Die Unzufriedenheit einiger Bürger mit der Marktwirtschaft erspart nicht die Einigung auf die grundlegenden Thesen zur "irrationalen Rationalität" dieser Wirtschaft, um mit diesem Wissen ausgestattet gemeinsam das Neue zu wagen.

2 Stichworte zum Umbruch

Es ist kein Anliegen des Autors, einen revolutionären Verlauf vorherzusagen oder eine Revolutionstheorie zu entwerfen. Ein paar historisch stark besetzte Stichworte fordern allerdings zu einer Stellungnahme heraus:

Agitation der "Arbeiterklasse"?
Linke Revolutionsmodelle gehen davon aus, dass vor allem die Arbeiterklasse das revolutionäre Subjekt ist. Das deshalb, da diese Klasse erstens die hauptsächlichen Schädigungen der Marktwirtschaft trägt und zweitens der Marktwirtschaft das verweigern kann, worauf deren Gelingen beruht: ihre Arbeit. Nach wie vor ist diese Strategie stichhaltig - auch wenn man heutzutage Arbeitnehmer statt Proletarier sagt, einige Arbeitnehmer in Vorständen und Aufsichtsräten großer Firmen sitzen und Klassen nur mehr bei Bahnreisen wahrgenommen werden. Dies sollte allerdings nicht dazu verleiten, die Überzeugungsarbeit ausschließlich auf Arbeitnehmer zu konzentrieren. Jeder, der guten Willens ist, über die gesellschaftlichen Zustände nachzudenken und die Argumente ernst zu nehmen, kann für die Sache gewonnen werden, ob Arzt, Lehrer, Student etc. Auf wen es dann wie bei der Abschaffung der Marktwirtschaft ankommt, ist nicht vorherzusagen.

Revolution oder Evolution?
Wie schon weiter oben festgestellt wurde, ist keineswegs davon auszugehen, dass die historische Entwicklung mit einer ihr innewohnenden "List der Vernunft" letztlich die BVW hervorbringen würde. Abgesehen von dem Fehler, die Geschichte zu einem tätigen Subjekt hochzustilisieren, ist nicht abzusehen, weshalb sich aus der Marktwirtschaft ausgerechnet die BVW entwickeln sollte. Eine solcherart konstruierte geschichtliche Evolution ist auszuschließen.
Was ist nun davon zu halten, die BVW sukzessive, politisch bewusst mit einem schrittweisen Prozess einzurichten? Dahinter steckt die Vorstellung, die alte Ökonomie langsam (und auch friedlich) in die neue umzuwandeln. Dies unterstellt aber nicht nur eine friedliche Koexistenz unterschiedlicher politischer Kräfte, sondern auch die Möglichkeit einer Umwandlung noch innerhalb der Marktwirtschaft, d.h. eine längerfristige Mischwirtschaft aus Marktwirtschaft und BVW (z.B. vergesellschaftete Produktionsmittel und eine Tauschwirtschaft mit Geld). Es ist nicht auszuschließen, dass eine solche Ökonomie "funktionieren" könnte - am Beispiel "Realer Sozialismus" wird dies weiter unten ausgeführt. Die Entwicklung einer BVW würde dadurch allerdings nicht begünstigt werden - die Gesellschaft hätte sich mit Widersprüchen und Hemmnissen dieser Wirtschaft herumzuplagen.

Das legt nahe, mit der Marktwirtschaft von Anbeginn an radikal zu brechen, das Privateigentum an den Produktionsmitteln, die Marktpreise, Geld als Kapital und die staatliche Finanzgebarung sofort abzuschaffen. Umgekehrt entsteht dadurch nicht schon eine vollendete BVW - diese ist phasenweise zu etablieren (wie dies im folgenden Kapitel ausgeführt wird).

Umwälzungen in einem Land?
Von einer weltweit gleichzeitigen Einführung der BVW kann wohl nicht ausgegangen werden. Um jedoch die BVW mit aussichtsreichen Chancen zu etablieren, sollte sie in einem größeren, wirtschaftlich stark entwickelten und autarken Gebiet durch- und umgesetzt werden. Ein vom Import zu stark abhängiges Gebiet würde, um eine ausreichende Versorgung gewährleisten zu können, auf die marktwirtschaftlichen Ökonomien anderer Länder angewiesen sein - dies wären keine guten Voraussetzungen für einen Erfolg. Die Beispiele Sowjetunion und Volksrepublik China zeigen, dass eine Abkopplung von der marktwirtschaftlichen Weltwirtschaft nur als autarke Region möglich ist.
Unvorstellbar ist die Etablierung einer BVW ausgehend von einzelnen Kommunen oder Kleinstaaten. Die BVW ist eine Versorgungswirtschaft auf höchstmöglichem Niveau, was die Einbeziehung verschiedener Rohstoffe, Herstellungsverfahren, Fachkräfte etc., kurz eine arbeitsteilige Wirtschaft einer großen Region voraussetzt. Kommunen oder kleine Regionen mit einer der BVW ähnlichen Wirtschaft wären Enklaven inmitten der Marktwirtschaft und auf einen Handel angewiesen. Sollten solche Enklaven politisch überhaupt zustande kommen, so hätten sie keinen langen Bestand, da ihnen wahrscheinlich politisch, auf jeden Fall aber ökonomisch das Wasser abgegraben wird (z.B. mit einem Handelsembargo der marktwirtschaftlichen Länder).

3 Die Umgestaltung

Schon vor der Abschaffung der Marktwirtschaft und der Umwälzung der politischen Verhältnisse sollte es Vorstellungen darüber geben, sollten schon Pläne bestehen, wie die Umgestaltung von Politik und Ökonomie zu organisieren ist.
Vermessen wäre die Vorstellung, dass die BVW innerhalb kürzester Zeit so zu gestalten ist, wie sie im Kapitel "Grundriss einer BVW" beschrieben wurde. Vor allem die Umstrukturierung der Produktion (z.B.

Konzentration), die Einführung des dreistufigen Verteilungsmodells, die Verbesserung der Arbeitsbedingungen und Umweltbedingungen können nicht sofort umgesetzt werden bzw. den beschriebenen Standard erreichen. Ein geordneter und erfolgreicher Übergang bedarf einer phasenweisen Umgestaltung. Wie könnte diese aussehen?

3.1 1. Phase

In dieser ersten Phase der Umgestaltung besteht wohl die Schwierigkeit darin, trotz der radikalen Änderungen in beinahe allen Bereichen der Gesellschaft die Produktion und Versorgung nicht zum Stillstand kommen bzw. in ein chaotisches Wirrwarr münden zu lassen. Allen Organisatoren der BVW muss von vornherein klar sein, was zu tun ist, und es muss eine einigermaßen zufriedenstellende Versorgung von Anfang an gewährleistet werden. Bei den Mitwirkenden der Umgestaltung sollte Klarheit darüber bestehen, welche Maßnahmen was bewirken.

3.1.1 Politik

Unverzüglich sind in jeder Region Komitees zu bilden, die für die Bereiche Planung, Versorgung, Arbeitsplatzzuweisung, Gesundheit und Ausbildung zuständig sind. Die Planungs- und Versorgungskomitees werden branchenspezifisch gebildet und arbeiten mit den lokalen Arbeitskomitees zusammen.
Die Besetzung der Komitees hat durch die Ausschüsse zu erfolgen. Die Ausschussmitglieder werden von regional gewählten Komitees bestimmt.
Die Planungskomitees haben die Zahl und Qualität der herzustellenden Güter zu bestimmen und für die technischen Bedingungen der Produkt- und Leistungserstellung zu sorgen.
Die Versorgungskomitees sind für die Chipkarten und die Zuteilung der Güter und Leistungen verantwortlich
Die Arbeitskomitees haben sich sowohl um die Planung und Zuweisung der Arbeitsplätze zu kümmern als auch die sukzessive Einrichtung und Einhaltung BVW-konformer Arbeitsbedingungen zu kontrollieren.

Überdies sind in der ersten Phase Informations- und Hilfsstellen einzurichten, welche die neuen Regelungen erklären und bei Problemen praktisch weiterhelfen.

Zudem werden Schiedsstellen gebildet, die Streitfälle pragmatisch behandeln.
Diesbezüglich könnten einige Skeptiker die Stichworte "Recht und Ordnung" ins Spiel bringen und einen Zustand, der Chaos und Willkür zeitigt, beschwören. Die Gewalt des bürgerlichen Staates besteht nicht mehr und die Gesetze haben ihre Gültigkeit verloren. Dies bedeutet jedoch nicht Chaos, wenn bei den Initiatoren Klarheit darüber besteht, was zu tun ist, und der Großteil der Leute dies versteht und willens ist mitzumachen.
Willkürlich werden Komitees und Schiedsstellen dann nicht entscheiden, wenn klare Richtlinien bezüglich der Maßnahmen und deren Zwecken vorgegeben werden. Im Sinne der Einrichtung der BVW sind Maßnahmen zu setzen, die auch einzuhalten sind. Leuten, die nicht einsehen wollen, dass diese Richtlinien und Auflagen keinen Schaden für sie bedeuten und zum Vorteil aller gereichen, wird das entzogen, wodurch sie Schaden anrichten können, sei es nun z.B. die Verantwortung für die Arbeitssicherheit, der Führerschein, etc. Solche, die mutwillig die Versorgung boykottieren oder marodieren, werden in Gewahrsam genommen. (Dazu siehe auch Kapitel "Grundriss einer BVW / Sicherheit und Beurteilungsinstanzen")

Die erste Phase des Übergangs ist mit relativ starken Sicherheitskräften abzusichern. Plünderungen, tätliche Übergriffe, die Bildung von Schwarzmärkten mit noch kursierendem Geld etc. sind zu unterbinden.

An militärischer Gewalt sollte so viel bereitstehen, dass feindliche Staaten abgeschreckt werden, die BVW-Region anzugreifen.

3.1.2 Ökonomie

Jedes Mitglied der BVW ab einem gewissen Alter erhält eine Chipkarte, welche die relevanten Daten für die Arbeitsplatzzuweisung und Zuteilung der Güter enthält.

In der ersten Phase der Umgestaltung erscheint es sinnvoller, als Zuteilungsmodell ein Preismodell zu wählen, da die Abschaffung von Preisen, wie es das Stufenmodell vorsieht, eine schon gut und über einen längeren Zeitraum funktionierende BVW voraussetzt. Entscheidend ist, dass die Preise in der Produktion sofort abgeschafft werden, d.h. im Erstellungsprozess nur mehr technische Größen verwendet

werden. Die Preise erfüllen nur mehr eine Funktion bei der Zuteilung an die "Letztverbraucher":
Preise in der Übergangszeit sind allerdings weder als eine ökonomische noch als eine historische Notwendigkeit anzusehen - es spricht nichts außer der oben erwähnten pragmatischen Überlegungen dagegen, Preise sofort abzuschaffen.
Mit den Preisen ist somit noch eine Beschränkung des Zugriffs auf gesellschaftlichen Reichtum eingezogen, da die Produktion noch nicht die Stufe der Produktivität erreicht hat, um eine in allen Bereichen lückenlose Versorgung zu gewährleisten. Der Zusammenhang zwischen geleisteter Arbeitszeit und Anspruch auf den erarbeiteten Reichtum ist durch die Bewertung der Arbeitsstunden und der Festsetzung von Preisen für Konsumgüter und Leistungen für Letztverbraucher gegeben.
Jede Chipkarte wird bei ihrer ersten Vergabe mit einem Einstiegsbetrag versehen. Die Betragshöhe wird nicht nur von der zur Verfügung gestellten Arbeitszeit, sondern auch davon abhängig sein, ob Kinder mitzuversorgen sind oder nicht. Ältere (im Ruhestand Befindliche) erhalten den gleichen Betrag wie für die allgemeine Arbeitszeit vorgesehen (z.B. 30 Stunden in der Woche).
Zusätzlich könnte noch das (enteignete) Vermögen (Betriebs- und Wohnungseigentum) mit einem Schlüssel mitberücksichtigt werden, um vermögende Bürger in gewisser Weise abzufinden und ihre Widerstände in Grenzen zu halten.
Nur die Chipkarte gewährt den Zugriff auf Produkte und Leistungen der Gesellschaft. Das in der Marktwirtschaft umlaufende Geld wird eingezogen, die Bankkonten werden gelöscht.
Höherpreisige Versorgungsleistungen (z.B. Beschaffung eines neuen PKWs) sind, sofern nicht abgedeckt, als Kredit von der Chipkarte abzubuchen. Die Kredithöhe ist begrenzt, der Kredit ist sukzessive "abzuarbeiten". Die Einräumung von Krediten ist nur auf die erste Phase beschränkt.
Weitere Zubuchung von Beträgen auf die Chipkarte werden dann gemäß geleisteter Arbeitszeit (siehe Kapitel "Grundriss einer BVW / Arbeitsbewertung") vorgenommen.

Nur in den ersten Monaten werden die marktwirtschaftlichen Preise der Waren als Verrechnungspreise beibehalten. Danach werden diese durch Arbeitszeitpreise (siehe Kapitel "Grundriss einer BVW / Geldzirkulations-Preismodell") ersetzt, wobei einige Produkte der Grundversorgung auch unter dem Arbeitszeitverrechnungspreis zugeteilt

werden, Preise der Sonderversorgung darüber liegen könnten („politische Preise").
Wohnungen werden in Kategorien eingeteilt - für die unterste Kategorie ist keine Miete zu verrechnen, für eine bessere Kategorie eine geringe Miete, für die noch bessere Kategorie eine etwas höhere Miete. Strom- und Gaspreise bleiben vorerst bestehen, werden aber relativ zu den gesamten Lebenshaltungskosten gesenkt.

Abgesehen von den Gütern des täglichen Bedarfs und gewissen Dienstleistungen (z.b. Reparaturen) werden die benötigten Güter mit der Chipkarte vorbestellt.

Mit der Ausgabe der Chipkarten und dem Einzug des Geldes wird auch das Privateigentum an den Produktionsmitteln und an Grund und Boden abgeschafft. Die Verfügung darüber erhalten die jeweiligen Komitees.
Es werden vorweg Branchenkomitees mit entsprechenden Unterabteilungen (z.b. Bekleidung / Schuhe) gebildet, die eine Gesamtübersicht der in der BVW bestehenden Betriebe, deren technische Kapazitäten, Arbeitsplätze und Lieferanten erstellen. Daraus wird die vorerst mögliche (geplante) Produktionsmenge errechnet und festgelegt. Die Planung der zu erstellenden Gebrauchswerte wird sich in der allerersten Periode des Übergangs an den vorhandenen Produktionskapazitäten zu orientieren haben

Die Betriebe beliefern einander nach den vorgegebenen Planzahlen und ohne Verrechnung. Wie schon erwähnt, bedeutet das die sofortige Abschaffung von Preisen, Kosten und Löhnen in der Produktion und Leistungserstellung.

Betriebe einer Branche werden bei der Planung jeweils zu einer Planungseinheit zusammengefasst.

Schon in der ersten Phase der Umgestaltung sind gewisse Produkte aus der Produktion auszuscheiden und andere zu forcieren.

Werkstätten und Dienstleistungsunternehmen (wie z.B. Elektroinstallateure) werden in einer Region zu einem Verbund zusammengefasst, innerhalb dessen Aufträge je nach vorhandenen Kapazitäten verteilt werden. Die geleisteten Stunden und die Abbuchung auf der Chipkarte des Konsumenten sind an das Planungs- und Verteilungskomitee weiterzuleiten.

Kleine landwirtschaftliche Betriebe sind zusammenzulegen, um eine effektive Produktion zu ermöglichen.
In Regionen, welche diese effektive Produktion nicht zulassen, werden die Landwirte als Landschaftspfleger tätig.

Die Zuteilungsstellen (für Waren) werden regional, also für die Konsumenten leicht erreichbar, eingerichtet.
Das bedeutet z.b. die Einrichtung eines zentral gelegenen Zuteilungslagers für Schuhe für eine Region oder einen Bezirk. Die gewünschten Güter werden bestellt und abgeholt. In gewissen Regionen und für ältere Menschen werden mobile Lager eingesetzt bzw. Hauszustellungen organisiert.
Nur größere Supermärkte aus den Zeiten der Marktwirtschaft bleiben bestehen. Alle kleinen marktwirtschaftlichen Handelsstellen werden aufgelassen.

Selbst bei der Umsetzung der BVW in einer großen und relativ autarken Region werden gewisse Produkte aus dem marktwirtschaftlichen Ausland zu beschaffen sein (falls dieses das zulässt). Es ist also notwendig, einen Teil der Produkte dem Export zur Verfügung zu stellen, um zu verkaufen bzw. Devisen zu erlangen, mit denen die Importe bezahlt werden.
Um die Abhängigkeiten gegenüber Nicht-BVW-Ländern zu minimieren, sollte alles unternommen werden, um so viele Güter wie möglich in der BVW-Region herzustellen.

3.1.3 Arbeit

Um Arbeit und Arbeitsplätze neu zu ordnen, werden sofort Arbeitskomitees eingerichtet. Manche Arbeitsplätze werden in der ersten Phase so besetzt und weitergeführt wie in der Marktwirtschaft. Etliche Arbeiten (z.B. Bankangestellte) entfallen in der BVW. Die dadurch frei werdenden Arbeitskräfte können in anderen Arbeitsbereichen eingesetzt werden. Überdies sind den früheren Arbeitslosen und aus sonstigen Gründen bis dato nicht Arbeitenden Arbeiten anzubieten.

Es ist nicht auszuschließen, dass sich diese Leute in der ersten Periode einem Diktat der Zuweisung zu unterwerfen haben, da es vorerst dar-

um gehen sollte, eine annehmbare Versorgung aufrechtzuerhalten und dabei in einigen Bereichen durchaus ein Arbeitskräftemangel auftreten könnte, der von den Arbeitskomitees rasch zu beheben ist.
Die damit verbundenen Einschulungen und Umschulungen sind zügig vorzunehmen.
Eine umfangreiche neue Ausbildung wird in der ersten Phase für alle Arbeitenden nicht möglich sein, da deren Arbeitskraft möglichst bald einsetzbar sein sollte. Wenn es Produktion und Versorgung nach der ersten Anlaufphase zulassen, wird auf Ausbildungs- und Umschulungswünsche der Arbeitenden einzugehen sein.

Die Arbeitszeit wird nicht schlagartig sondern phasenweise reduziert. In der allerersten Phase könnte die durchschnittliche Arbeitszeit pro Tag 6 Stunden betragen. Der Durchschnittswert für die Buchung des Zuteilungsbetrages läge bei 30 Stunden pro Woche. Wird weniger gearbeitet, ergäbe dies eine empfindliche Einbuße des Zuteilungsbetrages.

Die Arbeitszeit jedes Arbeitenden wird auf einer Chipkarte abgebucht (bzw. auf einer Karte eingetragen, bis das Chipkartensystem allgemein installiert ist). Die geleistete Arbeitszeit ist Grundlage für die Zuteilung.

Die Arbeitsbedingungen können in der ersten Phase noch nicht in allen Bereichen verbessert werden, da entsprechende Arbeitsplatzalternativen noch nicht vorhanden sind. Extrem ungesunde Arbeitsbedingungen werden jedoch sofort abgeschafft, auch wenn daraus eine eventuell schlechtere Versorgung resultiert. Z..B. sind Bergwerke stillzulegen, wenn unter Tage gegraben wird und ferngesteuerte Maschinen diese Arbeit nicht ausführen können.
Gleich in der ersten Phase wird die Forschung und technologische Entwicklung im Hinblick auf die Erleichterung der Arbeitsbedingungen vorangetrieben. Maschinen, Automaten, Roboter sind in diesem Sinne zu konzipieren. Neben dem Gesundheitsbereich sollte dies der zweite Forschungsschwerpunkt sein.

3.1.4 Gesundheit

Auch die Einrichtungen dieses Bereiches stehen den Mitgliedern schon in der ersten Phase "frei" zur Verfügung. Es ist alles daranzusetzen, diesen Bereich mit den Mitteln auszustatten, die eine gut funktionierende Versorgung (einschließlich der Altenbetreuung) gewährleisten. Dazu gehören auch die schon erwähnten Forschungseinrichtungen

Außerdem sind sofort Kontrollinstanzen aufzubauen, die in Zusammenarbeit mit den Forschungseinrichtungen Lebensmittel, Arbeitsbedingungen, Medikamente und Umweltfaktoren auf schädliche Wirkungen überprüfen. Schädigungen sind aufzuzeigen und schnellstens zu beseitigen.

3.1.5 Ausbildung

Das Ausbildungssystem wird sukzessive auf das vierstufige Ausbildungsmodell (siehe Kapitel "Grundriss einer BVW / Ausbildung") umgestellt.

Nicht nur die neu auszubildenden Lehrer sondern auch die schon tätigen Lehrer werden neu instruiert.

Die Notengebung wird abgeschafft und durch eine Beurteilung, die den Stand des Wissens der Auszubildenden festhält, ersetzt.

Die beinahe fertig Ausgebildeten sind in die Betriebe zu senden, um dort ihre vierte Ausbildungsstufe zu absolvieren. (Ab der vierten Ausbildungsstufe werden Arbeitsstunden gutgeschrieben.)
Studenten, die Studienrichtungen studieren, die in der BVW bedeutungslos werden (wie z.B. Rechtswissenschaft), werden das Studienfach wechseln und eine Ausbildung der dritten und die obligate Ausbildung der vierten Ausbildungsstufe erhalten.

3.2 2. Phase

Sinnvoll ist es, die 2. Phase dann in Angriff zu nehmen, wenn sich die Produktion und Zuteilung konsolidiert hat und Produktivitätssteigerungen wirksam werden.

Einführung der Arbeitsbewertung (siehe Kapitel "Grundriss einer BVW / Bewertung der Arbeit") und des Dreistufenmodells (Grundversorgung, Allgemeinversorgung, Sonderversorgung), jedoch noch auf Basis des Fixkredits. Das bedeutet, dass den BVW-Mitgliedern ein Fixkreditbetrag gemäß Arbeitsstundenleistung (Durchschnittsberechnung) und Art der Arbeit zur Verfügung steht. (Der gesteigerten Produktivität kann durch eine Erhöhung des Fixkreditbetrags oder einer Preissenkung Rechnung getragen werden.)

Im Laufe der 2. Phase könnten Grundversorgungsgüter gratis abgegeben werden, und die Chipkarte nur mehr mit einer Mengenbeschränkung für eine gewisse Periode ausgestattet werden (siehe Kapitel "Grundriss einer BVW / Zuteilung mit Chipkarte").
Ab einem gewissen Stadium der Umgestaltung wird zu entscheiden sein, ob die Produktivität und die Versorgung einen Grad erreicht haben, der es zulässt, das Niveau der drei Versorgungsgruppen (Grundversorgung, Allgemeine Versorgung und Sonderversorgung) anzuheben. Welche Schwerpunkte dabei zu setzen sind, wird gesellschaftlich zu diskutieren sein.

Die Konzentration der Produktion wird vorangetrieben, um effizienter zu produzieren.
Die neue Organisation der Produktion und Leistungserstellung ist mit der Umsetzung neuer Wohnmodelle zu verknüpfen, etwa "Dorfsiedlungen" mit der nötigen Infrastruktur (z.B. öffentliche Verkehrsmittel).

Die in der ersten Phase eingeleiteten Maßnahmen zur Verbesserung der Arbeitsbedingungen können nun voll wirksam werden.
Das ermöglicht auch die Ausdehnung der Lebensarbeitszeit: Ältere BVW-Mitglieder können, wenn sie wollen, länger arbeiten und werden für gewisse Bereiche eingeschult oder umgeschult.

Die weiter vorangetriebene Produktivitätssteigerung sollte eine Reduzierung der durchschnittlichen Arbeitszeit zulassen.

3.3   3. Phase

Die BVW kann nun so vollzogen werden, wie es im Kapitel "Grundriss einer BVW" beschrieben ist.

Endgültige Abschaffung von Preisen in allen Stufen und Abschaffung des Arbeitsgeld- Fixkreditmodells
Einführung der Zuteilungsstellen (Dreistufenmodell)

Weitere Reduzierungen der durchschnittlichen Arbeitszeit, sofern es Produktion und Versorgung zulassen.

DIE GEGNER DER BVW (UND IHRE ARGUMENTE)

Im Hinblick auf die Propagierung der BVW ist es unumgänglich, sich auch mit deren Gegner und deren Argumente auseinander zu setzen. Zuerst werden zwei Gegenstandpunkte behandelt, die auf ausgefeilte Argumentation verzichten: die demokratisch bürgerliche Staatsgewalt und die Nutznießer der Marktwirtschaft.
Danach wird auf einige Einwände eingegangen, die in den unterschiedlichsten Ausgestaltungen vorgebracht werden, sich allerdings inhaltlich auf wenige, immer wiederkehrende Gedanken reduzieren lassen. Diese beziehen sich auf die Natur und Psyche des Menschen, auf die Unmöglichkeit einer Planwirtschaft ohne Geld und Markt, auf den Stalinismus und das Scheitern der Sowjetökonomie.
Nicht unbedingt als Gegnerschaft, schon gar nicht als Gegenargument kann eine Kommentierung folgender Art gedeutet werden: "Ich habe genug Sorgen und anderes zu tun, als mich mit Zukunftsmodellen zu beschäftigen. Was Besseres (als die Marktwirtschaft) kommt sowieso nicht nach ..." Daraus spricht, sich mit den Verhältnissen abgefunden und darin so gut es geht eingerichtet zu haben.

1 Der (erfolgreiche) bürgerliche Staat

Der bürgerliche demokratische Staat hat sich seine Ökonomie mit allem Drum und Dran eingerichtet, um sich an dieser zu bedienen. Einige Staaten haben es kraft ihrer Wirtschaft geschafft, ihre Souveränität gegenüber anderen Staaten mit den gleichen Zielen zu behaupten und zu stärken. Dabei gab es auch so manche kriegerische Auseinandersetzungen, in denen die Hierarchie der Staaten verändert wurde - um die Konkurrenz auf anderer Stufe weiterzuführen.
Mit der wirtschaftlichen Potenz wird auch das Militär stärker. Die moderne Rüstung muss finanziert werden und dabei können Staaten auf mehr oder weniger Mittel zugreifen. Mit den Volksmassen allein wird kein Krieg mehr gewonnen.
Das Staatsvolk der Ersten Welt bekommt davon auch seinen Teil ab - so oder so. Es wird für die Produktion ge- und verbraucht und kann sich das Verdiente einteilen. Manchmal haben die Bürger auch in Kriegen für Freiheit und staatliche Souveränität ihr Leben zu lassen.
Soweit zum Erfolg einiger Staaten - der nicht mit einem erfolgreichen Leben seiner Bürger gleichzusetzen ist. (Dies wurde im Kapitel "Der

staatliche Umgang mit der Marktwirtschaft und deren Elend" ausgeführt.)
Diese Staaten sind per se Gegner einer BVW, da letztere ja die Antithese des bürgerlichen Staats und seiner Wirtschaft ist. Jede politische Bewegung, die Marktwirtschaft und Demokratie aushebeln will, wird zum Gegner der bestehenden Ordnung. Das schreiben sich die Staaten auch in die Verfassung hinein. Verfassungen argumentieren nicht für oder gegen ein Gesellschaftssystem. Die bürgerliche Demokratie und ihr Wirtschaftssystem werden als unabdingbare Konstante festgeschrieben.
An dieser Stelle taucht wieder die Frage auf, welche Personen "den Staat" repräsentieren und seinen Standpunkt vertreten. In erster Linie klarerweise Politiker und Beamte der politischen Instanzen. Sie vertreten von Berufs wegen den Staat und seine Interessen. Schließlich auch diejenigen, welche die Gewaltmittel des Staates betreuen, nämlich Exekutivbeamte und Militärs. Sie haben einen Eid auf den Staat abgelegt, den die meisten auch ernst nehmen und daraus ein persönliches Anliegen machen.
In zweiter Linie aber auch so manche fanatische Staatsbürger, die sich hinter ihre Ökonomie und ihren Staat stellen. Sie sehen im Staat ihre Existenzgrundlage - und selbst wenn dieser ihnen materiell gesehen nicht viel zu bieten hat, stehen sie ideell zu ihrer Funktion als Staats-Bürger. Kritische Gedanken zu Staat und Wirtschaft reichen für die Verurteilung "Nestbeschmutzung". Daraus spricht nur mehr das Argument, sich seine Lebensbedingungen ("Heimat") nicht besudeln zu lassen, und da nützt kein Hinweis des Kritikers, dass der Staat kein Nest sei, und es nicht um Beschmutzung sondern um Kritik ginge. Eine übliche Variante, solch meist kurzen Meinungsaustausch zu beenden, besteht in der Zurechtweisung durch den Marktwirtschafts- und Staatsfreund, man solle doch richtig arbeiten, dann komme man nicht auf so krumme Gedanken. Dass man gerade aufgrund schwerer Arbeit (und wenig Verdienst) auf solche Gedanken kommen könnte, fällt so einem Fan gar nicht auf.

2 Nutznießer der Marktwirtschaft

Das Argument dieser speziellen Gegner der BVW lautet so:
"Mit der Einführung der BVW verliere ich mein Vermögen, das es mir derzeit ermöglicht, ein Leben zu führen, dass keine Wünsche übrig lässt."

Die Gegner der BVW (und ihre Argumente)

Als ernst zu nehmendes kann dieses Argument nur von wenigen wohlhabenden Bürgern angeführt werden. Wenn es von einem Durchschnittsverdiener vorgebracht wird, täuscht er sich bezüglich seines Vermögens in der Marktwirtschaft und / oder seiner Möglichkeiten in der BVW. Eine gut organisierte und eingespielte BVW würde diesem um vieles mehr an Wünschen als die Marktwirtschaft erfüllen.
Trotz einer Abfindung kann es tatsächlich so sein, dass die wirklich Reichen der Marktwirtschaft in einer BVW anfänglich ein vielleicht "bescheideneres" Leben als in der Marktwirtschaft führen werden. Sie sind die einzigen Verlierer bei der Einführung der BVW. Zu bedenken ist allerdings, dass sie zwar materiell gesehen von ihrem Lebensstandard etwas einbüßen würden, in der BVW allerdings nicht den leidigen Konkurrenzkämpfen und auch nicht den Wechselbädern der Konjunktur und der Geld- und Kapitalmärkte ausgesetzt wären, die selbst ein relativ hohes Vermögen zu keinem Ruhekissen werden lassen.
Vielleicht könnte sie auch beeindrucken, in der neuen Gesellschaft nicht mehr auf Kosten anderer Menschen ihren Lebensunterhalt zu erlangen.
Obzwar diese Reichen die Einzigen sind, die ein materielles Interesse am Bestehen der Marktwirtschaft haben, ist nicht unbedingt davon auszugehen, dass sie auch die eifrigsten und erbittertsten Gegner der BVW sind und sein werden. Diese werden auf andere Argumente berufen - siehe Folgendes.

3 Charakter des Menschen

Häufig vorgebrachte Argumente, die jeglichen alternativen Vorstellungen eines Zusammenlebens ohne Gewalt und Markt / Konkurrenz entgegengehalten werden, laufen darauf hinaus, *"dass die Menschen aufgrund ihrer Charaktereigenschaften dafür nicht geeignet wären"*.

3.1 Erziehung

Als erste kritische Stellungnahme zum Charakter des Menschen sei eine dem ersten Anschein nach "zustimmende" Kritik erwähnt:
"Die BVW setzt einen besonders sozialen Charakter des Menschen voraus. Der heutige Mensch entspricht diesem ganz und gar nicht. Zuerst müssten die Menschen also dahingehend erzogen werden, dann erst könnte eine BVW erfolgreich organisiert werden."

Dieser Kritik sieht man vorerst nicht an, dass sie gegenüber dem Zweck der BVW und deren Durchsetzung negativ eingestellt ist. Dieser wohlmeinende Ratschlag zur Strategie der praktischen Umsetzung der BVW liefert aber meist auch gleichzeitig den Verdacht der vergeblichen Bemühungen mit: *"Diese Erziehung braucht sehr lange (zu lange) und ist wahrscheinlich auch nicht erfolgreich, da der Großteil der Menschen sich in dieser Hinsicht nicht erziehen lässt."*

Dem ersten Teil dieser Argumentation sei entgegengehalten, dass die BVW keinen „anderen" Menschen voraussetzt. Die Umsetzung der BVW impliziert allerdings folgende Bedingungen:
- erstens die Einsicht, dass die Marktwirtschaft den meisten nicht wohl bekommt und das Erkennen der Gründe, weshalb dem so ist
- zweitens den Willen der Betroffenen, die gesellschaftlichen Verhältnisse zu ändern
- drittens die allgemeine Akzeptanz der Prinzipien der BVW und die Mitarbeit bei der Durch- und Umsetzung

Letzteres wird dann gelingen, wenn den Leuten klar ist, dass in der neuen Gesellschaft mit ihrem Arbeitseinsatz sowohl ihre eigene Reproduktion als auch die der Gesellschaft befördert wird und dabei keine Gegensätze auftreten. Zweifellos bedarf es diesbezüglich einer Agitation und Schulung - die neue Gesellschaft muss "begriffen" werden, - aber keiner Umerziehung zur Entwicklung einer neuen Moral. Diese ergibt sich als Konsequenz der veränderten gesellschaftlichen Verhältnisse.

Die Durchführung der BVW basiert auf einer fundierten Ausbildung der Mitglieder. Die neue Gesellschaft ist eine Gesellschaft des Wissens. Nur solche Mitglieder der neuen Gesellschaft, denen der Zusammenhang zwischen Einzelinteresse und Gesamtinteresse nicht verständlich ist, werden zusätzlicher moralischer Leitsätze bedürfen.

Die letzteren Bemerkungen sind nicht zu verwechseln mit dem zweiten skeptischen Teil der oben angeführten Bedenken hinsichtlich des sozialen Charakters des Menschen. Diese bestehen in dem Verdacht, dass die BVW am borniertem Charakter des Menschen scheitern wird. Weshalb sollten die Menschen eigentlich so borniert sein? Antwort: *Sie sind eben so, es ist ihre Natur.* Diese weit verbreitete Ansicht kommt nun in verschiedenen Varianten vor, denen die folgenden Kapitel gewidmet sind.

3.2 Homo homini lupus

Diese alte These von der Wolfsnatur des Menschen wird immer dann ins Spiel gebracht, wenn es gilt, tätliche Auseinandersetzungen zwischen Menschen und die Notwendigkeit einer übergeordneten Gewalt zu erklären:
"Der Mensch ist von Natur aus Egoist und Feind seiner Mitmenschen. Er kann nur durch Gewalt und mit Zwang gebändigt werden. Eine Gesellschaft, die das ignoriert, kann nicht funktionieren und wird in Aggressivität untergehen."

Aufmerksame Leser könnten sich zu Recht fragen, weshalb dieser Hinweis auf die Wolfsnatur bei der Vorstellung einer geplanten Versorgungswirtschaft überhaupt ins Spiel gebracht werden sollte. Die Stoßrichtung dieses Arguments geht nicht so sehr gegen die neue Ökonomie, sondern gegen die politische Gestaltung der neuen Gesellschaft. Eine Gesellschaft ohne Staatsgewalt, in der Konfliktlösung nicht Durchsetzung des Rechts bedeutet, eine Gesellschaft ohne wesentliche Interessengegensätze, eine Wirtschaft ohne Konkurrenz, in der die Beteiligten den Zweck der Versorgung gemeinsam vollziehen, erscheint den Verfechtern der Wolfsthese abstrus. Ein bestimmtes Menschenbild vor Augen, wollen sie sich auf keine weiteren Gedanken mehr einlassen und schmettern den Entwurf dieser neuen Gesellschaft als unrealistisch ab.
Sieht man sich diese Argumentation genauer an, kann man sich nur wundern, dass sie sich so lange zäh behauptet hat und auch höchstes wissenschaftliches Ansehen genießt.
Erstens zum logischen Gehalt: Diese These baut darauf auf, dass die Feindschaften der Menschen untereinander zu deren Natur gehören, also zu einer Grundausstattung, mit der sie geboren werden und der sie bis ans Lebensende verhaftet bleiben. Die Feindschaften werden somit zu einer Notwendigkeit, einem Naturgesetz vergleichbar. Nun handeln aber die Menschen nicht ständig feindselig. Es liegt sehr an ihrem Willen, wann Feindschaften zum Tragen kommen. Wenn dem so ist, müsste man sich die Gründe ansehen, weshalb die Menschen mal so und mal so handeln und damit wäre die Notwendigkeit zerstört! Wie ist nun diese Art von Naturnotwendigkeit zu retten, die ja die Aggressivität bei jeder sozialen Handlung prinzipiell unterstellen würde? Mit der Einführung einer Übergewalt (Staatsgewalt), die diese Natur bändigt und zügelt, soll der Spagat gelingen, das Konstrukt gegenüber der Realität zu retten: Die Menschen schlagen sich deshalb nicht stän-

dig den Schädel ein, weil es Gesetze und vor allem deren Exekutive (Polizei) gibt. Da stellt sich dann allerdings die Frage, weshalb die Gesetzesmenschen und die Polizisten plötzlich ihre Natur abschütteln und zähmen statt hauen wollen. Ist die Wolfsnatur also doch keine (Natur)notwendigkeit? Oder sind Polizisten Übermenschen? Würden die Feindseligkeiten im Blut des Menschen liegen, wäre es außerdem absurd, Gesetze festzulegen, die der Mensch achten soll - diese würden doch gegen die Natur nichts ausrichten.

Zweitens zum empirischen Gehalt: Es ist doch nicht so, dass soziale Kontakte der Menschen prinzipiell feindlich ablaufen. Würde dem so sein, müsste die Übergewalt jedem Bürger einen Aufpasser beistellen. (Wer passt dann auf die Aufpasser auf? – siehe oben) Der Großteil der Menschen handelt je nach den Umständen mal freundlich, mal feindlich und sehr oft indifferent. Wenn sie gegen andere vorgehen, dann liegt das nicht an ihrer wölfischen Natur, sondern hat klar zu benennende Gründe. Diese können einerseits "ökonomisch" fundiert sein: Diebstahl, Raub(mord), radikale Ausbeutung der Arbeitskraft, Erpressung, Berufsintrigen, Erbschaftsstreitereien etc. - dabei geht es letztlich ums liebe Geld.

Auch die "moralisch" motivierten Feindseligkeiten sind nicht zu unterschätzen. Kränkungen, Eifersucht, Demonstrationen der Stärke von Typen, die keine Versager sein wollen.

Schließlich die "politisch" angesagten Angriffe: Tätlichkeiten und Kriege aller Art, ob als innerstaatliche, lokale oder globale. Dabei geht es um die Nation und andere politische Werte.

Man kann davon ausgehen, dass die ökonomisch motivierten Feindseligkeiten in der BVW ausbleiben. Dass Leute, die nur die Grundversorgung beanspruchen können, sich Güter der Allgemeinen Versorgung oder Sonderversorgung per Diebstahl besorgen werden, mag vorkommen, wird jedoch durch die jedem sich bietende Möglichkeit, mit beruflichen Tätigkeiten sogar in den langfristigen Genuss der Sonderversorgung zu kommen, selten der Fall sein.

Die politisch angeheizten Feindschaften können dann entfallen, wenn die BVW möglichst weiträumig, am besten weltweit, organisiert wird, und wenn es nicht mehr darum geht, Territorien, Staatsvölker, Interessengruppen gegen andere abzugrenzen, ökonomisch und militärisch zu verteidigen, Macht und Einfluss zu vergrößern.

Auch wenn Völkerschaften einander bekriegen, ob in der Vergangenheit oder Gegenwart, wird gerne als "letzter Grund" das Machtstreben des Menschen angegeben, welches ebenso in die Natur des Menschen verlegt wird. Ganz abgesehen davon, warum Staaten einander bekriegen, ob aus ökonomischen oder militärstrategischen Gründen, letztlich läge es an dem in den Menschen eingepflanzten Macht-Gen. Damit begibt man sich auf die gleiche Argumentationsebene wie die oben kritisierte.

Es wäre vermessen zu erwarten, dass es innerhalb einer BVW keine Konflikte geben würde. Streitereien bezüglich der Produktpräferenzliste, der Bewertungskriterien der Arbeit, Engpässe in der Produktion, Mängel bei der Qualität der Produkte und Leistungen, Probleme bei der Zuteilung - all dies könnte Unmutsäußerungen verursachen. Die Qualität der neuen Gesellschaft wird sich auch daran erweisen, wie diese Unmutsäußerungen vorgetragen werden und wie mit diesen umgegangen wird.

Bleiben die moralisch induzierten Gehässigkeiten. Man kann wohl schwer beurteilen, inwieweit sich mit der neuen Gesellschaft auch die Moral so mitverändert, dass die heutzutage stattfindenden moralinduzierten Gehässigkeiten entfallen. Gibt es z.B. Eifersucht in einer Gesellschaft, in der es abstrus wird, eine andere Person als Eigentum zu betrachten, auf das man ein Recht hätte - und im Sinne dieses Rechts tätlich wird, wenn es verletzt wird? Wahrscheinlich nicht in der Art und Weise wie in der bürgerlichen Gesellschaft, in welcher Zuneigung als Rechtstitel gesehen wird.

Zusammenfassend sei festgestellt, dass Menschen nicht "instinktiv" aufeinander losgehen, sondern dafür Gründe haben. Diesen Gründen wird durch die BVW weitgehend der Boden entzogen. Für die verbleibenden Streitereien zwischen den Menschen braucht es keinen Staat mit seinen Gesetzen und seiner Gewalt.

Die Staatsgewalt verhindert übrigens in der bürgerlichen Gesellschaft gar nicht die Gehässigkeiten zwischen den Menschen - sie kodifiziert diese nach Rechtsgesichtspunkten und bestraft Verstöße gegen das Recht. Dies macht den Schaden weder gut noch beseitigt es die Gründe für weitere Feindseligkeiten.

3.3 Die Vernunft des Menschen

Einen ähnlichen Inhalt weist folgende Kritik auf:

"Die BVW setzt voraus, dass alle Beteiligten vernünftig und im Sinne der gemeinsamen Sache handeln. Diese Voraussetzung ist unzulässig, die BVW deshalb zum Scheitern verurteilt."

Die Voraussetzungen der BVW bestehen darin, dass die Mitglieder deren Prinzipien gutheißen und gewillt sind, diese umzusetzen. Sicherlich kann man Bedenken haben, ob die Vorteile der Versorgungswirtschaft wirklich eingesehen werden.
Die oben angeführte Kritik an der Vernunft der Menschen hat jedoch gar nicht diese Bedenken zum Inhalt. Es wird der prinzipielle Verdacht ausgesprochen, dass die Menschen nicht fähig wären, ihr Zusammenleben vernünftig zu gestalten.
Die Skeptiker bezüglich der Vernunft denken an die oft vergebliche Aufforderung an Kontrahenten: "Seid doch vernünftig!" Die Kontrahenten sollten im Sinne des Friedens von der Durchsetzung ihres jeweiligen Interesses ablassen. Wenn diese Aufforderung nichts bewirkt, so liegt der Grund nicht in "mangelnder" Vernunft, sondern am Inhalt und Stellenwert der Interessen. Das Handeln der Leute kann doch nicht mit einer Eigenschaft erklärt werden, die sie *nicht* besitzen: Sie wären *nicht* vernünftig, deshalb ... Die Agierenden haben gewisse Interessen, die das Handeln leiten. Diese Interessen sind zu beurteilen und gegebenenfalls zu kritisieren.
"Fehlende" oder "mangelhafte" Vernunft legt für die Kritiker den Schluss nahe, dass eine Zweckgemeinschaft einzig auf Basis von Zwang und einer obersten Gewalt funktionieren könne. (Bezüglich dieser Argumentation siehe auch das Kapitel "Homo homini lupus"). Widerlegt wird dieses Standardargument doch auch durch die Bildung von Freundeskreisen oder Interessengemeinschaften, die ganz ohne Gewalt ihren gemeinsamen Zwecken nachgehen - also von wegen, es bedürfe einer Gewalt, wenn Leute miteinander verkehren.
Bodenlos wird die Kritik mit dem Zusatzgedanken des Kritikers, er selbst hätte ja durchaus Ambitionen, friedlich mit allen auszukommen, aber der Charakter etlicher Mitmenschen tauge diesbezüglich nichts: Ich bin ja vernünftig, aber die anderen ..." Das behaupten doch beinahe alle, oder?

3.4 Arbeitsmoral

Die folgende Kritik hat eine unterstellte Charaktereigenschaft im Visier. Problematisiert werden der fehlende materielle Zwang zur Arbeit und das fehlende erpresserische Abhängigkeitsverhältnis der Arbeitenden in der BVW:
"Wenn es eine gute Grundversorgung für Nichtarbeitende gibt, dann werden die wenigsten arbeiten wollen, und diejenigen, die arbeiten, werden aufgrund der Sicherheit ihres Arbeitsplatzes und Auskommens

dem Schlendrian verfallen. Dies hat zur Folge, dass zu wenig und zu unzuverlässig produziert wird."

"Die wenigsten werden arbeiten wollen"
Ist es nicht ein krasses Fehlurteil, davon auszugehen, dass Menschen prinzipiell nicht arbeiten wollen?
Auch in dieser Hinsicht wird der Kritiker von der tagtäglichen Praxis blamiert: Workaholics und Freizeitaktivitäten widerlegen die These vom Faultier Mensch.
Es kommt schon sehr auf die Arbeit an. Ist diese angenehm und interessant, kann keine Rede von Desinteresse sein, ist sie schwierig und anstrengend, so liegt es an der Dauer der Anstrengung, inwieweit diese auf sich genommen wird. Anstrengung bedeutet nicht unweigerlich eine Verweigerung der Arbeit. Geistige Anstrengung bedeutet für manche Leute sogar eine Herausforderung (körperliche Anstrengung manchmal ebenso, siehe Sport). In einer BVW würde darauf zu achten sein, anstrengende Arbeiten auf ein Mindestmaß zu reduzieren, Arbeitsbereiche zu erweitern und nach einer gewissen Zeit zu wechseln.
Die meisten Arbeiten in der Marktwirtschaft geraten zu einer wie auch immer gearteten Anstrengung, weil sie lange und oft unter Zeitdruck ausgeführt werden müssen. Überdies sind die wenigsten der anstrengenden Arbeiten gut bezahlt und viele auf Dauer gesehen gesundheitsschädigend. Kein Wunder, dass dann eine Abneigung gegen die Arbeit entsteht.

Menschen sind bereit zu arbeiten, wenn sie etwas davon haben, und arbeiten auch gerne, wenn die Arbeit ihren Bedürfnissen entgegenkommt.
Einer der Schwerpunkte der BVW ist die menschenfreundliche Gestaltung der Arbeit, was Arbeitsbedingungen und Dauer betrifft (siehe Kapitel "Grundriss einer BVW / Angenehme Arbeitsbedingungen").
Die BVW stuft die Arbeiten unterschiedlich ein und bietet mit dem Bewertungsschema die Möglichkeit, in die Sonderversorgung vorzurücken - dies als Kompensation für den Arbeitseinsatz unter erschwerenden und belastenden Bedingungen (siehe Kapitel "Grundriss einer BVW / Bewertung der Arbeit").

"Schlendrian"
Ähnlich verhält es sich mit dem Argument "Schlamperei" und "Schlendrian". Weshalb sollte man den Arbeitenden von vornherein absprechen, ihre Arbeit möglichst gut und zuverlässig auszuführen zu

wollen? Wer zu seiner Arbeit steht, hat auch den Ehrgeiz, diese Arbeit gut zu machen. Zweifellos werden auch in der BVW Unachtsamkeiten, Schlampereien und Desinteresse vorkommen. In diesen Fällen wird es Zeitabzüge oder andere empfindliche Maßnahmen (wie z.b. Versetzungen) für die Betreffenden geben (siehe dazu Kapitel "Grundriss einer BVW / Bewertung der Arbeit").
Nicht unterschätzen sollte man in diesem Zusammenhang auch die Erwartung der Mitmenschen bezüglich des Verhaltens eines Gesellschaftsmitglieds. Die Konsequenzen dieser Erwartung werden als "sozialer Druck" bezeichnet und haben letztlich mit der Anerkennung eines Mitglieds in einer Gemeinschaft zu tun. Die soziale Anerkennung von Leuten, die nicht arbeiten wollen, obzwar sie arbeiten könnten, oder von Leuten, die zwar arbeiten, jedoch keinen Wert auf die Qualität ihrer Arbeit legen (schlecht vollbrachte Arbeit, die mit einem "na und" kommentiert wird), wird gering sein. Ein Großteil der Mitglieder der BVW wird wohl scheele Blicke bzw. missbilligende Töne der Kollegen oder Freunde vermeiden wollen.

Ein beliebtes Beispiel, die Verwahrlosung der Arbeitsmoral anzuprangern, war und ist der Reale Sozialismus, der das "Recht auf Arbeit" zu einem seiner Prinzipien erklärte und auch umsetzte. Jeder sollte einen garantierten Arbeitsplatz haben.
Charakteristisch für die "Verwahrlosung" wären Arbeitende, die während der Arbeitszeit einkaufen gehen. Dies erscheint wahrlich als Wahnwitz vom Standpunkt der Marktwirtschaft. Klar, wenn es auf Rentabilität ankommt, dann ist jede verlorene Minute ein Abstrich vom Gewinn und ein Konkurrenznachteil. Was, wenn der Rentabilitätsgesichtspunkt gemäß marktwirtschaftlicher Kalkulation nicht gilt? (Störend wurden die Fehlzeiten in der Sowjetunion erst, als versucht wurde, für den Weltmarkt zu produzieren und dessen Rentabilität nachgeahmt werden sollte.) Wenn es weniger zu tun gab, verließen einzelne Werktätige den Arbeitsplatz und ließen Kollegen für kurze Zeit einspringen. Dies war deshalb möglich, weil der ganze Arbeitsfluss langsamer und stockender (als in der Marktwirtschaft) vonstatten ging, und Fehlzeiten nicht diese Rolle spielten wie in der Marktwirtschaft. Das Verhalten der Arbeitenden entsprang der Organisation der Ökonomie und nicht umgekehrt die Ökonomie dem Verhalten der Beteiligten. Die Nichteinhaltung von Lieferterminen war nicht die Konsequenz fehlender Arbeitsmoral, sondern der Organisation von Produktion und Transport geschuldet.

Bezeichnend dafür waren auch Qualitätsmängel und Schlampereien, die hämisch von Marktwirtschaftern am dortigen System bekrittelt wurden, so, als ob diese in der Marktwirtschaft nicht aufträten. Mit der Arbeitsmoral der Leute hatten diese kaum zu tun, sondern vielmehr mit dem eigentümlichen Sparprinzip der Zentralverwaltungswirtschaft (siehe dazu ausführlich im Kapitel "Realisierte Versuche alternativer Ökonomien / Der Kriegskommunismus und der Reale Sozialismus"). Wo nicht gespart wurde, z.b. in der Raumfahrt, ließen die Ergebnisse selbst bei den größten Verächtern der Sowjets Anerkennung aufkommen. Da stimmten Qualität und Zeitplan - da war auch keine Rede von der fehlenden Arbeitsmoral.

3.5 Konkurrenz

Die Konkurrenz der Privatproduzenten und Arbeitskräfte wird mit der BVW abgeschafft. Gerade das ist so manchem Gegner der BVW nicht recht:
"Die Konkurrenz stachelt die Menschen an, ihr Bestes zu geben. Diese ist hauptsächlich verantwortlich für die enorme gesellschaftliche Entwicklung der letzten 200 Jahre. Die Tüchtigen setzen sich durch und dies entspricht auch dem natürlichen Prozess der Auslese. Gibt es keine Konkurrenz, erlahmt die gesellschaftliche Entwicklung und dies führt letztlich zur Degeneration."

"Konkurrenz stachelt an, das Beste zu geben"
Betrachtet man die Konkurrenz der Arbeitskräfte, so mag es wirklich so erscheinen, als ob der Erhalt des Arbeitsplatzes den Arbeitnehmern einiges an Einsatz wert ist. Doch beim genaueren Augenschein wird man doch die Schwammigkeit dieses Urteils feststellen können: Der Großteil der Arbeitenden gibt *das*, was verlangt wird, um den Arbeitsplatz zu erhalten. Das ist in einem Fall mehr, im anderen Fall weniger. Wenn es einen Stachel gibt, dann die Chance eines Mehrverdienstes, und dabei stellt sich die Frage, ob dies erreicht wird, indem das "Beste" gegeben wird. Es ist doch nicht so, dass jeder alle seine Fähigkeiten ausschöpft, wenn er seiner Arbeit nachgeht - dies ist in der Marktwirtschaft in ganz wenigen Arbeitenden der Fall.
Nehmen wir als Beispiel einen Bankangestellten, der Tag für Tag seine paar Routinetätigkeiten durchführt. Er hat sich an seine Arbeit gewöhnt, das Gebiet seines Interesses ist allerdings die Elektronik, mit der er sich mangels Zeit kaum beschäftigen kann. Er verrichtet seine Tätigkeit als Bankangestellter ohne aufzufallen, weder durch besonde-

ren Einsatz noch durch mangelnde Arbeitsleistung. Inwiefern er mit seiner Arbeit zur Hebung der Lebensqualität anderer beiträgt, hat er sich noch nie gefragt. Weshalb auch, kommt es doch darauf bei der Arbeit nicht an. Wie man die Arbeit effektiver gestalten könnte, will er sich gar nicht überlegen, da dies auch Nachteile für ihn haben könnte. Für den Arbeitgeber Bank ist er jedenfalls "noch sein Geld wert". Die angekündigten Rationalisierungsmaßnahmen verschärfen die Konkurrenz der Kollegen um den Arbeitsplatz. Intrigen und dadurch auftretende psychische Probleme wirken sich eher negativ auf seine Arbeitsleistung aus. Wird ein Kollege gekündigt wird, der fachlich besser ist als er und als sehr strebsam gilt, so legt dies den Schluss nahe, dass die "Sicherheit" des Arbeitsplatzes nicht durch die Qualität und Quantität der Leistung gewährleistet wird.

Weshalb sind sich die Verfechter der Konkurrenz eigentlich so sicher, dass jeder durch die Konkurrenz zur Bestleistung angespornt wird. Ist nicht bei so manchen die Leistung schwächer, wenn sie unter Druck stehen? Dies beginnt schon bei schulischen Prüfungsängsten und setzt sich bei betrieblichen Ausleseverfahren fort, ob nun bei Tests oder bei der Arbeit selbst. Auch das in letzter Zeit als "Problem" erkannte "Mobbing" kann die Psyche in Mitleidenschaft ziehen und schlägt sich auf die Arbeitsleistung nieder.

Letzteres bleibt einem in der BVW erspart, da der Druck, sich gegen andere durchsetzen zu müssen, nicht gegeben ist.
Das Interesse an der Arbeit, die Arbeitsbedingungen und die soziale Anerkennung werden dazu anregen, die Arbeit gut, wenn nicht sehr gut zu verrichten. Ehrgeiz mag es in der BVW geben, eine Konkurrenz allerdings nicht.

"Konkurrenz ist verantwortlich für die gesellschaftliche Entwicklung - das Beste setzt sich durch"
Ist es in der Marktwirtschaft wirklich so, dass sich "das Beste", "die Tüchtigsten" durchsetzen und "das Miese" und "die Faulen" auf der Strecke bleiben? Wie viele Leute, die gute Arbeit leisten, verlieren ihre Arbeitsplätze oder werden gar nicht gebraucht, wie viele qualitativ gute Produkte werden nicht produziert oder "durch den Markt" eliminiert?
Nachträglich betrachtet erscheint den Apologeten des Systems dann das, was sich durchgesetzt hat, immer als optimal. Erfolg am Markt verleiht einer Arbeitskraft, einem Unternehmen oder einem Produkt per se das Prädikat wertvoll. Gemessen wird der Erfolg nicht an der

Steigerung der Lebensqualität, sondern an ökonomischen Kriterien, wie Kosten(senkung) oder Gewinn(erhöhung), welche letztendlich auch die Qualität eines Produkts bestimmen: Am Markt setzt sich das durch, was in diesem Sinne markttauglich ist.
Nun könnte es den Verweis auf den "erreichten hohen" Lebensstandard geben. Dieser Hinweis provoziert allerdings folgende Fragen: Für welche und wie viele Menschen (Dritte Welt!) trifft dies zu, wie sieht diese Lebensqualität aus, und welche Schäden werden dabei in Kauf genommen (Umwelt, Kriege)? Lebensqualitätsverbesserung ist nicht der Zweck der Marktwirtschaft - jene ist ein Nebenprodukt für eine Minderheit der Weltbevölkerung.
Und die großen Fortschritte in der Naturwissenschaft sind nicht in Konkurrenz, sondern durch das Aufheben von Konkurrenz erreicht worden - gerade die Bündelung des Wissens, und das Außerkraftsetzen von Kosten, Preis und Profit beim Forschen brachten und bringen neue bahnbrechende Erkenntnisse. Bei der technologischen Anwendung tritt dann die Konkurrenzwirtschaft wieder in Kraft: Patente und Lizenzen verbriefen die ausschließliche Nutzung für bestimmte Privatpersonen. Dies beschränkt und behindert die allgemeine Nutzung von Wissen.
Die BVW schüttelt diese Fesseln ab und treibt die Wissenschaft zu neuen Erkenntnissen. Das motivierende Moment ist der gemeinsame Wille, Fortschritte in der Lebensqualität zu erreichen.

"Natürlicher Prozess der Auslese"
Nach wie vor ist es üblich, die Natur als Beleg für die Notwendigkeit und Güte des „Konkurrenzprinzips" zu bemühen. Man könnte erstens schon bezweifeln, ob die Theorie des natürlichen Ausleseprozesses, so wie sie propagiert wird, überhaupt auf die Natur zutrifft. Zweitens bringt diese Erklärung mit sich, allem, was sich erfolgreich fortpflanzt, auch noch das Siegel der Berechtigung zu verleihen.
Wissenschaftlich besonders zweifelhaft wird dieses Verfahren, wenn aus den Erkenntnissen über die Natur auch Erkenntnisse über soziale Prozesse abgeleitet werden: Seht her, biologische Lebensprozesse funktionieren so - also ist es doch auch angemessen bei sozialen Gegebenheiten. Selbst wenn natürliche Prozesse so ablaufen, die "Auslese" in der Marktwirtschaft verläuft bestimmt nicht nach den eingebildeten natürlichen Prinzipien. Um es an einem Beispiel deutlich zu machen: Die Vererbung von marktwirtschaftlichem Vermögen basiert auf dem Erbrecht und nicht auf den Mendelschen Gesetzen.

Die Bebilderung mit der Natur dient als Rechtfertigung, die mit einer Notwendigkeit versehen wird: Was die Natur vorgibt, ist per se gut und man sollte dagegen nicht verstoßen. Die Natur ist allerdings weder gut noch schlecht, und wenn die Natur so "funktioniert", wie sie funktioniert, ist dem auch nicht das Prädikat "vernünftig" abzugewinnen. Ist die Argumentation wirklich durchzuhalten, dass es ein vernünftiger Plan der Natur ist, Stechmücken in rauen Mengen zu produzieren, oder dass es in ihrem Sinne sinnvoll war, die Dinosaurier aussterben zu lassen?
Der Verweis auf die Natur fällt hinter den Standpunkt der Aufklärung zurück. Der Mensch unterscheidet sich vom Tier dadurch, dass er kraft seines Geistes der Natur nicht rigoros ausgeliefert ist, sondern diese erklären und für seine Bedürfnisse nutzen kann. Die Nutzung der Natur ergibt dann für die Menschen negative Resultate, wenn bei ihrer Nutzung Ressourcen oder Gesundheit gefährdet werden. Eine Naturschädigung ist in der BVW zu vermeiden - weil auch nicht notwendig (siehe Kapitel "Grundriss einer BVW / Gesundheit, Umwelt").

4 Ökonomie

Es gibt auch eine Reihe von Argumenten, die sich kritisch mit einer Planwirtschaft auseinandersetzen:

4.1 Planung

Ist von Planwirtschaft die Rede, wird von einigen Kritikern sofort entgegnet, die Wirtschaft eines größeren Gemeinwesens sei nicht planbar:
"Eine geplante Wirtschaft muss deshalb scheitern, da zu viele Daten und Faktoren berücksichtigt werden müssen. Die Wirtschaft läuft nicht nach Naturgesetzen ab und lässt sich nicht mit Planungsrechnungen beherrschen, da gewisse soziale Komponenten immer Unwägbarkeiten darstellen. Außerdem verlangsamt eine Planungsbürokratie wirtschaftliche Entscheidungen und hemmt die wirtschaftliche Entwicklung."

"Zu viele Daten und Faktoren"
Die Betonung liegt also auf dem "zu viel" an Daten und diesbezüglich stellt sich die Gegenfrage, weshalb man vor der Fülle der Daten, wenn diese bekannt sind, kapitulieren müsste. Selbst die Betriebe der Marktwirtschaft widerlegen diese Bedenken: Jeder Betrieb versucht zu planen und kapituliert keineswegs vor der Komplexität der Berech-

Die Gegner der BVW (und ihre Argumente) 161

nungen. Die marktwirtschaftliche Logistik (Gütertransport) benötigt einiges an Planungsaufwand, um dafür zu sorgen, dass die Waren zum richtigen Zeitpunkt am richtigen Ort einlangen. Auch Großveranstaltungen, wie etwa Olympische Spiele, wurden noch nie wegen mangelnder Planbarkeit abgesagt - diese ist dabei immer außer Frage gestellt. Wenn Planberechnungen der marktwirtschaftlichen Betriebe fehlerhaft sind, so liegt dies meistens an den Unwägbarkeiten des Marktes. Wie sich Konjunktur und Konkurrenz entwickeln, ist in der Marktwirtschaft tatsächlich nicht planbar.

Die Bewältigung der "Fülle der Daten" sollte mit der Unterstützung von Großrechnern keine Probleme verursachen. Die Komplexität der Daten, die bei der Landung eines bemannten Raumfahrzeuges auf dem Mond oder Mars zu berücksichtigen sind, übertreffen wahrscheinlich die Material- und Arbeitszeitberechnungen einer BVW bei weitem.

"Wirtschaft unterliegt unvorhersehbaren Größen"
Gewisse Größen (wie z.B. Krankenstände) sind exakt nicht vorauszusagen. Dies sollte aber eine Arbeitskräfteplanung nicht verunmöglichen. Fehlzeiten der Arbeitenden können zwar nicht genau bestimmt werden, führen aber bei guter Organisation der Produktion zu keinen gravierenden Engpässen. Der Arbeitskräftemangel, der in einigen Berufsparten fallweise entstehen könnte, sollte sich mittelfristig durch die schon mehrmals besprochenen Maßnahmen beseitigen lassen (siehe Kapitel "Grundriss einer BVW / Arbeit und Zuteilung"). Ist die Unwägbarkeit des Marktes bereinigt, lassen sich Bedarf, benötigte Leistungserstellung, Materialverbrauch und optimale Zulieferung berechnen und bei entsprechender Organisation auch beherrschen. So etwas wie Naturgesetze gibt es in einer Ökonomie nicht - Notwendigkeiten allerdings schon, z.B.: Für die Herstellung von 10.000 Paar Winterschuhen, Type x, benötigt man n_1 Meter Leder, n_2 Stunden Arbeitszeit etc.

Dabei sind Ungenauigkeiten und Unwägbarkeiten nicht auszuschließen. Bei den Gütern des täglichen Bedarfs, die nicht vorbestellt werden, wird es nicht möglich sein, die letztlich tatsächlich konsumierte Menge exakt vorauszuberechnen. Aufgrund von Erfahrungswerten und statistischen Hochrechnungen kann der Bedarf möglichst genau geschätzt werden. Um Mängel aufgrund dieser Unwägbarkeiten vorzubeugen, wird die Planmenge durch einen Sicherheitsaufschlag etwas erhöht. Sollten Produkte nicht konsumiert werden, so könnten sie weiterverarbeitet und einer anderen Verwendung zugeführt oder in Regionen mit Unterversorgung gebracht werden.

Es gilt dann, mit diesen Unsicherheitsfaktoren so umzugehen, dass die Versorgung darunter nicht leidet. Verunmöglichen kann das eine gut organisierte BVW nicht.

"Planungsbürokratie hemmt wirtschaftliche Entwicklung"
Tatsächlich kontraproduktiv wäre es, wenn die Planungskomitees zu schwerfällig und einander widersprechend agieren (wie es fallweise im Realen Sozialismus tatsächlich der Fall war). Aber die Schwerfälligkeit ist doch nicht der Planung oder den Komitees per se anzulasten - es kommt doch ganz darauf an, *wie* die Organisation aussieht. Die Planung wird von sinnvoll aufgeteilten und eigenverantwortlich arbeitenden Planungsabteilungen geleistet, deren Ergebnisse von einer Planungszentrale kontrolliert und bestätigt werden. Es werden Großrechner eingesetzt, welche die Informationen verarbeiten und gewisse Entscheidungen abnehmen:
Wenn zusätzlich n_1 Stück A produziert werden sollen, werden zusätzlich n_2 Produkt B etc. und n_3 Arbeitsstunden benötigt. Mögliche freie Kapazitäten werden berechnet. Es ist nicht einzusehen, weshalb solche Berechnungen die Komitees überfordern sollten.
Ähnlich wie bei Flugüberwachungssystemen wird die Planungsabteilung Unterstützung durch ein Kontrollrechensystem bekommen.

4.2 Knappheit

Der Zweck der BVW ist, wie schon mehrmals erwähnt wurde, eine Versorgung zu gewährleisten, die ein gutes Leben für die gesamte Bevölkerung ermöglicht.
Wenn von den Ländern der Ersten Welt abgesehen wird, dann muss von einem Mangel an Produkten ausgegangen werden. In den meisten Ländern fehlen Produkte, die Bestandteile einer BVW-Versorgung wären. Was die Erste Welt betrifft, so ist eine bessere Versorgung nicht unbedingt mit einer Steigerung der Produktion zu verknüpfen, denn es gibt in einigen Branchen genügend Güter, die aber aufgrund mangelnder Zahlungsfähigkeit der potentiellen Abnehmer nicht verkauft werden können. Langfristig gesehen wird es allerdings auch da notwendig sein, die Produktion von qualitativ hochwertigen Produkten zu steigern, um die angestrebte qualitativ gute Versorgung auch gewährleisten zu können.
Dieser Anspruch ruft auch folgende Kritik hervor:
"Rohstoffe und Arbeitskräfte sind knapp. Es ist unmöglich, alle BVW-Mitglieder, geschweige denn alle Erdenbewohner, mit der beansprüch-

ten Anzahl von Gütern für ein angenehmes Leben auszustatten. Schon gar nicht bei reduzierter Arbeitszeit und einer großen Anzahl von Nichtarbeitenden."

"Rohstoffknappheit"
Gewisse Rohstoffe (z.B. Erdöl) sind nur in begrenztem Ausmaß vorhanden. Doch gerade die Marktwirtschaft zeigt, dass sich die geschäftsmäßige Produktion dadurch nicht einschränken lässt. Die Emanzipation von gewissen Schranken der Natur bringt in der marktwirtschaftlichen Gesellschaft allerdings auch negative Konsequenzen für Mensch und Natur mit sich:
Die rigorose Ausbeutung der Natur wird ohne Rücksicht auf nicht wieder gutzumachende Schäden betrieben (z.B. die ausgedehnte Abholzung der Grüngürtel der Erde). Obzwar dies in der Marktwirtschaft als Gefahr besprochen wird, setzen sich letztlich die Geschäftsinteressen darüber hinweg.
In der BVW haben diese ihre Grundlage verloren, insofern kann und wird auf die natürlichen Voraussetzungen Rücksicht genommen (siehe dazu im Kapitel "Grundriss einer BVW / Umwelt").
Es ist allerdings nicht einzusehen, von einer prinzipiellen Knappheit auszugehen. Mit dem heutigen Stand des Wissens wäre es schon möglich, viele Rohstoffe zu ersetzen, und damit die von der Natur gegebene Knappheit zu umgehen. Erdöl und Atomkraftwerke könnten schon heute durch andere Arten der Energiegewinnung ersetzt werden - das scheitert jedoch an den derzeitigen politischen und ökonomischen Interessen.
In einer BVW wird es möglich sein, durch forcierte wissenschaftliche Anstrengungen Technologien zu entwickeln, welche die gegebenen Engpässe beheben - und zwar unter Bedachtnahme der Erhaltung einer lebenswerten Umwelt.

"Arbeitskräfteknappheit"
Verwiesen sei zu diesem Punkt auf das Kapitel "Grundriss einer BVW / Mögliche Schwachpunkte des Arbeits- und Zuteilungsmodells". Zusammenfassend nochmals die Argumente:
Sehr viele Bereiche in der Marktwirtschaft binden Arbeitskräfte, die in der BVW nicht gebraucht werden und in der BVW-Produktion bzw. -Leistungserstellung eingesetzt werden können:
Banken, Versicherungen, Werbebranche, Juristen, Steuerbearbeitung (Finanzbeamte, Steuerberater), Buchhaltung, Personalverrechnung,

Marketing, Unternehmensberatung, Controller, langfristig Polizei und Militär etc.
Die neu dazukommenden Arbeitsbereiche der BVW (wie z.b. Planarbeitszeitberechner) werden einen kleinen Teil dieses Arbeitskräftepotentials aufnehmen, der übrige Teil steht für die BVW-Produktion (zusätzlich) zur Verfügung.
Arbeitslose oder Gelegenheitsarbeitskräfte wie in der Marktwirtschaft gibt es in der BVW nicht. Alle, die können und wollen, werden 4 bis 6 Stunden täglich arbeiten.
Man denke an die Dritte Welt und die Schwellenländer - immerhin ein Großteil der Weltbevölkerung - deren Arbeitslose dann zur Güterproduktion beitragen würden.
Die BVW-Mitglieder werden - bezogen auf die Lebensarbeitszeit - länger arbeiten. (Auch Siebzigjährige werden in einigen Bereichen tätig sein können, vor allem wenn für die Älteren die Arbeitszeit mit beispielsweise 3 Stunden täglich bzw. 700 Stunden jährlich begrenzt ist.)
Durch die Konzentration der Produktion und der Entwicklung arbeitssparender Technologien kommt es zu einer weiteren Steigerung der Produktivität: Mit weniger Arbeitskräften werden mehr Produkte erzeugt.
Mit Fortdauer der BVW sollte das Gütererstellungsniveau der Marktwirtschaft bei weitem übertroffen werden.

Im Folgenden eine Arbeitskräfteberechnung für die BVW anhand der Bevölkerungsstatistik eines kleinen Landes der Ersten Welt:

Die Bevölkerungssumme der 18 bis 70 jährigen beträgt in Tausend		5.450
Tatsächlich erwerbstätig sind		3.920
Zusätzlich potentiell zur Verfügung stehende Arbeitskräfte	(5.450 - 3.920)	1.530
Außerdem könnten in der BVW in folgenden Bereichen durch Konzentration oder Wegfall noch weitere Arbeitskräfte frei werden (geschätzte Zahlen):		
Land- und Forstwirtschaft	von 223 auf 100	123
Handel, Reparatur	von 623 auf 500	123
Beherbergung, Gaststätten	von 228 auf 180	48
Kredit- und Versicherungswesen	von 140 auf 0	140
Realitätenwesen, Unternehmensdienstleistungen	von 280 auf 0	280
Öffentliche Verwaltung	von 256 auf 0	256
	Summe zusätzlich frei	970
	Gesamt zusätzlich frei (1.530 + 970)	2.500
Davon Verwaltung der Planwirtschaft (hoch angesetzt)		- 250
Nichtarbeitende (Arbeitsunfähige, Arbeitsunwillige etc.)		- 600
Verbleibende zusätzliche Arbeitskräfte		1.650

Die Anzahl der Arbeitskräfte, welche für die BVW-Produktion und Leistungserstellung eingesetzt werden können, erhöht sich also von 2.450 (3.920 - 970) auf 4.100

(2.450 + 1.650). Dies ergibt eine Steigerung des Potentials von 67%. (1.650 bezogen auf 2.450). Selbst bei weniger optimistischen Schätzungen wird sich also das Arbeitskräftepotential beträchtlich erhöhen, was sowohl eine vermehrte Gebrauchsgüterproduktion (bzw. Leistungserstellung) als auch eine Arbeitszeitreduktion ermöglichen sollte (siehe auch nächsten Punkt).
Zu bedenken ist auch, dass die Zahl der marktwirtschaftlichErwerbstätigen (3.920) auch die so genannten geringfügig Beschäftigten enthält, die eine wöchentliche Arbeitszeit von weniger als 10 Stunden haben. Diese etwa 350.000 Arbeitskräfte würden in der BVW ihre Arbeitskraft länger zur Verfügung stellen können.
(Ausgangsdaten: Statistik Austria, Statistisches Jahrbuch 2002, Daten des Jahres 2000)

"Reduzierung der Arbeitszeit"
Die oben angegebenen Argumente gelten auch für diesen Punkt. Es wird ohne Schwierigkeiten zu erreichen sein, die Arbeitszeit zu reduzieren, ohne der Versorgung zu schaden. Das setzt voraus, die technologische Entwicklung in dieser Hinsicht zu forcieren. Angesichts der technologischen Entwicklung in den letzten 50 Jahren kann man ermessen, was es bedeuten würde, wenn konzentriert und unter Einsatz aller möglichen Wissenskräfte die Entwicklung der Arbeitskraft ersetzenden Technologie vorangetrieben wird.
Für die Anfangsphasen der BVW ist schwer abzuschätzen, wie sehr eine Reduzierung der Arbeitszeit die anzustrebende qualitativ gute Versorgung für alle Mitglieder beeinträchtigt. Dies hängt auch vom geplanten Niveau der Versorgung ab. Möglicherweise wird dafür eine Arbeitszeit von 30 Stunden in der Woche notwendig sein. Langfristig gesehen sollte es möglich sein, die Arbeitszeit auf höchstens 20 Wochenstunden zu reduzieren.

"Große Anzahl von Arbeitsunwilligen"
Zu diesen Bedenken wurde schon im Kapitel "Gegner der BVW / Arbeitsmoral" ausführlich Stellung genommen. Kurz gesagt: Die Zahl derer, die nicht arbeiten wollen, wird keine großen Ausmaße annehmen. Folgende Gründe werden für diese Annahme angeführt: Erstens sind die Arbeitsbedingungen so gestaltet, dass Arbeiten in den seltensten Fällen erhebliche Belastungen bereiten, zweitens sind für jeden Arbeitenden Möglichkeiten vorhanden, sich - materiell gesehen - angenehme Lebensumstände zu schaffen (Allgemeinversorgung, Sonderversorgung). Die Arbeit wird ihren schlechten Ruf verlieren und einen anderen Stellenwert im Leben der Menschen einnehmen. Sollten die erwähnten Faktoren zu wenig Anreiz bieten, könnte die Grundversorgung auf einem Niveau gehalten werden, welches nur mehr ein sehr

bescheidenes Leben ermöglicht. Somit ergäbe sich zusätzlich zum sozialen auch ein materieller Druck entsprechend mitzuarbeiten.
Um Missverständnisse zu vermeiden, sei noch auf Folgendes hingewiesen: Sicherlich ist auch eine BVW darauf verwiesen, mit den gegebenen Ressourcen zu "wirtschaften". Dies bedeutet, Entscheidungen zu treffen, wie jene eingesetzt werden, um gewisse Produkte in gewissem Ausmaß zu produzieren. Gewisse Güter können dann eben mangels Ressourcen nicht produziert werden. Die Diskussionen darüber würden dann immer im Hinblick auf den Gebrauchswert und dessen Dringlichkeit für die Versorgung geführt werden.

4.3 Geld und Preis

Hat man tagtäglich mit Geld zu tun, ständig "an Geld" zu denken und Preise zu beachten, so ist eine Gesellschaft ohne Geld und Preise schwer vorstellbar. Einige werden sich auch um Argumente bemühen, diese Unvorstellbarkeit als Unmöglichkeit darzustellen:
"In einer arbeitsteiligen Wirtschaft werden Waren getauscht. Tausch setzt eine Bewertung der Waren voraus - wie viel Ware x ist für die Ware y zu geben. Geld gab es schon vor der Marktwirtschaft, ob nun in Form von Salz, Muscheln oder Gold. Nur mit Geld gelingt der Austausch von Produkten (Leistungen). Auch die BVW ist eine arbeitsteilige Wirtschaft. Mit dem Preis ist ein neutraler Maßstab gegeben, der die Produktion und Zuteilung der Produkte eindeutig löst. Gibt es diesen Maßstab nicht, bestimmen Willkür und subjektive Vorlieben die Ökonomie. Eine komplexe Ökonomie ohne diese Orientierung (Geld / Preis) kann nicht funktionieren."

Wieder steckt in dieser Argumentation eine Reihe von Argumenten:

"Tausch"
Der Tausch Ware gegen Ware setzt ein relatives Verhältnis der Waren voraus. Allerdings ist dies nur beim Tausch als gewerbsmäßigem *Handel* der Fall und nicht bei einem Tausch (z.B. zwischen Freunden), bei dem es auf den Gebrauchswert ankommt. Letzterer kann nicht als *Warentausch* bezeichnet werden: Wenn A mit seinem Freund B die Encyklopädia Britannica gegen eine Sammlung neuester Computerspiele tauscht, so wird der tatsächliche Preis der beiden Güter keine Rolle spielen.
Wird also mit Waren gehandelt, so wird es eine Ware geben, die als Geld funktioniert. Betrifft dies aber die BVW? Kommt es in dieser Ö-

konomie zu einem Tausch von Waren? Die Antwort ist nein: Die Produkte werden nicht zwischen Privateigentümern getauscht, sie sind gar keine Handelsware. Die Produkte werden gesellschaftlich, arbeitsteilig (jedoch nicht von Privatproduzenten) erstellt und den Produzenten zugeteilt (und nicht verkauft).
Das Maß für die Zuteilung ist die geleistete Arbeitszeit. Aber diese - und das ist entscheidend - ist für Preise von Gütern nicht bestimmend, sondern dient im Dreistufenversorgungsmodell der Zuordnung in die Grundstufe, Allgemeine Stufe und Sonderstufe. Es wird also nicht Arbeitszeit gegen Gut getauscht.
Die Arbeitszeit für die Erstellung eines Produkts kann in der BVW nicht den Tauschwert bestimmen, weil es diesen nicht gibt. Für die Verteilung bestimmend sind der Gebrauchswert und die jeweils individuell geleistete Arbeitszeit. Für die Produktion bestimmend sind technische Werte, wie z.B. notwendiges Verarbeitungsmaterial, notwendige Maschinenkapazitäten, notwendige Arbeitskräfte.

"Arbeitsteilung macht Geld notwendig"
Diese Notwendigkeit ist nicht einzusehen. Die Notwendigkeit ergibt sich nur, wenn *Privat*produzenten arbeitsteilig produzieren und diese Produkte dann gegen andere tauschen wollen. Sobald zwar arbeitsteilig, jedoch vergesellschaftet produziert wird, und die Produkte verteilt werden, entfallen Markt und Tausch und somit die Notwendigkeit von Preis und Geld.
Dagegen könnte man einwenden, dass im Kapitel "Grundriss einer BVW / Alternative Güterzuteilungsmodelle" zwei Modelle vorgestellt wurden (Arbeitsgeldmodell und Fixkredit-Bellamymodell), in denen sehr wohl Preise für Güter zugrunde gelegt werden, obwohl es keine auf dem Markt tauschenden Privatproduzenten gibt. Das Geld in diesen Modellen nimmt allerdings den Charakter einer reinen Zuteilungsrechengröße (bzw. eines Zuteilungsschlüssels) an. Die Funktion des Preises besteht in diesen Modellen darin, eine Relation zwischen geleisteter Arbeit und Verteilung herzustellen. In der Marktwirtschaft hat sich Geld von der geleisteten Arbeit emanzipiert und ist per se Reichtum und Geschäftsmittel, egal wie man dazu gelangt ("Geld stinkt nicht"). In der BVW, auch bei den Preismodellen, wird nichts getauscht, sondern zugeteilt. Die Geldrechengröße kann vom Zuteilenden gar nicht als Geld weiterverwendet werden, die Verteilstellen bekommen kein Geld - auch nicht Produktionsbetriebe oder andere Leistungserbringer. Es gibt somit auch keine Zirkulation des Geldes.

"Preis als neutraler Maßstab"
Die Bestimmung des Preises als eines neutralen, objektiven Maßstabs stimmt insoweit, als der Preis nichts mit den jeweiligen subjektiven Vorlieben zu tun hat. Ein Stück Käse kostet x per kg, ein anderer y per kg. Es gibt keinen Zusammenhang zwischen dem individuellen Geschmack und dem Käsepreis.
Diese Art von Maßstab entfällt in der BVW. Aber heißt dies dann, dass der BVW-Produktion die Orientierung fehlt, und jeder nach seinen eigenen Vorstellungen nach Lust und Laune produziert ? Das kann nicht sein, wenn die Produktion gemäß Plan funktioniert und technische Planzahlen vorgegeben sind, allerdings nicht in Preisen und Kosten, sondern in Meter, Kilogramm, Stück, Stunden, etc.
Die Planvorgaben richten sich nach Bedarf und Bedürfnissen der Konsumenten, und zwar unter Berücksichtigung der tatsächlich einsetzbaren Ressourcen nämlich der Rohstoffe, Arbeitskräfte und Technologie.
In der Marktwirtschaft zählt zwar jedes einzelne Bedürfnis - allerdings nur, wenn dafür gezahlt wird. Man kann sich auch weiße Winterschuhe mit rosa Punkten anfertigen lassen, wenn man dafür zahlt. So ein Modell wird in der BVW höchstwahrscheinlich nicht gefertigt. Die Zahl der Wintermodelle ist vielleicht auf fünf bis sechs Modelle beschränkt. Eine Einzelbestellung von weißen Schuhen mit den rosa Punkten wird wohl nicht berücksichtigt. Die Entwicklung der Technologie wird es zwar ermöglichen, möglichst viele Varianten ohne einen Mehreinsatz von Ressourcen produzieren zu können, dennoch wird die Planproduktion manche speziellen Bedürfnisse nicht berücksichtigen können. (Wenn jemand in seiner Freizeit weiße Winterschuhe mit rosa Punkten fertigt, wird dies bestimmt nicht verboten werden. Sollte die Nachfrage danach eine gewisse Anzahl erreichen, so würde das Modell in das allgemeine Programm aufgenommen werden.)

"Komplexe Ökonomie kann ohne Geld / Preis nicht funktionieren"
Erstens wurde schon in Kapitel weiter oben (im Punkt „Planung" dieses Kapitels) argumentiert, dass es nicht an der Komplexität einer Ökonomie liegt, dass Geld notwendig ist.
Zweitens wird dabei eine Wirtschaft mit Privatproduzenten und Tausch unterstellt, um dann zu konstatieren, dass diese ohne Geld nicht funktionieren kann. Selbstverständlich gehört zu solch einer Wirtschaft das Geld! Das Geld wird aber mit dieser Logik zum Deus ex Machina, und zwar für jede Wirtschaft - ein vorsätzlich begangener logischer Fehler, um bestehende Verhältnisse mit einer Notwendigkeit zu versehen.

Die Gegner der BVW (und ihre Argumente)

4.4 Sowjetökonomie - "Realer Sozialismus"

Die wohl einfachste Art, die BVW abzutun, ist der Verweis auf die Zentralverwaltungswirtschaft des "Realen Sozialismus", vornehmlich der Sowjetunion:
"Die Sowjetunion ist ein Beispiel dafür, wohin Verstaatlichung, Planwirtschaft und die Aufhebung des Marktes führen: zu einer rückständigen Wirtschaft mit Mangelerscheinungen. Politisch geprägt wurde diese von einer oligarchisch dominierten Bürokratie, die undemokratisch herrschte. Dass so eine Wirtschaft samt politischem System nicht funktionieren kann, haben die Sowjets schließlich selbst eingesehen. Sie haben erkannt, dass die Marktwirtschaft das bessere Wirtschaftssystem ist."

Der Sowjetökonomie ist ein eigenes Kapitel ("Realisierte Versuche alternativer Ökonomien / Der Kriegskommunismus und der Reale Sozialismus") gewidmet, in welchem die Ideologie der sowjetischen Politik, die Wirkungsweise der Ökonomie und die Unterschiede zu einer BVW dargestellt werden. Deshalb wird an dieser Stelle nur kurz auf die oben angeführte Stellungnahme eingegangen.

"Verstaatlichung, Planwirtschaft, Aufhebung des Marktes"
Die Sowjetökonomie war unbestritten keine Marktwirtschaft, auch keine "Soziale Marktwirtschaft", und die drei oben genannten Begriffe charakterisieren, oberflächlich betrachtet, die markantesten Unterschiede zur Marktwirtschaft. Auf diesen Nenner wird auch die BVW gebracht und die beiden Ökonomien werden in einen Topf geworfen; die Unterschiede werden nicht gesehen oder bewusst ignoriert (ausführlich behandelt im Kapitel "Realisierte Versuche alternativer Ökonomien / Der Reale Sozialismus).

"Rückständige Wirtschaft, Mangelerscheinungen"
Verglichen mit den Zentren der Marktwirtschaft erschien diese Wirtschaft als rückständig - und zwar vor allem hinsichtlich der Produkte und Leistungen. Deren Ausführung und Uniformität gefielen marktwirtschaftlichen Apologeten nicht. Selten wurde der Gebrauchswert dieser Produkte beurteilt, der bei einigen Produkten höher lag als bei vergleichbaren "westlichen". Die Produkte der Raumfahrt- und Militärtechnologie wurden zeitweise sogar als fortschrittlicher und besser eingeschätzt.

Doch die meisten Produkte entsprachen nicht den Anforderungen des kapitalistischen Weltmarktes – und auch nicht den Bedürfnissen der Bevölkerung. Vom Standpunkt der Versorgung war diese Ökonomie tatsächlich eine Mangelwirtschaft. Der Großteil der Bevölkerung war weit davon entfernt, ein gutes Leben zu führen. Interessanterweise wird bei der marktwirtschaftlichen Kritik ("Mangelwirtschaft") ein Maßstab angelegt, welchen die Marktwirtschaft selbst gar nicht hat und erfüllt. Die gute Versorgung der Bevölkerung ist auch in der Ersten Welt nicht gewährleistet, geschweige denn in der Dritten. Die nötigen Produkte gäbe es ja in der Marktwirtschaft, aber das nötige Geld fehlt. Bezeichnend der Kommentar vieler Ostbürger, nachdem sie mit der Marktwirtschaft beglückt wurden: "Früher hatte jeder genügend Geld, aber es gab zu wenig Waren, heute gibt es genug Waren, aber zu wenig Geld."

"Oligarchie, Bürokratie, keine Demokratie"
Ein paar Mächtige, die von ihren Schreibtischen diktatorisch das Volk unterdrücken - dies ist das Bild des Herrschaftssystems des Realen Sozialismus.
Wieder genauer besehen: Die paar Mächtigen und die Schreibtische gibt es auch in der marktwirtschaftlichen Demokratie - daran kann der Unterschied nicht festgemacht werden. Die Kritik reduziert sich letztlich darauf, dass für relativ lange Zeit die mächtigen Bonzen schalten und walten konnten, weil sie sich keiner Wahl beziehungsweise nur Pseudowahlen stellten, also das Volk die jeweiligen Machthaber nicht auswählen konnte.
Im Selbstverständnis des Realen Sozialismus waren demokratische, "freie" Wahlen deshalb nicht notwendig, da die Einheitspartei das Volk repräsentierte. Es sollte keine Differenz zwischen Staat und Volk geben, was eigentlich (nach Auffassung der Sowjetideologen) der "wahren" Demokratie entspräche. Unterschiedliche Meinungen wurden innerhalb der Partei ausgetragen und das Volk auch ständig dazu angeregt, seinen Beitrag dazu zu leisten. Die Partei wählte dann die entsprechenden Führer aus ihren Reihen. In diesem Sinne verzichtete man auf eine Kandidatur mehrerer Parteien und Personen bei allgemeinen Wahlen und es gab nur die Bestätigung seitens des Volkes, dass die Partei weitermachen solle.

An dieser Stelle sei nochmals auf das anders organisierte politische System der BVW hingewiesen:

Mit der Beseitigung der ökonomischen Interessengegensätze entfällt auch eine Staatsgewalt, die Gesetze im Parlament beschließt, somit erübrigt sich auch eine Wahl der Gesetzgeber. Ebenso überflüssig ist auch eine Einheitspartei, welche sich zur Aufgabe stellt, den Gegensatz zwischen staatlichen und Bürgerinteressen zu überwinden, wenn die sozialökonomischen Interessengegensätze verschwunden sind.
Sehr wohl werden in einer BVW Fachleute von gewissen Gremien für gewisse Gremien gewählt, um dort ihr Wissen und Können geltend zu machen - im Sinne des gemeinsamen Zwecks. Anders als bei demokratischen Wahlen sollen die Mandatare nicht regieren, sondern die Versorgung sachgerecht organisieren.

"Sowjetökonomie funktionierte nicht"
Mit dieser Behauptung wird ein zwangsläufiges ökonomisches Scheitern der Sowjetökonomie konstatiert. Das stimmt insofern nicht, da die Sowjetwirtschaft beinahe 70 Jahre funktionierte und dies auch weiter getan hätte, wenn ihr nicht politisch das Wasser abgegraben worden wäre.
Das Urteil des "Nichtfunktionierens" zielt allerdings auf den Vergleich mit der Marktwirtschaft ab: Parteilich vom Standpunkt der Marktwirtschaft aus beurteilt, hat jene erstens nicht wie diese funktioniert und zweitens auch nicht so erfolgreich wie die marktwirtschaftlichen Metropolen den Staatsreichtum vermehrt.
Einige Staaten der Ersten Welt, allen voran die USA, konnten aufgrund ihrer wirtschaftlichen Dominanz ihre politische und militärische Stellung in der Welt ausbauen. Das imponierte den Staatsführern der UdSSR und deshalb vollzogen sie den ökonomischen Systemwechsel. Die Sowjetökonomie hat, gemessen an den Ansprüchen der Marktwirtschaft, tatsächlich versagt, und das wurde letztlich von den Sowjets Ende des 20. Jahrhunderts auch so gesehen. Gemessen an diesen Maßstäben ist die Marktwirtschaft zweifellos das bessere System.

Den Realen Sozialismus bzw. die Sowjetökonomie als Beispiel einer misslungenen BVW anzuführen ist verfehlt. Die BVW hat andere Zwecke und ist anders organisiert. Wie weiter unten ausgeführt wird, sollten auch die bei der Erklärung der BVW verwendeten Begriffe, wie z.B. Planwirtschaft, nicht dazu führen, Gemeinsamkeiten feststellen, wo es keine gibt.
Genauso verfehlt ist es jedoch auch, die Kapitulation der Sowjetökonomie damit zu erklären und zu kritisieren, dass diese sich über die Gesetze der Marktwirtschaft hinweggesetzt hätte und deshalb Schiff-

bruch erleiden musste. Die Probleme dieser Ökonomie entstanden gerade dadurch, dass diese sich viel zu stark an der Marktwirtschaft orientierte (siehe dazu ausführlich weiter unten).

5 Demokratische Werte

Bei den folgenden Argumenten geht es nicht so sehr darum, die Realisierbarkeit der BVW in Frage zu stellen, als vielmehr um Befürchtungen, mit der Einführung einer BVW demokratische Werte und Tugenden zu verlieren.

5.1 Freiheit

Der Begriff Freiheit ist einer dieser häufig strapazierten Werte, wenn es gilt, die demokratisch marktwirtschaftliche Gesellschaft gegen andere hochzuhalten. Auch wenn "Freiheit" je nach Standpunkt sehr unterschiedlich interpretiert wird, so werden nicht wenige Bürger folgender Warnung zustimmen:
"Die BVW gefährdet, ja zerstört die Freiheit der Menschen. Es liegt dann nicht an dem einzelnen Bürger, sich mit dem Einsatz seiner Mittel in dieser Welt zu bewähren. Ihm wird diese Freiheit genommen, da Komitees über seinen Einsatz und Verdienst bestimmen."
Freiheit bedeutet jedenfalls nach demokratischer Lesart nicht, tun und lassen zu können, was man will. Da gibt es eine Menge von Rechten und Pflichten, die ein demokratischer Staat kodifiziert. Der Kern demokratisch marktwirtschaftlicher Freiheit besteht darin, dass jeder als Privatperson auf dem "freien" Markt kaufen und verkaufen kann - ob nun Arbeitskraft, Waren oder Leistungen. Die Kehrseite der Medaille ist der Zwang, sich auf dem Markt bewähren zu müssen, um es im Leben zu etwas "zu bringen". Dabei ist man von den Zufälligkeiten der Geburt, den Fährnissen des Marktes und der Konkurrenz abhängig.
Als Beispiel für die Vorzüge von Marktwirtschaft und Demokratie wird oft auf die Tatsache verwiesen, dass auch Leute, die aus ärmlichen Verhältnissen kommen, erfolgreich in dieser Gesellschaft sein können. Unausgesprochen bleibt dabei aber das Eingeständnis, dass dies nicht der Regelfall ist und jene es ungleich schwerer haben.
Es ist so gesehen schon seltsam, der BVW vorzuwerfen, mit der Abschaffung des Marktes und des Privateigentums an den Produktionsmitteln den Zwang, sich in einer Konkurrenz durchsetzen zu müssen, aufzuheben. Was ist die marktwirtschaftliche Freiheit wohl wert ge-

genüber einer gesicherten Existenzgrundlage, die ein angenehmes Leben ermöglicht? Selbst die in der Marktwirtschaft viel gepriesene freie Berufswahl relativiert sich sehr an den Vorgaben des Arbeitsmarktes. Wie viele Arbeitnehmer arbeiten eigentlich in dem Bereich, für den sie ursprünglich ausgebildet wurden, wie viele sind mit dem Arbeitsplatz unzufrieden, auf den sie tagein, tagaus angewiesen sind? Die Vorselektion in den Schulen versperrt von vornherein gewisse Berufe. Das Geschlecht und später das Alter sind weitere Kriterien des Ausschlusses.

Die Arbeitskomitees der BVW definieren die Arbeitsplätze und weisen sie manchmal zu. Nicht immer können dabei die Interessen der Arbeitenden berücksichtigt werden. Solche Fälle werden sich nicht vermeiden lassen. Die unangenehmen Konsequenzen werden allerdings dadurch vermindert, dass die zugewiesene Arbeit auf Basis eines Rotationsprinzips zeitlich begrenzt ausgeführt wird. Ebenso kompensieren die menschenfreundliche Gestaltung der Arbeitsbedingungen und eventuelle Gratifikationen (z.B. eine Versorgung der Sonderstufe) die unangenehmen Seiten dieser Arbeiten.

Eine Sonderstufenversorgung und hohe soziale Anerkennung werden für alle diejenigen in Aussicht gestellt, welche die Norm hinsichtlich Wissen und Arbeitsqualität überragen - die Beurteilung wird mit den Kriterien der Arbeitsbewertung vollzogen (siehe Kapitel "Grundriss einer BVW / Bewertung der Arbeit").

Der Spruch "Jeder ist seines Glückes Schmied", hat in der BVW eine andere Bedeutung wie in der Marktwirtschaft: Die Grundlage für ein angenehmes Leben ist in der BVW jedem gegeben - ob es ein glückliches Leben wird, bleibt dann jedem einzelnen vorbehalten.

5.2 Individualität

In eine ähnliche Richtung geht diese Kritik:
"Die BVW lässt nicht die Vielfalt der Güter zu wie die Marktwirtschaft. Die Bedürfnisse werden dementsprechend konformer, die Individualität wird durch eine tendenzielle Gleichmacherei zerstört."
Die Produkte werden in der BVW nicht in den vielfältigen Ausprägungen hergestellt wie in der Marktwirtschaft; z.B. Herrenwinterschuhe werden "nur mehr" in neun bis zehn Modellen vorliegen. Das ruft dann die Albtraumvorstellung einer Welt voller "blauer Ameisen" (so wurden die Chinesen mit ihren Arbeitsuniformen zu Zeiten eines Mao Tsetungs bezeichnet) hervor.

Zweifellos wird die Modellvielfalt in der BVW vorerst eingeschränkt - von der Herstellung vieler Varianten, die sich kaum unterscheiden, wird Abstand genommen. Wenn die technischen Voraussetzungen so weit gediehen sind und Produktion bzw. Versorgung darunter nicht leiden, kann sehr wohl eine ausgiebige Modellvielfalt eingeplant werden (vor allem was Modeartikel betrifft).
Eine extreme Modellvielfalt wird in der neuen Gesellschaft auch deshalb kein Anliegen sein, da das Phänomen an Bedeutung verliert, der eigenen Persönlichkeit mit ganz besonderen Produkten Glanz verleihen zu wollen. Mit einem speziellen Automodell die Mitmenschen beeindrucken zu wollen, wird dann der Vergangenheit angehören.
Die BVW wird viele Möglichkeiten bieten, die Individualität, die individuellen Bedürfnisse, auszuleben. Der Erfolg eines Mitglieds der BVW wird sich nicht an den Gütern zeigen, die es sich „leisten" kann.
Die Vielfältigkeit der Modelle in der Marktwirtschaft (die übrigens bei vielen Produkten gar nicht vorliegt) entspringt nicht so sehr den vielfältigen Bedürfnissen der Konsumenten sondern anderen Motiven. Erstens trachten die meisten Privatproduzenten, sich am Markt durch spezielle Modelle zu unterscheiden. Zweitens wird den unterschiedlichen finanziellen Möglichkeiten der Konsumenten Rechnung getragen. Von der Billigvariante bis zum Hochpreismodell wird alles der Frage "Was kann und will sich der Konsument leisten?" unterworfen.
Auch diese beiden letztgenannten Gründe für die Vielfältigkeit in der Marktwirtschaft entfallen in der BVW.

An den marktwirtschaftlich demokratischen Werten Freiheit und Individualität orientiert sich auch folgende Kritik:
"Mit der Chipkarte wird das BVW-Mitglied zum gläsernen Menschen. Zuteilung, Arbeit, Gesundheit etc. - alles wird von den Komitees kontrolliert. Die geschützte Privatsphäre gibt es nicht mehr."
Vorerst stellt sich die Frage, weshalb Menschen Angst davor haben, eigene Daten preiszugeben. Abgesehen von Ideologen, denen es um die Werte Freiheit und Individualität an sich geht, sind die meisten Bürger hinsichtlich der Offenlegung privater Angelegenheiten negativ eingestellt, da sie dadurch eher praktische Probleme (Nachteile) befürchten. Sind Daten in der heutigen Gesellschaft vielen Instanzen einsichtig, so kann dies Nachteile am Arbeitsmarkt, erhöhte Abgaben oder unangenehme rechtliche Konsequenzen mit sich bringen.
In der BVW wird es von Vorteil sein, Daten hinsichtlich Ausbildung, Berufserfahrung, Gesundheit bekannt zu geben, um z.B. einen geeigneten Arbeitsplatz zu finden oder die medizinische Betreuung zu un-

terstützen. Daten über Einkommen und Abgaben entfallen in einer BVW; festgehalten werden die Arbeitsstunden (welche für die Zuteilung bestimmend sind). Zuteilungsdaten werden gespeichert und weitergeleitet, um eine effektive Planung der Versorgung zu gewährleisten und Nutzungsfristen einzuhalten.

5.3 Freie Wahlen

Die schlimmsten Befürchtungen werden wegen des Fehlens demokratischer Wahlen laut:
"Die Komitees legen die Art der zu produzierenden Produkte fest, sie bestimmen die Arbeitsplätze und kulturellen Belange, sie geben Werte vor - und das ohne demokratische Wahlen. Das ist Diktatur."
Die freien Wahlen zählen zum Standardrepertoire, wenn die Vorzüge der Demokratie aufgezählt werden. An anderer Stelle wurde schon auf die Bedeutung von demokratischen Wahlen verwiesen (siehe Kapitel "Der staatliche Umgang mit der Marktwirtschaft und deren Elend / Wer ist der bürgerliche Staat?"). Kurz: Auch wenn bei demokratischen Wahlen so manche Staatsbürger ihr Votum Politikern geben, von denen sie sich eine Politik im Sinne ihrer Interessen erwarten, so lässt sich die tatsächliche Politik von einzelnen Interessen wenig beeindrucken - sie hat das Staatswohl im Auge. Da mögen einzelne Interessen auch auf ihre Rechnung kommen, doch immer in Relation zum Staatswohl. Das Wohl des Staates beruht auf einer florierenden Marktwirtschaft, an der sich in Friedenszeiten alle Interessen zu orientieren und zu relativieren haben.
Die Bürger wählen Machthaber. Die Vorgaben erhalten sie dann von diesen in Form von Gesetzen und Verordnungen.

In der BVW gibt es keine Wahl einer Regierungsmannschaft. Die Entscheidungsinstanzen sind die verschiedenen Komitees. Deren Mitglieder werden von anderen Gremien gemäß ihrer fachlichen Qualifikation ausgewählt (siehe dazu Kapitel "Grundriss einer BVW / Die politischen Gremien"). Zweifellos werden in den Komitees die meisten Entscheidungen getroffen (z.B. welche Produkte hergestellt werden sollen). Dies als Diktatur zu bezeichnen, geht an der Sache vorbei: Den BVW-Mitgliedern wird nichts aufgezwungen - sie können sich in alle Angelegenheiten mit ihren Argumenten einmischen. Gelangt man zu keiner gemeinsamen Auffassung, wird abgestimmt. Wollen es die BVW-Mitglieder, so können sie sich weit mehr in die Angelegenheiten ihres Gemeinwesens einmischen als in der Demokratie (- dies wurde im Ka-

pitel "Grundriss einer BVW" hinsichtlich der Produktentscheidungen, der Arbeitsplatzwahl und der Kultur beschrieben).
Nicht bei jeder Entscheidung werden alle Beteiligten befragt, was diese auch nicht stören wird. Wichtige, grundlegende Angelegenheiten werden allerdings mit größerer Beteiligung diskutiert und entschieden. Sicherlich kann dabei nicht jedes Sonderinteresse berücksichtigt werden (z.b. weiße Winterschuhe mit rosa Punkten). Die Ablehnung gewisser Sonderinteressen als Diktatur zu bezeichnen, ist auch in diesem Fall verfehlt.
Keineswegs wird in der bürgerlichen Demokratie allen Interessen Recht gegeben. Die Forderung nach höherem Lohn wird vom Arbeitgeber oft sehr diktatorisch abgewiesen und über den Wunsch nach Sicherheit und Unversehrtheit setzen sich Staaten rigoros hinweg, wenn sie Krieg führen wollen. Auch dann übrigens, wenn der Großteil der Bevölkerung gegen einen Krieg ist.

6 Tugend

Schließlich gibt es nicht allzu wenige Leute, die der Marktwirtschaft gar nicht freundlich gesinnt sind, weil diese die wahren Werte der Menschen und ihres Zusammenlebens untergraben würde und auch schon erfolgreich zerstört hätte.
Diese Kritiker der Marktwirtschaft sind aber nicht unbedingt Freunde der BVW:
"Nicht noch mehr Konsum und Freizeit bringen ein gutes Zusammenleben zustande. Im Gegenteil: Bescheidenheit und Demut bringen die Menschen zurück auf den Pfad der Tugend. Innere Harmonie und Liebe machen das wahrhaft gute Leben aus."

"Bescheidenheit und Demut"
Sein Leben genießen kann man in unterschiedlicher Art und Weise. Manche brauchen dazu weniger, manche mehr materielle Annehmlichkeiten. Die BVW wird allen die Möglichkeit des Konsums anbieten - ob und wie nun diese angenommen wird, bleibt jedem selbst überlassen.
Umgekehrt aber zu behaupten, eine gute Versorgung behindere und verhindere ein gutes Leben bzw. Zusammenleben, schüttet wahrlich das Kind mit dem Bade aus. Die Predigt von Bescheidenheit und Demut kommt dann besonders gut an, wenn es den Menschen nicht so gut geht. Hat man sich mit den bescheidenen Verhältnissen und den

höheren Gewalten, die diese herbeigeführt haben, abgefunden, dann kann daraus sogar ein positiver Wert werden: Seht her, ich lebe auch ohne all den schnöden Tand - und es geht mir besser als mit diesem. Wer sich solch eine Einstellung zugelegt hat, erträgt die ärmlichen und beschwerlichen Lebensumstände zweifellos besser als ein Mensch, der sich in Klagen und Selbstmitleid ergeht. Gewagt ist es allerdings, aus dieser psychologischen Selbstüberlistung einen Leitfaden für eine neue Gesellschaft zu machen. Übrigens, wie weit zurück sollte diese Bescheidenheit denn gehen - bis zum Mittelalter oder doch gleich bis zur Steinzeit?

Das gedeihliche Zusammenleben der Menschen ergibt sich nicht aus der Quantität des Konsums oder des Grades an Armut sondern daraus, *wie der Reichtum erarbeitet und verteilt wird.* Studiert man die Lebensverhältnisse im Laufe der Zeit, so zeigt sich, dass es weder ärmliche Verhältnisse noch die Unterwürfigkeit der Untertanen waren, welche ein angenehmes Leben ermöglichten - all diese Umstände brachten eher beschwerliche Lebensumstände mit sich.

"Innere Harmonie und Liebe"
Wie schon ausführlich erläutert, geht es in der BVW um die Organisation einer Gesellschaft, die ein gutes Leben ermöglichen soll: ausreichende Versorgung, angenehme (und nicht die Gesundheit gefährdende) Arbeitsbedingungen, ausgezeichnete Kranken- und Altenbetreuung, genügend Freizeit, welche für weitere Wissensaneignung, Genuss einer intakten Natur etc. genutzt werden kann.

Ob sich ein Gefühl der Zufriedenheit oder des Glücks einstellt, wird wohl von zusätzlichen Gegebenheiten abhängen, z.B. der Zuneigung zu bestimmten Menschen. Die Chancen, ein glückliches Leben zu leben, steigen jedenfalls in einer Gesellschaft, in welcher der Versorgung und Gesundheit zentrale Bedeutung zukommt, womit auch etliche Sorgen in dieser Hinsicht entfallen.

In dieser Gesellschaft würde es nicht verboten sein, sich als Eremit in die Berge zurückzuziehen, um zu meditieren. Schon gar nicht würde es verpönt sein, anderen Menschen zu helfen und ihnen Geborgenheit und Zuneigung zu bieten. Der Zweck der BVW wird es allerdings nicht sein, ihren Mitgliedern innere Einkehr und Liebe zu bescheren.

DIE ALTERNATIVE GESELLSCHAFT ALS UTOPIE

Die zahlreichen Entwürfe alternativer Gesellschaften im abendländischen Kulturkreis reichen von Platons "Politeia" ("Der Staat") bis zu den heutigen Modellen des "Global Village".
Viele dieser Modelle beschreiben ein harmonisches Zusammenleben der Menschen und ein gutes Leben für alle. Solche Schilderungen werden in der Regel als Utopie bezeichnet. Damit ist schon einiges über diese ausgesagt:
Das moderateste Urteil über eine Utopie ist, dass diese realitätsfremd sei. Dem entspricht in etwa die Begriffserklärung im "Kleinen Brockhaus": "Schilderung eines gesellschaftlichen Idealzustands, dem alle menschlichen Mängel fehlen". Radikale Veränderungsvorschläge werden von vornherein als utopisch eingestuft. Als Vision belächelt folgt die Ablehnung, sich ernsthaft damit zu beschäftigen.
Klar ist, dass ein Modell einer "besseren" Gesellschaft nicht Wirklichkeit ist. Der Entwurf eines (gesellschaftlichen) Modells ist im strengen Sinne des Begriffs auch keine wissenschaftliche Tat. Wissenschaft erklärt Realität und beschreibt keine Gegenrealität. Besteht allerdings der Anspruch eines Modellgestalters, nicht bloß eine Fiktion zu entwerfen, sondern tatsächlich Realisierbares, so wird er nicht umhinkönnen, sich mit der Realität wissenschaftlich auseinander zu setzen und darauf basierend das Modell zu entwickeln (siehe dazu auch Kapitel "Die Nicht-Utopie: Der wissenschaftliche Sozialismus"). Insofern klammert das ernsthaft konzipierte gesellschaftliche Modell die Wissenschaft nicht aus - es baut darauf auf.
Meistens werden alle gesellschaftlichen Modelle, die ein friedliches Auskommen und gutes Leben schildern, als „Utopie" angesehen: "Bezeichnung für nicht zu verwirklichende (pol., wirtsch., soziale) Ideen" (Utopiedefinition im „Spiegel des Wissens") oder als "unausführbar geltender Plan" (Utopiedefinition im „Duden").
Etliche Zukunftsmodelle beinhalten tatsächlich Voraussetzungen und Konstruktionen, welche die Konzeption als undurchführbar erscheinen lassen. Manche, wie Morellys "Basiliade", sind von vornherein als Märchen angelegt. Sehr wohl kommt es auch auf die Intention des Visionärs an, ob dieser bloß zwecks animierender Unterhaltung den Standpunkt einnimmt: Ich male euch mein Schlaraffenland aus, träumt diesen Traum mit mir, - oder aber damit ein politisches Programm, welches realisierbar sein soll, präsentieren will. Letzterer wird sich um Plausibilität bemühen, dem Verriss als Utopie wird er sich dadurch

kaum entziehen können. Der Verweis auf die "normative Kraft des Faktischen" erschlägt den agitatorischen Anspruch. "Sei doch realistisch" ist noch die harmloseste Kritik.
Dem, wie die französischen Studenten 1968, entgegenzuhalten: "Seien wir realistisch, wagen wir das Unmögliche", ist insofern defensiv, weil es den Kritikern der Alternative in puncto "Unmöglichkeit", wenn auch ironisch gemeint, recht gibt. Einen etwas anderen Gehalt hatte dieser Spruch, als ihn Che Guevara nach der Machtergreifung der kubanischen Revolutionäre als Parole ausgab. Zuständig für die Industrialisierung und Geldpolitik des Landes wollte er nichts mehr mit der Marktwirtschaft zu tun haben und hatte mit den Sowjets als Unterstützer durchaus Grund, optimistisch zu sein, das "Unmögliche" realisieren zu können.
Auch wenn als politisches Programm gemeint, werden radikale Gegenentwürfe vom Großteil der Beurteilenden als Utopie eingeschätzt, der bestenfalls Unterhaltungswert beigemessen werden kann. Dies auch unter anderem deshalb, da nicht nur der Inhalt des Gegenentwurfes oftmals zu schönfärberisch, naiv und ohne Bezug auf vorhandene Realität wirkt, sondern auch die Darstellungsform der eines Romans entspricht, bei der dann doch die Unterhaltung und nicht die ernsthafte Auseinandersetzung überwiegt.

Gibt es Modelle, die sich ernsthaft mit einer alternativen Wirtschaft auseinander setzen und Ähnlichkeiten mit einer BVW aufweisen?
Nur relativ wenige Modelle entspringen einer Kritik der Ökonomie, speziell des Privateigentums, des Warentausches und Geldes. Und noch viel weniger Modelle basieren auf einer ähnlichen Kritik der Marktwirtschaft, die der Darstellung der BVW vorangestellt wurde. Zwei der in dieser Hinsicht interessantesten Darstellungen sollen im Folgenden näher begutachtet werden: die "Utopia" von Thomas Morus und "Looking Backward" von Edward Bellamy.
Die "Utopia" von Morus war nicht als Alternative zur Marktwirtschaft gedacht, denn zu Zeiten eines Morus gab es die Marktwirtschaft im heutigen Sinne noch nicht. Doch Morus entwirft ein Modell vergesellschafteter Produktion und eine Versorgungswirtschaft ohne Geld. Auch eine prägnante Kritik der damaligen wirtschaftlichen Verhältnisse zeichnet dieses Werk aus.
"Looking Backward" von Bellamy kritisiert die Ende des 19. Jahrhunderts bestehende Marktwirtschaft. In seinem alternativen Modell beschreibt der Autor eine Versorgungswirtschaft ohne Geld, deren

Grundlage die vergesellschaftete Produktion (bzw. die Abschaffung des Privateigentums) ist.

1 Thomas Morus - "Utopia"

"Hier dagegen, wo allen alles gehört, ist jeder sicher, dass keinem etwas für seine persönlichen Bedürfnisse fehlt, sofern nur dafür gesorgt wird, dass die öffentlichen Speicher gefüllt sind. Es gibt nämlich keine missgünstige Güterverteilung, es gibt weder Arme noch Bettler dort, und obwohl keiner etwas besitzt, sind doch alle reich. Denn welch größeren Reichtum kann es geben, als wenn man, jeder Sorge ledig, frohen und ruhigen Herzens leben kann, ohne um sein tägliches Brot zu bangen, ohne von der jammernden Ehefrau um Geld geplagt zu werden, ohne die Verarmung des Sohnes fürchten zu müssen und sich um die Mitgift der Tochter zu sorgen, sondern des eigenen Auskommens und Glücks genauso sicher zu sein wie dessen aller seiner Angehörigen: Frau, Kinder, Enkel, Urenkel [...] Zumal nicht weniger für die gesorgt ist, die jetzt arbeitsunfähig sind, einst aber geschafft haben, als für die, die jetzt arbeiten."
(Thomas Morus, Utopia)

Der Engländer Thomas More (Morus) schrieb sein bekanntestes Werk 1515 / 1516 in Flandern, wo er zu dieser Zeit als Gesandter der englischen Krone weilte. Dort nahm sich der gelernte Advokat "die nötige Zeit", um sich einem seiner philosophischen Anliegen, nämlich "der besten Staatsverfassung", zu widmen.

Das Werk besteht aus zwei Teilen (Büchern). Im ersten Buch setzt sich der Autor kritisch mit den gesellschaftlichen Verhältnissen im England der damaligen Zeit auseinander und wirft die Frage auf, ob es sinnvoll ist, als Philosoph einem König Ratschläge zur vernünftigen Führung des Staates zu erteilen. Dieser Teil wurde nach dem zweiten Teil entworfen und vermutlich von More deshalb nachgeschoben, um sein gesellschaftspolitisches Anliegen zu unterstreichen.
Im zweiten Buch werden die gesellschaftlichen Zustände auf der Insel Utopia ("Nirgendwo") beschrieben.

1.1 Erstes Buch (Kritik)

More lädt die von ihm erfundene Romanfigur Raphael Hythlodäus zu sich ein, um von seinen Reisen zu berichten. Der Weltenbummler erzählt vorerst von einer Diskussion, die er mit honorigen Persönlichkeiten Englands führte. Darin geht es um die damals in England herrschende Praxis, Wegelagerer, Bettler, Diebe aufzugreifen und an den Galgen zu bringen. Bemerkenswert ist nun, dass Hythlodäus nicht nur gegen das Strafausmaß (Todesstrafe) polemisiert, sondern fortsetzt: "Darin scheint nicht nur ihr, sondern ein guter Teil der Welt die schlechten Schulmeister nachzuahmen, die ihre Schüler lieber verprügeln als belehren. Man setzt nämlich harte und grausame Strafen für Diebe fest, während man vielmehr Vorsorge treffen sollte, dass sie irgendein Auskommen finden, damit keiner in die Zwangslage gerät, zuerst stehlen und dann sterben zu müssen." (1)

Die (auch heute übliche) Replik eines Diskutanten folgt sogleich: "Dafür ist genügend gesorgt, [...] es gibt handwerkliche Berufe, den Ackerbau: Davon können sie leben, wenn sie nicht lieber Spitzbuben sein wollten." (2)

Mit der Bemerkung "So entkommst du mir nicht!"(3) leitet Hythlodäus daraufhin seine gesellschaftspolitische Analyse der englischen Verhältnisse ein. Vorerst wettert er gegen die Adeligen, "die wie Drohnen von der Arbeit anderer leben" um sich dann über ihre Gefolgsleute aufzuregen, die, wenn sie als Parasiten am Hof nicht mehr geduldet, zu Dieben und Räubern werden, "Unfrieden suchen" und als Söldner an Raubzügen teilnehmen. Als wesentlichere Ursache für Raub und Diebstahl erachtet er jedoch die Vertreibung der vielen kleinen Landpächter durch die Großgrundbesitzer, die Land für ihre Schafsweiden benötigten, um mehr Wolle, deren Preis stark angestiegen war, den (vor allem flandrischen) Textilmanufakturen liefern zu können. Landflucht und Verarmung sind die Folgen. Metaphorisch drückt er dies so aus: "Das sind eure Schafe, [...] die so sanft und genügsam zu sein pflegten, jetzt aber, wie man hört, so gefräßig und bösartig werden, dass sie sogar Menschen fressen, Felder, Gehöfte und Dörfer verwüsten und entvölkern. Denn überall, wo in eurem Reiche feinere und daher bessere Wolle erzeugt wird, da sind hohe und niedrige Adelige, ja auch heilige Männer, wie einige Äbte, nicht mehr mit den jährlichen Einkünften und Erträgnissen zufrieden, die ihren Vorgängern aus den Landgütern erwuchsen [...], sie lassen kein Stück Land zur Bebauung übrig, sie zäunen alles als Weide ein, reißen die Häuser ab, zerstören die Dörfer ..." (4)

Die aufgrund der extensiven Viehzucht vernachlässigte Lebensmittelproduktion, die von wenigen Händlern gehaltenen Vorräte an Lebensmitteln und Textilien, und deren "Preispolitik" treiben die Preise in die Höhe. Die Zahl der Armen vom Lande wird noch durch entlassenes Gesinde erhöht, welches sich die Bürger aufgrund der gestiegenen Preise für Lebensmittel nicht mehr leisten können. Die Manufakturen sind noch zu unterentwickelt, um die große Anzahl an freigesetzten Leuten zu beschäftigen. Der Diebstahl bleibt für viele die einzige Möglichkeit, sich zu erhalten.

Die von More geschilderten Zustände wurden von späteren Ökonomen als Anfänge der "ursprünglichen Akkumulation" (bei Adam Smith "previous accumulation") bezeichnet. Karl Marx widmete der Schilderung dieser "so genannten ursprünglichen Akkumulation" in seinem Hauptwerk "Das Kapital" ein eigenes Kapitel. Darin bezeichnet er diese Epoche als "historischen Scheidungsprozess von Produzent und Produktionsmittel" (5). Er geht auch auf die von More kritisierte Todesstrafe für Diebe ein, und schreibt im Kapitel über die "Blutgesetzgebung": "Die durch Auflösung der feudalen Gefolgschaften und durch stoßweise, gewaltsame Expropriation von Grund und Boden Verjagten, dies vogelfreie Proletariat konnte unmöglich ebenso rasch von der aufkommenden Manufaktur absorbiert werden, als es auf die Welt gesetzt wird. Andererseits konnten die plötzlich aus ihrer gewohnten Lebensbahn Herausgeschleuderten sich nicht ebenso plötzlich in die Disziplin des neuen Zustandes finden. Sie verwandelten sich massenhaft in Bettler, Räuber, Vagabunden, zum Teil aus Neigung, in den meisten Fällen durch den Zwang der Umstände. Ende des 15. und während des ganzen 16. Jahrhunderts gab es daher in ganz Westeuropa eine Blutgesetzgebung wider Vagabundage. Die Väter der jetzigen Arbeiterklasse wurden zunächst gezüchtigt für ihre angetane Verwandlung in Vagabunden und Paupers. Die Gesetzgebung behandelte sie als "freiwillige" Verbrecher und unterstellte, dass es von ihrem guten Willen abhänge, in den nicht mehr existierenden alten Verhältnissen fortzuarbeiten." (6)

More lässt Hythlodäus ausrufen:
"Verfügt, dass entweder die Leute, die Gehöfte und Dörfer vernichtet haben, sie wieder aufbauen oder sie an die abtreten, die bereit sind, sie wiederherzustellen oder neu zu errichten! Schränkt diese Aufkäufe der Reichen ein und die Möglichkeit, sie wie ein Monopol zu handhaben! Lasst nicht so viele vom Müßiggang leben! Stellt die Landwirtschaft wieder her! Belebt die Wollspinnerei!" (7)

Die alternative Gesellschaft als Utopie

Nach diesen politisch konstruktiven (und gar nicht "utopischen") Vorschlägen folgt eine Diskussion über Strafe und Recht und über den Philosophen als Staatsmann bzw. als dessen Ratgeber.
Am Schluss des ersten Teils bringt Hythlodäus nochmals die Ökonomie ins Spiel:
"Indessen [...] scheint es mir - um offen zu sagen, was ich denke - in der Tat so, dass es überall da, wo es noch Privateigentum gibt, wo alle alles nach dem Wert des Geldes messen, kaum jemals möglich sein wird, gerechte und erfolgreiche Politik zu treiben [...] Daher erwäge ich oft die überaus klugen und ehrwürdigen Einrichtungen der Utopier, bei denen alles durch so wenige Gesetze so zweckmäßig geordnet ist, dass einerseits die Leistung ihren Lohn findet, andererseits infolge der allgemeinen Gleichheit allen alles reichlich zugemessen ist [...]
[...] wenn ein jeder unter gewissen Rechtstiteln, soviel er nur kann, an sich reißt, so kann die Masse auch noch so groß sein: Es teilen doch nur wenige alles unter sich und lassen den Übrigen die Armut [...]
Deshalb bin ich fest davon überzeugt, dass der Besitz nur dann auf gleichmäßige und gerechte Weise verteilt oder die Geschicke der Menschen nur dann glücklich gestaltet werden können, wenn das Privateigentum aufgehoben worden ist." (8)
Den Umständen entsprechend denkt More bei Privateigentum vor allem an den Landbesitz, an die Herrschaftshäuser und Goldschätze, welche den Adeligen gehören. Das Privateigentum an Produktionsmitteln - als die (in der Marktwirtschaft) entscheidende Voraussetzung zur Scheidung in Arm und Reich - war eine zu dieser Zeit noch schwach ausgeprägte ökonomische Größe. More sieht einen Zusammenhang zwischen Privateigentum und Geld, den er allerdings nicht weiter ausführt. Außerdem weiß er (als Advokat), dass sich die meisten juristischen Gesetze auf das Privateigentum beziehen.
Er schlüpft im ersten Buch dann selbst in die Rolle des Skeptikers und bringt als Diskussionspartner des Hythlodäus auch gleich die auch heutzutage üblichen Einwände vor:
"Mir dagegen [...] scheint dort, wo alles Gemeingut ist, ein erträgliches Leben unmöglich. Denn wie soll die Menge der Güter ausreichen, wenn sich jeder vor der Arbeit drückt, da ihn keinerlei Zwang zu eigenem Erwerb drängt und ihn das Vertrauen auf fremden Fleiß faul macht?"(9)
(Dazu siehe auch Kapitel "Gegner der BVW und ihre Argumente / Arbeitsmoral").
Er setzt mit den Einwänden fort:

"Aber selbst, wenn die Not ihn antreibt und ihm dann kein Gesetz erlaubt, sich das, was er erworben hat, als Eigentum zu sichern, wird man dann nicht zwangsläufig beständig mit Mord und Aufruhr rechnen müssen?"(10)
Etwas seltsam wirkt dieser konstruierte Einwand insofern, da der Ausgangspunkt ja die Abschaffung des Privateigentums ist - weshalb sollte dann ein „Eigentum" gesichert werden? Und dann weiter:
"Wenn zudem noch das Ansehen der Behörden und die Achtung vor ihnen geschwunden ist, dann kann ich mir nicht einmal ausdenken, was bei solchen Menschen, zwischen denen es keinerlei Unterschied gibt, an deren Stelle treten könnte."(11)
Auch hier eine bekannte Denkfigur: Der Skeptiker denkt sich die bestehende Gewalt und ihre Gesetze in den Verhältnissen, zu welchen diese gehören, weg und konstatiert, dass das nicht geht bzw. man sich das nicht vorstellen könne - eine Gewalt müsse es doch geben! (Siehe dazu auch das Kapitel "Die Gegner der BVW und ihre Argumente / Homo homini lupus".) Eine auf Privateigentum basierende Tauschwirtschaft erfordert tatsächlich eine Gewalt, welche die Privateigentümer auf ihre Mittel festlegt.
Hythlodäus nimmt diese Einwände zum Anlass, auf die Staatsverfassung der Utopier zu verweisen, welche diese Probleme nicht kenne - worauf die Aufforderung an Hythlodäus ergeht, die Staatsverfassung Utopias zu erläutern.

1.2   2. Buch (Modell)

Von dem Bericht des Hythlodäus über die "beste Staatsverfassung" der Insel Utopia sollen im Folgenden nur jene Passagen erläutert werden, welche im Hinblick auf eine BVW bemerkenswert erscheinen.

Produktion gemäß Bedarf, Gemeineigentum
Landwirtschaft und Gewerbe der (54) Städte werden jeweils für die Versorgung eines Bezirkes (Stadt und Umgebung) betrieben. Überschüsse werden an andere Städte, die Mangel haben, abgegeben. Privatwirtschaft und Geld gibt es nicht. Es wird nach Bedarf produziert, angebaut und geerntet, und die Güter werden in die Vorratshäuser der Stadt gebracht. Diese sind dann für die Zuteilungen zuständig.
Die Stadt und die dazugehörige Landwirtschaft, die um die Stadt angesiedelt ist, bilden eine Art Planwirtschaftseinheit:
"Obwohl sie ausgerechnet haben, und zwar aufs genaueste, wie viel Lebensmittel die Stadt mitsamt ihrer Umgebung verbraucht, so säen

Die alternative Gesellschaft als Utopie 185

sie dennoch viel mehr aus und ziehen viel mehr Vieh auf, als für ihren eigenen Bedarf genügen würde, um den Überschuss an ihre Nachbarn weiterzugeben. Was sie an Gerätschaften brauchen, die auf dem Lande nicht zu haben sind, fordern sie alles in der Stadt an und erhalten es ohne Gegenleistung und ohne besondere Umstände von den städtischen Behörden [...]
Wenn die Ernte bevorsteht, so melden die Phylarchen der Bauern [Oberhaupt von 30 landwirtschaftlichen Haushalten und Höfen - Anm. d. A.] den städtischen Behörden, wie viele Bürger ihnen hinauszuschicken sind." (12)
Es wäre verfehlt, diese kurze Beschreibung - und viel mehr kommt im weiteren Bericht darüber nicht vor - als Vorlage für die Organisation einer Planwirtschaft in der BVW zu nehmen. Doch auch wenn Umfang und Organisation der Produktion mit einer BVW nicht vergleichbar sind, so ist doch der Grundgedanke derselbe: Produktion gemäß dem, was gebraucht wird (plus Vorräte).
Die Eigentumsverhältnisse auf Utopia werden im zweiten Buch nicht näher erläutert. Einige Bemerkungen dazu finden sich in der schon zitierten Schlusspassage des ersten Buches. Daraus lässt sich schließen, dass Gemeineigentum vorliegt: Nur der Hausrat, die Konsumgüter und kulturellen Gegenstände (z.B. Musikinstrumente) stehen der privaten Nutzung zur Verfügung. Selbst die Häuser bzw. Wohnungen werden von einer Familie nur jeweils 10 Jahre bewohnt und dann weitergegeben.

Kein Geld, Verteilung der Güter
Gegen Geld hegt More offenbar eine Abneigung. Er analysiert die Funktion des Geldes (Goldes) nicht als Grundlage des Warentausches, sondern entrüstet sich vor allem moralisch, da er darin die Manifestation des Privateigentums sieht: Einige wenige häuften in ihrer Gier nach "Reichtum" Goldschätze an und gingen damit - im wahrsten Sinne des Wortes - über Leichen. Gegen Ende des zweiten Buches heißt es: "Aber selbst wenn diese üblen Elemente in ihrer unersättlichen Gier alles das untereinander aufgeteilt haben, was für alle ausgereicht hätte: wie weit sind sie trotzdem entfernt von dem glücklichen Zustand der Utopier! Welche Last von Beschwerlichkeiten ist doch diesem Gemeinwesen abgenommen, welche Saat von Verbrechen mit Stumpf und Stiel ausgerottet, seit dort mit dem Gebrauch des Geldes zugleich jede Gier danach aus der Welt geschafft ist. Denn wer weiß denn nicht, dass Betrug, Diebstahl, Raub, Streit, Aufruhr, Zank, Empörung, Mord, Verrat und Giftmischerei, durch die üblen Strafen mehr nur geahndet als

verhütet, mit der Abschaffung des Geldes zugleich abstürben und zudem Furcht, Kummer, Sorge, Mühsal und Schlaflosigkeit im selben Augenblick wie das Geld vergehen würden? Ja, die Armut selbst, die allein des Geldes zu bedürfen scheint, schwände sofort dahin, wenn man überall das Geld völlig abschaffte [...]
So leicht könnte der Lebensunterhalt beschafft werden, wenn nicht das liebe Geld, das doch selbstverständlich ganz offenbar erfunden worden ist, um die lebensnotwendigen Güter zugänglich zu machen [More ironisiert eine heute auch noch gängige Auffassung - d. A.], uns ganz allein den Weg dazu versperre!" (13)
More erklärt zwar nicht die Funktion des Geldes, er beschreibt aber knapp und treffend Wirkungen des von anderen hoch gelobten Geldmetalls.
Bei den Utopiern wird Gold auf seinen metallischen Gebrauchswert reduziert (und als Geld nur im Außenhandel und für den Kauf ausländischer Söldner verwendet).
"Da sie selber kein Geld brauchen, [...] so schätzen sie derweilen das Gold und das Silber, aus denen es gemacht wird, so, dass kein Mensch auf ihren Besitz größeren Wert legt, als sie es ihrer Natur nach verdienen. Wer sieht nicht, wie weit sie dem Eisen nachstehen!" (14)
Da in Utopia Gold und Silber als Geld nicht benötigt werden, gibt es für diese Metalle kaum Gebrauchsmöglichkeiten.
Um ihrer Geringschätzung Ausdruck zu verleihen, finden die Utopier für Gold und Silber folgende Verwendung:
"Während sie nämlich aus zwar sehr geschmackvollen, aber billigen Ton- und Glasgeschirren essen und trinken, stellen sie aus Gold und Silber nicht nur für die Gemeinschaftsräume, sondern auch für die Privathäuser allerorts Nachtgeschirre und lauter Gefäße für schmutzigste Zwecke her." (15)
Selbst wertvoller Schmuck ist verpönt und nur als Kinderspielzeug in Verwendung. Hythlodäus beschreibt als Anekdote den Einzug von ausländischen Würdenträgern, die mit eindrucksvollem Schmuckstücken behängt sind, und die Reaktion eines Kindes: " 'Schau, Mutter, was für ein alter Kindskopf da Perlen und Steinchen trägt, als wenn er noch ein kleines Kind wäre!' Die Mutter aber sagte: 'Still, Bub! Das ist, glaube ich, einer von den Narren der Gesandten!' " (16)

Geld wird innerhalb Utopias nicht gebraucht, da es kein zu tauschendes Privateigentum gibt. Die Gemeinwirtschaft produziert für den Bedarf, und die Güter werden zugeteilt.

Die alternative Gesellschaft als Utopie 187

"In der Mitte jedes Bezirkes liegt der Markt für Waren aller Art. Dort werden in bestimmte Gebäude die Erzeugnisse aller Familien zusammengebracht, und die einzelnen Warengattungen werden gesondert auf die Speicher verteilt. Aus diesen wieder fordert jeder Familienälteste an, was er selbst und die Seinigen brauchen, und erhält ohne Bezahlung, überhaupt ohne jegliche Gegenleistung, alles, was er verlangt." (17)
Und um gleich einem erwarteten Einwand zu begegnen, setzt der Erzähler fort:
"Warum nämlich sollte man ihm etwas verweigern, da doch alles im Überfluss vorhanden ist und keinerlei Befürchtung besteht, es könne einer mehr fordern, als er braucht? Denn wie sollte man annehmen, es könne einer Überflüssiges verlangen, der die Gewissheit hat, dass ihm niemals etwas fehlen wird? Begierig und räuberisch macht ja alle Lebewesen nur die Furcht vor Entbehrung oder aber den Menschen allein noch der Hochmut, der es für rühmlich hält, andere durch das Prunken mit überflüssigen Dingen zu übertrumpfen." (18)
Diese Argumente sind durchaus auch den Kritikern einer BVW entgegenzuhalten.
Die Ausführungen bezüglich der Zuteilung enthalten allerdings keine Erläuterungen über den Zusammenhang zwischen erbrachter Arbeitsleistung und Zuteilung (siehe dazu auch weiter unten).

Ausbildung und Arbeit
Über das Ausbildungssystem gibt der Bericht kaum Auskunft. Erwähnt wird, dass jeder Utopier landwirtschaftliche Kenntnisse erwirbt und in diesem Bereich auch eine Zeit lang arbeitet. Überdies erlernt jeder mindestens ein Gewerbe, meist innerhalb seiner Familie - bei anderen Interessen kann Lehrherr und Familie gewechselt werden. Nur begabte Kinder werden von den Familienoberhäuptern einer wissenschaftlichen Ausbildung zugeführt. Ein späterer Einstieg in die Wissenschaft ist bei entsprechendem Fleiß auch möglich.

Jeder hat zu arbeiten. Nur Kinder, Kranke, Wissenschaftler und Verwalter sind von der Arbeit in Gewerbe und Landwirtschaft freigestellt. Nirgendwo explizit erwähnt, aber immer unterstellt, ist die Arbeitspflicht. Doch welch ein Unterschied zu anderen Völkern: die Utopier arbeiten nur sechs Stunden am Tag! Bei einem nächtlichen Schlaf von 8 Stunden bleibt dann genügend Zeit, den eigenen Interessen und der Unterhaltung nachzugehen. Um einem beliebten Einwand (siehe Kapi-

tel "Gegner der BVW und ihre Argumente / Knappheit") vorweg zu begegnen, führt er Folgendes an:
"An dieser Stelle müssen wir jedoch, um einen Irrtum zu vermeiden, einen bestimmten Punkt genauer betrachten. Weil sie nämlich nur sechs Stunden an der Arbeit sind, könnte man vielleicht auf den Gedanken kommen, es müsse sich daraus ein Mangel an lebensnotwendigen Dingen ergeben. Weit gefehlt! [...] Auch ihr werdet das begreifen, wenn ihr bedenkt, ein wie großer Teil des Volkes bei anderen Völkern untätig dahinlebt ..." (19)
Es folgt eine ausführliche Aufzählung der Untätigen. Als weitere Argumente für die ausreichende Versorgung trotz Arbeitszeitreduzierung führt er die lange Haltbarkeit der Erzeugnisse (z.B. Kleidung) und die Reduzierung der Mannigfaltigkeit der gleichen Gebrauchsgüter an. Größere Arbeitseinsätze, z.B. in der Landwirtschaft (Ernte) und im Straßenbau, werden von den Behörden angeordnet. Doch auch dies mit Maß und Ziel:
"Denn die Behörden plagen die Bürger nicht gegen ihren Willen mit überflüssiger Arbeit, da die Verfassung dieses Staates vor allem nur das eine Ziel vor Augen hat, soweit es die öffentlichen Belange zulassen, allen Bürgern möglichst viel Zeit von der körperlichen Fron für die Freiheit und Pflege des Geistes sicherzustellen. Darin liegt nämlich nach ihrer Meinung das Glück des Lebens." (20)

Auf eine allgemeine fundierte Ausbildung scheinen die Utopier keinen Wert zu legen.
Eine weitere Schwäche des Modells besteht in der undifferenzierten Beurteilung der Arbeitsleistung. Egal was und wie gearbeitet wird, alle arbeiten 6 Stunden und bekommen die gleiche Zuteilung. Die reine Zeitanrechnung nimmt keine Rücksicht auf unterschiedliche Belastung und Qualifikation des Arbeitenden. Die Arbeit jedes Einzelnen gleich zu bewerten und damit auch die gleiche Zuteilung zu gewährleisten, setzt eine starre Arbeitszuordnung und -verpflichtung voraus. Die Arbeitenden sind an ihre Arbeit langfristig gebunden, sie können kaum auswählen, die Arbeiten ähneln einander.
Wäre eine Wahlmöglichkeit hinsichtlich der Arbeit zugelassen, und würden sich die Arbeiten sehr stark unterscheiden, dann müsste die unterschiedliche Qualität der Arbeit in Relation zur Zuteilung von Gütern oder der Dauer der Arbeitszeit berücksichtigt werden, um Personal für belastende oder qualifizierte Arbeiten zusätzlich zu motivieren.

Die alternative Gesellschaft als Utopie

Politische Ordnung
Der Staatspräsident, eine erlauchte Persönlichkeit, ist auf Lebenszeit gewählt. Alle anderen Instanzen (Behörden) werden jährlich neu besetzt bzw. gewählt:
Die Basis des politischen Systems bilden die Familien bzw. Haushalte, die aus 20 bis 50 Personen bestehen und denen jeweils als "erfahrene und gesetzte Leute eine Hausmutter und ein Hausvater vorstehen". Je 30 Haushalte bestimmen einen Vertreter und 200 dieser Vertreter wählen - aus einer Reihe vom Stadtvolk gewählter Persönlichkeiten - einen Senatsrepräsentanten, welcher die Stadt im Senat vertritt.
Gesetze und Rechtsprechung werden einfach gehalten:
"Gesetze haben sie sehr wenige; denn dank ihrer sonstigen Einrichtungen genügt ihnen eine Mindestzahl. Ja sie missbilligen an anderen Völkern vor allem, dass man dort selbst mit zahllosen Bänden von Gesetzen und Gesetzesauslegungen nicht auskommt. Sie selber finden es demgegenüber für höchst ungerecht, Menschen durch Gesetze zu binden, die entweder zu zahlreich sind, als dass man sie alle durchlesen könnte, oder zu unklar, als dass jeder imstande wäre, sie zu verstehen. Ferner lehnen sie grundsätzlich sämtliche Rechtsanwälte ab, da die ihre Prozesse auf durchtriebene Weise führen und die Gesetze spitzfindig auslegen. Sie halten es vielmehr für zweckmäßig, wenn jeder seine Sache persönlich führt und dem Richter dasselbe sagt, was er einem Anwalt erzählt hätte; so gebe es weniger Umschweife und die Wahrheit lasse sich leichter herausbekommen." (21)
Der Advokat More weiß, worüber er da schreibt. Eine gute Meinung hatte er von seiner eigenen Profession offenbar nicht.

Der Bericht gibt kaum Auskunft darüber, was die Behörden verwalten und beschließen. Auch über die innere exekutive staatliche Gewalt (z.B. Polizei) erfährt man nichts (dafür umso mehr über die nach außen gerichtete Gewalt, die Außenpolitik und Kriegspolitik der Utopier).

1.3 Resümee

Die Utopia basiert auf einer Kritik der damals herrschenden Politik. Als einer der wenigen Kritiker sah More einen Zusammenhang zwischen Ökonomie und Politik und versucht, die wirtschaftlichen Verhältnisse und den politischen Umgang damit zu erklären. Aufgrund seiner Analyse erschienen ihm vor allem Privateigentum und Geld als die Grundübel.

Der Gelehrte und Abgesandte des Königs war allerdings kein Reformer, der dem König eine andere Politik aufdrängen wollte oder gar ein Revolutionär in dem Sinne, dass er einen Aufstand der Armen und Entrechteten gegen Königshaus und Adel unterstützt hätte. Nein, er beschrieb eine fiktive Gesellschaft, in der auf Basis von Gemeineigentum und Verteilung der Güter ein menschenfreundliches Zusammenleben möglich ist, begleitet von ebensolcher Politik.
Die entworfene Grundkonzeption wirkt durchdacht und auch, was einige Teilaspekte betrifft, sympathisch "lebensgenussfreundlich".

Nun ist diese Darstellung der Gesellschaft Utopias zweifellos nicht als Programmatik für eine Gesellschaft wie die BVW zu sehen. Der Stand der Technik, der Produktionsmittel und die Zahl der Güter in Utopia entsprechen den englischen Verhältnissen Anfang des 16. Jahrhunderts. Die wirtschaftlichen Beziehungen der Produktionsbetriebe untereinander sind ausgeblendet, da in der damaligen Wirtschaft solche Beziehungen kaum bestanden - die arbeitsteilige industrielle Produktion entwickelte sich erst viel später. Die Planung und der Zusammenhang zwischen Arbeit und Verteilung werden nicht näher erläutert. Gegen die Vorstellung, dass "verteilt und genommen wird, was gebraucht wird", ist nichts einzuwenden, doch für ein Konzept einer Planwirtschaft gibt dies zu wenig her, um daraus eine vernünftige Planung ableiten zu können. Die wenigen Anschauungsbeispiele sind kaum auf eine BVW übertragbar.
Für unangenehme und körperlich belastende Arbeiten werden in Utopia Sklaven eingesetzt. Dies passt gar nicht zu den sonst so humanistischen Anschauungen More's und schon gar nicht zu einer BVW. Eine Analogie drängt sich in diesem Zusammenhang allerdings auf: In der BVW sind die Sklaven Automaten bzw. Roboter. Die verbleibenden unangenehmen Arbeiten sind hinsichtlich der Arbeitszeit verkürzt und nicht ständig, da mit einem Rotationsprinzip organisiert, durchzuführen.

More sah wohl seine Utopia nicht als ein zu seiner Zeit umsetzbares politisches Programm sondern vielmehr als herausfordernde philosophische Konstruktion. Im Ausklang des zweiten Buches sieht es so aus als ob er sich mit kritischen Bemerkungen von dem vorgestellten Modell distanziert - um anderen Kritikern den Wind aus den Segeln zu nehmen, nicht als Phantast dazustehen oder seine politische Laufbahn nicht zu gefährden, bleibt ungewiss. Gewiss ist, dass der schließlich zum Lordkanzler aufgestiegene Politiker More die Möglichkeiten nicht

wahrnahm, seinen Humanismus in der Politik praktisch wirksam werden zu lassen und dies - schon in der Utopia - so erklärte: "[...] wer hier [am englischen Hofe - Anm. d. A.] nicht aus vollem Herzen schlechte, unselige Beschlüsse gutheißt, wird schlimmer als ein Spion, ja fast wie ein Hochverräter angesehen [...] Es ist also unmöglich, selbst mit der größten List und Findigkeit irgendetwas zum Besseren zu wenden."(22)
Letztlich konnte er gewisse "unselige Beschlüsse" öffentlich nicht mehr gutheißen. 1535 wurde er als Hochverräter hingerichtet. Allerdings nicht wegen seiner kritischen Ansichten zu Wirtschaft und Politik, sondern weil er den König als Oberhaupt der englischen Kirche nicht anerkennen wollte.

More hätte wohl die eigene Skepsis gegenüber dem Modell revidieren müssen, wenn er erlebt hätte, dass die ökonomische Grundkonzeption seiner Insel "Nirgendwo" irgendwo in Südamerika, nämlich im so genannten "Jesuitenstaat" (1608 - 1768) umgesetzt wurde. In 30 Bezirken ("Reduktionen") - jeweils eigene Wirtschaftseinheiten - wurde auf Basis von Gemeineigentum und ohne Geld eine gut funktionierende Versorgungswirtschaft eingerichtet und mehrere Generationen hindurch praktiziert (siehe dazu das Kapitel "Die Reduktionen in Paraguay").

2 Edward Bellamy - "Looking Backward"

"Zu unserer Zeit bestimmte der Marktpreis den Preis aller Arten von Arbeit sowohl als von Gütern. Die Unternehmer bezahlten so wenig und die Arbeiter nahmen so viel, wie sie konnten. Moralisch, das gebe ich zu, war dies kein schönes System, aber es gewährte uns wenigstens eine brauchbare ungefähre Formel zur Entscheidung einer Frage, welche jeden Tag zehntausend Mal entschieden werden musste, wenn die Welt überhaupt vorwärts kommen sollte. Es schien uns kein anderes anwendbares Mittel zu geben."

"Ja", erwiderte Dr. Leete, "es war auch das einzig anwendbare Mittel unter einem System, welches das Interesse eines jeden Individuums zu dem jedes andern in Gegensatz brachte, aber es würde erbärmlich gewesen sein, wenn die Menschheit niemals einen besseren Plan hätte er-

sinnen können; denn der Ihrige war nur die Anwendung der Teufelsmaxime 'Deine Not ist mein Nutzen' auf die gegenseitigen Beziehungen der Menschen."
(Edward Bellamy, Looking Backward)

Der (utopische) Roman des Bostoner Anwalts, Journalisten und Schriftstellers Edward Bellamy wurde 1888 veröffentlicht und hieß vollständig "Looking Backward: 2000-1887" ("Ein Rückblick aus dem Jahr 2000 auf 1887").
Von den Ende des 19. Jahrhunderts zahlreich erschienenen Zukunftsvisionen ist Bellamys Konzeption die bemerkenswerteste.

Die Darstellung der neuen Gesellschaft wird mit einer märchenhaften Geschichte unterlegt:
Der 30jährige reiche Müßiggänger Julian West verfällt 1887 in einen Tiefschlaf, wird verschüttet und im Jahr 2000 von einem Dr. Leete und dessen Familie ausgegraben. Unversehrt und nicht gealtert setzt er sein Leben in der Familie seines Finders fort, der ihn Tag für Tag über die neue Gesellschaft, in die er hineinkatapultiert wurde, aufklärt. Dazu komponiert Bellamy auch eine Liebesgeschichte.
Der Beginn des Romans entspricht einem Märchen. Dies war auch die Ausgangsidee des Autors, der Jahre später diese Idee als "mere literary fantasy, a fairy tale of social felicity" (eine literarische Phantasie, ein Märchen über gesellschaftliche Glückseligkeit) bezeichnete. Doch mit dem Schreiben des Romans wurde aus dem Märchen ein soziales Anliegen, eine Kritik der Marktwirtschaft und ein (im Vergleich zu anderen Utopien) wohlüberlegt und ernsthaft entworfenes Modell einer Versorgungswirtschaft.
Die Romanform ist nur die Verpackung für das eigentliche Anliegen des Autors, welches er im Nachwort zur 2. Auflage so formuliert:
"Obwohl 'Looking Backward' in der Form eines phantasievollen Romans erschienen ist, ist das Buch allen Ernstes in Übereinstimmung mit den Prinzipien der Evolution als eine Voraussage für den nächsten Schritt in der industriellen und sozialen Entwicklung der Menschheit, insbesondere in diesem Land, gemeint." (1)
Bellamy wollte also letztlich die Bezeichnung Märchen nicht gelten lassen. Als Interpret der Sozialgeschichte und aufgrund seiner Kritik an der Marktwirtschaft entwarf er eine, seiner Ansicht nach, tatsächlich mögliche neue Gesellschaft.

Mit seiner "Übereinstimmung mit den Prinzipien der Evolution" nahm er Anleihen bei der damals hoch im Kurs stehenden Wissenschaft eines Darwin und Spencers, obwohl er diese nicht guthieß.

2.1 Kritik der Marktwirtschaft

Der Autor lebte in einer Zeit, in der die offen ausgetragenen Konfrontationen zwischen Arbeitern und Kapitalisten auf der Tagesordnung standen. Die Arbeiterklasse begann sich in stärkerem Maße zu organisieren, um sich den für sie verheerenden Wirkungen der fortschreitenden Industrialisierung zur Wehr zu setzen. Häufig kam es zu Streiks und gewalttätigen Auseinandersetzungen. Die Verelendung der Arbeitnehmer nahm erschreckende Ausmaße an. Die große Kluft zwischen Arm und Reich war vor allem in den Städten augenscheinlich. Den Ausgangspunkt für das Elend sah Bellamy in der Marktwirtschaft. Er kritisierte diese Organisation der Ökonomie, an der zwar alle Menschen beteiligt wären, die jedoch den Beteiligten große Unterschiede in den Lebensverhältnissen bescherte.

In der Marktwirtschaft würde nicht für einen gemeinsamen Zweck, die Versorgung ("Wohl aller Volksglieder") produziert, sondern es arbeite und produziere jeder gegen jeden. Die blindwütige Konkurrenz treibe Unternehmen in den Bankrott, verursache Verschwendung, Krisen und Arbeitslosigkeit. Keineswegs wäre es so, dass die Menschen es nicht zustande brächten, gesellschaftliche Vorhaben zu planen und gemeinsam durchzuführen. Konzerne praktizierten das genau so wie Armeen - was Bellamys Protagonisten Julian West angesichts des Aufmarsches der Armee zu folgender Anklage verleitet:

"Konnte es denn sein, dass für die Menschen, die mit leuchtendem Antlitz zusahen, dieser Anblick lediglich das Interesse eines Schauspiels hatte? Mussten sie nicht gewahren, dass ihr vollkommen einmütiges Handeln, ihre Organisation unter einheitlicher Leitung es war, was diese Menschen zu der furchtbaren Maschine machte, die imstande war, einen zehnmal so großen Pöbelhaufen zu bezwingen? Da sie dies so klar sahen, wie konnten sie es unterlassen, die wissenschaftliche Weise, in der die Nation in den Krieg zog, mit der unwissenschaftlichen Weise zu vergleichen, in der sie an die Arbeit ging? Mussten sie nicht fragen, seit wann das Töten der Menschen eine so viel wichtigere Aufgabe sei als ihre Bekleidung und Ernährung, dass man eine geschulte Armee nur für die erstere für nötig erachtete, während man die letztere einem Pöbelhaufen überließ?" (2)

Bellamy weist immer wieder darauf hin, welch enorme Verluste an Reichtum und Gesundheit eine Gesellschaft erleide, welche als privatwirtschaftliche Konkurrenzwirtschaft organisiert sei.
Die Marktwirtschaft erschien ihm zu unvernünftig, weil zu ineffizient. Mit vielen Beispielen und Bildern versucht er dies aufzuzeigen.
Am bekanntesten ist das „Regenschirmbeispiel":
"Sie erzählte mir, dass gegenwärtig alle Straßen in der nämlichen Weise [Überdachung der Trottoirs - Anm. d. A.], wie ich es hier sähe, gegen ungünstiges Wetter geschützt wären und dass die Vorrichtung aufgerollt würde, wenn sie nicht mehr nötig wäre [...] Dr. Leete, der ein wenig vorausgegangen war und etwas von unserm Gespräch gehört hatte, wandte sich um und sagte, der Unterschied zwischen dem Zeitalter des Individualismus und dem des Zusammenwirkens werde sehr gut durch die Tatsache gekennzeichnet, dass im neunzehnten Jahrhundert, wenn es regnete, die Bewohner Bostons dreihunderttausend Regenschirme über ebenso viel Köpfe ausspannten, während man im zwanzigsten Jahrhundert nur einen einzigen Regenschirm über allen diesen Köpfen ausbreite."(3)
Er hält sich nicht mit einer Analyse von Privateigentum, Markt und Kapital auf, erkennt aber in diesen Charakteristika der Marktwirtschaft die Ursache für die schädlichen Wirkungen, die ihn stören. Dementsprechend gibt es im Alternativmodell kein Privateigentum, keinen Warentausch und kein Kapital.

2.2 Die neue Gesellschaft

Kein Privateigentum - Vergesellschaftung der Produktionsmittel
Die neue Gesellschaft entsteht bei Bellamy auf friedliche Art und Weise: Die Marktwirtschaft schuf mit der Konzentration von Unternehmen ein paar wenige Monopole, welche die Wirtschaft beherrschten. Da diese Monopole nicht mehr von einzelnen Privatkapitalisten beherrscht wurden und immer mehr Bürger Aktionäre dieser Monopole waren, beschloss
"das Volk der Vereinigten Staaten, die Leitung des Geschäfts selbst in die Hand zu nehmen [...]
Endlich, seltsam spät in der Weltgeschichte, gewahrte man die augenscheinliche Tatsache, dass kein Geschäft so wesentlich das Geschäft des Staates ist wie Handel und Gewerbe, von denen des Volkes Lebensunterhalt abhängt, und dass, diese Privatpersonen anzuvertrauen, welche sie zu ihrem Privatvorteil betreiben, eine Torheit ist, ähnlich der, doch bei weitem größer als die, dass man einst die Funktionen der

politischen Regierung Privatpersonen überließ, welche zu ihrer persönlichen Verherrlichung führten." (4)
Bellamy täuscht sich darin, dass Politiker die Staatsgeschäfte bloß für ihren eigenen Vorteil betreiben. Sie betreiben Staatspolitik im Sinne ihres Staatswesens, was in den Ländern der Ersten Welt weder identisch mit dem geschäftsmäßigen Ausbau ihres Privatvermögens und ihrer Privatmacht noch mit dem Wohlergehen aller Bürger ist (siehe dazu das Kapitel "Der staatliche Umgang mit der Marktwirtschaft und deren Elend"). Was nicht heißt, dass Politiker sich schlecht bezahlen lassen und ihre „Beziehungen" nicht auch privat nützen würden.
Das restliche "kleine Privatkapital" wurde abgeschafft und in die großen Monopole übergeführt, was den Vorteil hatte, dass
"durch sie die Arbeit von Hunderttausenden von Menschen mit einem Erfolge und einer Sparsamkeit [geleitet werden können, Anm. d. A.], wie sie in kleineren Betrieben unerreichbar [sind, Anm. d. A.]" (5)
Diese Übergangstheorie erinnert an die sozialistische Theorie des "Monopolkapitalismus", der geschichtsteleologisch in den Sozialismus übergehen sollte. Im Unterschied zu den Sozialisten betont Bellamy, dass der Übergang mit dem Verständnis beinahe aller Beteiligten freiwillig und friedlich vonstatten geht.
Mit der "Nationalisierung" werden nicht nur Privateigentum, sondern auch Kapital (bzw. Geldverrechnung) und freier Markt abgeschafft. Es handelt sich bei dem Bellamy-Modell um keinen Staatskapitalismus realsozialistischer Prägung, sondern um eine Vergesellschaftung der Produktion.
Bellamy verwendet oft den Begriff "Nation" und analog dazu "Nationalisierung" ("Nationalism"). Die Nation steht bei ihm für "Gesellschaft" (eines bestimmten Gebietes) und nicht für einen Staat als Gewaltinstanz über ein bestimmtes Territorium. In diesem Sinne ist auch die Nationalisierung als Vergesellschaftung zu verstehen.
Schon gar nicht ist sein "Nationalism" mit Nationalsozialismus zu verwechseln. Nationalsozialisten wollen die Ökonomie des Staates für den Machtausbau ihres Staates eingespannt sehen, übrigens durchaus auch unter Beibehaltung der Privatwirtschaft. Zweck der Wirtschaft bei den Nationalsozialisten war die Stärkung der Staatsgewalt - beim Bellamymodell die Versorgung der Bevölkerung.

Der Begriff Planwirtschaft ist bei Bellamy nicht zu finden. In zwei bis drei Sätzen deutet er etwas in diese Richtung an: Die Produktion der Güter erfolge aufgrund der Zuteilungszahlen des Vorjahres, bei "Mode-

gütern" werden die statistischen Zahlen kürzerer Zeiträume berücksichtigt.
Ein Mangel der Darstellung der neuen Gesellschaft besteht darin, dass jeglicher Verweis, *wie* die Betriebe die Güter (Material, Maschinen, Leistungen) untereinander beziehen, fehlt. Es wird nicht erklärt, mit welchen Planzahlen (technischen Größen oder Preisgrößen) die Betriebe produzieren. Bellamy spricht an einer Stelle von "Kostenersparnis für die Betriebe" aufgrund der neuen Produktionsweise. Dies tut so, als ob es eine Geldverrechnung der Betriebe gäbe - Geld ist aber in dieser Gesellschaft abgeschafft. (Offensichtlich meinte er damit "Arbeitsstundenersparnis".) Auf welcher Basis wird nun produziert? Wie beziehen die Betriebe die Produktionsmittel? Diese wesentlichen Fragen kommen nicht zur Sprache.

Arbeit
Gemäß den „Neigungen und Fähigkeiten der Jugend", welche während einer umfassenden, auch in den Betrieben stattfindenden Ausbildung, festgestellt werden, wird den 20jährigen eine Lehrstelle zugewiesen. Die Zuweisung erfolgt nach ihren Neigungen und Wünschen und in "seltensten Fällen" gemäß der Anordnung der Verwaltung.
Dr. Leete erklärt Julian West:
"Die nationale Organisation der Arbeit unter einer Leitung war die vollständige Lösung dessen, was zu ihrer Zeit und unter ihrem System mit Recht als die unlösbare Arbeiterfrage angesehen wurde. Als die Nation der einzige Unternehmer ward, da wurden alle Bürger infolge ihres Bürgerrechts Arbeiter, die den Bedürfnissen der Industrie gemäß verteilt wurden." (6)
Es herrscht Arbeitspflicht, keiner kann sich der Arbeit entziehen.
(In dem 1897 erschienen Nachfolgewerk "Equality" ("Gleichheit") schwächt Bellamy den Begriff der Arbeitspflicht ab. Keiner wird zur Arbeit gezwungen:
"Auch mit Bezug auf die allgemeine Pflicht des öffentlichen Dienstes herrscht im Grunde kein Zwang [...] Wir verlangen nur, dass alle, die sich gänzlich weigern, an der Erhaltung der sozialen Wohlfahrt mitzuarbeiten, auch deren Vorteile nicht mitgenießen dürfen. Sie müssen sich von den andern absondern und allein für sich sorgen." (7))
Aufgrund der Erziehung zur "Verantwortung hinsichtlich der Allgemeinheit" und des "sozialen Ansehens" würde sich sowieso niemand der Arbeit entziehen wollen. Auch Behinderte werden in das Arbeitssystem eingebunden. Ein Berufswechsel, um seine Fähigkeiten best-

möglich einzusetzen, ist möglich und wird von der Verwaltung gefördert.
Die Leitung der Arbeit ist hierarchisch gegliedert. Bei der Schilderung der Arbeitsorganisation lehnt sich Bellamy an die Armee an. Die Arbeitenden werden als "Arbeitsheer" bezeichnet, es gibt Ränge bis zu den Arbeitsoffizieren. Abzeichen kennzeichnen die Stellung im Beruf und damit die Berechtigung Anweisungen zu geben.
Von allen wird erwartet, dass sie ihr "Bestes geben", und unabhängig von der tatsächlichen individuellen Leistung erhalten alle eine Kreditkarte gleichen Werts, womit sie ihren Lebensunterhalt bestreiten (dazu ausführlicher weiter unten). Eine bessere Arbeitsleistung wird mit dem Aufstieg in einen höheren Rang und einem höheren sozialen Ansehen belohnt.
Selten vorkommendes nachlässiges Arbeiten und allzu große Trägheit werden nicht geduldet und bestraft:
"Ein Mensch, der fähig ist, Dienst zu tun, sich dessen aber hartnäckig weigert, wird zu Isolierhaft bei Wasser und Brot verurteilt, bis er sich willig zeigt."(8) (Diese radikale Haltung wurde, wie schon erwähnt, im Nachfolgewerk "Equality" abgeschwächt.)
Der Zustrom zu weniger beliebten Arbeiten wird mit Verkürzungen der Arbeitszeit und einem schnelleren Aufstieg angestachelt. Sollte sich trotz einer kurzen Arbeitszeit niemand für solche Arbeiten finden, dann entfallen sie.
Gearbeitet wird bis zum 45. Lebensjahr. Die Fähigsten werden danach in die Verwaltung berufen, in der sie noch ein paar Jahre tätig sind, bevor auch sie in den Ruhestand treten. Auf die Frage von Julian West, weshalb trotz der relativ kurzen Lebensarbeitszeit so viel mehr an Reichtum als zu seiner Zeit vorhanden ist, zählt Dr. Leete u.a. die durch den Wegfall mehrerer Bereiche (darunter auch Militär und politische Verwaltung) und die Abschaffung der Arbeitslosigkeit für die Güterproduktion frei werdenden Arbeitskräfte auf. Die Forcierung des technischen Fortschritts und damit der Produktivität bleibt bei Bellamy weitgehend ausgeblendet.

Die Organisation der Arbeit bei Bellamy lebt von der Disziplin der daran Beteiligten, die sich nicht bloß aus der Belohnung mit materiellen Gütern speist, sondern auch auf sozialer Anerkennung beruht. Der Aufstieg in der Arbeitshierarchie ist Motivation für die Ehrgeizigen. Eine Abstufung hinsichtlich der materiellen Belohnung gibt es nicht - alle erhalten die gleiche Wertkarte.

Da in seinem Modell alle einsehen, dass ihr Wohlergehen vom Funktionieren der Gemeinschaftsproduktion abhängt, sind sie auch bereit, sich dafür einzusetzen. Die Arbeit
"... ist zu sehr eine Sache, die sich von selbst versteht, als dass es des Zwanges bedürfte." (9)
Dies klingt einleuchtend, setzt aber voraus, dass eben jeder (ein)sieht, dass die Arbeit nicht nur das Wohlergehen anderer, sondern auch sein eigenes mitbefördert.
Bellamy ist jedoch kein glühender Verehrer der Arbeit, denn Dr. Leete führt aus,
"... dass die Arbeit, die jeder für seinen Teil zu leisten hat, um der Nation die Mittel zu einer behaglichen physischen Existenz zu sichern, keineswegs als die wichtigste, interessanteste oder würdigste Anwendung unserer Kräfte gilt. Wir sehen sie als eine durch die Notwendigkeit uns auferlegte Pflicht an." (10)
Dies entspricht durchaus dem Gedanken „Nicht um zu arbeiten, leben wir, sondern wir arbeiten, um (gut) zu leben". Jedoch die Arbeit dann als "Pflicht" zu bezeichnen, widerspricht der Einsicht in die nützlichen Wirkungen der Arbeit. Denn pflichtgemäße Handlungen sind solche, die aus Pflicht und nicht wegen des Eigennutzens durchgeführt werden. Die Arbeit als Verpflichtung zu sehen, wird dann beim Großteil der Arbeitenden obsolet sein, wenn, wie oben erwähnt, die Einsicht besteht (und es auch tatsächlich so ist), dass mit der Arbeit auch die eigene (gute) Versorgung bewerkstelligt wird. Bellamy ist sich offensichtlich bezüglich dieser Einsicht nicht sicher. Es kommt doch sehr auf die bestimmte Arbeit und die Vorlieben an, welchen Stellenwert die Berufstätigkeit für den Betreffenden einnimmt. Es könnte doch auch sein, dass für so manche der Beruf zur wichtigsten und interessantesten Beschäftigung wird, also Berufung ist.
Dr. Leete setzt fort:
"Es ist in der Tat alles Mögliche geschehen, indem man für die gleichmäßige Verteilung der Lasten gesorgt und alle Mittel angewendet hat, um unsere Arbeit im Einzelnen anziehend und anregend zu gestalten und ihr tunlichst den Charakter des Lästigen zu nehmen; und man hat es wirklich erreicht, dass die Arbeit, außer im relativen Sinne, gewöhnlich nicht als lästig empfunden wird, sondern oft belebend wirkt. Aber nicht unsere Arbeit, sondern die höhere und umfassendere Tätigkeit, der wir uns nach der Vollendung unseres Arbeitstagesswerkes widmen können - sie ist es, die uns als Hauptzweck des Daseins gilt." (11)
Trotz des Plädoyers für ein Leben, dass der Freizeit und Muße breiten Raum einräumt, ist allerdings nicht einzusehen, weshalb die Arbeit

mit 45 beendet werden sollte - dies auch eingedenk dessen, dass zu Bellamys Zeiten die Lebenserwartung niedriger war. Wenn die Arbeitsbedingungen entsprechend angenehm gestaltet sind, und die Arbeitszeit nicht allzu ausgedehnt ist, weshalb könnte dann nicht bis ins fortgeschrittene Alter gearbeitet werden? Vor allem, wenn Arbeit "oft belebend wirkt". Alleine das Gefühl, etwas geleistet zu haben, kann zum Wohlbefinden einiges beitragen.

Den Arbeitsbedingungen und der Länge der täglichen Arbeitszeit widmet Bellamy keine ausführlichen Gedanken. Man kann nur aufgrund von Andeutungen erschließen, dass die Arbeitsbedingungen angenehm sind und die Arbeitszeit sich an der Schwere der Arbeit orientiert.

Zweifellos bedenklich ist die Verwendung militärischer Begriffe bei der Beschreibung des Arbeitsmodells. Bellamy bewunderte die Armee - nicht wegen ihrer Aufgaben (er lehnte Gewalt und Kriege strikt ab), sondern aufgrund des disziplinierten Zusammenwirkens für einen gemeinsamen Zweck. Bellamys "Pflicht zur Arbeit" findet somit ihren Niederschlag in der entsprechenden Organisationsform. Das brachte ihm den Vorwurf ein, einen "Kasernenkommunismus" zu propagieren. Dieser Vorwurf trifft Bellamy allerdings nicht, wenn man seine weiteren Ausführungen der Arbeitsorganisation und Lebensführung beachtet.

Arbeiten die Leute diszipliniert und verantwortungsbewusst, weil sie Einsicht in den gemeinsamen Zweck haben, und sie diesen nicht gefährden oder behindern wollen, so ist eine, wenn auch nur bildliche, Anlehnung an die Armee, die mit Befehlsgewalt und Militärgesetzen die Leute vergattert, fehl am Platz.

Zuteilung: Kreditkarte und Preise

Jeder Bürger erhält jedes Jahr eine "Kreditkarte", deren " reichlich bemessener" Wert für alle gleich groß ist. Alle Güter sind mit Preisen versehen. Beim Bezug eines Gutes wird der Wert der Kreditkarte vermindert. Nicht verbrauchte "Kredite" können unter gewissen Umständen ins nächste Jahr mitgenommen werden, Überziehungen sind möglich und mindern den Kredit des kommenden Jahres. (Bellamy änderte diesbezüglich später seine Ansichten. Im Nachfolgewerk "Equality" sind Gutschriften oder Vorschüsse bezüglich des Kreditkartenwertes nicht mehr möglich.)

In größeren Lagerhäusern sind Muster der verfügbaren Güter ausgestellt. Jeder trifft seine Wahl und gibt Bestellungen auf, die an ein zentrales Warenlager weitergeleitet werden. Dort werden die bestell-

ten Güter verpackt und mittels eines Rohrpostsystems an die Abholstelle vor Ort geschickt.
Die Preise werden festgesetzt. Die Grundlage dafür sind die in den Gütern enthaltenen Arbeitsstunden. Allerdings ist dabei eine Arbeitsstunde im Werte schwankend:
"Die Kosten (besser wäre wohl dafür der Ausdruck Wert - Anm. d. A.) einer Arbeitsleistung in einem Gewerbe, welches so schwierig ist, dass, um Freiwillige anzuziehen, die Arbeitsstunden auf vier am Tage festgesetzt worden sind, sind doppelt so hoch, als in einem Gewerbe, wo die Arbeiter acht Stunden arbeiten." (12)
Der zweite Preisbestimmungsfaktor besteht in der Knappheit des Angebots: Güter, die, aus welchen Gründen auch immer, die Nachfrage nicht decken können, werden mit einem höheren Abgabepreis versehen.

Bei Bellamy bekommt jeder Arbeitende die gleiche Wertzuteilung. Die unterschiedliche Leistung zählt nicht, da der Wille zur guten Leistung "entlohnt" wird. Vorausgesetzt wird, dass dieser Wille bei allen vorhanden ist - die vereinzelten Ausnahmen werden (wie schon oben erwähnt) bestraft. Variiert wird nur die Länge der Arbeitszeit: Für unangenehme, schwierige Arbeiten ist eine kürzere Arbeitszeit vorgesehen. Jeder - ab welchem Alter erfährt man nicht - bekommt den gleichen Wert zugebilligt, nur die "Freizeit" variiert. Damit ist kein Zusammenhang zwischen erbrachter Arbeitsleistung und Zuteilung von Gütern gegeben. (In der BVW gibt es diesen Zusammenhang. Erinnert sei an die Arbeitsbewertung und die drei Versorgungsgruppen: Grundversorgung, Allgemeine Versorgung und Sonderversorgung.)
Über die Höhe des Wertes der Kreditkarte erfährt man nichts, außer dass dieser "reichlich bemessen" ist, also anscheinend eine gute Versorgung ermöglicht. Es hängt also alles von der Festsetzung des Wertes der Kreditkarte ab. Nach welchem ökonomischen oder moralischen Gesichtspunkt die Höhe festgelegt wird, bleibt offen. (Im später erschienen Werk "Equality" (siehe dazu weiter unten) wird dann als Orientierungshilfe ein Referenzwert in Dollar angegeben, wodurch aber diese Frage auch nicht beantwortet wird.)
Wenn es den Konsumenten an nichts mangelt, stellt sich die weitere Frage, weshalb dann überhaupt eine Kreditkarte notwendig ist und die Güter nicht, wie in einer BVW, frei entnommen werden sollten. Preise und Kreditkarte sind nur sinnvoll als Maßnahmen zur Beschränkung des Konsums. Zu überlegen wäre solch eine Restriktion nur bei einer

Versorgungswirtschaft, die eine allgemein gute Versorgung (noch) nicht zuwege bringt.

Das politische System
Analog zum Begriff des "Arbeiterheeres", den Bellamy für die Arbeitenden verwendet, um ihrer geeinten Disziplin Ausdruck zu verleihen, ähneln die politischen Positionen auch denen einer Armee. Durch Verdienste am Arbeitsplatz können die Arbeitenden über mehrere Ränge bis zum Chef einer der zehn großen Berufsgenossenschaften aufsteigen. Die Ernennung der Ränge erfolgt von oberen Stellen. Jeder Rang erweitert jeweils den Kompetenzbereich. Die Chefs der Berufsgenossenschaften werden von (älteren, nicht mehr arbeitenden) Ehrenmitgliedern ernannt. Alle nicht mehr Arbeitenden, Ärzte und Lehrer wählen einen Präsidenten (für fünf Jahre). Dieser hat nach fünf Jahren einen Rechenschaftsbericht vorzulegen, der, wenn er gut ausfällt, seine Wiederwahl begünstigt.
Hinsichtlich der Aufgaben der Politik und Justiz ergeben sich folgende von Dr. Leete erklärte Konsequenzen:
" 'Nahezu die einzige Aufgabe der Regierung ist heutzutage die Leitung des Gewerbebetriebes [Produktion und Logistik - Anm. d. A.]. Die meisten Dinge, mit denen sie früher sich beschäftigen musste, sind jetzt in Wegfall gekommen. Wir haben keine Armee und keine Marine mehr und besitzen überhaupt keine militärische Organisation. Wir besitzen weder ein Ministerium für auswärtige Angelegenheiten noch ein Schatzamt; wir haben keine Akzise [Zölle - Anm. d. A.] und keine Belastung des Einkommens, keine Steuern und keine Steuereinhebungsbehörden. Die einzige auch zu Ihrer Zeit schon vorhandene Aufgabe der Regierung, die uns noch geblieben ist, besteht in der Verwaltung der Justiz und Polizei. Ich habe Ihnen bereits genugsam erklärt, wie einfach im Vergleiche mit ihrem ungeheuren und komplizierten Apparate unsere Gerichtseinrichtungen sind. Die Tatsache, dass die Versuchungen, welche zu Verbrechen anlockten, und damit die Verbrechen selbst in Wegfall gekommen sind, hat, wie erwähnt, die Aufgaben des Richteramts ganz erheblich vereinfacht, und sie hat auch die Tätigkeit der Polizei auf ein Minimum reduziert.'
(Julian West fragt - Anm. d. A.)'Aber wenn es keine Gesetzgebung in den Einzelstaaten und keinen Kongress gibt, der sich, wenn auch nur alle fünf Jahre versammelt, wie bringen sie dann überhaupt Gesetze zustande?'
'Wir haben keine Gesetzgebung', erwiderte Dr. Leete, 'das heißt nahezu keine. Es kommt hin und wieder vor, dass der Kongress, während er

tagt, einige neue Gesetze in Erwägung zieht, die von Wichtigkeit zu sein scheinen. Dann darf er sie aber lediglich dem nächstfolgenden Kongresse zur Annahme empfehlen, damit nichts übereilt geschehe. Wenn Sie einen Augenblick nachdenken, Herr West, so werden Sie sehen, dass wir eigentlich nichts haben, worüber wir Gesetze machen könnten. Die Grundprinzipien, auf denen unsere Gesellschaft beruht, haben für alle Zeiten die Streitigkeiten und Missverständnisse beseitigt, welche zu ihrer Zeit eine Gesetzgebung nötig machten.' " (13)

Das politische System Bellamys entspricht keineswegs dem einer marktwirtschaftlichen Demokratie. Das Regieren wird zu einem "Leiten eines Betriebes". Dieses Leiten bedarf kundiger und fähiger Köpfe, und um diese auszuwählen sind auch kleine Spezialistengremien ausreichend. Eine allgemeine Wahl wäre in dieser Hinsicht nicht unbedingt notwendig - es ist ja nichts gegen bestimmte Interessen von oben durchzusetzen und insofern ist es auch nicht nötig, sich dies vom gesamten Volk absegnen zu lassen. Dass es nun laut Dr. Leete doch Wahlen für das Amt des Präsidenten gibt und noch dazu die Arbeitenden davon ausgeschlossen sind, ist inkonsequent und widersprüchlich. Der Ausschluss der Arbeitenden vom aktiven Wahlrecht bei der Präsidentenwahl wird mit folgendem Satz begründet: "Das würde für die Disziplin gefährlich sein, welche der Präsident, als Vertreter der Nation in ihrer Gesamtheit, aufrechtzuerhalten berufen ist." (14)
Als Hauptverantwortlicher für die Versorgungswirtschaft ist der Präsident plötzlich auch für die Disziplin zuständig, die sich doch laut Bellamy ohne Druck von oben ergibt. Damit sie sich nicht womöglich einen zu nachgiebigen disziplinarischen Leiter wählen, sind die Arbeitenden (ausgenommen Ärzte und Lehrer) gleich gänzlich von der Wahl ausgeschlossen. Damit scheint es doch einen Interessensgegensätze zu geben, die in der Darstellung der harmonischen Gesellschaft vorerst gar nicht thematisiert wurden. Dies macht wieder das widersprüchliche Dilemma Bellamys deutlich, sowohl einsichtiges freiwilliges Mitmachen zu unterstellen, andererseits ständig auf Pflichten und Zwänge aufmerksam zu machen.
Die im Zitat angeführte "einzige" Aufgabe der Regierung, das Verwalten von Polizei und Justiz, ignoriert die (und widerspricht der) Bestimmung des Verwaltens als "Leiten eines Gewerbebetriebes" (15). Außerdem stellt sich heraus, dass Gesetze und Polizei kaum benötigt werden, da das Privateigentum (und damit das Kaufen und Verkaufen) ebenso wie die wirtschaftliche Ungleichheit beseitigt sind.

Die Rechtsprechung erfolgt pragmatisch und kommt, wie bei Morus, ganz ohne Advokaten aus, "welche die Wahrheit nur verdunkeln würden". (16)
Nebenbei sei daran erinnert, dass sowohl Morus als auch Bellamy Juristen waren, wenn auch Letzterer seine juristische Ausbildung kaum beruflich anwandte.

2.3 Resümee

Bellamy konzipiert nicht nur ein alternatives Wirtschaftsmodell, sondern verknüpfte dieses auch mit einer Kritik an der Marktwirtschaft. Das Modell ist in dieser Hinsicht deshalb interessant, da es von einer Vergesellschaftung der Produktion und der Abschaffung des Geldes ausgeht. Die Planwirtschaft wird nicht ausführlich erklärt, sondern nur angedeutet.
Den Zusammenhang zwischen Arbeit und Zuteilung bildet die Kreditkarte. Da mit dem Wert der Kreditkarte der Zugang zu den Gütern beschränkt werden kann, könnte solch ein Zuteilungsmodus für eine Übergangsgesellschaft gewählt werden, in der die "Allgemeine Versorgung" mit Gütern noch nicht allgemein gewährleistet ist.
Die größte Schwäche dieser Darstellung einer alternativen Wirtschaft besteht im vollständigen Ausblenden der Beschreibung der Gütererstellung und der Beziehung der Betriebe untereinander. Es wird nicht einmal angedeutet, ob die Betriebe aufgrund fiktiver Preisgrößen oder technischer Planzahlen produzieren und auf welcher Verrechnungsbasis die Betriebe einander zuliefern.
Als Beweis für die Güte der neuen Gesellschaft überzeichnet Bellamy die Charaktere der neuen Gesellschaft. Strebsam, höflich, diszipliniert und herzensgut, so treten die Menschen in "Looking Backward" auf - eine, bei aller Sympathie für Bellamys Vorstellungen, übertriebene Darstellung "sozialer Glückseligkeit".
Und immer wieder erwähnt er "Pflichten" der Mitglieder der neuen Gesellschaft, wo diese doch der Einsicht des Zusammenwirkens zum eigenen Vorteil gewichen sein sollten.

Bis zum ersten Weltkrieg war "Looking Backward" eines der meist gelesenen Bücher in den USA, aber auch bekannt in Europa. In den USA kam es zur Bildung von Vereinen und Parteien, welche die Verstaatlichung bzw. Vergesellschaftung der Industrieunternehmen forderten.
Es gab eine Vielzahl von Nachfolgewerken anderer Autoren. Viele verrissen "Looking Backward" als naives und gefährliches Werk.

Um seinen Kritikern zu erwidern und einige Schwächen von "Looking Backward" zu beheben, veröffentlichte Bellamy 1897 "Equality". In gleicher Weise wie im Vorgängerwerk erklärt Dr. Leete seinem neuen Schwiegersohn Julian West die neue Gesellschaft. Beim genauen Lesen wird man kleinere Korrekturen zur ersten Fassung (z.b. zum Begriff Arbeitspflicht) erkennen können. Die Schwerpunkte von "Equality" bilden die Darstellung des Übergangs von der Marktwirtschaft zur neuen Gesellschaft und eine Kritik der Gegenargumente bezüglich der alternativen Wirtschaft. In diesem Werk wird nochmals der Kernpunkt der Kritik Bellamys an der Marktwirtschaft deutlich: Diese Ökonomie spalte die Gesellschaft in sozial ungleiche Gruppen (Klassen) und bringe die Menschen gegeneinander auf. Mit der Herstellung wirtschaftlicher Gleichheit ("equality") durch Vergesellschaftung (bei Bellamy Verstaatlichung) der Produktion, Abschaffung des Geldes und Ausgabe von gleichwertigen Kreditkarten für alle Mitglieder würde die Gesellschaft eine "Solidaritätsgemeinschaft".

Kurz nach der Veröffentlichung von "Equality" verstarb der Autor. Edward Bellamy war kein politisch engagierter Sozialist oder Kommunist. Er war ein streng gläubiger Christ, der den Sozialisten wegen ihrer Gottlosigkeit misstraute und die Art ihrer Feindschaftserklärung gegenüber den Kapitalisten und deren Staat nicht guthieß - den politisch forcierten Klassenkampf und eine gewaltsam herbeigeführte Revolution lehnte er ab.

Nicht zuletzt deshalb distanzierten sich viele Sozialisten und Kommunisten von Bellamys Darstellung. Stellvertretend dafür sei der deutsche Sozialist August Bebel zitiert, der sich 1891 anlässlich der Veröffentlichung seiner Schrift "Die Frau und der Sozialismus" folgendermaßen abgrenzte:

"Nun ist aber eine mehr als sehr oberflächliche Übereinstimmung in der Auffassung mancher Dinge und gewisser kritischer Ausführungen zwischen Herrn Bellamy und mir nicht zu finden. Wer unsere beiden Schriften liest oder gelesen hat und ein wenig kritisch urteilen kann, wird finden, dass Herr Bellamy ein wohlwollend denkender Bürger ist, der ohne Ahnung der Bewegungsgesetze, welche die Gesellschaft beherrschen, rein vom Humanitätsstandpunkte aus, indem er als guter Beobachter der bürgerlichen Welt ihre Ungeheuerlichkeiten und ihre Widersprüche erkannte, sich eine künftige gesellschaftliche Ordnung zurechtlegte, in der aber überall die bürgerlichen Gedanken und die bürgerliche Auffassung der Dinge durchbricht. Herr Bellamy unterscheidet sich in nichts von den früheren Utopisten als dadurch, dass

seine Schilderungen das Gewand einer modernen Zeit tragen und dass die scharfe Kritik der bürgerlichen Gesellschaft, durch welche die Utopisten sich auszeichneten, fehlt [...]. Herr Bellamy ist ein Utopist und kein Sozialist." (17)
Die deutsche Kommunistin Klara Zetkin formuliert 1914 die Kritik in ihrem allgemein wohlwollend gehaltenen Vorwort zur deutschen Neuauflage des Buches so:
"Bellamy entwickelt das System, nach dem das Arbeitsheer aufgebaut und funktionieren soll. Er erweist sich damit als Utopist, als sozialer Erfinder und Entdecker, der die soziale Neuordnung in seinem Kopfe vorausschaffen will. Er ist also kein wissenschaftlicher Sozialist, der 'mittels seines Kopfes' in der Gesellschaft selbst die Kräfte und Gesetze bloßzulegen und zu verstehen strebt, die unabwendbar zu höheren Formen der Gesellschaft führen [...]
Die Umwandlung der Gesellschaft ist nach ihm das Werk der 'Nationalistenpartei', zusammengesetzt aus den Denkenden und Wohlmeinenden aller sozialer Schichten, sie ist nicht Schöpfung des revolutionären Proletariats." (18)
Nähere Auskunft zur Einstellung bedeutender Sozialisten und Kommunisten gegenüber alternativen Modellen bietet das folgende Kapitel.

DIE NICHT-UTOPIE: DER WISSENSCHAFTLICHE SOZIALISMUS

"Proletarische Revolution, Auflösung der Widersprüche: Das Proletariat ergreift die öffentliche Gewalt und verwandelt kraft dieser Gewalt die den Händen der Bourgeoisie entgleitenden gesellschaftlichen Produktionsmittel in öffentliches Eigentum. Durch diesen Akt befreit es die Produktionsmittel von ihrer bisherigen Kapitaleigenschaft und gibt ihrem gesellschaftlichen Charakter volle Freiheit, sich durchzusetzen. Eine gesellschaftliche Produktion nach vorherbestimmtem Plan wird nunmehr möglich. Die Entwicklung der Produktion macht die fernere Existenz verschiedener Gesellschaftsklassen zu einem Anachronismus. In dem Maß, wie die Anarchie der gesellschaftlichen Produktion schwindet, schläft auch die politische Autorität des Staats ein. Die Menschen, endlich Herren ihrer eignen Art der Vergesellschaftung, werden damit zugleich Herren der Natur, Herren ihrer selbst - frei."
(Friedrich Engels, Die Entwicklung des Sozialismus von der Utopie zur Wissenschaft)

Als profilierteste Kritik der Marktwirtschaft (Kapitalismus), speziell des Privateigentums, des Marktes und der Ausbeutung der Arbeitenden, gilt für viele der klassische Sozialismus bzw. Kommunismus. Dafür stehen vor allem Karl Marx und Friedrich Engels. So manche der heutigen Kritiker, auch wenn deren Kritik etwas anders lautet, berufen sich noch immer auf die Erkenntnisse dieser profundesten Vertreter des "wissenschaftlichen Sozialismus" und "Historischen Materialismus".

1   Kritik am Kapitalismus

Die Werke dieser führenden Kommunisten der damaligen Zeit befassen sich ausführlich mit der wissenschaftlichen Analyse des Kapitalismus, dessen historischer Entwicklung und tagespolitischen Verlaufsformen. Sie leiten das miserable Leben des Großteils der Bevölkerung aus den ökonomischen Verhältnissen ab und kritisieren die

Marktwirtschaft nicht nur in ihrer ökonomischen und politischen Manifestation, sondern auch in ihrem Auftreten als Ideologie im Geistesleben. Vor allem die Philosophie und die Sozialwissenschaften werden ihrer falschen An- und Einsichten überführt, und so manche Geistesgrößen als Apologeten des herrschenden Systems denunziert.
In einem ihrer "Frühwerke", dem "Manifest der kommunistischen Partei" (geschrieben 1847), charakterisieren sie die aufstrebende bürgerliche Gesellschaft als Klassengesellschaft, geben in kurzen Zügen ihr Veränderungsprogramm bekannt und grenzen sich gegen andere gesellschaftskritische Gruppierungen ab.
Worin besteht nun die Kritik an dieser Gesellschaft und ihrer Ökonomie?
Das Manifest beginnt vorerst gar nicht als Kritik des Kapitalismus, sondern mit Hinweisen, wie dieser die alten gesellschaftlichen Verhältnisse verändert und eine immense "Entwicklung der Produktivkräfte" eingeleitet habe. Doch die Tragik dabei sei, dass die Klassenherrschaft nicht aufgehoben wurde, sondern sich mit der Bourgeoisie (ökonomisch gesehen Kapitalisten, nämlich als Eigentümer der Produktionsmitteln und des Grundeigentums) und den Proletariern (Eigentümer der Arbeitskraft) zwei Klassen "objektiv" feindlich gegenüberstünden - und zwar aufgrund des ökonomischen Interessengegensatzes. Das Proletariat befinde sich in einer miserablen Lage der Verarmung, Ausbeutung und Abhängigkeit. Es wird gesellschaftlich - unter Einbeziehung des Weltmarktes - Reichtum produziert. Dieser Reichtum komme aber den eigentlichen Produzenten gar nicht zugute: "Diese Arbeiter, die sich stückweis verkaufen müssen, sind eine Ware wie jeder andere Handelsartikel und daher gleichmäßig allen Wechselfällen der Konkurrenz, allen Schwankungen des Marktes ausgesetzt." (1)
Das wesentliche Charakteristikum dieser Produktionsweise und auch Verursacher der Misere sei das Privateigentum. Mit dessen Abschaffung ergäbe sich auch die Auflösung der bürgerlichen Familie, die Aufhebung der Klassengegensätze, der Staatsgewalt und der nationalen Grenzen.

Die wesentlich fundiertere Kritik findet sich im Marx'schen Werk "Das Kapital" (1867). Diese wissenschaftliche Abhandlung setzt sich mit der Entstehung, den Grundlagen und der Wirkungsweise des Kapitalismus auseinander. Nicht nur die bestehenden Verhältnisse sollten damit kritisiert werden, sondern auch die "bürgerliche Ökonomie" mit ihren Sichtweisen der gesellschaftlichen Verhältnisse. ("Das Kapital"

wurde von Marx und Engels als Schulungsschrift für die kommunistische Bewegung gesehen.)
Die wesentlichsten Kritikpunkte seien kurz zusammengefasst:
- Im Kapitalismus kommt es auf das eine an: Vermehrung von Kapital. Die Erwirtschaftung dieser Vermehrung erfolgt gesellschaftlich, die Aneignung aber privat. Wer über Privatkapital verfügt, kann andere, die keines besitzen, für die Vermehrung seines eingesetzten Kapitals arbeiten lassen.
- Die Arbeitnehmer sind vom Arbeitgeber abhängig und fungieren für diesen als "variables Kapital": Arbeitsplatz und Lohn, die Existenzgrundlagen der Arbeitnehmer, sind für den Kapitalisten Kostengrößen - dies impliziert einen Interessengegensatz. Die Kosten gilt es im Verhältnis zum erarbeiteten Wert der Ware zu minimieren, um Profite zu erwirtschaften, welche ökonomisch notwendig sind, um das Kapital zu erhalten und zu vergrößern. Dies bedeutet für die Lohnabhängigen, den Großteil der Bevölkerung: einen Lohn, der bei den meisten gerade für die Erhaltung der Arbeitskraft reicht (also Armut in Relation zum produzierten Reichtum), Ausbeutung, die Gesundheit gefährdende Arbeitsbedingungen und die ständige Gefahr, durch den Verlust des Arbeitsplatzes in Existenznot zu geraten.
- Die Kapitalisten liefern sich auf dem Markt einen Kampf um die Profite. Mit allen Mitteln versuchen sie sich in der Konkurrenz zu behaupten. Die Leidtragenden sind dabei nicht nur die unterlegenen Kapitalisten, sondern vor allem die Lohnabhängigen.
- Jeder Kapitalist produziert gemäß seinen Profitüberlegungen für den Markt. Weder der tatsächliche Bedarf noch die vorhandene zahlungsfähige Nachfrage interessieren den einzelnen Kapitalisten. Ohne Rücksicht auf Verluste nimmt er Kredite auf, produziert und bietet an - auf dem Markt wird sich erweisen, ob sich das gelohnt hat. Es herrscht eine "Anarchie der Produktion".
- Und diese Anarchie schlägt in regelmäßigen Abständen gegen alle Kapitalisten aus - dann nämlich, wenn die Zahlungsfähigkeit des Marktes zu wenig für Profite und die Bedienung der Kredite hergibt. Eine allgemeine Geschäftskrise ist die Konsequenz - und die betrifft alle Bereiche der Ökonomie und gefährdet vor allem die Existenzgrundlage der Arbeitenden. Angeheizt wird die Abfolge von Krise und Boom durch die Spekulation, die sich im Kapitalismus mit den verschiedensten Titeln betreiben lässt.
- Gerade in Krisen erweist es sich, dass in dieser Wirtschaft Gebrauchswerte nur zählen, wenn sie als Tauschwerte taugen.

Reichtum ist nur etwas, was sich zu Geld machen lässt. Alles wird am Geld gemessen - und wenn dieses nicht vorhanden ist, werden auch viele Gebrauchswerte unbrauchbar. Wenn einiges an Werten und auch Existenzen vernichtet ist und das Vertrauen, verkaufen zu können, zunimmt, geht alles wieder von vorne los.

Auch wenn sich die Erscheinungsformen von Armut und Ausbeutung seit damals geändert haben, so hält diese Kritik heute noch allen Schönfärbereien dieser Gesellschaft stand.

2 Das Programm

Marx und Engels waren nicht nur Wissenschafter sondern auch politische Agitatoren. Sie wollten das Proletariat für eine Revolution, für die Abschaffung des Kapitalismus gewinnen. Im "Manifest der kommunistischen Partei" skizzierten sie ein Programm für die Errichtung der "Diktatur des Proletariats", also für die erste Zeit der radikalen Veränderung der Ökonomie und Politik:
"Das Proletariat wird seine politische Herrschaft dazu benutzen, der Bourgeoisie nach und nach alles Kapital zu entreißen, alle Produktionsinstrumente in den Händen des Staats, d.h. des als herrschende Klasse organisierten Proletariats zu zentralisieren und die Masse der Produktionskräfte möglichst rasch zu vermehren.
Es kann dies natürlich nur geschehen vermittelst despotischer Eingriffe in das Eigentumsrecht und in die bürgerlichen Produktionsverhältnisse, durch Maßregeln also, die ökonomisch unzureichend und unhaltbar erscheinen, die aber im Lauf der Bewegung über sich selbst hinaustreiben und als Mittel zur Umwälzung der ganzen Produktionsweise unvermeidlich sind.
Die Maßregeln werden natürlich je nach den verschiedenen Ländern verschieden sein.
Für die fortgeschrittensten Länder werden jedoch die folgenden ziemlich allgemein in Anwendung kommen können:
 1. Expropriation des Grundeigentums und Verwendung der Grundrente zu Staatsausgaben.
 2. Starke Progressivsteuer.
 3. Abschaffung des Erbrechts.
 4. Konfiskation des Eigentums aller Emigranten und Rebellen.
 5. Zentralisation des Kredits in den Händen des Staats durch eine Nationalbank mit Staatskapital und ausschließlichem Monopol.

6. Zentralisation des Transportwesens in den Händen des Staats.
7. Vermehrung der Nationalfabriken, Produktionsinstrumente, Urbarmachung und Verbesserung der Ländereien nach einem gemeinschaftlichen Plan.
8. Gleicher Arbeitszwang für alle, Errichtung industrieller Armeen, besonders für den Ackerbau.
9. Vereinigung des Betriebs von Ackerbau und Industrie, Hinwirken auf die allmähliche Beseitigung des Unterschieds von Stadt und Land.
10. Öffentliche und unentgeltliche Erziehung aller Kinder. Beseitigung der Fabrikarbeit der Kinder in ihrer heutigen Form. Vereinigung der Erziehung mit der materiellen Produktion usw.

Sind im Laufe der Entwicklung die Klassenunterschiede verschwunden und ist alle Produktion in den Händen der assoziierten Individuen konzentriert, so verliert die öffentliche Gewalt den politischen Charakter [...] An die Stelle der alten bürgerlichen Gesellschaft mit ihren Klassen und Klassengegensätzen tritt eine Assoziation, worin die freie Entwicklung eines jeden die Bedingung für die freie Entwicklung aller ist." (2) (25 Jahre später standen Marx und Engels diesem Maßnahmenkatalog eher skeptisch gegenüber, da dieser aufgrund "geänderter Verhältnisse nachzubessern wäre" - doch letztlich legten sie keinen Wert mehr auf eine Änderung des Textes.)

Der wesentliche Inhalt dieses Programms ist die Verstaatlichung der Produktion, des Handels, des Geldwesens und Grundeigentums. Die Vorgabe für die Produktion wird kurz angedeutet: ein gemeinschaftlicher Plan. Wie dieser Plan auszuführen sei, darüber schweigt das Programm. Keine Rede ist davon, den Warentausch und das Geld, damit auch Löhne und Preise abzuschaffen. Dem könnte entgegengehalten werden, dass dieses Programm die notwendigen Schritte in der Übergangsphase, eben der "Diktatur des Proletariats", zusammenfasst, und keine Beschreibung der Produktionsweise im vollendeten Kommunismus ist. Dennoch kann dies nicht über die Schwäche dieser Revolutionsprogrammatik hinwegtäuschen: Die Abschaffung des Privateigentums allein revolutioniert nicht die gesellschaftliche Produktionsweise im Sinne einer klassenlosen Gesellschaft "assoziierter Individuen", die keiner Gewalt mehr bedarf oder nach Engels, den Staat zum "Absterben" bringt. Dazu ist auch eine Beseitigung des Staatseigentums, des Warentausches und des Geldes notwendig - und diese wahrhaft revolutionären Umwandlungen ergeben sich nicht automatisch bzw. notwendig mit Fortdauer der Diktatur des Proletariats.

Das kann man an der Geschichte der Sowjetunion und ihres "Realen Sozialismus" studieren: Nach der Revolution und Errichtung der Diktatur des Proletariats in Anlehnung an das Programm des "Kommunistischen Manifests" versuchten einige führende Köpfe der Partei in der Agitationsschrift "ABC des Kommunismus" eine kommunistische Planwirtschaft und Gesellschaft zu umreißen, die nur wenig mit der oben skizzierten "Diktatur des Proletariats" gemein hatte. Der Übergang zu dieser kommunistischen Gesellschaft ergab sich keineswegs "mit der Zeit" von selbst und wurde politökonomisch nie vollzogen (siehe dazu das Kapitel "Realisierte Versuche alternativer Ökonomien / Der Kriegskommunismus und der Reale Sozialismus").

Das Programm des Manifests ist also kein Entwurf einer neuen Gesellschaft, sondern eine Programmatik für die ersten Schritte der Revolution. Hinweise über eine zukünftige kommunistische Gesellschaft wird man bei Marx und Engels kaum finden. Die wenigen Andeutungen sind bloße Randbemerkungen. Als solche sind sie aber berühmter und bekannter als die wissenschaftlichen Analysen.
In seiner "Kritik des Gothaer Programms" bemerkt Marx, dass noch nicht in der Übergangsgesellschaft, sondern erst in einer voll entwickelten kommunistischen Gesellschaft das bürgerliche Recht überflüssig geworden ist:
"... nachdem mit der allseitigen Entwicklung der Individuen auch ihre Produktivkräfte gewachsen und alle Springquellen des genossenschaftlichen Reichtums voller fließen - erst dann kann der enge bürgerliche Rechtshorizont ganz überschritten werden und die Gesellschaft auf ihre Fahnen schreiben: Jeder nach seinen Fähigkeiten, jedem nach seinen Bedürfnissen!" (3)
In der "Entwicklung des Sozialismus von der Utopie zur Wissenschaft" schreibt Engels zur Entwicklung der politischen Gewalt:
"Das Eingreifen einer Staatsgewalt in gesellschaftliche Verhältnisse wird auf einem Gebiete nach dem andern überflüssig und schläft dann von selbst ein. An die Stelle der Regierung über Personen tritt die Verwaltung von Sachen und die Leitung von Produktionsprozessen. Der Staat wird nicht 'abgeschafft', er stirbt ab." (4)
In einem seiner früheren Werke, in dem es um die Kritik an der deutschen idealistischen Philosophie nach Hegel geht, erklärt Marx mit einem Anflug von wohl nicht ganz ernst zu nehmender heiterer Übertreibung:
"Sowie nämlich die Arbeit verteilt zu werden anfängt, hat jeder einen bestimmten ausschließlichen Kreis der Tätigkeit, der ihm aufgedrängt

wird, aus dem er nicht heraus kann; er ist Jäger, Fischer oder Hirt oder kritischer Kritiker und muss es bleiben, wenn er nicht die Mittel zum Leben verlieren will - während in der kommunistischen Gesellschaft, wo jeder nicht einen ausschließlichen Kreis der Tätigkeit hat, sondern sich in jedem beliebigen Zweige ausbilden kann, die Gesellschaft die allgemeine Produktion regelt und mir eben dadurch möglich macht, heute dies, morgen jenes zu tun, morgens zu jagen, nachmittags zu fischen, abends Viehzucht zu treiben, nach dem Essen zu kritisieren, wie ich gerade Lust habe, ohne je Jäger, Fischer, Hirt oder Kritiker zu werden." (5)

Diese Bemerkungen zu einer kommunistischen Gesellschaft geben keine Aufschlüsse darüber, wie die kommunistische Gesellschaft aufgebaut sein und funktionieren sollte. Letzteres zu klären, war auch gar nicht beabsichtigt - man hatte sogar Vorbehalte dagegen. Und diese lagen nicht an fehlender Zeit, sich mit diesem Thema zu beschäftigen. Was hielt die marxistischen Sozialisten und Kommunisten davon ab, die Gesellschaft genauer zu durchdenken und beschreiben, welche sie als kommunistische im Sinne hatten? Die folgenden Kapitel versuchen diese Frage zu beantworten.

3 Wissenschaft statt Utopie

Die Grundlage für die politische Bewegung der damaligen Sozialisten und Kommunisten waren die Analysen des Kapitalismus und der Sozialgeschichte von Marx und Engels ("Wissenschaftlicher Sozialismus"). Diese Analysen wiesen nach, wie der Kapitalismus zustande kam und funktioniert.

Der Focus lag also nicht im Entwurf eines Zukunftsmodells, sondern in der wissenschaftlichen Analyse der herrschenden gesellschaftlichen Verhältnisse und vor allem auch in der Kritik an gängiger Philosophie und anerkannten ökonomischen Theorien. Die Sozialisten sahen es nicht als ihre Sache an, sich einen Zukunftsstaat wie die Utopisten auszumalen, weil dies nichts mit der Realität zu tun hätte. Sie erachteten Zukunftsvisionen als unwissenschaftlich und deshalb auch für die praktische Politik als bedeutungslos.

Am klarsten gibt darüber Wilhelm Liebknecht, ein führendes Mitglied der marxistisch beeinflussten Sozialdemokratischen Partei Deutschlands, in zwei Reden Auskunft:

"Diejenigen Herren, die Auskunft über den Zukunftsstaat von uns wollen, mögen bedenken, dass uns jede Voraussetzung fehlt, auf welche

hin vorausgesagt werden könnte, wie ein Staat oder eine Gesellschaftsordnung, ich will sagen in zehn Jahren - nein in einem Jahr - beschaffen sein wird ..." (6) (Abschlussrede auf dem Parteitag der Sozialisten in Halle 1890. Engels lobte vor allem diese Passage.)
"Was den Zukunftsstaat betrifft, so ist das Phantasiesache. Jeder Mann ohne Ausnahme, Sie auch, Sie alle hier im Hause, haben ihren Zukunftsstaat, wenn auch Ihr Ideal meist in der Vergangenheit zurückliegt. Unser Ideal liegt glücklicherweise vor uns, und jeder macht sich nach seiner Fasson in seinem eigenen Zukunftsstaate selig. Der Zukunftsstaat ist in gewisser Beziehung ein Ideal; aber die Wissenschaft hat niemals etwas mit ihm zu tun gehabt. Unsere Partei, die sozialdemokratische Partei, hat niemals die Utopie eines Zukunftsstaates in ihr Programm aufgenommen." (7)
Dieser Beitrag schloss eine stürmische Debatte zwischen Sozialisten und anderen Parteien im Deutschen Reichstag im Januar 1893 ab. Die Debatte entstand aufgrund einer Kritik der Sozialisten an der bestehenden Gesellschaftsordnung und der Replik der anderen Parteien, die Sozialisten sollten endlich Auskunft über ihren Zukunftsstaat geben.
So strikt wie die beiden Aussagen vermuten lassen, scheint die Ablehnung Liebknechts gegenüber sozialistischen Utopien allerdings nicht gewesen zu sein - schließlich schrieb er ein wohlwollendes Vorwort zu William Morris utopischer Erzählung "News from Nowhere".

Unbestrittenerweise ist der Entwurf eines Zukunftsmodells nicht Wissenschaft im engsten Sinne des Begriffs. Wissenschaft erklärt, was ist, und nicht, was sein sollte. Ein politökonomisch relevantes Gesellschaftsmodell fußt allerdings auf wissenschaftlichen Erkenntnissen über die Wirkungsweise vergangener und bestehender Ökonomien bzw. Gesellschaften und unterscheidet sich damit von einem phantasievollen Märchen.
Nicht auszuschließen ist, dass die Organisation einer alternativen Gesellschaft ohne vorher ausgearbeitetes Modell vonstatten gehen könnte: Die wissenschaftliche Analyse offenbart die Grundgrößen (z.B. Tauschwert, Privateigentum, Löhne, Profit etc.), die zu verändern bzw. auszuhebeln sind, um die Wirkungen wie Armut, Ausbeutung, Gesundheitsgefährdung etc. zu vermeiden. Wenn für diese Einsicht agitiert und gegen die bestehenden Verhältnisse mobilisiert wird, wird sich dann mit der gelungenen Revolution und der gemeinsamen Einsicht, was man *nicht* will, die Alternative durch einen gesellschaftlichen Einigungsprozess ergeben.

Allerdings bestehen die Schwächen der Verweigerung einer Vorschau erstens darin, grundlegende Überlegungen zur neuen Gesellschaft erst dann anzustellen, wenn die alte nicht mehr existiert, aber die neue noch nicht eingerichtet ist. Dies garantiert Orientierungslosigkeit und Anlaufschwierigkeiten.
Zweitens wird man zwangsläufig bei der radikalen Kritik der Marktwirtschaft darauf verwiesen, eine Alternative zu präsentieren - und dies nicht nur von Leuten, die mit der Kritik nicht einverstanden sind, sondern auch von solchen, die durchaus für eine Alternative gewonnen werden könnten.

Die Verweigerung der Entwicklung eines Modells speiste sich bei Sozialisten und Kommunisten auch aus anderen Gedanken, die in den Erkenntnissen des "Historischen Materialismus" begründet waren.

4 Historischer Materialismus

Wie in den Zitaten von August Bebel und Klara Zetkin (siehe Ende des Kapitels „Edward Bellamy - ‚Looking Backward' / Resümee") deutlich wird, findet sich hierin ein Argument, welches Marx und vor allem Engels den "sozialistischen Utopisten", wie St. Simon, Proudhon, Fourier und auch Owen entgegengehalten haben: Geschichtliche Gesetze würden von den Utopisten gar nicht bzw. in zu geringem Maße beachtet werden. Das, was die neue Gesellschaft herbeiführen würde, wäre der Klassenkampf. Das Proletariat sei der Träger dieses Kampfes. Darüber sei das Proletariat aufzuklären:
"Diese weltbefreiende Tat durchzuführen ist der geschichtliche Beruf des modernen Proletariats. Ihre geschichtlichen Bedingungen, und damit ihre Natur selbst, zu ergründen und so der zur Aktion berufnen, heute unterdrückten Klasse, die Bedingungen und die Natur ihrer eigenen Aktion zum Bewusstsein zu bringen, ist die Aufgabe des theoretischen Ausdrucks der proletarischen Bewegung, des wissenschaftlichen Sozialismus." (8)
Auch heutzutage kann die Bedeutung des Proletariats, auch wenn es nicht mehr so bezeichnet wird, für die Abschaffung der Marktwirtschaft nicht bestritten werden. Obwohl nicht alle Arbeitnehmer die treibende Kraft einer Revolution sein müssen, so wird eine radikale Änderung der Gesellschaft nur möglich sein und funktionieren, wenn eine große Anzahl der Arbeitnehmer die Parteinahme für die Marktwirtschaft aufgibt, nicht mehr für diese arbeitet, sondern die neue Ge-

sellschaft mitorganisiert. Darüber hinaus wurde aber dem Proletariat eine von der Geschichte zugewiesene Rolle zugedacht, die es *notwendigerweise* zu erfüllen hätte. Die Kommunisten sahen sich dabei als bloße Erfüllungsgehilfen der Geschichte, welche mit einer ihr immanenten Notwendigkeit zügig auf den Kommunismus zusteuere. Dem Proletariat sollte diese tragende Rolle klar gemacht werden.
Der "Historische Materialismus", von Engels als Entdeckung von Marx gerühmt und von ihm weiter ausgebaut, beruht nicht nur auf dem Nachweis der Bedeutung der ökonomischen Verhältnisse, der materiellen Lebensverhältnisse der Geschichte machenden Menschen und ihrer Beziehungen zueinander (Klassen), sondern sieht eben auch Notwendigkeiten und Gesetze (ähnlich wie Naturgesetze) am Werk, welche die Geschichte vorantreiben.
Marx schreibt (in einem Brief an Weydemeyer):
"Was ich neu tat, war 1. nachzuweisen, dass die Existenz der Klassen bloß an bestimmte historische Entwicklungsphasen der Produktion gebunden ist; 2. dass der Klassenkampf notwendig zur Diktatur des Proletariats führt; 3. dass diese Diktatur selbst nur den Übergang zur Aufhebung aller Klassen und zu einer klassenlosen Gesellschaft bildet." (9)
Gegen Ende des ersten Bandes des Kapitals schreibt Marx im Kapitel "Geschichtliche Tendenz der kapitalistischen Akkumulation":
"Diese Expropriation vollzieht sich durch das Spiel der immanenten Gesetze der kapitalistischen Produktion selbst, durch die Zentralisation der Kapitale [...]
Mit der beständig abnehmenden Zahl der Kapitalmagneten, welche alle Vorteile dieses Umwandlungsprozesses usurpieren und monopolisieren, wächst die Masse des Elends, des Drucks, der Knechtschaft, der Entartung, der Ausbeutung, aber auch die Empörung der stets anschwellenden und durch den Mechanismus des kapitalistischen Produktionsprozesses selbst geschulten, vereinten und organisierten Arbeiterklasse. Das Kapitalmonopol wird zur Fessel der Produktionsweise, die mit und unter ihm aufgeglüht ist. Die Zentralisation der Produktionsmittel und die Vergesellschaftung der Arbeit erreichen einen Punkt, wo sie unverträglich werden mit ihrer kapitalistischen Hülle. Sie wird gesprengt. Die Stunde des kapitalistischen Privateigentums schlägt. Die Expropriateurs werden expropriiert." (10)
Damit stellt Marx nicht nur sehr knapp die revolutionären Schritte zur Veränderung der kapitalistischen Gesellschaft dar, sondern postuliert auch eine notwendige historische Entwicklung - letzteres habe er wissenschaftlich nachgewiesen und sei Bestandteil des "wissenschaftli-

chen Sozialismus". Es ist schon zweifelhaft, die Vorhersage der Entwicklung der gesellschaftlichen Verhältnisse als Wissenschaft zu bezeichnen, aber jedenfalls nicht haltbar, geschichtliche Gesetze der Menschheitsgeschichte aufzustellen. In der Marktwirtschaft eine Tendenz zur Konzentration des Kapitals ausfindig zu machen und diese als notwendig gemäß der "kapitalistischen Logik" zu erklären, kann noch als korrekt angesehen werden. Krumm wird die Sache allerdings dann, wenn sich plötzlich ein Geistersubjekt namens Geschichte einmischt, welches diese Tendenz "notwendig" bis zu einer neuen Gesellschaft weitertreibt. "Die Geschichte" wird von Menschen und ihren Interessen gemacht, die damit neue Fakten und "Notwendigkeiten" schaffen, und nicht, wie es oben anklingt, werden Interessen von einer der Geschichte immanenten Logik in eine bestimmte Richtung weitergetrieben.

Abgedroschen, aber wahr ist zudem, dass diese Facette des Historischen Materialismus von "der Geschichte" widerlegt wurde. Der Klassenkampf führte nicht zu einer Diktatur des Proletariats, sondern zur Beteiligung der "Arbeitnehmerinteressen" an der Macht, zu einer Verrechtlichung des Klassengegensatzes. Aufgehoben wurde der Gegensatz dadurch nicht.

Der Großteil der Arbeiterbewegung entschied sich ab der Mitte des 19. Jahrhunderts nicht für die Erlangung, sondern für eine Beteiligung an der Macht zu kämpfen (Allgemeines Wahlrecht). Das erreichten die Sozialisten auch und gaben sich damit zufrieden. Das Ziel der Errichtung einer klassenlosen Gesellschaft verblasste mit der Zeit und wich schließlich pragmatischer Staatspolitik.

Weder führte die Konzentration des Kapitals (Konzerne) zu einer Verstaatlichungswelle, noch stürzte der Kapitalismus über eine seiner immer wieder auftretenden Krisen bzw. Kriege. Selbst mit der Errichtung einer "Diktatur des Proletariats" in der Sowjetunion war die Weiterentwicklung zur klassenlosen Gesellschaft keineswegs vorprogrammiert. Im Gegenteil, die Marktwirtschaft hielt nach der Auflösung der Sowjetunion im einstigen Ostblock Einzug, und das in einer radikalen Art und Weise, die so manche marktwirtschaftliche Hochburg in puncto Privatisierung und freien Markt blass aussehen ließ.

Die Verweigerung, die zukünftige klassenlose Gesellschaft zu beschreiben, beruhte also nicht nur auf der Ablehnung unwissenschaftliche vorzugehen. Diese gründete sich auch im Vertrauen darauf, dass die Geschichte mit der proletarischen Revolution ihren notwendigen Verlauf nehme, und sich daraus die alternative Gesellschaft aufgrund der veränderten materiellen Bedingungen historisch von selbst ergäbe. Abgesteckt wurde von den Kommunisten nur der grobe Verlauf bis zur Errichtung einer neuen Gesellschaft. Es bestand kein Interesse, die ökonomische und politische Funktionsweise dieser Gesellschaft zu konzipieren - im Gegenteil: Die damals stark aufkommenden (sozialistischen) Zukunftsmodelle wurden von den führenden Köpfen prinzipiell abgelehnt.

Es kursierten Ende des 19. Jahrhunderts, Anfang des 20. Jahrhunderts eine Menge von auch sozialistisch eingefärbten Modellen zukünftiger Gesellschaften. Weitling, Hertzka, Ballod waren unter den Autoren zu finden und schließlich auch Bebel. Letzterer versucht in den letzten Kapiteln seines Hauptwerkes "Die Frau und der Sozialismus" die Grundzüge einer sozialistischen Gesellschaft darzulegen. (Ökonomisch gesehen liegt der Schwerpunkt bei Bebel auf der Enteignung der Privateigentümer - auf welcher Basis die Betriebe produzieren, die Leute arbeiten und Produkte beziehen, darüber schweigt er sich aus. Diesbezüglich bietet Bellamy noch einen umfassenderen Einblick.) Trotz der großen Verbreitung des Werks von Bebel wurde jedoch das Modell eines sozialistischen bzw. kommunistischen Wirtschaftsmodells nie zum Thema gemacht, über das ernsthaft diskutiert und das für die Agitation aufbereitet wurde.

Engels, der in seinen späteren Jahren der Befassung mit Zukunftsmodellen sehr kritisch gegenüberstand, schrieb in seinen frühen politischen Jahren im „Deutschen Bürgerbuch für 1845":
„Wenn man sich mit den Leuten über Sozialismus oder Kommunismus unterhält, so findet man sehr häufig, dass sie einem in der Sache selbst ganz recht geben und den Kommunismus für etwas sehr Schönes erklären; ‚aber', sagen sie dann, ‚es ist eine Unmöglichkeit, dergleichen jemals in der Wirklichkeit auszuführen". Dieser Einwurf wird einem so häufig gemacht, dass es dem Schreiber dieses für nützlich und notwendig erscheint, ihn durch einige Tatsachen zu beantworten, welche in Deutschland noch sehr wenig bekannt sind und wodurch dieser Einwand ganz und gar beseitigt wird. Der Kommunismus, das soziale Leben und Wirken in Gemeinschaft der Güter, ist nämlich nicht nur möglich, sondern in vielen Gemeinden Amerikas und an einem Orte in England bereits wirklich ausgeführt, und das mit dem besten Erfolge, wie wir sehen werden." (11)

Auf diese Einleitung folgt eine detaillierte Schilderung mit Lob und Kritik einiger gesellschaftlicher Experimente, u.a. auch Robert Owens „Harmony". In seiner politischen Frühphase hielt es die Leitfigur des Kommunismus bzw. Sozialismus also durchaus für angebracht, sich einige Gedanken über die Organisation einer alternativen Gesellschaft und deren Wirtschaft zu machen.

5 Resümee

Leuten, die sich die Wirkungsweise dieser Wirtschaft und deren Einfluss auf ihr Leben klar machen wollen, bieten die Erkenntnisse des wissenschaftlichen Sozialismus, speziell von Marx und Engels, elementares Material. Vor allem die Analyse des Kapitalismus, dargestellt im "Kapital" von Marx, enthält grundlegende Erklärungen zu Privateigentum, Geld, Lohn, Profit, Markt. Diese Erkenntnisse haben im Wesentlichen trotz der Weiterentwicklung der Marktwirtschaft nichts an Stichhaltigkeit eingebüßt. Die Kritik der Marktwirtschaft findet in dieser Analyse genügend Anhaltspunkte. Nur eine fundierte Kritik der ökonomischen Verhältnisse wird auch eine erfolgreiche Umgestaltung der gesellschaftlichen Verhältnisse in Richtung einer BVW bewirken können. Wenn z.B. klar ist, dass Geld auf dem Warentausch, also dem Tausch von Eigentum beruht, und sich in der Geldwirtschaft der Gebrauchwert (letztlich die Versorgung) dem Tauschwert unterzuordnen hat, so wird daraus abzuleiten sein, im Sinne einer Versorgungswirtschaft nicht nur das Eigentum, sondern auch das Geld abzuschaffen.

Was den "Historischen Materialismus" betrifft, so kann man dessen schon oft zu Grabe getragenen Aussagen auch dort, nämlich im Grabe, lassen. Nicht alles, was unter diesem Titel geschrieben wurde, ist unkorrekt. Doch die Konsequenzen, die daraus, auch von Marx und Engels, gezogen wurden, sind mehr als zweifelhaft. Eine "Tendenz der Geschichte" in Richtung Kommunismus kann getrost als Ideologie bezeichnet werden - als eine Weltanschauung, welche der wissenschaftliche Sozialismus nicht sein wollte.
Darauf beruhte auch zum Teil die Ablehnung, sich mit der Alternative ernsthaft auseinander zu setzen. Nicht einem utopischen Modell wollte man nachkommen, sondern der geschichtlichen Realität zum Durchbruch verhelfen. Die geschichtliche Realität in Vertretung des bürgerlichen Staates ließ dann eine Beteiligung der Arbeiterpartei an der Staatsmacht zu - mehr nicht. Wie schon erwähnt, gaben sich die Sozialisten mit der "Stärkung der sozialen Rechte" (die Marx noch in der Kritik des Gothaer Programm angeprangert hatte) zufrieden. Nicht nur in Russland begehrten allerdings einige Kommunisten auf, die

Die Nicht-Utopie: Der wissenschaftliche Sozialismus

eine bloße Mitbeteiligung an der bürgerlich demokratischen Staatsmacht nicht akzeptierten. Die Aufstände wurden unter Beteiligung der parlamentarisch vertretenen Sozialisten niedergeworfen.

Aus dem Vorangegangenen kann nicht geschlossen werden, dass die Niederlage der Marktwirtschaftsgegner bzw. die Aufgabe der Gegnerschaft auf ein fehlendes Zukunftsmodell zurückzuführen ist. Unsicher ist auch, ob es eine größere Anzahl an aktiven Interessenten für den Sozialismus oder Kommunismus gegeben hätte, wenn ein allgemein anerkanntes Modell vorhanden gewesen wäre. Vielleicht hätte man das Ziel nicht so schnell aus den Augen verloren. Die Gegnerschaft bezüglich der Marktwirtschaft und das Interesse an einer neuen Gesellschaft entschwand jedenfalls bei einem Großteil durch die Eingemeindung in die Nation und den Zusatz "soziale" Marktwirtschaft, was eine Anerkennung der sozialen Anliegen der Arbeitnehmer und ihren Einsatz als Arbeitskraft bedeutete. Offensichtlich war dies für den Großteil der Sozialisten ausreichend.

Anders verlief die Gegnerschaft in Russland, wo sich in Folge der Schwäche der Zarenherrschaft ein "window of opportunity" auftat, und es zu einer Revolution der politischen und ökonomischen Verhältnisse kam (siehe Kapitel "Der Kriegskommunismus und der Reale Sozialismus").

REALISIERTE VERSUCHE ALTERNATIVER ÖKONOMIEN

Es gab nicht nur Beschreibungen, Utopien oder theoretische Hinweise bezüglich alternativer Gesellschaftsmodelle, sondern auch praktizierte Versuche, die Ökonomie in anderer Art und Weise als die Marktwirtschaft zu gestalten.
Einige dieser Versuche werden in diesem Kapitel dargestellt und im Hinblick auf eine BVW kommentiert. Untersucht werden nur solche Experimente, welche großräumig umgesetzt wurden und bezüglich der Grundprinzipien scheinbare Ähnlichkeiten mit der BVW aufweisen.

1 Vorspann: Die Reduktionen in Paraguay

Miura (Abgesandter des Königs von Spanien): *Weshalb laufen die Indios der Grundbesitzer zu euch über?*
Hundertpfund (Superior der Jesuiten): *Weil sie bei den Grundbesitzern in Sklaverei sind, geschunden und geprügelt werden.*
Miura: *Wie steht's denn mit der Bestrafung in euren Siedlungen? Wie ahndet ihr Verfehlungen?*
Hundertpfund: *Wir verwarnen. Im Wiederholungsfall, bei leichteren Fällen setzt es 25 Stockstreiche. In schweren Fällen einige Monate Gefängnis.*
Miura: *Und die Todesstrafe?*
Hundertpfund: *Gibt's bei uns nicht. Sie ist auch nicht notwendig. Raub kommt nicht vor; es hat jeder, was er braucht. Um Geldes willen verletzt niemand ein Gebot - in unserm Staat ist Geld unbekannt.*
Miura: *Ihr habt kein Geld?*
Hundertpfund: *Nicht einen Maravedi. Wozu auch? Was einer braucht, erhält er in Naturalien und Kleidung. Zu bezahlen ist nichts. Die Arbeit ist der einzige Wert.*
Miura: *Donnerwetter - was habt ihr da für einen Staat aufgebaut!*
Hundertpfund (zufrieden): Nicht wahr!
(Fritz Hochwälder, Das heilige Experiment, 2. Aufzug, 5.Szene)

Eine alternative Ökonomie besonderer Art stellten die Siedlungen („Reduktionen") unter Leitung der Jesuiten, auch als "Jesuitenstaat" bekannt, in der Zeit zwischen 1609 und 1768 dar. Zu dieser Zeit war jener eher eine Alternative zum noch verbreiteten Feudal- und Kolonialsystem als zur erst entstehenden Marktwirtschaft. Doch die Tatsache, dass innerhalb eines ausgedehnten Gebietes mit einer (für damalige Verhältnisse) relativ großen Bevölkerung eine Wirtschaft ohne Staatsgewalt, Markt und Privateigentum außerordentlich gut funktionierte, ist es wert, sich dieses Gemeinwesen näher anzusehen.

1.1 Errichtung

Die spanische Kolonialmacht (wie auch andere Mächte) ging in der Regel mit einem besetzten Land und der einheimischen Bevölkerung nicht zimperlich um. Die vorhandenen Reichtümer wie Gold, Gewürze oder haltbare Lebensmittel wurden abtransportiert, die heimische Bevölkerung umgebracht und / oder versklavt. Damit einher ging in Südamerika auch eine (vorerst recht erfolglose) Missionierung der Indianer. Obwohl die "Nuevas Leyes de Indias" ("Neue Indianergesetze" der spanischen Kolonialmacht) eine Behandlung der Indianer als "freie Menschen" vorsahen, wurden diese in der Praxis auch mit Billigung der Krone missachtet.

Eine Ausnahme bildete das spanische Kolonialgebiet südlich von Brasilien, welches Grenzgebiet zur portugiesischen Kolonie war. Die dort ansässigen Guarani-Indianer konnten lange Zeit nicht befriedet werden, die ersten Missionsversuche schlugen fehl. Diese unruhigen Grenzgebiete unterstanden direkt der Befehlsgewalt des spanischen Königs (Philipp III.) und waren dessen Eigentum. Dieser Umstand ermöglichte es seinem Provinzial, Diego de Torres Bollo, den Jesuiten offiziell Gebiete zuzuweisen, wo sie Siedlungen errichten konnten, in denen die Indianer "geistig" erobert und befriedet werden sollten.

Die Jesuiten hatten schon vor diesem offiziellen Angebot mit der Errichtung von Siedlungen begonnen, deren Erfolg den König veranlasste, den Padres freie Hand bei der Betreuung dieses Gebietes zu lassen. So entstanden ab 1609 im Laufe der Zeit 30 - 36 Siedlungen ("Reducciones") mit jeweils 4.000 - 10.000 Einwohnern. Diese Reduktionen stellten von ein bis zwei Padres autonom verwaltete Einheiten dar, die untereinander kaum Austausch bzw. Handel betrieben. Die Jesuiten beschränkten sich nicht auf Missionstätigkeiten, sondern organisierten eine Ökonomie, welche die Besonderheiten der heimischen Kultur miteinbezog.

1.2 Versorgungswirtschaft

Obzwar man den Guaranifamilien eigenes Land zur Bebauung und Selbstversorgung zuteilte, fand die wirkungsvollere Landwirtschaft auf den Kollektivgütern statt. Die Guarani kannten kein Privateigentum und auch nicht die private Nutzung von Grund und Boden. Deshalb vernachlässigten sie ihre Parzellen und widmeten sich der kollektiven Bebauung. Die Ernte der Kollektivgüter wurde in gleiche Teile aufgeteilt. Ein Drittel wurde für die Versorgung der bedürftigen Bevölkerung verwendet, ein Drittel ging an die Kirche (Klöster und andere kirchliche Institutionen) und ein Drittel an die spanische Krone (Provinzialbeamte und Soldaten). Obwohl die Jesuiten und andere Beobachter die Indianer als "allzeit zur Arbeit faule Geister" beschrieben, wurde eine Versorgung gewährleistet, die in Europa, gar nicht zu reden von den Kolonien, ihresgleichen suchte - und das bei einer Arbeitszeit von 6 bis 8 Stunden pro Tag während in Europa 12 bis 15 Stunden gearbeitet wurde. Dies lag nicht nur an den günstigen klimatischen Bedingungen, sondern auch an den Wirkungen der "kollektiven Arbeitskraft" und der Motivation der Einheimischen, die sich mit der Erwirtschaftung von Vorräten (die von den Padres verwaltet wurden) von Unsicherheiten der von "der Hand in den Mund Ernährung" befreiten. Trotz der hohen Abgaben blieb der Bevölkerung ausreichend zum Leben.
Das Vieh wurde frei gehalten; der Stand betrug Mitte des 18. Jahrhunderts 800.000 Rinder, 240.000 Schafe, 86.000 Pferde, 38.000 Maulesel und 15.000 Esel - bei einer Gesamtbevölkerung von etwa 200.000 Personen.
Die Jesuiten brachte den Guarani Handwerkskenntnisse bei, um die notwendigen Gebrauchsgegenstände selbst erstellen zu können. Es entstanden Gewerbebetriebe, die eine für die damalige Zeit beachtliche Produktion aufwiesen und Wissenschafter später zur Feststellung veranlassten, die Reduktionen wären das "einzige Industrieland Südamerikas" zu dieser Zeit gewesen.

Die Produktion und Zuteilung der Güter erfolgte ohne Geld. Die Güter wurden verteilt, z.B. Bekleidung, die zweimal im Jahr ausgegeben wurde. In keinem der Berichte wird eine Relation zwischen erbrachter Arbeitsleistung und Zuteilungsquote erwähnt. Jeder, der für die Ge-

meinschaft arbeitete, bekam die gleiche Quote an Lebensmitteln und Gebrauchsgegenständen. Die schulische Ausbildung und Einrichtungen bezüglich der Kranken- und Altenpflege wurden allen zur Verfügung gestellt.
Die Reduktionen waren allerdings sehr wohl auf Handel und Geld angewiesen, um sich Güter wie Salz, Eisen, Werkzeug, etc. zu besorgen. Es wurden landwirtschaftliche Produkte verkauft, mit dem Erlös der Tribut an den König bezahlt und Waren gekauft.
Dies führte auch später zu Vorwürfen folgender Art: Die Padres hätten sich ihre Indianer als willige und billige Arbeitskräfte gehalten und wären dann mit dem profitablen Handel reich geworden. Es mag schon sein, dass der eine oder andere Jesuit etwas Geld (Gold) für sich oder seinen Orden beiseite geschafft hat. Dies ist aber unerheblich für die Erklärung der Wirtschaft der Reduktionen, die immerhin über 200.000 Personen umfasste. Innerhalb dieser Wirtschaft spielten Geld und Profit keine Rolle.
Des Weiteren fällt auf, dass dieses Gesellschaftssystem ohne oberste Gewalt funktionierte. In einer Gesellschaft, in der Privateigentum, Geld und Handel keine Rolle spielen, in der Reichtum kollektiv erarbeitet und zugeteilt wird, erübrigen sich ökonomisch fundierte Interessengegensätze und insofern auch eine Gewalt, welche als Hoheit herrscht und diese Gegensätze für sich funktionalisiert.
Die Absenz von Gewalt und einer obersten Gewaltinstanz lag keineswegs etwa an einer prinzipiell friedlichen Weltanschauung der Einwohner. Die Guarani galten vordem als äußerst kriegerisches Völkchen.

Der "Jesuitenstaat" hatte wenige Freunde. Die Großgrundbesitzer verloren einen Teil der Bevölkerung für die Versklavung und somit billige Arbeitskräfte. Den Händlern entzogen die Reduktionen einen Teil des Geschäfts, da diese die Produkte selbst handelten und verschifften. Die Portugiesen hatten Gebietsansprüche anzumelden. Letztlich entschieden allerdings die politischen Urteile gegen die Jesuiten in Europa auch gegen den Jesuitenstaat. Die Jesuiten wurden vertrieben (1768), und der spanische König setzte eine Kolonialverwaltung ein, die das System der Gemeinwirtschaft aushöhlte und sehr bald in eine Sklavenwirtschaft umwandelte. Die Reduktionen verwahrlosten, ein Großteil der Bevölkerung wanderte ab, wurde vertrieben oder deportiert.

1.3 Resümee

Das Wirtschaftssystem der Reduktionen brachte es zuwege, die Bevölkerung eines Landstriches für die damaligen Verhältnisse gut zu versorgen. Diese Ökonomie war in jedem Fall eine Alternative zum herkömmlichen Feudal- und Kolonialsystem - eine Alternative zur Marktwirtschaft insofern, als damit eine wirtschaftliche Entwicklung eines Landes auf Basis einer Gemeinwirtschaft, ohne Privateigentum, Markt, Geld und Staatsgewalt bewerkstelligt wurde. Widerlegt wurden und werden damit die Behauptungen, dass eine Produktion nur auf Basis von Privateigentum und Markt prosperieren kann, als auch, dass Geld und Privateigentum unverzichtbare, quasi natürliche Elemente einer arbeitsteiligen Ökonomie wären. Und widerlegt werden damit auch Kritiker, welche eine Versorgungswirtschaft ohne Gewalt nicht für möglich halten. Diese Erkenntnisse lassen sich im Hinblick auf eine BVW daraus ableiten - nicht mehr und nicht weniger.
Keinesfalls kann der "Jesuitenstaat" als Modellfall für eine BVW dienen. Es wäre ein Rückschritt, die Versorgung mit der heutigen Vielfalt der Güter, einem hohen Grad an Arbeitsteilung und einer großen Industrie im Rahmen von kleinen Selbstversorgereinheiten zu betreiben. Die Versorgung im Sinne der BVW kann nur gelingen, wenn für eine größere Region Pläne erstellt werden, die mit hohem technischen Niveau und einer gut funktionierenden Logistik umgesetzt werden. Sicher setzt dies auch ein anderes Bewusstsein der Produzenten voraus. Die Padres brachten ihren Schützlingen die notwendigen Fertigkeiten für ihre einfache Selbstversorgerwirtschaft bei, die geistige Bildung war auf die Gottesdienste beschränkt. Eine BVW wird mit frommen, unwissenden Schäfchen nicht zu machen, bzw. nicht anzustreben sein. Die BVW verlangt aufgeklärte Menschen mit Wissen, welches für die Weiterentwicklung der Leistungen und Produktion eingesetzt wird.

2 Der Kriegskommunismus und der Reale Sozialismus

"Wir Älteren werden die Revolution nicht mehr erleben..."
(Lenin bei einem Vortrag vor Lehrlingen im Januar 1917 in seinem Zürcher Exil kurz vor seiner Rückkehr nach Russland)

Der wohl bekannteste und am meisten kommentierte Versuch, eine alternative Ökonomie bewusst zu gestalten, wurde mit der Russischen Revolution von 1917 eingeleitet.
Der Fokus in der folgenden Abhandlung soll nun nicht auf eine breite Schilderung der Entstehung der Sowjetunion und ihres Bestehens bis 1989 gerichtet sein, sondern darauf, zu überprüfen, welche Intentionen die Protagonisten bei der Umgestaltung der Ökonomie hatten, und wie diese dann tatsächlich funktionierte. Darauf basierend werden die Unterschiede zu einer BVW aufgezeigt.
Besonderes Augenmerk wird diesbezüglich auf zwei Perioden gelegt: Erstens auf die Periode der revolutionären Umgestaltung der Ökonomie ("Kriegskommunismus"), da in dieser Periode versucht wurde, etwas Ähnliches wie eine BVW in die Wege zu leiten.
Zweitens auf die Periode der Etablierung als alternative Wirtschaftsmacht nach dem zweiten Weltkrieg ("Realer Sozialismus" bzw. Zentralverwaltungswirtschaft), die Marktwirtschaftsgegnern als warnendes Beispiel vorgehalten wird.

2.1 Der Kriegskommunismus

Die Bolschewiki nutzten die Gunst der Stunde und rissen die Staatsmacht im Oktober 1917 an sich. Sie waren eine der radikalsten Gruppen einer Vielzahl revolutionärer Parteien, stellten aber keineswegs die Mehrheit (so wie sie sich selbst bezeichneten) der Gegner des alten Regimes dar. Die Ideen und Politik der Bolschewiki bestimmten die erste Periode der Neugestaltung der russischen Ökonomie (und Gesellschaft).
Als Kriegskommunismus wird die Periode von Anfang 1918 bis Ende 1920 bezeichnet. Diese Periode wurde geprägt von radikalen Veränderungen der russischen Gesellschaft, verbunden mit Bürgerkrieg und einer ständigen Bedrohung durch andere Staaten.

2.1.1 Kritik an der Marktwirtschaft

Sicherlich gab es bezüglich der Kritik an der Marktwirtschaft und vor allem hinsichtlich der Vorstellungen von einer neuen Gesellschaft innerhalb der Bolschewiki unterschiedliche Auffassungen. Man kann aber davon ausgehen, dass die führenden Köpfe der Revolutionäre, diejenigen, welche die Politik der ersten Jahre bestimmten, den Standpunkt teilten, der im "ABC des Kommunismus" dargestellt wurde. Diese Schrift wurde Ende 1919 fertig gestellt und ist eine für Agitationszwecke umgearbeitete Fassung des 2. Parteiprogramms der Bolschewiki. Die Hauptteile stammen von N. I. Bucharin, einige Kapitel von E. A. Preobraschenski. Obzwar die beiden Autoren zu diesem Zeitpunkt dem "linken Rand" der Bolschewiki zugeordnet wurden und Lenin mit einigen Teilen dieser Schrift nicht einverstanden war, wurde der Inhalt der folgenden zitierten Passagen vom Großteil der Parteimitglieder gutgeheißen und mitgetragen.

Die russischen Revolutionäre orientierten sich bei ihrer Kritik an den Schriften von Marx und Engels, sowohl was deren Analysen des Kapitalismus als auch deren Ausführungen zum "Historischen Materialismus" betrifft.
Das "ABC des Kommunismus" analysiert vorerst die Charakteristika der Marktwirtschaft. Zusammenfassend wird festgehalten:
"Als Kennzeichen der kapitalistischen Gesellschaftsordnung erscheinen also 3 Merkmale: die Erzeugung für den Markt (Warenproduktion); die Monopolisierung der Produktionsmittel durch die Kapitalistenklasse; Lohnarbeit, d.h. Arbeit, gegründet auf dem Verkauf der Arbeitskraft." (1)

Wie sieht nun die Kritik am Kapitalismus aus?
"Vor allem gibt es unter dem Kapitalismus keine organisierte Produktion und Verteilung der Produkte, sondern eine 'Anarchie der Produktion'. Was heißt das? Das heißt, dass jeder kapitalistische Unternehmer (oder jede Kapitalistenvereinigung) unabhängig von dem andern Waren erzeugt. Nicht die ganze Gesellschaft berechnet, wie viel und was sie braucht, sondern die Fabrikanten lassen ganz einfach mit der Berechnung erzeugen, einzig mehr Profit zu bekommen und ihre Gegner auf dem Markte zu schlagen. Deshalb kommt es manchmal vor, dass zu viele Waren erzeugt werden [...]
Dann tritt eine Krise ein: Die Fabriken werden geschlossen, die Arbeiter aufs Pflaster gesetzt. Die Anarchie der Produktion zieht den Kampf

auf dem Markt nach sich: Jeder will dem anderen die Käufer abfangen, sie auf seine Seite ziehen, den Markt erobern. Dieser Kampf nimmt verschiedene Formen, verschiedene Gestalten an; er beginnt mit dem Kampf zweier Fabrikanten untereinander und schließt mit dem Weltkriege zwischen den kapitalistischen Staaten um die Verteilung der Märkte in der ganzen Welt ab. Da erfolgt nicht nur kein Ineinandergreifen der Bestandteile der kapitalistischen Gesellschaft, sondern ein direkter Zusammenstoß derselben.
Der erste Grund der Zerfahrenheit des Kapitalismus liegt also in der Anarchie der Produktion, was in den Krisen, der Konkurrenz und in den Kriegen zum Ausdruck kommt." (2)
(Auf etwaige fehlerhafte Verkürzungen in dieser Kritik - etwa den Zusammenhang zwischen Überproduktion und Weltkrieg - wird nicht näher eingegangen, da dies keine Auswirkungen auf den Entwurf der neuen Gesellschaft und deren praktischen Inangriffnahme hatte.)
Die Bolschewiki beschränkten ihre Denunziation nicht auf die über Bord geworfenen russischen gesellschaftlichen Verhältnisse, sondern kritisierten die Marktwirtschaft als die weltbeherrschende Wirtschaft.
"Der zweite Grund für die Zerfahrenheit der kapitalistischen Gesellschaft liegt im Klassenaufbau. Im Grunde genommen ist doch die kapitalistische Gesellschaft nicht einheitlich, sondern in zwei Gesellschaften gespalten: die Kapitalisten - einerseits, die Arbeiter und die Armut - andererseits. Sie befinden sich in ständiger, unversöhnlicher, nie aufhörender Feindschaft, deren Ausdruck der Klassenkampf ist. Auch hier sehen wir, dass die verschiedenen Teile der kapitalistischen Gesellschaft nicht nur einander nicht angepasst sind, sondern umgekehrt, sich in ununterbrochenem Gegensatz befinden." (3)

Die hauptsächliche Kritik an der Marktwirtschaft bzw. deren Grundübel lässt sich also so zusammenfassen:
1. Die "Anarchie" der Produktion und Verteilung der Waren, welche Konkurrenz, Krisen und Kriege hervorrufen und
2. Die Spaltung der Gesellschaft in zwei einander gegensätzliche Klassen: die Kapitalisten (Privateigentümer) auf der einen Seite, mit angehäuften Reichtümern und Machtmitteln, und die Arbeiter auf der anderen Seite, mit nichts als ihrer Arbeitskraft und der Armut.
Deutlich wird diese Kritik auch an folgender Frage und Antwort:
"Wie ist diese unsinnige Ordnung zu erklären, in welcher die Menschen im Überfluss und Reichtum zu Bettlern werden?

Die Frage ist nicht so einfach zu beantworten. Wir haben bereits oben gesehen, dass in der kapitalistischen Gesellschaft ein Wirrwarr, eine Anarchie in der Produktion herrscht. Jeder Unternehmer erzeugt Waren unabhängig von den anderen, auf eigene Gefahr und Verantwortung. Bei dieser Art der Produktion stellt sich dann früher oder später heraus, dass zu viele Waren erzeugt werden (Überproduktion der Waren). Als man nur Güter erzeugte und keine Waren, d.h. als die Produktion nicht für den Markt bestimmt war, da war die Überproduktion nicht gefährlich. Ganz anders ist es bei der Warenproduktion. Da muss jeder Fabrikant, um für die weitere Produktion Waren kaufen zu können, zuerst die von ihm erzeugten Waren verkaufen. Bleibt die Maschine aber in dem Wirrwarr der Produktion an einer Stelle stecken, so überträgt sich das sofort auf einen anderen Industriezweig, usw.; - es bricht eine allgemeine Krise aus.
Diese Krisen wirken sehr verheerend. Große Warenmengen gehen zugrunde. Die Reste der Kleinproduktion werden wie mit einem eisernen Besen weggefegt. Auch große Firmen können sich oft nicht behaupten und brechen zusammen.
Ein Teil der Fabriken wird ganz geschlossen, ein anderer Teil verringert seine Produktion und arbeitet nicht die volle Woche, ein dritter wird vorübergehend gesperrt. Die Zahl der Arbeitslosen steigt. Die industrielle Reserve-Armee vergrößert sich. Und gleichzeitig wachsen auch das Elend und die Unterdrückung der Arbeiterklasse. Während der Krisen verschlechtert sich die ohnehin schlechte Lage der Arbeiterklasse noch mehr." (4)
In der Fortsetzung des Zitats klingt auch etwas an, auf das weiter unten näher eingegangen wird: Der Kapitalismus zerbricht schließlich an seinen Krisen, die immer heftiger werden.

2.1.2 Vorstellungen hinsichtlich einer neuen Gesellschaft

Aufgrund dieser Kritik wird für die neue Gesellschaft ("Kommunismus") postuliert:
"1. Sie muss eine organisierte Gesellschaft sein; in ihr darf es keine Anarchie der Produktion, keine Konkurrenz der Privatunternehmer, keine Kriege und Krisen geben;
2. Sie muss eine Gesellschaft ohne Klassen sein; sie darf nicht aus zwei Hälften bestehen, die einander immerfort bekämpfen, sie kann nicht eine Gesellschaft sein, wo eine Klasse durch eine andere ausgebeutet wird. [...]

Die Grundlage der kommunistischen Gesellschaft ist das gesellschaftliche Eigentum an den Produktions- und Verkehrsmitteln. [...] Es heißt, dass auch nicht eine einzelne Klasse der Eigentümer ist, sondern alle Menschen, die die Gesellschaft bilden [...] Es versteht sich von selbst, dass eine so ungeheuer große Organisation einen allgemeinen Produktionsplan voraussetzt." (5)
Im "ABC des Kommunismus", das als Agitations- und Selbstverständigungsschrift gedacht war, wird an vielen Stellen die zukünftige kommunistische Gesellschaft erklärt, werden manche Bereiche der Gesellschaft skizziert. Die folgenden Zitate geben einen groben Überblick:

Verteilung:
"Die kommunistische Produktionsweise setzt auch nicht eine Produktion für den Markt voraus, sondern für den eigenen Bedarf. Nur erzeugt hier nicht jeder Einzelne für sich selbst, sondern die ganze riesengroße Genossenschaft für alle. Folglich gibt es hier keine Waren, sondern bloß Produkte. Diese erzeugten Produkte werden nicht gegeneinander eingetauscht; sie werden weder gekauft noch verkauft. Sie kommen einfach in die gemeinschaftlichen Magazine und werden denjenigen gegeben, die sie benötigen. Das Geld wird also hier unnötig sein." (6)
(Die Fortsetzung des Zitats soll nicht vorenthalten werden, da es das Bemühen zeigt, Gegenargumente aufzunehmen und diese ernsthaft zu kritisieren:
"Das Geld wird also hier unnötig sein. Wieso denn? - wird jeder fragen. So wird ja der eine eine Unmenge nehmen und der andere ganz wenig. Welchen Vorteil wird man denn von dieser Verteilung der Produkte haben? Da muss nun Folgendes gesagt werden: In der ersten Zeit, vielleicht die ersten 20 bis 30 Jahre, wird man natürlich verschiedene Regeln einführen müssen, und es werden z.B. bestimmte Produkte nur denjenigen zugewiesen, die einen entsprechenden Vermerk im Arbeitsbuch oder ihre Arbeitskarten vorgezeigt haben. Später, wenn sich die kommunistische Gesellschaft befestigt und entwickelt hat, wird das alles überflüssig sein. Jedes Produkt wird reichlich vorhanden, alle Wunden werden längst geheilt sein, und jeder wird dann soviel nehmen können, als er braucht. Werden aber die Menschen nicht ein Interesse haben, mehr zu nehmen, als sie brauchen? Gewiss nicht. Gegenwärtig fällt es ja auch niemandem ein, z.B. in der Tramway drei Fahrscheine zu kaufen und dann nur einen Platz zu besetzen und zwei unbesetzt zu lassen. Ebenso wird es dann mit allen Produkten sein. Der

Betreffende hat aus dem gemeinschaftlichen Magazin so und so viel genommen, als er braucht, und Schluss." (7)
Das Beispiel mit den Fahrscheinen ist etwas unglücklich gewählt, da kaum jemand sich die Geldausgabe für mehrere Karten leisten kann und will, um sich somit das Alleinsitzen zu Erkaufen.)

Verwaltung:
"Wie kann sich denn eine so große Organisation ohne jede Führung bewegen? Wer wird denn den Plan der gemeinschaftlichen Wirtschaft ausarbeiten? Wer wird die Arbeitskräfte verteilen? Wer wird die gesellschaftlichen Einnahmen und Ausgaben berechnen? Kurz, wer wird über die ganze Ordnung wachen?
Darauf ist nicht schwer zu antworten. Die Hauptleitung wird in verschiedenen Rechnungskanzleien und statistischen Büros liegen. Dort wird Tag für Tag über die ganze Produktion und ihre Bedürfnisse Rechnung gelegt werden; es wird auch angegeben werden, wo die Zahl der Arbeitskräfte zu vergrößern, wo zu verringern und wie viel zu arbeiten ist. Und weil alle von Kindheit her die gemeinsame Arbeit gewohnt sein und begreifen werden, dass diese Arbeit notwendig und das Leben am leichtesten ist, wenn alles nach einem durchdachten Plan vor sich geht, so werden alle nach den Anordnungen dieser Berechnungsbüros arbeiten. Da braucht man keine eigenen Minister, keine Polizei, Gefängnisse, Gesetze, Erlässe - nichts. [...]
Es existiert keine Gruppe und keine Klasse, die über allen anderen Klassen steht. Außerdem werden ja in diesen Rechnungsbüros heute die, morgen jene Personen sein. [...] Der Staat wird absterben." (8)

Verkürzung des Arbeitstages, Kultur:
"Die kommunistische Gesellschaft wird eine ungeheure Entwicklung der Produktivkräfte bedeuten, so dass auf jeden Arbeiter der kommunistischen Gesellschaft weniger Arbeit entfallen wird als früher. Der Arbeitstag wird immer kürzer und die Menschen von den Ketten, die ihnen die Natur auferlegt hat, befreit werden. Sobald die Menschen nur wenig Zeit verbrauchen werden, um sich zu nähren und zu kleiden, werden sie einen großen Teil der Zeit der geistigen Entwicklung widmen." (9)

Gerichtsbarkeit:
"... allmählich, mit dem Absterben des Staates, wird das Gericht sich zum Organe der Äußerung der öffentlichen Meinung verwandeln, sich dem Charakter eines Schiedsgerichtes nähernd, dessen Entscheidun-

gen nicht zwangsweise vollzogen werden, sondern bloß eine moralische Bedeutung besitzen." (10)

Die Zitate machen deutlich, dass nach der Russischen Revolution durchaus die Chance und die Absicht bestand, eine alternative Ökonomie einzurichten, die der BVW ähneln würde. Sowohl bezüglich der Kritik an der Marktwirtschaft als auch hinsichtlich der Zielvorstellungen gibt es also Ähnlichkeiten mit dem in dieser Schrift vorgestellten Konzept.

2.1.3 Die Voraussetzungen des Übergangs zum Kommunismus

Die Revolutionäre waren sich darüber im Klaren, dass ihre Zielvorstellung "Kommunismus" nicht sofort umzusetzen sein würde. Einige bezweifelten sogar die Möglichkeit der Realisierung dieser neuen Ökonomie in einem Lande, welches nach ihrer Ansicht gar nicht die Voraussetzungen dafür mitbrachte. Woher kamen dieses Misstrauen und dieser Zweifel?
Erstens hatten diese ihre Grundlagen in der ökonomischen Situation Russlands. In den Städten gab es zwar Großindustrie in bescheidenem Ausmaß, der Großteil der Produktion des Landes waren jedoch landwirtschaftliche Produkte, die mit bescheidensten Mitteln von Klein- und Mittelbauern erstellt und in Dorfgemeinschaften vertrieben und verbraucht wurden. Die Voraussetzungen für eine Versorgungswirtschaft auf hohem Niveau waren also denkbar schlecht. Hohes Niveau meint ein Niveau, Ge- und Verbrauchsgüter auf dem damals höchsten technischen Stand herzustellen, und diese der gesamten Bevölkerung zukommen zu lassen. Was nicht bedeutet, dass es unmöglich gewesen wäre, eine BVW in Angriff zu nehmen und diese etappenweise auf ein hohes Niveau zu bringen!
Zweitens erachteten viele die politökonomische Situation Russlands geschichtlich noch nicht reif genug, eine kommunistische Gesellschaft zu etablieren. Sie beriefen sich auf den Historischen Materialismus, der als Grundpfeiler des Marxismus angesehen wurde. Diese Theorie postulierte eine Art geschichtlicher Notwendigkeit in der Entwicklung gesellschaftlicher Verhältnisse und behauptete, dass sich der Kapitalismus *notwendigerweise* überlebe und schließlich "das Proletariat die Staatsgewalt ergreift und die Produktionsmittel zunächst in Staatseigentum verwandelt" (11). (Zur Kritik des Histomat siehe Kapitel "Die Nicht-Utopie - der wissenschaftliche Sozialismus / Der Historische Ma-

terialismus"). Nun sahen sie in den gesellschaftlichen Verhältnissen des vorrevolutionären Russlands gar keinen Kapitalismus, schon gar nicht einen in seinem letzten Stadium. Wie sollte man in einem Land mit halbfeudalen Verhältnissen, einer schwach ausgebildeten Industrie und kaum vorhandenem Proletariat den Kommunismus einrichten? Man verginge sich an dem bestimmten Verlauf der politökonomischen Entwicklungsgeschichte, indem man den Kapitalismus überspringe. Die Diskussion darüber, dass die Theorie des Historischen Materialismus fehlerhaft sein könnte, verbat man sich. Außerdem sollte der Revolution und der Einrichtung des Kommunismus eine Art historischer Berechtigung verliehen werden. Diese wurde nun mit einer weiteren fehlerhaften Theorie gefunden, nämlich dass sich der Kapitalismus weltweit "in seinem letzten Stadium" befände und eine Weltrevolution bevorstünde. Dafür wurden mehrere Indizien angeführt: die zunehmende Konzentration des Kapitals, die Verschärfung der Klassenkämpfe, die verschärften Konkurrenzkämpfe und Krisen auf dem Weltmarkt, welche schließlich im Weltkrieg kulminierten. Die russische Revolution wäre somit ein Vorreiter der bevorstehenden Weltrevolution. Wäre diese dann Realität, dann wäre der "Sozialismus in einem Land" hinfällig, und Russland könnte als Teil der Internationale mit der brüderlichen Hilfe anderer Länder sehr rasch ökonomisch aufschließen.

Es ist nun müßig zu spekulieren, wie die Politik der Bolschewiki ausgesehen hätte, wenn sie die weltpolitische Lage richtig erklärt und damit ihre Revolution in einem anderen Lichte gesehen hätten. Besonders deutlich wurde das Festhalten am Historischen Materialismus in der Umbruchphase daran, das russische Proletariat als Angelpunkt für die Errichtung der neuen Ökonomie und Politik zu sehen. Gemäß der traditionellen Auffassung des Marxismus ist das Proletariat als das treibende Moment der Revolution anzusehen. Dieses ist zu agitieren, hat die Macht zu übernehmen und die Bourgeoisie zu enteignen.

Es sei an die im Kapitel "Historischer Materialismus" erläuterte geschichtsteleologische Programmatik erinnert: Als Übergangsphase zum Kommunismus entstünde die so genannte "Diktatur des Proletariats", welche das alte System umwälze und dabei diktatorisch im Sinne der Zerschlagung des Kapitalismus und der Verstaatlichung des Eigentums vorgehe. Erst wenn sich das neue System, welches als Sozialismus bezeichnet wird, gefestigt habe, könne daran gegangen werden, den Sozialismus in den Kommunismus umzuwandeln, indem die Gewalt der einen Klasse (Proletariat) über die andere (Bourgeoisie)

beseitigt werde. Sie sei dann nicht mehr notwendig, da es keine Klassen mehr gäbe - der Staat sterbe ab.
Man mag in entwickelten marktwirtschaftlichen Gesellschaften dem Proletariat, den Arbeitnehmern der mittleren und unteren Etagen, eine wichtige, wenn nicht die entscheidende Rolle bei der Etablierung der alternativen Ökonomie zukommen lassen, aber in einem Land mit 80% bäuerlicher Bevölkerung erscheint dies seltsam. Die Bolschewiki waren sich in ihrer Beurteilung nicht einig, die Bauern als Verbündete oder als Feinde zu betrachten.
In ihrer Revolutionstheorie wurde nur das relativ spärlich vorhandene Landproletariat (Knechte, Wanderarbeiter etc.) als Bündnispartner erachtet, die Bauern, selbst die Kleinbauern, als "Bollwerk der alten Gesellschaft" (Marx) bezeichnet. Tatsächlich waren Letztere alles andere als kooperative Genossen. Andererseits waren diese die weitaus größte Bevölkerungsgruppe Russlands, was ihre Anzahl und ihren Beitrag zur Versorgung betraf. Somit war klar, dass dieser Gruppe eine entscheidende Rolle in der Übergangsphase zukam. Die ambivalente Haltung der Bolschewiki den Bauern gegenüber zeitigte schließlich äußerst schädliche politische und ökonomische Auswirkungen (dazu weiter unten).
Zu den erwähnten schlechten Voraussetzungen für die Übergangsphase gesellten sich noch die Belastungen eines Bürgerkrieges und einer Wirtschaftsblockade der Ententemächte. Das durch den Weltkrieg zerrüttete Land kam auch mit dem Separatfrieden mit Deutschland (Brest-Litowsk März 1918) und dem damit verbundenen Kriegsaustritt nicht zur Ruhe. Die von der Entente aufgerüstete und finanzierte Weiße Armee machte innerhalb Russlands den Bolschewiki die Macht streitig und entfachte bis Ende 1920 einen Krieg, für den die Rote Armee Personal, Versorgungs- und Verkehrsmittel benötigte (deshalb auch der Begriff "Kriegskommunismus"). Bis 1921 war das Staatsgebiet nicht gesichert und somit auch nicht die ökonomische Nutzung dieser Gebiete.
Letztlich sei noch die immense Größe des Landes als Bedingung erwähnt: Einerseits ermöglichte dies eine relative Autarkie gegenüber anderen Mächten und ein Überstehen der Wirtschaftsblockade, denn die wichtigsten Rohstoffe waren im Land potentiell vorhanden. Andererseits entstanden aufgrund desolater Verkehrs- und Kommunikationseinrichtungen enorme Schwierigkeiten, die Verhältnisse in allen Regionen zu überblicken und so etwas wie eine geplante Versorgungswirtschaft aufzuziehen.

2.1.4 Die Umgestaltung

2.1.4.1 Industrie

Gleich nach der Machtergreifung der Bolschewiki wurde die Verstaatlichung der Großbetriebe in Angriff genommen. (Einige Betriebe waren schon vor der Oktoberrevolution nationalisiert worden.) 1920 war dann auch das Kleingewerbe (mit Ausnahme reiner Familienbetriebe) nationalisiert. Die Verstaatlichung sah so aus, dass die Besitzer großer Betriebe entschädigungslos enteignet wurden, zur Leitung der Betriebe Fabrikskommmissionen, bestehend aus Arbeitern und bolschewistischen Vertrauensleuten, eingesetzt, und die wirtschaftliche Gebarung dem Obersten Volkswirtschaftsrat (WSNCh) und seinen Unterabteilungen unterstellt wurden.

Das ist nicht mit einer Vergesellschaftung der Produktionsmittel zu verwechseln, da es sich bei der Verstaatlichung um einen Übertrag eines in Geld bewerteten Eigentumstitels handelte und gewisse Teile der Produktion sehr wohl in privater Hand blieben (zum Unterschied zwischen Verstaatlichung und Vergesellschaftung siehe weiter unten im Kapitel "Kollektivierung, Verstaatlichung, Vergesellschaftung").

Bis Mitte 1918 ging die Verstaatlichung der Betriebe sehr zögerlich voran, da vor allem Lenin es als wesentlicher erachtete, die Führung der Schlüsselindustrien und -betriebe mit Arbeiterkontrollräten zu besetzen, als die Eigentumsverhältnisse anzutasten. Insofern nannte N. Ossinskij, einer der Gestalter der Ökonomie nach 1917, sein Programm "Staatskapitalismus". Dies ist bezeichnend dafür, dass die Betriebe vorerst kapitalistisch, d.h. unter Beibehaltung von Kosten (z.B. Lohnkosten), Erträgen und Gewinnen, geführt wurden.

Die forcierte Verstaatlichung begann ab Mitte 1918. Einerseits war dies eine Reaktion auf den Bürgerkrieg in der Sowjetunion. Es mussten die vorhandenen Ressourcen der Produktion unter die Kontrolle und Vorgaben des bolschewistischen Staates gebracht werden, um sich unabhängig von kapitalistischen Kalkulationen und Gegenreaktionen zu machen.

Die Enteignungen großer Fabriken wurden meist unter dem Titel "Sabotage verhindern" vollzogen, und J. Larin, einer der Hauptverantwortlichen für die Umsetzung der neuen Ökonomie, musste Lenin mit dem Argument überzeugen, dass damit verhindert würde, dass "sich die Deutschen zu Herren der russischen Industrie aufschwingen". (12) (Mit dem Separatfrieden wurden den Deutschen auch verstärkte Zugriffsmöglichkeiten auf die russische Wirtschaft eröffnet.)

Außerdem kam das auch einigen radikaleren Bolschewiki entgegen, denen der Weg Lenins zum Kommunismus über einen staatlich kontrollierten Kapitalismus zu langwierig erschien.

Die Verstaatlichung der Industrie und des Gewerbes wurde bis Ende 1920 forciert und umfasste dann große Bereiche der Gesamtindustrie. Die Verwaltung der größeren Betriebe wurde zu so genannten "Glawki" und "Zentri" zusammengefasst. Vertikale Dachgesellschaften ("Trusts") schlossen Betriebe gewisser Sektoren (z.b. Textil, Kohle, Kleinbetriebe / Hausindustrie etc.) zu einer Wirtschafts- und Planeinheit zusammen. Die Betriebe sollten durch einen Plan vom Obersten Volkswirtschaftsrat ihre Aufträge und Betriebsmittel zugewiesen bekommen. Dieser Plan kam allerdings in der Zeit des Kriegskommunismus nie zustande. Die Verwaltungsbehörden mühten sich vielmehr ab, die Produktion halbwegs aufrechtzuerhalten, indem sie (laut L. Kricman, Statistiker des Kriegskommunismus) versuchten, Mittel, die zumindest auf dem Papier zur Verfügung standen, "schlagartig und stoßweise auf die bedrohtesten Punkte zu konzentrieren." (13)

Die Betriebe rechneten weiterhin mit Rubelpreisen. Auch wenn diese von der Verwaltungsbehörde festgesetzt wurden, so mussten die Betriebe in Rubel bilanzieren und bekamen für die an die Planbehörde abgelieferten Güter auf ihren Verrechnungskonten Gutschriften gebucht.
Der Zustand der Rechnungsführung entsprach dem der Planbehörde. Bezeichnend dafür ist folgende Stellungnahme eines entnervten Funktionärs:
"Kein einziger Glawk, nicht ein einziges Zentr verfügt über zureichende und erschöpfende Daten, die es ihnen ermöglichen würden, zu einer echten Regulierung der Industrie und der Produktion des Landes überzugehen [...]
Die Rechnungsführung erfolgt ungenau, und es kommt vor, dass 80 bis 90 Prozent der erfassten Rechnungsposten der Kontrolle der zuständigen Organisation entgehen. Die Posten, die unverbucht bleiben, werden zum Gegenstand wilder und zügelloser Spekulationen und wandern Dutzende von Malen von Hand zu Hand, bis sie schließlich den Verbraucher erreichen." (14)
Die Spekulationen nahmen nach 1918, aus dem das Zitat stammt, insofern ab, da die freien Märkte offiziell abgeschafft wurden. Allerdings gelangte dann ein nicht unbeträchtlicher Teil in den Schleichhandel.

Es wurden Löhne gezahlt, die eine Belastung des den Betrieben zur Verfügung gestellten Kredits darstellten. Insofern entfielen auch manchmal die Lohnzahlungen, und der Staat musste mit weiteren Krediten aushelfen. Als die Geldzirkulation und damit das Geldsystem kollabierte (dazu weiter unten), ging man auf Naturalentlohnung über. Außerdem wurde in Erwägung gezogen, die durch den Kollaps in Mitleidenschaft geratene Verrechnung der Betriebe mit der Erfindung einer neuen Verrechnungseinheit ("Tred") zu retten. Dazu kam es aber nicht mehr, da ab 1921 die Wirtschaft des Landes mit der "Neuen Ökonomischen Politik" (NÖP, russisch NEP) anders organisiert wurde.
Die Produktion der Industrie und des Kleingewerbes sank von 1918 bis 1921 in erschreckendem Ausmaß - durchschnittlich um 80% verglichen mit 1913 (mit einer Streuung: z.B. 60% in der Naphtha-Produktion und 97% (!) bei der Gusseisenproduktion), und selbst verglichen mit 1917 auch um immerhin durchschnittlich 70%. (15)

Welche Gründe sind dafür anzugeben? Vorerst solche, die vorgegeben waren:
- Der Krieg, der viele Mittel verschlang, die für den Aufbau notwendig gewesen wären, und der eine Konzentration aller Kräfte auf die Produktion nicht zuließ,
- in diesem Zusammenhang auch die Rekrutierung von potentiellen Arbeitskräften für die Rote Armee und die Stadtflucht der von Hunger geschwächten Stadtbevölkerung, was die Ausbringung der nicht sehr maschinenintensiven Industrie weiter schwächte,
- die Wirtschaftsblockade, welche den Import notwendiger Güter verunmöglichte,
- die unzureichend vorhandenen Transportmittel, die während des Krieges außerdem hauptsächlich von der Roten Armee in Anspruch genommen wurden.

Schließlich auch Gründe, die der Politik der Bolschewiki geschuldet waren:
- Die Beibehaltung der Geldverrechnung zwischen den Betrieben und der Planbehörde und die damit verbundene Unterwerfung der Gebrauchsgüterplanung unter den Gesichtspunkt von Kosten und Erträgen.
- Die schon damals auftretenden Probleme der "richtigen" Preisbestimmung.
(Die Beibehaltung einer Verrechnung mit - wenn auch fiktiven - Preisen verursachte eine Rechnungsführung, die der Oberste

Volkswirtschaftsrat nicht in den Griff bekam und außerdem den oben erwähnten Spekulationen Vorschub leistete.)
- die Besetzung der Betriebsleitungen mit Arbeitern (was zum Teil der Ideologie der "Diktatur des Proletariats" geschuldet war), denen oftmals eine zureichende Ausbildung fehlte.

2.1.4.2 Landwirtschaft

Den Großteil der Bevölkerung Russlands stellten die Bauern. Die Mittelbauern, Kleinbauern und Landarbeiter standen den revolutionären Ereignissen vorerst nicht unfreundlich gegenüber, denn sie erwarteten sich Vorteile aus der Kampfansage der Revolutionäre an Großgrundbesitzer und Großbauern.

Tatsächlich wurde eine Landreform mit einer Landzuteilung an Kleinbauern und Landlose durchgeführt. Infolge der Aufteilung von Großbesitz kam es zu einer weiteren Zersplitterung der landwirtschaftlichen Bearbeitungsflächen und einer Zunahme der Subsistenzbewirtschaftung (Anbau nur für den Eigenbedarf).

Die Zerschlagung feudaler Strukturen und die Aufteilung von Land waren schon vor der Oktoberrevolution von 1917 relativ weit gediehen, deshalb fiel der Landzuwachs für die Kleinbauern relativ gering aus (20%).

Die meisten Bauern verhielten sich danach misstrauisch gegenüber den weiteren geplanten Reformen der Bolschewiki. Die Kollektivierung der Landwirtschaft, mit gleichzeitiger Zusammenlegung von Betrieben oder Übernahme von Großbetrieben, fand vorerst nur sehr spärlich statt. Dennoch befürchtete ein Großteil der Bauern eine größer angelegte Kollektivierung, was ihre passive Resistenz verstärkte und der Versorgung der Bevölkerung, vor allem der Stadtbevölkerung, schadete.

Obzwar die Bolschewiki ab 1918 verstärkt damit begannen, die Bauern für eine "Sozialisierung" der Landwirtschaft zu agitieren, gelang es nicht, die Bauern für Kommunen zu begeistern. Die bestehenden Kolchosen (landwirtschaftliche Produktivgenossenschaften) und Sowchosen (staatliche Mustergüter), die als vorbildliche Beispiele dienen sollten, funktionierten mangels Produktionsmittel mehr schlecht als recht. Die Agitation, welche die Bauern zu einer freiwilligen Kollektivierung bewegen sollte, scheiterte.

Die Bolschewiki scheuten vor Zwangskollektivierungen, schon gar vor Enteignungen zurück, da sie in der Zeit des Bürgerkriegs nicht auch noch einen Krieg gegen die Bauern führen wollten - sie wussten, dass

den Bauern nur gegen heftigsten Widerstand eine Kollektivierung aufgezwungen werden konnte.
Auch die Absicht der Bolschewiki, mit dem Verbot der freien Märkte (Anfang 1920), der Verschärfung der Zwangsablieferungen an das Narkomprod (Volkskommissariat für Verpflegung, Ernährung und Nahrungsmittelversorgung) und der Bildung von "Saatkomitees" die Nahrungsmittelversorgung zu planen und zu verbessern, erzielte nicht die gewünschten Resultate. Für die Zwangsablieferungen wurden zwar Entgelte bezahlt, stellten aber aufgrund der geringen Höhe des Entgeltes keinen Anreiz für eine Erhöhung der Produktion dar. Für die Zwangsablieferungen blieb immer weniger übrig, da die Bauern vermehrt zur Eigenbedarfsdeckung übergingen. Etwaige Überschüsse wurden im Schleichhandel, der mit der Abschaffung der freien Märkte zunahm, verkauft.
Ende 1920 bekamen auch die bis dahin relativ gut versorgten Soldaten der Roten Armee den Mangel an Nahrungsmitteln voll zu spüren. Diese führten daraufhin selbst die Eintreibung der Zwangsablieferungen, oft in Form von Plünderungen, durch. Dies verschärfte den Widerstand der Bauern und es kam zu Bauernaufständen.
Als eine Missernte 1920 die verheerende Nahrungsmittelsituation, vor allem in den Städten, noch weiter zuspitzte, wurden auch das städtische Proletariat und die Soldaten unruhig. Das war der Auslöser, die Politik des Übergangs zum Kommunismus zu revidieren.
Die Bildung der Saatkomitees (Ende 1920) war der letzte Versuch, in der Phase des Kriegskommunismus die Bauernwirtschaften in einen staatlichen Versorgungsplan einzubinden: Jeder Bauer hatte einen Teil seines Landes an den Staat abzutreten und für staatliche Bedürfnisse zu bebauen. Auf die endgültige Durchsetzung dieser Verstaatlichung wurde schließlich aufgrund der massiven Widerstände und der Verkündung der NEP verzichtet.

Zusammengefasst können folgende Gründe für die Misere in der Landwirtschaft angegeben werden:
- Der Krieg und die Blockade trugen viel dazu bei, die Nahrungsmittelversorgung zu verschlechtern. Gerade die Kornkammern des Landes waren Kriegsgebiet.

Verschärft wurde die Lage in diesem Bereich
- durch die inkonsequente Politik der Bolschewiki, den Mittel-, Kleinbauern und Landlosen einerseits Besitz als marktwirtschaftliches Eigentum zukommen zu lassen und sie damit in ihrem "Schollendenken" noch zu bestärken, andererseits von ihnen aber die "So-

zialisierung" ihrer Produktion und schließlich auch ihres Bodens zu verlangen.
- Die schlechte Ausstattung mit Produktionsmitteln (z.b. Traktoren) und die schon mehrmals erwähnten mangelhaften Transportmittel trugen ebenfalls dazu bei, die Lebensmittelversorgung zu einer Dorfversorgung und schließlich weitgehend zu einer Eigenversorgung verkommen zu lassen.

2.1.4.3 Arbeit und Verteilung

Die Organisierung der Arbeit war vor allem auf die Städte beschränkt, denn auf dem Land verschwand das Landproletariat sukzessive mit der Bildung kleinster Bauernwirtschaften.

Von 1918 bis Anfang 1921 können diesbezüglich zwei Tendenzen festgestellt werden: erstens die zunehmende Verschärfung der Arbeitspflicht und zweitens die allmähliche Ersetzung des Geldlohnes durch Lebensmittelkarten.

Nicht nur der Aufbau der neuen Ökonomie, sondern auch die Kriegssituation erforderte den Einsatz aller potentiellen Arbeitskräfte. Teile der Arbeiterschaft waren in der Roten Armee gebunden, andere Teile kehrten auf das Land zurück. In den meisten Bereichen mangelte es an Arbeitskräften. Die Arbeiten wurden nun von Verwaltungsstellen zugewiesen, meist im gleichen Ort, denn für entfernte Arbeitseinsätze fehlte die Infrastruktur.

Vorerst wurden Geldlöhne ausbezahlt. Diese wurden immer mehr durch Lebensmittelkarten (Pajok) ersetzt, welche bei den staatlichen Verteilstellen eingelöst werden konnten. Die Kriterien der Geldlohnzahlung, welche sich noch an der übernommenen (marktwirtschaftlichen) Lohndifferenzierung orientierten (z.B. verdienten Angestellte mehr als die Arbeiter), wurden mit dem Übergang auf das Kartensystem verändert. Anfang 1920 proklamierte man auf dem 3. allgemeinen Gewerkschaftskongress die "zielgemäße Versorgung der Arbeiter entsprechend ihren Leistungen und der Bedeutung ihrer Arbeit für den Staat." (16). Arbeiter und technisches Personal wurden nun bei Sonderzuteilungen (z.B. Prämien) bevorzugt.

Obzwar dazu übergegangen wurde, Teile der Versorgung unentgeltlich zur Verfügung zu stellen (Wohnungen, Gesundheitsdienste, Wasser, Gas, Straßenbahn, teilweise auch Bekleidung) wurde die Versorgungslage immer schlechter (Gründe siehe weiter oben).

Das Pajok-System war auch verknüpft mit der Einschränkung der freien Märkte. Trotz des Aufbaus staatlicher Verteilstellen und der offiziellen Absicht, freie Märkte zu beseitigen, wurden diese ziemlich lange geduldet und als Versorgungsergänzung gesehen. Solange Geld kursierte und die staatlichen Verteilungsstellen nicht ausreichend Güter anbieten konnten, war es naheliegend, dass sich Märkte bildeten. Auf diesen boten die Bauern ihre Überschüsse an, also Lebensmitteln, die sie selbst nicht benötigten und den staatlichen Abgabeverpflichtungen vorenthielten.

1920 wurden dann alle freien Märkte strikt verboten bzw. der Schleichhandel mit der Androhung von hohen Strafen verfolgt. Die Bedeutung der freien Märkte hatte allerdings zu dieser Zeit schon stark abgenommen. Mit der Hyperinflation des Rubels und dem Übergang auf das Pajok-System (- die Lebensmittelkarten konnten nur bei den staatlichen Stellen eingelöst werden -) gingen den freien Märkten mit der Zeit die Kunden verlustig. Anfang 1921 war es dann nur mehr möglich, sich mit Lebensmittelkarten Güter bei den staatlichen Verteilstellen zu besorgen.

2.1.4.4 Geld

Eine der markantesten und Aufsehen erregendsten Maßnahmen des Kriegskommunismus bestand darin, in seiner letzten Phase (Ende 1920 bis Anfang 1921) eine geldlose Wirtschaft einzurichten.

In den ersten Jahren (1917-1919) wurde allerdings eine andere Politik verfolgt. Die Banken wurden verstaatlicht und eine neue Rubelwährung wurde ausgegeben. Diese konkurrierte mit anderen Rubelscheinen, die noch zur Zarenzeit bzw. zur Kerenskizeit ausgegeben wurden. Die bis zu vier verschiedenen Rubelsorten wurden mit einem Wechselkurs untereinander gehandelt und getauscht. Aufgrund der Bürgerkriegssituation gelang es den Bolschewiki in den ersten Jahren nicht, eine einheitliche Staatswährung durchzusetzen.

Die Verrechnung der Staatsbetriebe erfolgte auf Geldverrechnungskonten, die vom Volkswirtschaftsrat und von den Banken geführt wurden. Löhne wurden vorerst in Geld ausbezahlt und durch Käufe bei Genossenschaften und auf freien Märkten ausgegeben. Geld wurde vor allem deshalb gebraucht, da es Privatproduzenten (vor allem die Bauern) gab, die als solche einkauften und verkauften und dabei auf das Geld als Tauschmittel verwiesen waren. Schließlich waren auch die Güter für die Bevölkerung in den staatlichen Verkaufstellen mit (festgesetzten) Preisen versehen. Steuern wurden bei Privatproduzenten bis Anfang 1920 in Rubel eingehoben.

Die Staatsbanken steigerten ab 1918 die Ausgabe von Rubelscheinen, um die Rote Armee, den Aufbau der Staatsbetriebe und die Bezahlung der Löhne zu finanzieren. Damit wurde eine Inflation angeheizt, die bis 1920 enorme Ausmaße annahm. Angetrieben wurde die allgemeine Preiserhöhung auch durch den sich verschärfenden Gütermangel. Die zunehmende Untauglichkeit des Geldes führte dazu, dass die Bolschewiki dazu übergingen, Löhne in Naturalien abzugelten und Steuern in Form von Naturalien einzuheben (z.b. rigorose Lebensmittelkonfiskationen bei den Bauern).

Der Rubel war ruiniert und konnte seine Funktion als Geld nicht mehr wahrnehmen. Güter wurden verteilt (Kartensystem bzw. kostenlose Leistungen), Lebensmittel gewaltsam konfisziert. Die Staatsbetriebe und auch das Staatsbudget wurden weiterhin auf Basis von fiktiven Rubelpreisen bilanziert. Die fiktive Bewertung diente zur Berechnung der Güterströme. Der Rubel zirkulierte allerdings nicht mehr - Geld als Zirkulationsmittel war für ein paar Monate tatsächlich außer Kraft gesetzt.
War dies im Sinne der Bolschewiki?
Ja, was den ökonomisch radikaleren Teil betraf, denn Preobraschenski, der für die Finanzen des Staates zuständig war, schrieb schon 1919: "Die kommunistische Gesellschaft wird kein Geld kennen. [...] Das Geld verliert allmählich seine Bedeutung, gleich von Anbeginn der sozialistischen Revolution. Alle nationalisierten Unternehmungen, ähnlich dem Unternehmen eines reichen Besitzers (in diesem Falle - des proletarischen Staates), haben eine gemeinsame Kasse und haben es nicht nötig, für Geld einen gegenseitigen Kauf und Verkauf zu betreiben. Es wird langsam der bargeldlose Verkehr eingeführt. Infolgedessen wird das Geld aus einem großen Gebiet der Volkswirtschaft verdrängt. Auch in Bezug auf die Bauernschaft verliert das Geld ebenfalls langsam seine Bedeutung, und auf den Plan tritt der Warentausch. Sogar im Privathandel mit den Bauern tritt das Geld immer mehr zurück, und der Käufer kann Getreide nur gegen Naturprodukte wie Kleider, Stoffe, Geschirr, Möbel u. dgl. bekommen. Das langsame Verschwinden des Geldes wird auch begünstigt durch die riesige Papiergeldemission durch den Staat, bei stark eingeschränktem Warenverkehr, hervorgerufen durch die Zerrüttung der Industrie. Die immer mehr zunehmende Entwertung des Geldes ist, im Grunde genommen, eine elementare Annullierung desselben." (17)

Es würde also die Darstellung des Kriegskommunismus verfälschen, wenn man behauptet, die Ökonomie Sowjetrusslands wäre durch unbeeinflussbare Umstände zwangsläufig in eine geldlose Wirtschaft hineingeschlittert. Die Abschaffung des Geldes war durchaus beabsichtigt und wurde durch die politischen Maßnahmen forciert. Die damals maßgebenden Akteure der Bolschewiki fassten 1919 den Entschluss, die Gelegenheit wahrzunehmen und schneller als vorerst geplant eine geldlose Verteilungswirtschaft einzurichten.

Folgendes stimmt dabei bedenklich:
- Mit der Abschaffung des Geldes wurde nicht auch das Privateigentum der Bauern aufgehoben. Der Großteil der Produktion (Landwirtschaft) funktionierte also noch auf Basis des Privateigentums und des Tausches. Dies führte schließlich dazu, dass die Bauern ihre Produktion vollends auf Selbstversorgung zurückfuhren. Die von Preobraschenski angedeutete Entwicklung vom Warentausch ohne Geld zur geldlosen Wirtschaft, übersieht die Notwendigkeit des Geldes für einen ökonomisch dominanten Warentausch - nur mit Gewalt kann ein Geldumlauf dabei unterbunden werden, und das auch nur "offiziell" und nicht allzu lange.
- Die Abschaffung des Geldes sollte dadurch befördert werden, indem man dieses vermehrt in Umlauf setzte. Damit untergrub man zwar die Brauchbarkeit des Geldes, aber man hatte sich seiner nicht entledigt - die Budgets der Betriebe und des Staates wurden weiterhin in Rubel bilanziert. "Bargeldlose" Wirtschaft bedeutet keinesfalls "geldlose" Wirtschaft!

Dies merkten einige Bolschewiki und bastelten an einer neuen Verrechnungseinheit. Zur Umsetzung dieses Entwurfs kam es aber nicht mehr, da im März 1921 das Experiment "Kriegskommunismus" abgebrochen wurde.

2.1.5 Der Abbruch

Obwohl 1920 der Krieg gegen die Weiße Armee siegreich beendet wurde, kam das Land nicht zur Ruhe. Die Bauern wehrten sich (mit blutigen Bauernaufständen) gegen die Konfiskationen der spärlichen Restbestände von Nahrungsmitteln. Die Missernte von 1920 verschärfte die Lebensmittelversorgung, die wenigen Vorräte waren im Winter rasch aufgebraucht. Der Hunger in den Städten nahm zu und führte zu Hungeraufständen. Die erhofften Revolutionen in anderen Ländern - und somit die erwartete Hilfe dieser Länder - waren ausgeblieben.

Als sich schließlich auch bei der Machtbasis des Staates, der Roten Armee, Unmut rührte (Kronstädter Matrosenaufstand 2. - 13. März 1921) war es höchste Zeit, Maßnahmen zu setzen, um einen weiteren

Bürgerkrieg zu verhindern. Auf dem 10. Parteitag der kommunistischen Partei verkündete Lenin Mitte März 1921 eine Änderung der Wirtschaftspolitik: "Grundsätzlich ergibt sich folgende Lage: Entweder wir müssen das mittlere Bauerntum wirtschaftlich zufrieden stellen und uns zur Freiheit des Umsatzes verstehen, oder es ist bei dem langsamen Tempo der internationalen Revolution unmöglich, in Russland die Macht des Proletariats aufrecht zu erhalten." (18)
Die dabei verkündete "Neue ökonomische Politik" (russische Abkürzung: NEP) wurde sofort in Angriff genommen. Die zwei wichtigsten Komponenten dieser Politik waren:
erstens die Beschränkung der Abgabenbelastung für die Bauern, die ihre Überschüsse wieder auf freien Märkten verkaufen konnten, und zweitens die Inkraftsetzung des Rubels als Zirkulationsmittel und damit die Wiedereinführung der Geldwirtschaft.
Die NEP entsprang letztlich der (ökonomischen) Kapitulation vor den Bauern. Sie wurden ins Recht gesetzt, ihr Privateigentum, das ja nicht abgeschafft wurde, in ihrem Interesse zu nützen.

2.1.6 Resümee

Der Kriegskommunismus war auch in seinem Endstadium weit entfernt von einer BVW.
Zusammenfassend seien nun einige Fragen gestellt, die sich im Hinblick auf den Schwerpunkt dieser Abhandlung ergeben.

Wären die Ziele der Revolutionäre mit denen einer BVW vereinbar gewesen?
Die Hauptakteure der Russischen Revolution wollten eine kommunistische Gesellschaft etablieren. Diesbezügliche Vorstellungen wiesen vor allem hinsichtlich der Ökonomie durchaus Ähnlichkeiten mit der BVW auf.
(Um Missverständnissen vorzubeugen sei erwähnt, dass mit den Umgestaltungen Ende 1920, Anfang 1921 selbst euphorische Bolschewiki noch nicht den Kommunismus verwirklicht sahen, den sie anstrebten - bestenfalls eine Vorstufe dazu.)

Wie sah es mit den Voraussetzungen für die Einrichtung der neuen Gesellschaft aus?
Die russische Wirtschaft basierte hauptsächlich auf der Landwirtschaft (Mittel- und Kleinbauern). Die Industrie war schwach entwickelt, die Technik nicht allzu weit fortgeschritten, das Kommunikati-

onssystem war nicht so weit entwickelt, um bei der Größe des Landes Informationen rasch zu übermitteln, die Transportsysteme für den Gütertransport waren entweder nicht vorhanden oder in desolatem Zustand. Mit den ökonomischen Voraussetzungen, eine geplante Versorgungswirtschaft einzurichten, stand es also nicht zum Besten.
Wie sah es mit den politischen Voraussetzungen aus? Der Großteil der Bevölkerung, hauptsächlich Bauern, stand der Revolution vorerst nicht feindlich gegenüber. Erst als sich der Angriff auf ihr Privateigentum abzeichnete, änderte sich ihre abwartende Haltung - vorerst passive Resistenz, später offener Widerstand.
In der wichtigen Periode des Übergangs und der Gestaltung der neuen Gesellschaft herrschten Bürgerkrieg, Bedrohungen von außen und eine Wirtschaftsblockade.
Diese schlechten Voraussetzungen und Bedingungen waren den Bolschewiki bewusst - aber die führenden Köpfe waren davon überzeugt, dass Russland nur den Vorreiter einer Weltrevolution spielen würde. Nach deren Erfolg würde das Land in die internationale kommunistische Gemeinde aufgenommen und beim Aufbau des Kommunismus unterstützt werden.

Woran ist das "Experiment Kriegskommunismus" gescheitert?
Die Voraussetzungen waren denkbar schlecht. Doch es war nicht auszuschließen, dass unter stabilen politischen Verhältnissen und einer gefestigten Macht der Bolschewiki der Aufbau einer - wenn auch bescheidenen - geplanten Versorgungswirtschaft hätte gelingen können. Gescheitert ist der Versuch letztlich an der Verweigerung der Bauern und dem Festhalten an ihrer privaten "Scholle", anders gesagt, an der mangelhaften Kollektivierung der Landwirtschaft. Es rächte sich, den Bauern "ihr" Land zuzuteilen und als Privateigentum zu belassen. Der Hunger führte zur Kapitulation vor den Bauern, zum politischen Entschluss, das ökonomische Programm zu ändern.

Zeigt die Geschichte des Kriegskommunismus, dass die Abschaffung des Privateigentums und des Marktes, und die Einführung einer geldlosen Wirtschaft in eine Katastrophe münden muss?
Die Geschichte des Kriegskommunismus zeigt, was passiert, wenn Privateigentum (an Produktionsmitteln) und damit der Markt nicht von vornherein rigoros beseitigt werden. Solange das Privatinteresse besteht, mit dem Verkaufen Geld zu verdienen, solange kann eine geplante Verteilungswirtschaft nicht sinnvoll funktionieren. Dieses Privatinteresse (in diesem Fall der Bauern) boykottiert und verunmög-

licht eine Planung der Produktion und eine versorgungsgerechte Verteilung. Tausch und Verteilung sind miteinander unvereinbar. Der Kriegskommunismus hatte sich in der allerletzten Phase zwar vom Geld als Zirkulationsmittel verabschiedet, - die Geldscheine waren wertlos geworden und wurden nicht mehr genommen -, aber auf den Verrechnungskonten des Volkswirtschaftsrates und der verstaatlichten Banken wurden die Güterbewegungen nach wie vor in Rubel verrechnet. Von einer Planung in technischen Planzahlen - wie in der BVW - konnte nicht die Rede sein. Die Abschaffung der Zahlung mit Geld führte dann tatsächlich zu einer Katastrophe, da es noch Privateigentum gab, das auf Verkauf und Kauf angewiesen war. Mit dem Geld entzieht man dem Markt tatsächlich das Schmiermittel und dieser bricht zusammen. Es verschwindet das Interesse zu produzieren um zu verkaufen - wie es die Bauern im Kriegskommunismus drastisch demonstrierten.

Die Geschichte des Kriegskommunismus beweist keineswegs, dass eine geplante Versorgungswirtschaft, eine Ökonomie ohne Markt, Privateigentum und Geld nicht möglich ist bzw. in einer Katastrophe enden muss. Vielmehr kann man daraus folgern, dass die Abschaffung der Marktwirtschaft im Sinne einer BVW nur gelingen kann, wenn das Privateigentum (an Produktionsmitteln) und damit der Markt und Tausch gegen Geld von vornherein gänzlich abgeschafft werden. Eine Doppelwirtschaft (Marktwirtschaft + Zentralverwaltungswirtschaft) bringt weder die eine noch die andere voran - beide Ökonomien behindern einander ständig. Schon gar nicht ist auf dieser Basis eine sinnvolle Versorgungswirtschaft möglich.

2.2 Der Reale Sozialismus

Mit der Bezeichnung "Realer Sozialismus" charakterisierten die Parteiideologen der Kommunistischen Partei der Sowjetunion (KPdSU) jenes Gesellschaftssystem, welches sich nach dem Zweiten Weltkrieg in der Sowjetunion und anderen Ostblockstaaten etablierte.
"Sozialismus" benannte die Vorstufe des angestrebten Kommunismus - der Kommunismus war damit also noch nicht verwirklicht.
"Real" verwies darauf, dass der Sozialismus - entgegen allen Unkenrufen der Feinde - machbar sei und diese Vorstufe (des Kommunismus) tatsächlich schon verwirklicht wäre.
Vor der ausführlichen Erläuterung des Realen Sozialismus wird im folgenden Kapitel kurz die Entwicklung der sowjetischen Ökonomie nach 1921 dargestellt.

2.2.1 Die Etablierung des Sozialismus - Aufstieg zur Weltmacht

Mit der Neuen Ökonomischen Politik 1921 -1928 gelang es den Bolschewiki, die ökonomische Lage zu verbessern und ihre politische Macht zu stabilisieren. Sie entfernten sich damit vom vorgegebenen Parteiprogramm. Mit der Zulassung von Privateigentum und Märkten war die Sowjetunion selbst von der angestrebten Zwischenetappe des "Sozialismus" weiter denn je entfernt.
Noch zu Lebzeiten Lenins entstand die Debatte, ob die weiteren ökonomischen Anstrengungen in Richtung Industrialisierung oder landwirtschaftliche Produktionssteigerung gehen sollten. Da man beides wollte, entschied man sich für einen Kompromiss: Harmonie und Gleichzeitigkeit der Entwicklung. Ab 1929 setzte sich dann Stalin mit seinem Programm der forcierten Industrialisierung und Kollektivierung der Landwirtschaft durch. Privateigentum wurde für die Bauern wieder eingeschränkt und in der Industrie vollkommen abgeschafft. Die zentrale Planungskommission (Gosplan) und ihre Unterabteilungen legten Mengen, Preise, Löhne für die Produktionsbetriebe fest. Es wurde damit jenes Wirtschaftssystem installiert, das bis 1986 - mit kleineren Änderungen in der Nachstalinära - praktiziert wurde (siehe Kapitel "Realer Sozialismus / Staatlich dirigierte Warenwirtschaft").
Bis zu Beginn des Zweiten Weltkriegs hatte die russische Ökonomie mit einer widerspenstigen Bauernschaft zu tun, die zwar das Tauwetter der Neuen Ökonomischen Politik begrüßte, jedoch sich der unter Stalin durchgezogenen Enteignungskampagne widersetzte. Nur unter Anwendung von Gewalt konnten große Teile der Landwirtschaft kollektiviert werden (zum Begriff Kollektivierung siehe weiter unten). Die Kollektivbetriebe stellten für die Bauern die schlechtere Alternative zum selbst bebauten Land dar und zwar deshalb, da die Kollektivwirtschaften aufgrund geringer Produktivität und eines rigorosen Ablieferungsregimes zur Deckung des Eigenbedarfs weniger beitrugen als eine noch so kargen Subsistenzwirtschaft. Verschärft wurde die Situation noch durch Jahre mit ungünstigen Wetterverhältnissen. Von einer den Planzahlen entsprechenden Nahrungsmittelproduktion konnte keine Rede sein. Die technische Aufrüstung der Landwirtschaft wurde nur sehr langsam vollzogen, da die industriellen Kapazitäten in großem Maße für die Rohstoffgewinnung und -verarbeitung in Anspruch genommen wurden und die Erzeugung von landwirtschaftlichen Maschinen hinterherhinkte.

Unter gewaltigen Anstrengungen wurde die Industrialisierung (bis auf einige Fachkräfte ohne ausländische Unterstützung) vorangetrieben. In kürzester Zeit sollte aus dem Agrarland Russland eine industrialisierte UdSSR werden - und das unter der verschärften Bedingung eines "Sozialismus in einem Land: Dies bedeutete nicht nur die Hoffnungen bezüglich einer Weltrevolution und der Hilfe anderer sozialistischer Länder zu begraben, sondern auch einer politischen und ökonomischen Isolierung (geringer Außenhandel) ausgesetzt zu sein.
1936 verkündete Stalin anlässlich der Verabschiedung einer neuen Verfassung der UdSSR, dass "die erste Phase des Kommunismus, der Sozialismus, im wesentlichen bereits verwirklicht ist".
Tatsächlich gelang es innerhalb von 20 Jahren ab 1917 zur zweitgrößten Industriemacht der Welt (hinsichtlich der absoluten Produktionszahlen) aufzusteigen.
Die Industrie wurde dann zu einer bedeutenden Voraussetzung für die Kriegswende im Zweiten Weltkrieg. Nicht nur der Winter, sondern auch die in den Osten verlagerte (Rüstungs)industrie ermöglichten die erfolgreiche Gegenoffensive der Roten Armee.

Nach dem Zweiten Weltkrieg war die UdSSR - trotz starker Bevölkerungsverluste und einer enormen ökonomischen Substanzvernichtung - mit der Bildung des "Ostblocks" zur zweitstärksten Macht der Welt aufgestiegen (und das nicht nur bezüglich der ökonomischen Potenz, sondern auch militärisch).
Innerökonomisch änderte sich nichts an dem prinzipiellen System der geplanten Warenwirtschaft, die im Folgenden noch eingehend beschrieben wird. Nach dem Ende der Stalinära sollten Verschiebungen in den Schwerpunktbereichen der Industrie vorgenommen werden (relative Reduzierung der Schwerindustrie gegenüber der Leicht- und Konsumgüterindustrie) - diese Reformen blieben jedoch zum Großteil nur Ankündigungen. Die starren Entscheidungsstrukturen wurden kurzfristig dezentralisiert - auch diese Änderung wurde später wieder rückgängig gemacht. In der Landwirtschaft kam es zu einer gewissen Stabilisierung der Produktion, indem kleine Kolchosen zu Großbetrieben zusammengefasst, die Zwangsablieferungen und Steuern gesenkt, und die Abnahmepreise erhöht wurden.

2.2.2 Kollektivierung, Verstaatlichung, Vergesellschaftung

Die BVW setzt die Abschaffung des Privateigentums und die Vergesellschaftung der Produktionsmittel voraus. Entsprachen nun Kollek-

tivierungen und Verstaatlichungen in der Sowjetunion dieser Vergesellschaftung?
Am Beispiel der Landwirtschaft sollen die Unterschiede verdeutlicht werden.

Kollektivierung
Im Zuge der Kollektivierung fand eine Zusammenfassung einzelner Landwirtschaften zu landwirtschaftlichen Genossenschaften (Kolchosen) statt. Zwar wurden Grund und Boden in der Sowjetunion verstaatlicht, doch die Betriebsmittel der Bauern blieben Privatbesitz. Neben der Arbeit in den Kolchosen konnten diese, abhängig von den jeweiligen politischen Vorgaben, mehr oder weniger Privatgeschäfte tätigen.
Für die Arbeit in den Kollektiven wurden die Bauern mit Geldlöhnen bzw. Naturalien entschädigt. Diese fielen nicht üppig aus. Die Kolchosen hatten festgesetzte Mengen zu festgesetzten Preisen an den Staat abzuliefern. Die mangelhafte Ausstattung mit technischen Produktionsmitteln und auch die oft verstreuten Parzellen der Bauern verhinderten eine effektive Bewirtschaftung. In Jahren mit ungünstiger Witterung konnten die geforderten Ablieferungsmengen nicht erreicht werden, was zu einer Kürzung der Entschädigungen der Bauern führte. Aufgrund dieser dürftigen Aussichten mussten die Bauern mit moralischen Appellen und, wenn diese nichts halfen, mit Gewalt in den Kolchosen gehalten bzw. für diese rekrutiert werden.
Die Kollektivierung wurde von der politischen Führung als Vorstufe zur Verstaatlichung und Vergesellschaftung angesehen. Diese sollte aufgrund der geschaffenen Kollektive in Zukunft leichter erfolgen. Die Kollektivierung stellte einen Kompromiss dar: einerseits erfolgte zwar die Bearbeitung der Landwirtschaft großteils kollektiv, der Bauer blieb jedoch Privateigentümer. Ständig kalkulierte er dem gemäß, wie viel ihm der Arbeitseinsatz in der Kolchose im Vergleich zu seinen Privatgeschäften, also dem Arbeitseinsatz im privaten Teil seiner Parzelle, brachte. Diese Rechnung schlug meist zuungunsten der Arbeit in der Kolchose aus. Dementsprechend war es um die Mitarbeit der Bauern in der Kolchose bestellt. Sie sahen darin eine Behinderung zur Verbesserung des Lebensstandards durch Privatgeschäfte. Die etwaigen Vorteile der Kollektivierung, eine effektivere Nutzung der Landwirtschaften und eine Absicherung des Lebensunterhaltes der Bauern, konnten in der Sowjetunion kaum realisiert werden. Die Märkte mit ihren freien Preisen waren und blieben für die Bauern immer eine verlockende Alternative.

Verstaatlichung:
Bei den verstaatlichten landwirtschaftlichen Betrieben (Sowchosen) war der Staat nicht nur Eigentümer von Grund und Boden, sondern auch der Produktionsmittel. Die auf den Sowchosen Arbeitenden waren Angestellte des Staates, sie waren also - ökonomisch gesehen - Lohnarbeiter des Staates. Mit dem Staatseigentum wurde nicht nur eine Trennung zwischen Staat und Produzenten (Arbeitenden) vorgenommen, sondern damit auch ein ökonomischer Gegensatz zwischen Staat und Arbeitenden installiert:
Die Sowchosen wurden als Betriebe behandelt, die für den Staat lukrativ arbeiten mussten. Kalkulierte Überschüsse sollten erwirtschaftet werden. Die Betriebe wurden auf eine Kalkulation hinsichtlich Kosten, Erträge und Gewinne verpflichtet - Größen, die in realsozialistischen Ökonomie als Richtgrößen zur Steuerung der Planwirtschaft dienen sollten, sich jedoch in dieser Hinsicht als kontraproduktiv herausstellten (dazu weiter unten im Kapitel "Staatlich dirigierte Warenwirtschaft"). Die Löhne wurden als Kosten und Abzug von Gewinnen betrachtet. Die erwirtschafteten Güter wurden verkauft. Der Staat als Eigentümer trat als Unternehmer auf - wenn auch unter von ihm festgesetzten Monopolbedingungen.
Nicht nur die Nachahmung betriebswirtschaftlicher marktwirtschaftlicher Kalkulation erwies sich als Behinderung für eine zufriedenstellende Versorgung der Bevölkerung, sondern auch die notorisch unzureichende Ausstattung mit modernen Produktionsmitteln. Jahrzehntelang wurde die Produktion landwirtschaftlicher Maschinen im Vergleich zu anderen Bereichen industrieller Produktion vernachlässigt. Deshalb konnten sich die Vorteile der verstaatlichten landwirtschaftlichen Betriebe, nämlich die extensive und effektive Nutzung der Böden und die fehlenden Reibungsverluste mit kontraproduktiven Bauern, nie so richtig entfalten.

Vergesellschaftung:
Das in den sowjetischen Parteiprogrammen propagierte Ziel war die "Vergesellschaftung der Produktion" - bei dem Hinweis auf das Ziel blieb es dann auch.
Kurz formuliert besteht das Wesen der Vergesellschaftung darin, dass Grund und Boden und die Produktionsmittel allen Gesellschaftsmitgliedern gehören. Letztere bestimmen die Produktion und die Verteilung der Produkte und sind dementsprechend auch Nutznießer der Güterproduktion. Das Eigentum als Kategorie der Ökonomie entfällt, somit auch der Staat als Eigentümer. Daraus folgt, dass Tauschbezie-

hungen zwischen Eigentümern entfallen und damit auch Markt und Preise - die Güter streifen ihren Warencharakter ab, Gewinnkalkulationen erübrigen sich.
Man tut sich bei der Unterscheidung zwischen Verstaatlichung und Vergesellschaftung dann schwer, wenn der Staat als Vertreter der "Gesellschaft" gesehen wird. Dieser bezeichnet sich zwar als politisches Organ der Bevölkerung, ist jedoch realiter eine Instanz, die ihre *eigenen Zwecke* verfolgt. Wenn der Staat ökonomisch als Eigentümer auftritt, so wird er bei Aufrechterhaltung der "Ware - Geld - Beziehung" zu einem Waren - bzw. Leistungsverkäufer. Die Waren und Leistungen werden gemäß ihrer Kosten und Erträge kalkuliert. Selbst wenn diese Kalkulation nicht angestellt wird, wie z.B. im Ausbildungsbereich (bei Schulen etc.), unterliegt der Staat budgetären "Zwängen", denen er sich unterwerfen muss, um die Geldökonomie funktional zu erhalten.
Wie im Kapitel "Grundriss einer BVW" beschrieben, wird von vergesellschafteten Betrieben nach einem Plan, der aus technischen Größen besteht, arbeitsteilig produziert. Bezogen auf die Landwirtschaft würde das bedeuten, Grund und Boden von landwirtschaftlichen Großbetrieben bearbeiten zu lassen. Diese Betriebe werden mit den modernsten Produktionsmitteln ausgestattet. Agraringenieure planen und organisieren eine der Gesundheit zuträgliche und doch effektive Nahrungsmittelproduktion. Das landwirtschaftliche Personal wird für etwaige erschwerende Bedingungen (Wetter, körperlicher Einsatz, fallweise längere Arbeitszeiten) mit Bonuspunkten hinsichtlich ihres Arbeitseinsatzes bedacht (siehe Kapitel "Grundriss einer BVW / Bewertung der Arbeit").
Die landwirtschaftlichen Produkte werden verteilt und sind in einer BVW wohl großteils dem Grundanspruch zuzuordnen.

2.2.3 Revidierte Vorstellungen hinsichtlich einer neuen Gesellschaft?

Die Sowjetunion hatte sich trotz wirtschaftlicher Isolation und eines verlustreichen Krieges ökonomisch und politisch behauptet. Die Umwandlung von einem zurückgebliebenen Agrar- zu einem Industrieland war in relativ kurzer Zeit unter großen Entbehrungen der Bevölkerung geleistet worden. (Selbst Ökonomen der Marktwirtschaft konnten nicht umhin, dieser alternativen Wirtschaft Erfolge zu bescheinigen, und einige sahen darin sogar gewisse Vorzüge gegenüber der krisenanfälligen Marktwirtschaft.)

Die UdSSR war im Verbund mit ihren Blockstaaten zu einer ökonomischen und politischen Alternativmacht aufgestiegen.

War dies nun schon der angestrebte Kommunismus oder war es nur eine Zwischenetappe? Wie sahen nun die Ziele der politischen Führung aus?
Darüber gibt das dritte Parteiprogramm der KPdSU Auskunft. Dieses wurde 1961 unter Chruschtschow veröffentlicht. Aufgrund der geänderten politischen und ökonomischen Lage sah man das zweite Parteiprogramm aus dem Jahr 1919 - welches im Kapitel "Kriegskommunismus" auszugsweise vorgestellt wurde - als nicht mehr zeitgemäß, anders formuliert als "erfüllt", an:
"Als die Partei auf dem 8. Parteitag, im Jahre 1919, ihr zweites Programm annahm, stellte sie die Aufgabe, die sozialistische Gesellschaft zu errichten. Auf unerforschten Wegen, unter Überwindung von Schwierigkeiten und unter Entbehrungen verwirklichte das sowjetische Volk, geführt von der Kommunistischen Partei, den von Lenin entwickelten Plan für den Aufbau des Sozialismus. Der Sozialismus hat in der Sowjetunion vollständig und endgültig gesiegt. Das zweite Parteiprogramm ist [...] erfüllt." (19)
Die Behauptung, dass mit der Etablierung des Realen Sozialismus das zweite Parteiprogramm erfüllt sei, ist eine Mogelei. Schließlich war doch hierin die Rede von der Errichtung einer kommunistischen Gesellschaft, und der Sozialismus bzw. die Diktatur des Proletariats nur als relativ kurzes Übergangsstadium angeführt. Erfüllt war tatsächlich das, was sich Lenin unter "Staatskapitalismus" vorstellte: einen Staat, der als Einziger und deshalb Gesamt-Kapitalist die Wirtschaft "im Sinne des Proletariats" (nach Stalins Ära: "im Sinne der Gesamtbevölkerung") lenkt.
Der Anspruch, dem Volke etwas zu bieten, war keine Heuchelei und die Bemühungen, dabei voranzukommen, waren zweifellos vorhanden. Die ideologisch vorgegebenen Vertröstungen, jetzt entbehren zu müssen, um in ein paar Jahren bzw. Jahrzehnten aus dem Vollen schöpfen zu können, verloren mit der Zeit an Glaubwürdigkeit.

Einerseits war die Führung der KPdSU mit dem Erreichten zufrieden, andererseits kam bei manchen Parteifunktionären hinsichtlich der Zielvorgaben eine gewisse Unzufriedenheit auf:
Erstens war man vom angestrebten Ziel "Kommunismus" noch weit entfernt. Es galt, endlich die Voraussetzungen für den Übergang zu schaffen.

Zweitens störte, dass die Sowjetunion, was die Produktion pro Kopf der Bevölkerung betraf, noch immer weit hinter den USA lag, mit der die politische Führung ihren Staat verglich.
Zum ersten Punkt der Unzufriedenheit: Strebten die Kommunisten von 1961 überhaupt noch das an, was die von 1919 als Kommunismus beschrieben? Dies ist, was das 3. Parteiprogramm betrifft, mit ja zu beantworten. Bis auf kleinere Unterschiede in der Formulierung entspricht die Darstellung des Kommunismus von 1961 der Schilderung von 1919.
Was sollte in den nächsten Jahren erreicht werden?
"Im nächsten Jahrzehnt (1961 - 1970) wird die Sowjetunion beim Aufbau der materiell - technischen Basis des Kommunismus die USA - das mächtigste und reichste Land des Kapitalismus - in der Produktion pro Kopf der Bevölkerung überflügeln; der Wohlstand, das Kulturniveau und das technische Entwicklungsniveau der Werktätigen werden bedeutend steigen; allen wird ein gutes Auskommen gesichert; alle Kollektivwirtschaften und Staatsgüter werden sich in hochproduktive Betriebe mit hohen Einkünften verwandeln; der Bedarf der Sowjetbürger an komfortablen Wohnungen wird im wesentlichen gedeckt werden; die schwere körperliche Arbeit wird verschwinden; die UdSSR wird zum Land mit dem kürzesten Arbeitstag.
Im zweiten Jahrzehnt (1971 - 1981) wird die materiell - technische Basis des Kommunismus errichtet und für die gesamte Bevölkerung ein Überfluss an materiellen und kulturellen Gütern geschaffen; die Sowjetgesellschaft wird unmittelbar darangehen, das Prinzip der Verteilung nach den Bedürfnissen zu verwirklichen, es wird sich der allmähliche Übergang zum einheitlichen Volkseigentum vollziehen. Somit wird in der UdSSR die kommunistische Gesellschaft im Wesentlichen aufgebaut sein. Vollendet wird der Aufbau der kommunistischen Gesellschaft in der nachfolgenden Periode." (21)
Wie diese Etappenziele erreicht werden sollten, wird weiter unten (im Programm und diesem Kapitel) beschrieben.
Nun zum zweiten Punkt der Unzufriedenheit, dem Vergleich mit den USA. Wie auch im obigen Zitat thematisiert, sollten die USA, was die Produktion pro Kopf der Bevölkerung betrifft, schon in der nächsten Etappe "überflügelt" werden. (Auch an vielen anderen Stellen des Programms wird der Vergleich mit den USA strapaziert.) Einerseits gab es das Anliegen, die Marktwirtschaft zu kritisieren (Konkurrenz, Krisen, Ausbeutung, Armut etc.) und eine alternative Ökonomie einzurichten. Andererseits verfiel man dabei darauf, sich an den Kriterien der Marktwirtschaft selbst zu messen und vergleichen zu wollen.

Wenn es um die Versorgung der Bevölkerung ginge, wäre es müßig, Produktivitätszahlen der Marktwirtschaft zu bemühen. Das Maß für eine gelungene Versorgung läge allein darin, wie die Bedürfnisse der Bevölkerung abgedeckt werden können. Es wäre kein Ziel, produktiver als die Marktwirtschaft (und damit besser als diese) zu sein, sondern die angestrebte Versorgung möglichst effektiv zu erreichen. Wenn ein Vergleich sinnvoll ist, dann bezüglich der erreichten Lebensqualität der Gesamtbevölkerung. Beim Vergleich der Produktivität wird gänzlich abgesehen von der Art der Güter und Leistungen, wie viel davon der Bevölkerung zugute kommt, wie schwer und wie lange die Arbeitnehmer hiefür arbeiten müssen, und wie die Lebensqualität dann aussieht. Vom Standpunkt eines Staatskapitalismus, der als "Realer Sozialismus" bezeichnet wurde, machte dieser Vergleich wiederum Sinn - denn es ging, wie weiter unten näher ausgeführt wird, im Realen Sozialismus ökonomisch um eine Ware-Geld-Gewinn-Ökonomie, bei der die lästigen Effekte der Marktwirtschaft durch die staatliche Lenkung ausbleiben sollten.

Dieser ständige Vergleich mit der Marktwirtschaft hatte letztlich Konsequenzen - er führte zum Abbruch des Projektes Kommunismus.

2.2.4 Vom Sozialismus zum Kommunismus

Die Voraussetzungen, zum Kommunismus zu gelangen, waren ungleich besser als in den Jahren unmittelbar nach der Revolution: Es gab relativ stabile politische Verhältnisse, eine groß angelegte Industrie, eine befriedete Bauernschaft, die in Kolchosen oder Sowchosen arbeitete, einen politischen und ökonomischen Machtzuwachs (Ostblockländer) und eine Bevölkerung, deren Großteil der KPdSU nicht feindlich gesinnt war.

Allerdings wurde dem Ostblock der "Kalte Krieg" angetragen, was zwar im Unterschied zu 1917 und den Folgejahren zu keinen kriegerischen Zuständen innerhalb der Sowjetunion führte, diese jedoch zu Anstrengungen auf dem Gebiet der Rüstung veranlasste. Dazu im Parteiprogramm: "Die Partei geht davon aus, dass, solange der Imperialismus bestehen bleibt, auch die Gefahr von Aggressionskriegen bleibt. Die KPdSU betrachtet den Schutz des sozialistischen Vaterlandes, die Festigung der Verteidigung der UdSSR und der Macht der sowjetischen Streitkräfte als die heilige Pflicht der Partei, des ganzen Sowjetvolkes, als wichtigste Funktion des sozialistischen Staates."(22)

Dies bedeutete, dass beträchtliche Ressourcen in den Militärsektor flossen, zu dem auch die Raumfahrt gezählt werden kann - Ressourcen, die anderen Sektoren dann abgingen.
An obigem Zitat fällt auf, dass der Zweck des Staates, welcher vormals als Durchsetzung der Diktatur des Proletariats und des Sozialismus (2. Parteiprogramm) bestimmt wurde, nun als Bewahrung seiner selbst definiert wird. Diese veränderte Sichtweise des Staates und seiner Zwecke prägte die weitere Entwicklung der Politik.

Mit welchen Maßnahmen sollte der oben erwähnte Etappenplan zur Vollendung der kommunistischen Gesellschaft erfolgreich realisiert werden?
Das Parteiprogramm lässt bei der Aufzählung der Maßnahmen keinen Bereich des Staatswesens aus. Wer revolutionäre Einschnitte erwartet, wird enttäuscht. "Vermehrt", "größer", "besser" sind die wesentlichen Inhalte des Maßnahmenkatalogs. Dazu zwei Beispiele:
"Die systematische Verbesserung der Qualität der Produktion ist ein unerlässliches Gebot der wirtschaftlichen Entwicklung. Die sowjetischen Betriebe müssen Erzeugnisse von viel höherer Qualität liefern als die besten kapitalistischen Unternehmungen. Dazu bedarf es eines ausgedehnten Systems von Maßnahmen, einschließlich der gesellschaftlichen Kontrolle; die qualitativen Kennziffern müssen in der Planung sowie in der Beurteilung der betrieblichen Leistungen und im sozialistischen Wettbewerb eine größere Rolle spielen." (23)
"Ökonomisch beruht die Entwicklung der Kollektivwirtschaften und Staatsgüter auf dem stetigen Wachstum und der besten Nutzung ihrer Produktivkräfte, auf der Verbesserung der Organisation ihrer Produktion und ihrer Wirtschaftsmethoden, auf der unablässigen Steigerung der Arbeitsproduktivität [...] Davon ausgehend, werden die Kollektivwirtschaften und Staatsgüter, was ihre Produktionsverhältnisse, den Charakter der Arbeit, sowie den Wohlstand und die Kultur der Werktätigen betrifft, immer mehr zu Betrieben kommunistischen Typus." (24)
In diesen und anderen programmatischen Feststellungen wird so getan, als ob erhöhte Quantitäten der Produktion zwangsläufig eine qualitative Änderung des gesellschaftlichen Systems bewirken. Die Voraussetzungen mögen sich dadurch verändern und den Übergang begünstigen, aber die Steigerung der Produktion bzw. der Produktivität sind doch selbst nicht der "Übergang", und schon gar nicht ergibt sich dieser daraus zwangsläufig.

Nicht bestritten werden soll, dass der angestrebte Kommunismus - "jeder nach seinen Fähigkeiten, jedem gemäß seinen Bedürfnissen" - leichter zu verwirklichen wäre, wenn die Güter- und Leistungserstellung ein Niveau erreicht hat, welches ermöglicht, zu arbeiten, um gut zu leben und nicht umgekehrt, zu leben, um hart zu arbeiten. Es ist aber ein unnötiges und hinderliches Unterfangen, sich dabei an den Kriterien der Marktwirtschaft messen zu wollen. Die Hochachtung vor der Marktwirtschaft bezüglich ihrer Produktionsergebnisse war jedoch so groß, dass, gemäß den Vorgaben der sowjetischen Wirtschaftsfachleute, die Ökonomie auch bezüglich der Kennzahlen der Marktwirtschaft (Gewinn und Rentabilität - siehe Ausführungen weiter unten) dieses Niveau erreichen sollte. Diejenigen, die Marx ständig als Galionsfigur betrachteten und zitierten, wussten doch, dass sich wirtschaftliche Kriterien wie Gewinn und Rentabilität an der mehr oder weniger gelungenen Ausbeutung der Arbeitenden bemessen - gerade dies sollte doch mit der Revolution abgeschafft werden!
Es wird weiter unten noch auszuführen sein, welch verqueres Bemühen es war, die Marktwirtschaft mit dem "Staatskapitalismus" nachäffen und übertreffen zu wollen.

Der zukünftige Erfolg des Programms stand zumindest ideologisch außer Zweifel. Die führenden Köpfe der Partei erkoren wie schon so oft den Deus ex Machina namens "geschichtlicher Entwicklung" zum Erfüllungsgehilfen ihres Vorhabens.
"Das allmähliche Hinüberwachsen des Sozialismus in den Kommunismus ist eine objektive Gesetzmäßigkeit" (25) Oder deutlicher im "Lehrbuch Politische Ökonomie":
"Der voll entwickelte Kommunismus kann nur das Ergebnis des naturgeschichtlichen Entwicklungsprozesses der materiellen Produktivkräfte sein. Dazu ist soviel Zeit erforderlich, als benötigt wird, um die Produktivkräfte auf einen Stand zu bringen, der die Schaffung eines wirklichen Produktenüberflusses erlaubt, bei dem die sozialökonomischen Unterschiede zwischen Menschen verschwinden ..." (26)
Es ist schon seltsam, wie sehr die sowjetischen Kommunisten, die mit ihrer Revolution schon gegen den "Historischen Materialismus" verstießen und in gewisser Weise wider die "naturgeschichtlichen Entwicklungsprozesse" erfolgreich waren, die miterleben mussten, wie der Kapitalismus, dem sie den Untergang prophezeiten, zwei Weltkriege überdauerte und in den westlichen Industrieländern weiterhin die Ökonomie bestimmte, noch immer an den "geschichtlichen Gesetzen" festhielten.

Außerdem misstrauten sie offensichtlich ihrem eigenen Parteiprogramm, in welchem der Kommunismus erst die wahre Entfaltung der Produktivkräfte verhieß.
"Kommunismus ist eine klassenlose Gesellschaftsordnung, in der [...] auch die Produktivkräfte wachsen und alle Springquellen des genossenschaftlichen Reichtums voller fließen werden ..." (27)
Hätten sie dies ernst genommen, so wäre es sinnvoll gewesen, sich möglichst rasch von der staatlich gelenkten Ware-Geld-Ökonomie zu verabschieden. Tatsächlich wollten sie den umgekehrten Weg gehen: mit dem Staatskapitalismus (und all seinen Widersprüchen) ein Reichtumsniveau erreichen, welches quasi automatisch den angestrebten Kommunismus herbeiführen sollte.

2.2.5 Ausnutzung der Ware - Geld - Beziehung

Die Sowjets wollten besser wirtschaften als der erklärte kapitalistische Feind und die dann überlegene Wirtschaft - so die Ideologie - sollte dem Volk dann auch mehr bieten.
Das Programm sah nun hiefür vor, die "allgemeinen Grundlagen des Wirtschaftens" für den Sozialismus zu "benutzen und auszunützen". Die prinzipiellste Grundlage bildete die "Ware-Geld-Beziehung". Unter diesem Begriff verstand man eine Ökonomie, in der Betriebe für den Austausch produzierten. Der Tausch wurde wie in der Marktwirtschaft auf Basis von Preisen und mit Geld vollzogen. Die Betriebe hatten auf ihre Rentabilität zu achten und Gewinne zu erwirtschaften. Die Arbeitenden bekamen Löhne, womit sie am "Markt" einkaufen konnten. Trotz all dieser Elemente der Marktwirtschaft konnte man diese Wirtschaft - nicht nur gemäß ihrer eigenen Ideologie - *nicht* als Marktwirtschaft bezeichnen. Es gab
- kein Privateigentum an Produktionsmitteln sondern nur Staatseigentum bzw. genossenschaftliches Eigentum,
- keine Konkurrenz der Betriebe um Marktanteile,
- eine Produktion gemäß eines Plans (meist Fünfjahrespläne),
- Gewinne, Preise und Löhne, die durch staatliche Festsetzung zustande kamen,
- ein Recht auf Arbeit, welches gesicherte Arbeitsplätze und gesicherte Einkommen garantierte
Diese Ökonomie war also keine Marktwirtschaft: Regulierte Gewinne, festgesetzte Preise und gesicherte Arbeitsplätze passen wahrlich nicht zu einer Marktwirtschaft.

Waren, Preise und Gewinne sind jedoch kapitalistische Versatzstücke und man fragt sich, weshalb die Sowjets diese in ihr planwirtschaftliches Konzept einbauten. Hatten sie sich nicht vorgenommen, die Ware-Geld-Beziehung abzuschaffen? Nun sollte diese für den Sozialismus "ausgenutzt" werden:
"Der Sozialismus hat als Produktionsweise noch nicht gesiegt, solange die planmäßige Organisation der gesamten gesellschaftlichen Produktion nicht seine Grundlage geworden ist. Aber der Sieg der planmäßigen Produktion als gesellschaftliches System heißt nicht, dass sämtliche Warenbeziehungen unverzüglich aufgehoben werden. Wie die geschichtliche Erfahrung lehrt, schließt die Durchsetzung des Prinzips der Planmäßigkeit im gesellschaftlichen Maßstab - obgleich Planmäßigkeit und Warenwirtschaft als System einander entgegengesetzt sind - nicht die Möglichkeit und Notwendigkeit aus, dass innerhalb des Systems der planmäßigen sozialistischen Produktion Beziehungen der Warenproduktion ausgenutzt werden." (28)
Den Sowjetökonomen war also durchaus bewusst, dass Planwirtschaft und Warenwirtschaft Gegensätze sind was doch auch ihre Unvereinbarkeit bedeuten sollte. Deshalb entspricht es der Quadratur des Kreises, eine (marktwirtschaftliche) Warenwirtschaft als Planwirtschaft betreiben zu wollen, wie umgekehrt eine Planwirtschaft als Warenwirtschaft. Es mutet seltsam an, dass die Ökonomen zu dem Schluss gelangen, "Beziehungen der Warenproduktion" für die Planwirtschaft auszunutzen. Wie sollte das gehen, wenn es sich um Gegensätze handelt?

Tatsächlich wurde dieser Gegensatz mit der Ökonomie des Realen Sozialismus installiert. Diese Art der Wirtschaft wurde, wie schon erwähnt, schon unter Stalin in der Zeit vor dem 2. Weltkrieg nicht nur theoretisch, sondern auch praktisch eingeführt.
Dies lief darauf hinaus, eine so genannte "sozialistische Warenwirtschaft" zu betreiben. Um die Warenwirtschaft in Zukunft endgültig loszuwerden, sollte diese mitsamt ihren Preisen, Löhnen und Gewinnen vorerst "ausgenutzt werden" - und zwar staatlich dirigiert, ohne die (an der Marktwirtschaft) kritisierten Begleiterscheinungen wie Krisen und soziale Ungerechtigkeiten hervorzurufen. Herausgekommen ist dabei allerdings weder eine vernünftige Versorgungswirtschaft noch eine konkurrenzfähige Warenwirtschaft.
In diesem Zusammenhang wurde von den sowjetischen Ökonomen auch ständig auf das "Wertgesetz" hingewiesen. Dieses bezieht sich auf die marktwirtschaftliche Warenwirtschaft und bedeutet die Bildung

des Wertes einer Ware gemäß durchschnittlich notwendiger Arbeitszeit. Marx, der sich damit ausführlich in seinen ökonomischen Schriften auseinander setzte, wies darauf hin, dass sich das Wertgesetz im Kapitalismus ohne bewusste Steuerung durch die agierenden Subjekte durchsetze. Die sozialistischen Ökonomen wollten nun dem Wertgesetz einerseits gerecht werden ("genaue Erfassung des Arbeitsaufwandes"), andererseits das Wertgesetz für ihre Zwecke durch Beeinflussung nutzen ("Einwirken auf den Preis"). Es ist ein verhängnisvolles Missverständnis, ein ökonomisches Gesetz, das konkurrierendes Privateigentum voraussetzt, für die sozialistische Planwirtschaft "nutzen" zu wollen:
"Die sozialistischen Produktionsverhältnisse schaffen für das Funktionieren der Warenproduktion und des Wertgesetzes neue Bedingungen [...] Die Wertbeziehungen werden bei der planmäßigen Organisation der gesellschaftlichen Reproduktion nicht nur und nicht so sehr für die Erfassung der Abrechnung der geleisteten Arbeit als für die Einwirkung auf bestimmte ökonomische Prozesse genutzt. Solange Warenbeziehungen existieren, ist die bewusste Einwirkung auf den Preis eines der wichtigsten ökonomischen Instrumente der Gesellschaft. Der Staat nimmt im Sozialismus aktiv Einfluss auf die Warenbeziehungen und die Preisbildung." (29)
Inwiefern ist es dann noch ein Gesetz und wozu braucht man es, wenn es vom Staat ausgehebelt wird? Die realsozialistischen Planwirtschafter bestanden jedenfalls darauf, ein für die private Tauschwirtschaft gültiges ökonomisches Gesetz für eine sozialistische Warenwirtschaft ausnützen zu wollen.

2.2.6 Die staatlich dirigierte Warenwirtschaft

Die Grundlagen der Warenwirtschaft sahen folgendermaßen aus:
- Die Betriebe kauften und verkauften Produkte und Leistungen. Diese Produkte und Leistungen wurden mit Preisen versehen und die Zahlungen in Geld auf Verrechnungskonten bei Banken durchgeführt.
- Von den Erträgen wurden die Kosten (Material, Personal und sonstige) abgezogen - die Differenz ergab den Gewinn oder Verlust.
- Die Arbeitnehmer erhielten Löhne von den Betrieben ausbezahlt und kauften damit ihre Lebensmittel.

Realisierte Versuche alternativer Ökonomien

Der Staat griff nun in dieses marktwirtschaftliche Grundschema ein:
- Die Betriebe waren Staatseigentum und hatten die vom Staat vorgegebenen Planzahlen (Produktzahl bzw. Umsatz) zu erfüllen. Die Betriebe arbeiteten eigenverantwortlich und hatten die Materialbeschaffung und Arbeitskräfteeinsatz zu planen, - dabei waren jene auf die von der Plankommission festgesetzten Preise verwiesen. Mit diesen festgesetzten Einkaufs- und Verkaufspreisen versuchte der Staat, die Produktion in die gewünschte Richtung zu lenken, zu "stimulieren" oder zu reduzieren - so sah das "Ausnützen der Ware-Geld-Beziehungen" aus.
- Ebenso waren die Löhne festgelegt. Die jeweilige Lohnhöhe ergab sich aus dem Grundlohn und den zusätzlichen Prämien und Zulagen, die abhängig von den Arbeitsleistungen, Gewinnen und dem Standort des Betriebes waren (z.B. gab es in Sibirien höhere Zulagen).
Die Grundlöhne waren jedenfalls alles andere als üppig. Deren Höhe relativierte sich einerseits an den staatlich budgetierten "gesellschaftlichen Konsumtionsfonds" und andererseits an der Kalkulation der Betriebe. In beiden Fällen waren es Kostenpositionen. Die Bestimmung der Zahl der Arbeitsplätze wurde den Betrieben überlassen.
- Der freie Markt und die Konkurrenz um Marktanteile waren offiziell ausgeschaltet. (Schwarzmärkte spielten allerdings nach wie vor eine nicht unbedeutende Rolle.)
- Der Großteil der Güterversorgung der Bevölkerung basierte auf einem Warenangebot mit (staatlich) festgesetzten Preisen. Es fand also keine geplante Zuteilung von Gütern statt, sondern eine geplante Zulieferung von Märkten, auf denen die Konsumenten einkauften.
Der Staat versuchte durch die Festsetzung der Preishöhe die Versorgung gemäß "politischer" Kriterien zu gestalten. Die Preise sollten so gestaltet sein, dass die Leute sich die meisten Waren leisten konnten, andererseits sollten für die Betriebe trotzdem Gewinne möglich sein. Grundnahrungsmittel, Unterkünfte (Wohnungen), medizinische Leistungen und die Ausbildung wurden zu relativ niedrigen Preisen bezogen bzw. kostenlos angeboten.

Bei dieser Organisation der Produktion und Distribution handelte sich der Staat einige Probleme ein:
- Die staatlichen Planungsbüros waren ständig mit der Abstimmung der "richtigen" Preise beschäftigt. Einerseits sollte die gewünschte

Versorgung der Bevölkerung ermöglicht (und die Preise von bestimmten Waren niedrig gehalten), andererseits die Produktion im Hinblick auf die betriebliche Kalkulation gewinnbringend gestaltet werden. Kein Wunder, dass der Preis damit auch in dieser Gesellschaft einen Interessengegensatz zwischen Produzenten und Konsumenten hervorrief, der mal so oder so ausging. Hatten die Betriebe die Wahl, so produzierten sie vor allem jene Güter, die aufgrund des höheren Preises auch höhere Gewinne ermöglichten. Die Planungsbüros hatten alle Hände voll zu tun ständig nachzujustieren - den "richtigen" Preis gab es in diesem Sinne kaum.

- Es war stetes Anliegen der Sowjetökonomen, ihre Betriebe so zu motivieren ("stimulieren"), dass diese aus eigenem Interesse den Planauflagen nachkommen. (Pleite machen konnten Betriebe in dieser Wirtschaft nicht. Verlustbetriebe wurden, falls notwendig, subventioniert.) Die Betriebe sollten nicht nur die Planzahlen erfüllen, sondern ständig bemüht sein, ihre Produktivität zu erhöhen und die Selbstkosten zu senken. Zur Kontrolle dieser Aufgaben wurde ein Kennziffernsystem ("Wirtschaftliche Rechnungsführung") ausgearbeitet, deren bedeutendste Größen Gewinn und Rentabilität darstellten. Da die Erfüllung der Kennzahl Gewinn als unzureichende Motivation für die Betriebe angesehen wurde, versuchte man durch Stimulierungsmaßnahmen das Eigeninteresse der Betriebe, der Betriebsleiter und der Belegschaft anzustacheln: Ein bestimmter Pauschalbetrag des Gewinns musste an den Staat abgeführt werden, der darüber hinausgehende Gewinn verblieb dem Betrieb und konnte für Eigeninvestitionen genutzt werden. Die Belegschaft wurde bei Planübererfüllung mit Prämien belohnt. Höhere Gewinne versprachen höhere Zuweisungen zu den Lohnfonds und damit in der Regel höhere Löhne. Die Konsequenzen dieser Maßnahmen lagen auf der Hand: Betriebe, welche die Auflagen erfüllten bzw. übererfüllten, wurden noch stärker, schwache Betriebe zu (für den Staat) lästigen Zuschussbetrieben mit eingeschränkten Investitionsmöglichkeiten.
- Der Spielraum für die Betriebe, die Gewinne zu beeinflussen (bzw. die Selbstkosten zu senken), war im Vergleich zu marktwirtschaftlichen Betrieben gering: Die Einkaufspreise waren festgelegt, die Verkaufspreise ebenso, bei den Löhnen gab es kaum Variationsmöglichkeiten. Die erforderlichen Stückzahlen gab der Plan vor. Welche Möglichkeiten gab es für die Betriebe, die Gewinne zu beeinflussen?
Eine Möglichkeit bestand darin, möglichst sparsam mit dem einge-

setzten Material umzugehen, was sich dann oft fatal auf die Qualität der produzierten Ware auswirkte. Möglichst billiges Material bzw. sparsamster Einsatz bewirkten oftmals einen Mangel an qualitativ hochwertigen Gütern als auch Mängel bei den vorhandenen. Noch gravierender wirkte sich die Sparsamkeit in einer Zurückhaltung bei Neuinvestitionen aus. Diese konnten nur in dem Rahmen getätigt werden, der durch die Bereitstellung der Mittel aus dem Investitionsfonds vorgesehen war. Darüber hinausgehende Investitionen schmälerten den Gewinn und die Planerfüllung. Der marktwirtschaftliche Betrieb kennt diese prinzipielle Zurückhaltung bei Investitionen nicht. Es wird auf Risiko (- Kredit, wenn man ihn bekommt -) und der Chance auf zukünftige Gewinne investiert. Dieses Risiko wird in Kauf genommen, - denn wird nicht neuinvestiert, ist man sehr bald der Konkurrenz unterlegen. Wenn "gespart" wird, dann bei den Arbeitskräften. Die Freisetzung von Arbeitskräften zur Senkung der Arbeitskosten war im Realen Sozialismus allerdings nur eingeschränkt möglich. Die Arbeitskräfte wurden jedoch oft mit moralischen Appellen oder Zwangsmaßnahmen angehalten, unbezahlte Sonderschichten zu fahren, um die geplante Gewinnkennziffer doch noch zu erreichen.

- Die Begutachtung der Betriebe auf Basis der Kennziffern Gewinn und Rentabilität und die davon abhängigen Betriebsförderungen und Belegschaftslöhne führten zu kontraproduktiven Verhaltensweisen:
Um die Vorgaben zu erfüllen und Gratifikationen zu erreichen, wurde - abgesehen von falschen Angaben an die Planbehörden - bestehende Mängel der Produktion konserviert. In erster Linie ging es darum, die Kennziffern zu erfüllen. Der Wunsch nach effektiverer Produktion tauchte gar nicht auf, wenn auch mit veralteten Methoden ein Gewinn eingefahren werden konnte. Die Übererfüllung der Pläne war bei den Betrieben meist deshalb unbeliebt, da die Planungsbehörde dann auf die naheliegende Idee kam, die Planzahlen hinaufzusetzen und damit den Druck, auch bezüglich der Gewinnerzielung, zu erhöhen. Neuen Produkten gegenüber war die Betriebsleitung skeptisch eingestellt, da diese die gewohnte Planerfüllung gefährden konnten. Die Produktion von Ersatzteilen beeinträchtigte den Gewinn negativ und wurde deshalb vernachlässigt. (Die Misere des Vertriebssystems hatte ihren Grund im desolaten Zustand der Landtransporteinrichtungen, die nur notdürftig Instand gehalten wurden.) Diesen den Planbehörden durchaus bekannte Erscheinungen versuchte man mit zusätzlichen Kennziffern

wie Qualitätsnormen oder Investitionsraten zu begegnen. Damit richtete man jedoch nicht viel aus, da dadurch die Erreichung der allerwichtigsten Kennzahl, des Gewinns, behindert wurde. Die Kennziffern ergänzten sich also oftmals nicht sondern wirkten kontraproduktiv. Die Aufforderung, auch auf Qualitätsstandards zu achten, wurde zwar zur Kenntnis genommen, praktisch aber der entscheidenden Kennziffer (Gewinn) untergeordnet und somit meist ignoriert.

Die Festlegung der Betriebe auf Preise, Kosten und vor allem Gewinne lief der Planung von Gebrauchswerten nur allzu oft zuwider. Was für die Betriebe zählte, war der Tauschwert. Dies hatte erstens die schon erwähnten Qualitätsmängel zur Folge und verursachte zweitens entweder einen Mangel an solchen Gütern, die nicht gewinnbringend produziert werden konnten, oder fallweise einen Überfluss an nicht benötigter Ausschussware, die Gewinne brachte.

- Die staatliche Einrichtung der Betriebe als Warenproduzenten wirkte sich auch auf das Bewusstsein der Produzenten aus. Dem gesellschaftlichen Nutzen der Produktion, der Herstellung von Gebrauchswerten, standen die Belegschaften der Betriebe gleichgültig gegenüber, da ihre Leistung (und ihr Einkommen) nicht daran, sondern an den Daten der jeweiligen Betriebe gemessen wurde. Das Interesse, die betrieblichen (betriebswirtschaftliche) Kennzahlen zu erfüllen, schlug oft gegen das gesellschaftliche Interesse aus: So führte zum Beispiel die Vorgabe der Kennziffer Materialverbrauch und ihre Erfüllung dazu, entweder mehr Material zu verbrauchen als notwendig oder Material einzusparen, was der Qualität abträglich war. Die Appelle der staatlichen Institutionen an Betriebsleiter und Belegschaft, gesamtwirtschaftlich zu agieren und einen "Betriebsegoismus" zu unterlassen, scheiterten an den Interessen der einzelnen Warenproduzenten. Man hielt sich an Vorgaben, nicht mehr und nicht weniger ("mangelnde Initiative") - und versuchte dabei zu mogeln so gut es ging. Der Arbeitseifer im Realen Sozialismus musste u.a. mit Prämien angestachelt werden, da die Arbeitenden nicht einsahen, dass sie sich für einen bescheidenen Lohn allzu sehr einzusetzen sollten - da halfen auch Appelle an das Verantwortungsgefühl wenig.

Auch die Planwirtschaft der BVW wird wohl nicht ohne ein Kennziffern- bzw. Kontrollsystem auskommen. Doch dieses wäre darauf ausgerichtet, festzustellen, in welchem Ausmaß, wie rasch und in welcher Qualität es den Betrieben gelingt, die Güterversorgung zu bewerkstelligen. Die Betriebsergebnisse werden hinsichtlich ihres Beitrages zur

Versorgung (bzw. Belieferung anderer Betriebe) beurteilt wie auch jeder Betriebsleiter und Arbeiter. Treten mangelhafte Ergebnisse auf, so werden die Ursachen untersucht. Liegen die Gründe in Fahrlässigkeit, Schlamperei, Faulheit der Produzenten, so werden deren Ergebnisse mit den Betreffenden diskutiert und in gravierenden Fällen Stunden von ihrer Arbeitskarte abgezogen. Fehlt es an Arbeitskräften, modernen Maschinen, besserer Organisation, etc. werden sofort Kräfte mobilisiert, um diesen Missstand zu beseitigen. Es wird an dem Wissen und Können der Komitees liegen, nicht auf der einen Seite Löcher zu stopfen und auf der anderen Seite welche aufzureißen.
Diese Produktionsweise basiert auf dem Bewusstsein aller Arbeitenden, ihren Beitrag zum Wohlergehen aller zu leisten, was auch ihr eigenes einschließt. "Betriebsegoismus" würde dann in dieser Ökonomie bedeuten, dass die Betriebe darauf bestehen, die Planzahlen erfüllen zu können und zwar im Sinne der gesellschaftlichen Versorgung hinsichtlich Quantität und Qualität der Produkte.

Sicherlich können für den Mangel an Gütern und die schleppenden Produktivitätszuwächse auch die hohen staatlichen Ausgaben für die Verteidigung (zu der auch das Raumfahrtprogramm zu zählen ist) angeführt werden. Die für diesen Bereich aufgewendeten Mittel bedeuteten einen unmittelbaren Abzug für andere Bereiche der Planproduktion.
Die Beurteilung vieler westlicher Begutachter, dass die Selbstaufgabe der Sowjetunion deswegen erfolgte, weil sie (vom Westen) "totgerüstet" wurde, übertreibt hinsichtlich der ökonomischen Wirkung. Das führende Personal der Sowjetunion gelangte allerdings zu dem politischen Entschluss, dass die realsozialistische Ökonomie mit dem mächtigsten Land der Welt auch in puncto Rüstung nicht mithalten konnte.
Die Ergebnisse in der Rüstung und Raumfahrt fielen zeitweise so beeindruckend aus, dass selbst die strammsten Antikommunisten diesbezüglich ihre Verachtung bleiben ließen. Ermöglicht wurde der hohe Qualitätsstandard dadurch, dass in diesen beiden Sektoren die übliche "Ware-Geld-Planwirtschaft" außer Kraft gesetzt wurde und alle Ressourcen zur Erstellung von passablen Gebrauchswerten eingesetzt wurden: kein Sparen an Material und Investitionen, keine Orientierung an Gewinnen und Preisen. Das brachte die Chefökonomen der Sowjetunion allerdings nicht auf die Idee, dieses Prinzip auch in den anderen Sektoren ihrer Wirtschaft anzuwenden.

Es wäre unkorrekt zu behaupten, die realsozialistische Planwirtschaft hätte nicht funktioniert. Trotz all ihrer (selbst geschaffenen) Probleme etablierte sich diese als zweitstärkste Wirtschaftsmacht.
Man kann die Leistungen dieser Ökonomie von zwei Standpunkten aus beurteilen.
Erstens vom Standpunkt der erreichten Versorgung bzw. Lebensqualität der Bevölkerung:
- Maßlos übertrieben wäre die Feststellung, dass die Menschen im Ostblock (es gab Unterschiede von Region zu Region) gut versorgt waren. Die Lebensumstände blieben für den Großteil der Bevölkerung bescheiden. Die Güterversorgung war mangelhaft, sowohl was die Menge als auch die Qualität betraf. Eine Verelendung war allerdings nicht festzustellen.
- Jeder hatte ein Einkommen (Recht auf Arbeit), welches oft größer war als die Möglichkeiten es auszugeben (mangelhaftes Güterangebot).
- Die Bereiche Bildung und Gesundheit hatten ein hohes Niveau, höher als in manchen Ländern der Ersten Welt.
- Die Arbeitsbedingungen in den meisten Betrieben waren weit davon entfernt angenehm zu sein. Die Arbeitskräfte waren ein Kostenfaktor in den betrieblichen und staatlichen Bilanzen, das machte sich auch bei den Arbeitsbedingungen bemerkbar. Allerdings waren im Vergleich zu marktwirtschaftlichen Betrieben der Arbeitsdruck und damit auch die psychischen Belastungen geringer.

Zweitens vom Standpunkt der Marktwirtschaft (der Ersten Welt):
- Im Vergleich mit der Ersten Welt sah das Warenangebot ärmlich aus. (Das Warenangebot der Ersten Welt sieht üppig aus - man muss es sich nur leisten können.)
- In puncto Produktivität bzw. intensiven Einsatz der Arbeitskraft hinkte die realsozialistische Wirtschaft der Marktwirtschaft hinterher. (Dies lag daran, dass die Arbeitskraft bezüglich Lohn und Leistung in der Marktwirtschaft rigider kalkuliert wurde und wird.)
- Die produzierten Waren erwiesen sich auf dem Weltmarkt als nicht konkurrenzfähig. (Das deshalb, da diese unter anderen Gesichtspunkten produziert wurden und vorerst gar nicht für den Weltmarkt bestimmt waren.)
- Die Staaten der Ersten Welt, allen voran die USA, gewannen aus ihrer Ökonomie mehr Mittel, um ihre Staatsmacht zu stärken. (Deshalb war das Programm des "Westens", die Sowjetunion "totzurüsten" auch so wirkungsvoll.)

Die Diagnose marktwirtschaftlicher Fachleute - und nicht nur dieser - lautete: Zur Misere der Sowjetökonomie käme es aufgrund fehlenden Privateigentums, fehlenden Marktes und fehlender Demokratie.
Logisch gesehen eine unkorrekte Diagnose, denn wie kann die Misere durch etwas bewirkt werden, was *nicht* vorhanden ist.
Die Sowjets gaben dieser Diagnose allerdings Recht. Sie verwarfen ab 1986 ihr antimarktwirtschaftliches Programm. Statt die Gesellschaft weiter zum Kommunismus zu führen, wurde die Marktwirtschaft eingeführt.

2.2.7 Anmerkungen zum politischen System / Stalinismus

Obzwar die Analyse der Ökonomie den Schwerpunkt dieses Abschnitts bildet, sollen einige Bemerkungen über das politische System des Realen Sozialismus beigefügt werden - vor allem deshalb, da der Begriff Planwirtschaft oftmals mit dem Begriff Diktatur bzw. Stalinismus verbunden wird und damit eine Kritik an Privateigentum und Markt zu diskreditieren.

Die Bolschewiki machten deutlich, dass sie das politische System der Marktwirtschaft, die bürgerliche Demokratie, nicht guthießen. Sie sahen in der existierenden Demokratie nicht die Herrschaft des Volkes, sondern die des Kapitals. Die Politik würde nicht nur im Interesse der Kapitalistenklasse betrieben, sondern auch von mächtigen Kapitalisten selbst in ihrem Sinne gestaltet. Darin sahen sie eine Diktatur der Minderheit über die Mehrheit des Volkes.
Dem sollte die Diktatur des Proletariats gegenübergestellt werden. Diese staatspolitische Auffassung wurde auch in den Zeiten des Realen Sozialismus vertreten und z.B. im 3. Parteiprogramm (1961) so festgehalten:
"Die bürgerliche Republik, selbst die demokratischste, die durch die Losungen des Volkswillens, des gesamtnationalen Willens oder eines außerhalb der Klassen stehenden Willens verklärt ist, bleibt praktisch infolge des kapitalistischen Privateigentums an den Produktionsmitteln unvermeidlich eine Diktatur der Bourgeoisie, eine Maschine zur Ausbeutung und Niederhaltung der gewaltigen Mehrheit der Werktätigen durch eine Handvoll Kapitalisten [...]
Die Diktatur des Proletariats ist eine Diktatur der überwiegenden Mehrheit über die Minderheit; sie richtet sich gegen die Ausbeuter, gegen die Unterdrückung der Völker und Nationen, sie bezweckt die Abschaffung jeder Ausbeutung des Menschen durch den Menschen.

Die Diktatur des Proletariats drückt die Interessen nicht nur der Arbeiterklasse, sondern auch des ganzen schaffenden Volkes aus; ihr Hauptinhalt ist nicht die Gewalt, sondern das Schaffen, der Aufbau der neuen klassenlosen Gesellschaft und der Schutz ihrer Errungenschaften vor den Feinden des Sozialismus." (30)
Die Diktatur des Proletariats sollte im ursprünglichen Konzept nur ein Übergangsstadium sein, bis die klassenlose Gesellschaft erreicht wird, und die Feinde des Systems nicht mehr vorhanden sind - dann würde auch der Staat absterben. Nach der offiziellen Doktrin der Sowjets wurde dann der Staat - als Diktatur des Proletariats - deshalb zur Dauereinrichtung, weil der Staat mit seinen Institutionen als Notwendigkeit angesehen wurde, um sich gegen äußere Feinde zu wappnen.
Das ist eine vage Rechtfertigung, denn die Verteidigung eines Gemeinwesens nach außen setzt logisch keineswegs eine Staatsgewalt nach innen voraus.

Je länger der Reale Sozialismus andauerte, umso mehr rückte der angestrebte Kommunismus in die Ferne und verkam zu einer utopischen Idee - weil er ernsthaft auch gar nicht mehr angestrebt wurde.
Die Diktatur des Proletariats erschien den Sowjetideologen 1961 schon etwas antiquiert. Mittlerweile sah man keine inneren Klassenfeinde mehr. Der Staat war in deren Augen ein Staat *für* das gesamte Volk, er war ein "Arbeiter- und Bauernstaat", er war eine "Volksdemokratie". An dieser Verdopplung (Volksvolksherrschaft) kommt auch das Anliegen der realsozialistischen Politik (und Gewalt) zur Anschauung: Der Staat sollte nicht, wie der bürgerliche, ein gegenüber der Mehrheit des Volkes getrenntes Interesse vertreten, sondern mit dem Volk eins sein. (Weshalb bedarf es einer Herrschaft, wenn die Interessen sowieso identisch sind? Offensichtlich war eine Identität nur in der Ideologie gegeben, die praktische Politik wollte sich darauf jedoch nicht einlassen. Sie schuf auch mit ihrer realsozialistischen Wirtschaft genügend Gegensätze zwischen staatlichen und "Proletarier- bzw. Bauerninteressen".)
Deshalb wurden alle Maßnahmen, die der Staat traf, nach seiner Diktion "im Sinne des Volkes" getroffen, und umgekehrt: Das Volk arbeitete für das staatliche Gemeinwesen, also für sein Wohlergehen. Sofern eine Aktivität dem Staat schadete - und da gab es je nach politischer Lage unterschiedliche Interpretationen - wurde sie als "volksfeindlich" an den Pranger gestellt. Besonders staatsnützliche Aktivitäten wurden mit Orden belohnt – was in demokratischen Staatswesen auch nicht unüblich ist.

Aus diesem Verhältnis zwischen Volk und Staat ist auch erklärbar, weshalb Wahlen nicht mit Parteienlisten, sondern, wenn jene überhaupt abgehalten wurden, in Form einer Bestätigung des vorgeschlagenen Kandidaten oder per Akklamation abgehalten wurden. Bürgerliche Parteien gerieren sich als Vertreter bestimmter Interessen. In einem Staat, in dem es laut Ideologie nur ein gemeinsames Interesse gab, bedurfte es auch keiner Wahlen von Interessenvertretern. Die unterschiedlichen Standpunkte wurden *innerhalb* einer Partei, welche sich als Vertreterin des Volksinteresses sah, ausgetragen.
Wie im Kapitel "Grundriss einer BVW / Politische Gremien" erläutert wurde, gibt es in der BVW auch "Wahlen". Diese haben jedoch nicht den Charakter demokratischer Parteienwahlen. Von bestimmten Gremien werden Fachleute in die Komitees und Ausschüsse berufen (gewählt). Die fachliche Qualifikation und das Engagement sind Kriterien dafür. In der BVW gibt es keine ökonomischen Interessen, die *gegen* andere zu vertreten wären, der Parteienstandpunkt und die darüber stehende Staatsgewalt sind obsolet. Wenn Interessen ausgefochten werden, dann in folgender Hinsicht: Welche Produkte sollen forciert werden? Sollen z.B. Arbeitsstunden eher in die Entwicklung neuer medizinischer Apparate oder in die Erstellung neuer Freizeiteinrichtungen investiert werden? Für solche Entscheidungen bedarf es keines Parteienwesens.

Während für das Ein- und Zurechtkommen in der Marktwirtschaft der Arbeitsmarkt, auf dem sich jeder zu bewähren hat, die Weichen stellt, sorgte sich im Realen Sozialismus Väterchen Staat um das Auskommen seiner Untertanen. Deshalb verlangte dieser nicht nur die Zustimmung der Volksgenossen (und bedachte hartnäckige Dissidenten, die sich nicht konstruktiv kritisch verhielten, mit der Internierung in Umerziehungs- und Arbeitslagern) sondern auch rege Mitarbeit: Versammlungen und Diskussionen in Betrieben gehörten genauso zu den gesellschaftlichen Verpflichtungen wie die Tätigkeit bei irgendeinem sozialistischen Verband in der Freizeit. Überall wurden die Menschen aufgefordert, ihren Beitrag für den Sozialismus zu leisten, was so manche am Nutzen zweifeln ließ, vor allem, wenn eine bessere Zukunft versprochen wurde. Dieser Zweifel wurde toleriert, nicht aber jener am Sozialismus selbst. Die staatlichen Institutionen misstrauten der Einstellung ihrer Bürger. Beschimpfungen des Sozialismus wurden ebenso wenig toleriert wie Sympathien für den Kapitalismus. Deshalb wurden Normalbürgern Auslandreisen in die Welt des Kapitalismus von

vornherein verwehrt – dabei konnte ja jemand auf unsozialistische Gedanken kommen.
Die BVW basiert auf dem freiwilligen Engagement ihrer Mitglieder. Diese Wirtschaft wird dann ihren Zweck erfüllen können, wenn bei den meisten die Einsicht besteht, dass ihr Einsatz zu ihrem und zum Wohlergehen der Gesellschaft beiträgt. Ist dieses Bewusstsein durchgesetzt, bedarf es keiner Appelle, zur BVW zu stehen und dies auch überall zu beweisen. Ebenso kann auf Propaganda für die BVW, auf die Darstellung ihrer hervorragenden Ergebnisse und historischen Berechtigung verzichtet werden. Der Stand der Versorgung und das Wohlergehen der Bevölkerung sprechen dann für sich.

Bei der Beurteilung des Realen Sozialismus reicht(e) für die meisten Kritiker die Nennung eines Namens: "Stalin". Dieser steht für ein Schreckensregime, die Machtbesessenheit der undemokratischen russischen Seele und die Konsequenzen der sozialistischen Planwirtschaft. Damit hat man Stalin und mit ihm den Realen Sozialismus und seine Ökonomie gleich abserviert. Da nützt auch kein Hinweis darauf, dass sich die Nachfolger Stalins von seinen politischen Methoden distanzierten - "stalinistisch", sei das System allemal geblieben, lautet das Urteil.
Was hat (sich) dieser Mann geleistet?
Vorerst hatte er sich als Nachfolger Lenins durchgesetzt. Dies nicht ausschließlich deshalb, weil er seine Gegner alle beseitigte, sondern vor allem weil der Großteil der Partei ihm am ehesten zutraute, Sowjetrussland und den Sozialismus gegen die inneren und äußeren Anfeindungen erstarken zu lassen. Unmissverständlich tat er kund, dass es ihm in erster Linie auf die vaterländische Nation als sozialistische ankäme. Er verwarf die Bemühungen und Hoffnungen auf eine Weltrevolution und proklamierte den "Sozialismus in einem Land".
Unter Stalin wurden die Grundlagen der realsozialistischen Warenwirtschaft eingeführt. Die ersten Schwerpunkte waren der Aufbau einer Schwerindustrie und die Kollektivierung der Landwirtschaft.
Die ständige auswärtige Bedrohung und die angespannten inneren Verhältnisse erachtete Stalin als Kriegszustand - dementsprechend ging er mit der Armee gegen Teile der Bevölkerung und gegen nicht linientreue Intellektuelle und Parteikollegen vor: Das russische Volk (die UdSSR) hätte sich gegen die Angriffe des Kapitalismus, bzw. des Imperialismus zu verteidigen. Rebellische Kulaken und Muschiks wurden als "unsozialistische Elemente" deportiert oder niedergemacht, verdächtig erscheinende Intellektuelle, Künstler und nicht linientreue

Parteigenossen als "Agenten des Kapitalismus" entlarvt, in Straflager verbannt oder hingerichtet. Stalin, der sich als Turm in der Schlacht um die Wahrung der sozialistischen UdSSR sah, vermutete überall Intrigen und Feindschaften. Der Großteil der Partei unterstützte Stalin und seinen Spitzeldienst beim "Aufräumen". Viele seiner Mitstreiter mussten sich später als "Verräter" vor seinem Tribunal verantworten. Sie taten das manchmal mit Treuebezeugungen gegenüber dem Staat und Selbstanklagen, sich nicht loyal verhalten zu haben - und wurden exekutiert.

Das Niederringen Hitlerdeutschlands und der Aufstieg der Sowjetunion zu einer Weltmacht imponierten den russischen Nationalisten und verklärten die Person Stalins. Lenin stand für die Revolution, Stalin für die Macht der UdSSR. Diese Galionsfiguren des sozialistischen Personenkultes wurden zu Stalins Zeiten in allen Formen gehuldigt. Stalin wollte sich auch mit seinen theoretischen Werken verewigen. Der Grundtenor seiner Theorie prägte (leider) auch die Wissenschaft nach Stalin: Es gelte, die Gesetze der Geschichte und Ökonomie zu verstehen, um diesen praktisch gerecht zu werden - so penetrant wie zu Zeiten Stalins wurde die praktische Politik von keiner anderen Herrschaft mit Hinweisen auf ihre Grundlage in der Wissenschaft begleitet. Der Name Stalins steht nicht nur für die Verurteilung des Kommunismus sondern auch für die Blamage der Planwirtschaft. Abgesehen davon, dass der Kommunismus und eine vernünftige Planwirtschaft in der Sowjetunion nie stattgefunden haben, ergab deren Planwirtschaft keine Notwendigkeit für diese Art der Staatsführung. Diese resultierte aus den innen- und außenpolitischen Umständen: Die Staatsmacht und das Wirtschaftssystem wurden unter massiven Widerständen des Großteils der Bevölkerung (Bauern) etabliert und der Bevölkerung wurde einiges an Opfern abverlangt. Verschärft wurde die Lage durch die ständige Kriegsbedrohung durch andere Staaten. Eine Staatsmacht, bedroht von innen und außen, greift zu diktatorischen Maßnahmen (übrigens auch demokratische Staaten) und fordert ständige Vertrauensbeweise und Huldigungen seiner Bevölkerung - diese Erklärung ist allerdings nicht als Rechtfertigung stalinistischer Politik misszuverstehen. Wenn Stalin dabei besonders radikal vorgegangen ist, so mag das seiner Anschauung geschuldet gewesen sein, sich als einer der wenigen aufrechten Bewahrer der Sowjetmacht zu sehen. Ein nicht zu geringer Teil der Bevölkerung verehrte ihn auch als solchen. Dies spricht aber weder für die Bevölkerung noch für Stalin, allerdings gegen die westliche Propaganda des "Einer gegen alle".

2.2.8 Resümee

Was wollte die Sowjetunion mit ihrer realsozialistischen Ökonomie erreichen?
Nimmt man die Absichtserklärungen des Parteiprogramms von 1961 ernst, so wird an dem Ziel, den Kommunismus - eine geplante Versorgungswirtschaft - zu erreichen, festgehalten. Es zeigte sich allerdings, dass dieses Ziel den Charakter einer Utopie, die immer weiter in die Ferne rückte, annahm und mit der praktischen Politik nichts mehr zu tun hatte. Die politische und ökonomische Praxis setzte es sich zum Ziel, die Erfolge der Marktwirtschaft (einiger Länder der Ersten Welt, speziell der USA) mit einer alternativen Ökonomie überbieten zu können - sowohl was die Reichtumsproduktion als auch was die staatliche Macht betraf. Durch das "Ausnützen" der ökonomischen Gesetze der "Ware-Geld-Beziehung" wollte man besser wirtschaften als der Westen. Damit sollte eine staatliche Reichtumsvermehrung unter Vermeidung der negativen Seiten der Marktwirtschaft erreicht werden.

War die Ökonomie des Realen Sozialismus eine alternative Ökonomie?
Zweifellos war diese eine Alternative zur Marktwirtschaft. Trotz Warenproduktion, Preisen, Geld, Löhnen und einem Staatsbudget funktionierte die "Zentralverwaltungswirtschaft" nicht auf Basis einer Wertproduktion von Privateigentümern für einen Markt, auf dem um die zahlungsfähige Nachfrage konkurriert wird. Privateigentum an den Produktionsmitteln und damit die Konkurrenz und der freie Markt wurden großteils abgeschafft und durch eine staatlich geplante Warenwirtschaft ersetzt. Mit festgelegten Preisen und Planzahlen sollte die Ökonomie so dirigiert werden, dass sowohl rentabel gewirtschaftet als auch die zahlungsfähige Nachfrage garantiert würde. Mit dem Recht auf Arbeit wurde jedem ein Einkommen verschafft.
Die Zentralverwaltungsökonomie wirtschaftete nicht wie eine weltwirtschaftlich konkurrenzfähige Marktwirtschaft aber auch nicht wie eine vernünftig geplante Versorgungswirtschaft (siehe dazu auch die Übersicht weiter unten).

Woran scheiterte der Reale Sozialismus?
Durch dessen Wirtschaft wurde der Reale Sozialismus bestimmt nicht zu Grabe getragen. Entgegen den Unkenrufen westlicher Ökonomen funktionierte diese mit allen ihren Widersprüchen und damit auftretenden Problemen - schließlich gelang der SU mit dieser Ökonomie der Aufstieg zu einer Weltmacht.

Gescheitert sah sich der Reale Sozialismus an seinem politischen Ziel, den Ländern der Ersten Welt, vor allem den USA, als wirtschaftliche und politische Weltmacht, gemessen an Militär, "befreundeten" Staaten und Devisenreserven zumindest ebenbürtig zu sein, bzw. diese zu "überholen". Dies führte zum Beschluss, das alte System aufzugeben und es mit der "erfolgreicheren" Marktwirtschaft zu versuchen.
Wer in der Aufgabe dieses Systems einen Beleg gefunden hat, die Marktwirtschaft hochzuhalten, der garniert seine Parteinahme mit einem gängigen Argument: Was sich (historisch) durchsetzt, hat recht. In dieser Hinsicht ist er sich jedenfalls mit den Anhängern des Historischen Materialismus einig. Die Mächtigen halten sich vielmehr an die Devise: Wer die Macht hat, hat recht.

Beweist die Ökonomie des Realen Sozialismus die Unzulänglichkeit der BVW?
Anhand der vorangegangenen Ausführungen sollte nachvollziehbar sein, dass die Ökonomie des Realen Sozialismus keine BVW war. Auch wenn, was die Ideologie betrifft, etwas Ähnliches angestrebt wurde, so hatte der Reale Sozialismus nicht nur wenig mit der BVW gemein, sondern sollte auch nicht mit einer Übergangsphase zur BVW verwechselt werden (siehe Kapitel "Der Übergang": Schon in der Übergangsphase zur BVW werden Preis-Kosten-Gewinn-Kalkulationen der Unternehmen sofort sistiert, der Tauschwertgesichtspunkt damit außer Kraft gesetzt und eine Gebrauchswertplanung eingerichtet.)
Dieses Wirtschaftssystem ist kein Beweis dafür, dass eine Planwirtschaft zum Scheitern verurteilt ist. Vielmehr kann daran studiert werden, was passiert, wenn die Planung von Gebrauchswerten dem Tauschwertstandpunkt unterworfen wird.

3 Der Dritte Weg – Volksrepublik China

"Der Kampf für die Festigung des sozialistischen Systems, der Kampf zwischen Sozialismus und Kapitalismus um die Entscheidung, wer wen endgültig besiegt, wird sich bei uns noch über eine sehr lange Geschichtsperiode erstrecken. Aber wir alle müssen einsehen, dass dieses neue sozialistische System zweifelsohne gefestigt werden wird. Wir können bestimmt ein sozialistisches Land mit moderner Industrie, moderner Landwirtschaft und moderner Wissenschaft und Kultur aufbauen."
(Mao Tse-tung, aus einer Rede 1957 vor dem "Großen Sprung", im "Roten Buch" unter "Sozialismus und Kommunismus")

"Alles ist willkommen, was die Produktion erhöht, auch individuelle Betriebe. Es ist egal, ob eine Katze schwarz oder weiß ist, Hauptsache, sie fängt Mäuse."
(Deng Xiao-ping, der spätere Nachfolger Maos, bei einer Diskussion 1962 nach dem "Großen Sprung")

Die Volksrepublik China zählt zu den größten und bedeutendsten Ökonomien der Welt. Lange Zeit galt das chinesische Wirtschaftsexperiment neben der Zentralverwaltungswirtschaft der Sowjetunion als *die* Alternative zur Marktwirtschaft.
Die Ähnlichkeiten bezüglich der Entwicklung von Wirtschaft und Gesellschaft mit der Sowjetunion sind nicht zu übersehen; schließlich war diese das Vorbild der chinesischen Revolution. Doch es gab auch Unterschiede. Deshalb sprach man 40 Jahre lang von einem "Dritten Weg" neben dem Realem Sozialismus und Kapitalismus.
Aufgrund der Unterschiede in der ökonomischen Ausrichtung wird in den folgenden Ausführungen zwischen der maoistisch sozialistischen Ära und der postmaoistischen Ära unterschieden.

3.1 Maoistisch sozialistische Ära

3.1.1 Die Gründung des "roten" Chinas

Die Kommunisten, die ab 1949 die Politik und Ökonomie des Landes prägten, begannen mit ihrem Widerstand gegen das alte Regime und ausländische Okkupanten in den 20er Jahren des vorigen Jahrhunderts. Sie waren nicht die einzige Widerstandsgruppe. Gemeinsam mit den anderen hatten sie den Standpunkt: "China den Chinesen". Ihr spezielles Programm für das "Neue China" entnahmen sie den Schriften und der praktischen Politik der Bolschewiki.
In einem lange andauernden Bürgerkrieg und auch Krieg gegen die japanischen Besatzungstruppen wurden die Kommunisten immer wieder geschlagen und dezimiert. Es gelang ihnen allerdings auf ihrem "Langen Marsch" durch die Provinzen, ihrer endgültigen Zerschlagung zu entgehen und neue Rekruten für ihren Kampf zu agitieren.
Gemeinsam mit anderen nationalen Kampfgruppen konnten sie die nach dem Zweiten Weltkrieg geschwächten Japaner endgültig verjagen. Danach entbrannte der Machtkampf innerhalb der nationalen Gruppierungen, vor allem zwischen den beiden stärksten: dem von den USA unterstützten und von Tschiang Kai-schek geführten Kuomintang und den unter sowjetischer Patronanz stehenden Kommunisten Mao Tse-tungs. Der Kampf um die Macht endete mit der Niederlage der Kuomintang und der Flucht Tschiang Kai-scheks nach Formosa (Taiwan).
Die Kommunistische Partei Chinas (KPCh) übernahm nun nicht die Macht alleine, sondern bildete vorerst eine "demokratische Einheitsfrontregierung", in der alle nationalen Gruppierungen eingebunden waren. Im Oktober 1949 wurde von dieser die "Volksrepublik China" proklamiert. (Ist im Folgenden von China die Rede, so ist damit die Volksrepublik China gemeint.)
Aufgrund taktischer Überlegungen und der praktischen Stärkeverhältnisse teilten also die Kommunisten vorerst die Macht im Staate mit anderen Gruppierungen. Es gab noch starke Bastionen anderer nationaler Gruppen im ganzen Land. Diese sollten miteingebunden werden und beim Aufbau eines unabhängigen Chinas mitarbeiten. (Die letzten Entscheidungen dieser Einheitsfrontregierung behielt sich allerdings die KPCh mit ihrem Vorsitzenden Mao Tse-tung vor.)
Ideologisch unterlegt wurde die Politik der KPCh mit dem Hinweis auf den Historischen Materialismus, der vor der eigentlichen "sozialisti-

schen Revolution" eine "bürgerlich demokratische" vorsah. Tatsächlich wurden in den ersten Jahren das Privateigentum und die freien Märkte kaum angetastet. Die Bourgeoisie wurde zur Mitarbeit aufgefordert und den Bauern wie in der Sowjetunion 1917 / 18 Land als Eigentum zugewiesen. Den Großgrundbesitzern wurde Land weggenommen und Kleinbauern übereignet, traditionelle feudale Sippenverhältnisse mit einer Ehe- und Familienreform formell aufgelöst. Nicht zu verwechseln ist diese Übergangszeit mit einer Etablierung der Marktwirtschaft - dafür mangelte es an den entsprechenden politischen und ökonomischen Voraussetzungen.

Erst 1953, nachdem sich die politischen Verhältnisse im Sinne der KPCh stabilisiert hatten, begann diese mit der Umsetzung der "proletarisch sozialistischen Revolution" nach sowjetischem Vorbild.

3.1.2 Maoismus

Einen ähnlichen Stellenwert wie Lenin für die Sowjetunion hatte Mao Tse-tung für China. Beide galten und gelten als Wegbereiter der jeweiligen Revolutionen, einerseits was die politischen Kämpfe und andererseits was ihre politischen Schriften (Thesen und Programme) betraf. Im Unterschied zu Lenin griff Mao allerdings noch relativ lange in die Politik der neuen Gesellschaft nach der Revolution ein.

Um das Anliegen der chinesischen Revolution zu verstehen, ist es angebracht, sich mit Maos Verständnis kommunistischer Politik auseinander zu setzen.

Der Ausgangspunkt für sein politisches Engagement war, dass China endlich eine Nation der Chinesen werden und damit seine Abhängigkeit und Knebelung durch ausländische Mächte, vor allem durch die Japaner, abschütteln sollte.

Dieses rückständige Land mit 80% bäuerlicher Bevölkerung und halbfeudalen Verhältnissen hatte, nach der Ansicht Maos, die besten Voraussetzungen, eine wirtschaftlich und politisch starke Nation zu werden:

"China ist eins der größten Länder der Welt, mit einem Territorium fast ebenso groß wie das von ganz Europa. In diesem gewaltigen Gebiet dehnen sich weite Flächen fruchtbaren Bodens (aus), die uns Kleidung und Nahrung geben, ziehen sich kreuz und quer durch das ganze Land große und kleine Bergketten mit riesigen Wäldern und reichen Vorkommen an Bodenschätzen; unsere zahlreichen Flüsse und Seen begünstigen Schifffahrt und Bewässerung; die lange Meeresküste erleichtert uns den Verkehr mit überseeischen Nationen. [...]

Die Bevölkerung unseres Landes zählt gegenwärtig 450 Millionen Menschen, das heißt fast ein Viertel der Bevölkerung des gesamten Erdballs [...]
Das chinesische Volk ist in der ganzen Welt durch seinen Fleiß und seine Ausdauer bekannt ..." (1)
In den kommunistischen Schriften (vor allem von Marx und Lenin) fand er Erklärungen der gesellschaftlichen Verhältnisse, aber auch den Leitfaden für die möglichen Veränderungen.
Es waren vor allem drei Botschaften, die er dem Marxismus - Leninismus entnahm:
- Der Imperialismus ist das Stadium des Kapitalismus in dessen höchster und letzter Phase.
Mao: Die Feinde Chinas sind also vor allem die ausländischen Kapitalisten.
- Die Geschichte ist eine Abfolge von Klassenkämpfen. Bei den politischen Kämpfen ist auf die Klassensituation Rücksicht zu nehmen.
Mao: China ist eine halbfeudale Gesellschaft. Verbündete im politischen Kampf sind also vor allem die Klasse der armen Bauern, das spärlich vorhandene Proletariat und die spärlich vorhandenen verarmten Kapitalisten (eine verarmte Bourgeoisie).
- Die Geschichte der Klassenkämpfe verläuft nach historischen Gesetzen: Dem Feudalsystem folgt der Kapitalismus, dem Kapitalismus der Sozialismus und letztlich Kommunismus.
Mao: Vorerst ist also eine bürgerlich-demokratische oder "neudemokratische" Revolution voranzutreiben und als nächste Etappe dann eine proletarisch-sozialistische. Deshalb sind in der ersten Etappe die heimischen Kapitalisten durchaus als Bündnispartner anzusehen, wenn sie gegen das Feudalsystem und die ausländischen Invasoren auftreten.

In der Schrift "Die chinesische Revolution und die Kommunistische Partei Chinas", die hauptsächlich von Mao 1939 konzipiert wurde, wird der Zweck und das Programm der chinesischen Revolution erläutert. Dieses Programm - nach eigener Definition ein "Lehrbuch" - diente, ähnlich wie das "ABC des Kommunismus" von Bucharin und Preobraschenski, als Agitations- und Schulungsschrift.
"Die Aufgaben der chinesischen Revolution: Da die Hauptfeinde der chinesischen Revolution in der gegenwärtigen Etappe der Imperialismus und die feudale Grundbesitzerklasse sind, welches sind dann die Aufgaben der Revolution in dieser Etappe?

Es unterliegt keinem Zweifel, dass ihre Hauptaufgabe darin besteht, Schläge gegen diese beiden Feinde zu führen, dass eine nationale Revolution durchgeführt wird, die darauf gerichtet ist, das Joch des ausländischen Imperialismus abzuwerfen, und eine demokratische Revolution, die darauf gerichtet ist, das Joch der feudalen Grundbesitzer innerhalb des Landes abzuwerfen, wobei die primäre dieser beiden Aufgaben die auf den Sturz des Imperialismus gerichtete nationale Revolution ist." (2)

Weiter unten dann:

"Die Perspektiven der chinesischen Revolution: Da die chinesische bürgerlich-demokratische Revolution in der gegenwärtigen Etappe keine gewöhnliche bürgerlich - demokratische Revolution alten Typs, sondern eine demokratische Revolution eines besonderen neuen Typs, eine neudemokratische Revolution darstellt, da sich die chinesische Revolution außerdem in der neuen internationalen Lage der dreißiger, vierziger Jahre des 20. Jahrhunderts, die durch den Aufschwung des Sozialismus und den Niedergang des Kapitalismus gekennzeichnet ist, und in der Periode des Zweiten Weltkriegs und der Revolutionen entwickelt, besteht kein Zweifel darüber, dass die Perspektive der chinesischen Revolution letzten Endes nicht der Kapitalismus, sondern der Sozialismus und Kommunismus ist [...]

In dem wirtschaftlich rückständigen China wird eine gewisse Entwicklung des Kapitalismus das unvermeidliche Ergebnis des Siegs der demokratischen Revolution sein. Aber das wird nur ein Teil des Resultats der chinesischen Revolution, nicht das Gesamtergebnis sein. Im Ganzen jedoch wird das Ergebnis der chinesischen Revolution sowohl die Entwicklung der kapitalistischen als auch der sozialistischen Faktoren sein. Was sind das für sozialistische Faktoren? Das ist der wachsende politische Einfluss des Proletariats und der Kommunistischen Partei im ganzen Land; das ist die bereits erfolgte oder in Zukunft mögliche Anerkennung der führenden Rolle des Proletariats und der Kommunistischen Partei durch die Bauernschaft, die Intelligenz und die städtische Kleinbourgeoisie; das sind die staatliche Wirtschaft und die genossenschaftliche Wirtschaft der werktätigen Bevölkerung der demokratischen Republik; das alles sind sozialistische Faktoren. Da außerdem die internationale Lage günstig ist, so muss man es für höchst wahrscheinlich halten, dass China im Endergebnis der bürgerlich-demokratischen Revolution den kapitalistischen Entwicklungsweg vermeiden und den sozialistischen Weg einschlagen wird." (3)

Bezeichnend für Mao (und auch für andere Kommunisten seiner Zeit) war, dass er die marxistische Kritik des Kapitalismus nicht so sehr als

wissenschaftliche Bestandsaufnahme der marktwirtschaftlichen Gesellschaft, sondern vielmehr als Geschichtstheorie betrachtete, welche dem Kapitalismus das nahe Ende und dem Sozialismus eine geschichtlich berechtigte Zukunft einräumte.
Seine Kritik am Kapitalismus lässt sich mit folgenden zwei Thesen umreißen:
- Der Kapitalismus wird von den imperialistischen Mächten zur Ausbeutung Chinas verwendet.
- Dieser hat als gesellschaftliche Entwicklungsstufe eine geschichtliche Berechtigung, ist aber nur Durchgangsstadium zur höheren Stufe der gesellschaftlichen und (für Mao) nationalen Entwicklung, dem Sozialismus und Kommunismus.

Für die praktische Politik folgerte er daraus, dass China sich vom ausländischen Kapitalismus befreien und sich von ihm fern zu halten habe. Es werde zwar eine nationale kapitalistische Entwicklung unter Beaufsichtigung der kommunistischen Partei eingeleitet, diese aber sehr bald in den Sozialismus übergeführt.
Bei dieser Überleitung in den Sozialismus setzte Mao, im Unterschied zu den Bolschewiki, vor allem auf die Bauern. In einem Land mit 80% bäuerlicher Bevölkerung wären vor allem diese zu gewinnen und nicht nur das Proletariat, um dann eine "Diktatur des Volkes" (im Unterschied zur "Diktatur des Proletariats") durchzusetzen. Die Entwicklung der Schwerindustrie würde nicht auf Kosten der Bauern durchgeführt werden.

Im Unterschied zu anderen ehemaligen Kolonialländern (wie z.B. Indien) sollte also mit dem Abtreten der Kolonialherren nicht deren Produktionsverhältnis importiert werden. Den Kommunisten war klar, dass die Etablierung der Marktwirtschaft wieder eine Abhängigkeit und Ausbeutung des Landes mit sich bringen würde. Es galt, die nationalen Kräfte für eine eigenständige wirtschaftliche Entwicklung voll zu nützen (und auszubeuten) - und da hatte China einiges zu bieten: Rohstoffe, klimabegünstigte fruchtbare Gebiete und vor allem ein riesiges Volk.
Die Bevölkerung wurde im Gegensatz zu anderen Entwicklungsländern nicht großteils als "unnütz" in dem Sinne erachtet, dass sie für die jeweilige Ökonomie nur sehr eingeschränkt benötigt würde, sondern im Gegenteil: Dem chinesischen Volk wurde eine tragende Rolle für die Entwicklung des Wirtschaft eingeräumt. Sie wurde als die wichtigste Produktivkraft gesehen - und in diesem Sinne war jeder

Chinese zu schulen, zu erhalten ("eiserne Reisschüssel") und als Arbeitskraft einzusetzen.
Die "eiserne Reisschüssel" bestand zu Zeiten Maos im Anspruch auf einen gesicherten Arbeitsplatz und einer bescheidenen, jedoch garantierten Versorgung mit Lebensmitteln.

Während die Bolschewiki noch das endgültige Ziel der Revolution, den Kommunismus, eine Art von BVW, angaben und beschrieben, enthielt sich Mao solcher Vorstellungen. Das Erreichen eines angenehmen Lebens für die Genossen ("Jedem nach seinen Bedürfnissen") kam beim "Großen Vorsitzenden" nicht vor. Er dachte, wie ein Staatspolitiker, an die Ankurbelung der Wirtschaft:
"Das Ziel der sozialistischen Revolution ist die Befreiung der Produktivkräfte. Die Verwandlung des individuellen Eigentums in der Landwirtschaft und im Handwerk in sozialistisches Kollektiveigentum und die Verwandlung des kapitalistischen Eigentums in den privaten Industrie- und Handelsbetrieben in sozialistisches Eigentum wird unweigerlich zu einer enormen Freisetzung von Produktivkräften führen. So werden die gesellschaftlichen Voraussetzungen für eine gigantische Entwicklung der Industrie- und Agrarproduktion geschaffen." (4)
Wofür das Ganze, könnte man fragen. Ging es darum, der Bevölkerung ein besseres Leben zu ermöglichen, oder darum, der geschichtlichen Entwicklung nachzukommen? In erster Linie war es Maos Anliegen, den chinesischen Staat in der Weltkonkurrenz der Staaten dorthin zu bringen, wo er angesichts seiner Ressourcen hingehörte. Der Sozialismus wurde als geschichtlich relevantere und deshalb bessere Methode der Steigerung nationalen Reichtums gesehen. Die Epigonen Maos teilten mit Mao den Ausgangspunkt seiner Überlegungen - bezüglich der Methode waren und sind sie anderer Meinung.
(Dies erinnert an den Realen Sozialismus, der zwar in seinen Programmen noch das Ziel des Kommunismus erwähnte, welches jedoch immer mehr zu reiner Ideologie verkam. Praktisch ging es um das Vorantreiben der nationalen Wirtschaft - dafür erschien den nachfolgenden Politikern die Marktwirtschaft besser geeignet zu sein.)
Bezeichnend in dieser Hinsicht ist eine Bemerkung Maos bezüglich der Industrialisierung des Landes: "Die Methode, sich ein Land zum Wettbewerb auszusuchen, ist sehr sinnvoll. Wir sprechen immer vom Einholen Englands: Der erste Schritt ist, im Produktionsvolumen wichtiger Produkte gleichzuziehen, der zweite, es in der Pro-Kopf-Produktion einzuholen. Im Schiffsbau und in der Autoindustrie liegen wir noch

weit hinter ihnen; wir müssen unbedingt darum kämpfen, sie einzuholen." (5)
Wenn man sich an den Maßstäben seines Feindes messen will, hat man einiges mit ihm gemein - vor allem die Beteiligung als wirtschaftliche und politische Macht in der Konkurrenz der Staaten. Der Bevölkerung ein gutes Leben zu ermöglichen, kommt bei dieser Zielsetzung nicht vor. (In der Ideologie eventuell als Begleiterscheinung: Wenn China eine wirtschaftliche Weltmacht geworden ist, dann wird es auch der Bevölkerung besser gehen.)

3.1.3 Entwicklung bis Maos Tod

Ab 1953 wurden grobe Pläne der wirtschaftlichen Entwicklung erstellt. Dabei nahm der forcierte Ausbau der Schwerindustrie eine bedeutende Stellung ein. Die Kollektivierung der Landwirtschaft wurde vorangetrieben und die Verstaatlichung von Industriebetrieben in den folgenden Jahren vollendet. Das Verrechnungssystem der Betriebe und das Lohnsystem wurden nach sowjetischem Vorbild (siehe Kapitel "Realer Sozialismus") eingerichtet und damit auch die (schon beschriebenen) Probleme mitinstalliert.

Die Ähnlichkeiten mit der Aufbauphase der sowjetischen Wirtschaft ab 1929 waren groß. Das chinesische System unterschied sich allerdings in der Stringenz der Durchführung:

- Die Planzahlen waren nur grobe Richtlinien und von einer zentralen Planung konnte kaum gesprochen werden - jede Provinz gab eigene Wirtschaftsdirektiven heraus.
- Jedem Bauer blieb von vornherein eine Privatparzelle für eine Subsistenzbewirtschaftung.
Die Kollektivierung der Landwirtschaft lief auch in China nicht ohne massive Gewaltandrohung und Gewalteinsatz ab. Doch der Widerstand der chinesischen Bauern wirkte sich weit weniger verheerend als jener der russischen Muschiks aus.
- Freie Märkte für landwirtschaftliche Produkte wurden toleriert und den Bauern als Zuverdienstquelle belassen.
Dies u.a. auch deshalb, da zumindest vorerst versucht wurde, die Bauern für den Aufbau der Industrie nicht bluten zu lassen. (Im Laufe der Zeit blieben dann allerdings die Löhne und Preise in der landwirtschaftlichen Produktion in Relation zur städtischen Industrie zurück.)

1957 wuchs die Unzufriedenheit der Parteispitze mit dem Tempo der Industrialisierung, aber auch mit den Ergebnissen der Landwirtschaft. Man wollte schließlich England "in 15 Jahren überholt haben". Dies erforderte einen "Großen Sprung" in der Entwicklung der Wirtschaft des Landes. Dieser "Große Sprung" sollte mit der Bildung von Volkskommunen vorangetrieben werden:
- In den landwirtschaftlichen Gebieten wurden 8.000 - 10.000 Haushalte zu Verwaltungseinheiten zusammengeschlossen, und die Arbeitskräfte mehreren Produktionsbrigaden zugeteilt.
- Wohnung, Kleidung und Nahrung wurden (auf niedrigem Niveau) garantiert.
- Ein Teil des Lohnes wurde in Naturalleistung abgegolten, ein weiterer Teil in Geld.
- Von der Kommune wurden Gemeinschaftseinrichtungen wie öffentliche Speisepavillons, Kinderkrippen, Altersheime, Sanitätsstationen, Fortbildungseinrichtungen, den Mitgliedern kostenlos zur Verfügung gestellt.

Diese Organisation der Ökonomie war ein radikaler Bruch mit dem bis dahin vorhandenen Mischsystem zwischen privaten und genossenschaftlichen Einrichtungen am Lande. Auch wenn dies von Ideologen als Übergang vom Sozialismus zum Kommunismus gefeiert wurde, so ging es praktisch gesehen um den Versuch, alle Ressourcen des Landes, vor allem die Arbeitskräfte, für die wirtschaftliche Entwicklung intensiver einzuspannen. Unter der Devise "drei Jahre angespannte Arbeit - 10.000 Jahre Glück" wurden die Produktionsbrigaden in erschöpfende Arbeitseinsätze getrieben, für die als Direktive ausgegeben wurde, dass "eine tägliche Arbeitszeit von 12 Stunden (!) nicht überschritten werden sollte". Hallen, Straßen, Kanäle etc. wurden mangels technischer Ausstattung quasi in Handarbeit errichtet. Auch kleine Hochöfen für die Stahlschmelze wurden in jeder Kommune angelegt.
Der "Große Sprung" entpuppte sich mit längerer Dauer als Desaster. Die Arbeitskräfte wurden durch diese Ausbeutung krank und missmutig. Sie vernachlässigten zwangsläufig die Landwirtschaft, was sich in mangelnder Versorgung niederschlug. Letztlich erwies sich die Schaffung von Kleinbetrieben der "Großindustrie" als uneffektiv, vor allem da es an Kenntnissen der Produzenten und technischer Ausrüstung der Anlagen mangelte. Alle diese Faktoren verursachten dann tatsächlich eine veritable Versorgungs- und Produktionskrise.
Da sich die chinesische Führung bei der Entwicklung der Wirtschaft an der Produktivität der marktwirtschaftlichen Länder der Ersten Welt orientierte, lag es nahe, an den rigorosen Einsatz dessen zu den-

ken, was in großer Masse zur Verfügung stand - nämlich der Arbeitskräfte. Besonders rücksichtslos gegenüber letzteren wurde die Angelegenheit deshalb, da die Entwicklung möglichst rasch, koste es, was es wolle, durchgezogen werden sollte.
Verschärft wurde die wirtschaftlich schlechte Situation noch durch zwei weitere Faktoren:
Erstens kam es zum Bruch mit der Sowjetunion. Einerseits wollte sich China nicht in einer von der Sowjetunion auferlegte Arbeitsteilung wie in dem von ihr eingerichteten COMECON (Rat für gegenseitige Wirtschaftshilfe: wirtschaftliche Gemeinschaft der Ostblockländer) fügen, andererseits verweigerte die SU ihre Hilfe bei der Entwicklung einer chinesischen Atombombe und wurde von China bezichtigt, eine friedliche Koexistenzpolitik mit dem imperialistischen Westen zu betreiben. Die sowjetische Hilfe wurde eingestellt und die Berater wurden abgezogen.
Zweitens kam es 1960 durch eine Missernte zu einer weiträumigen Hungersnot.
Schließlich musste Mao aufgrund des Misserfolgs des "Großen Sprungs" klein beigeben. Dies tat er übrigens mit verblüffenden Eingeständnissen: "Vor dem August letzten Jahres habe ich meine Hauptenergie auf die Aufgaben der Revolution konzentriert, Fragen des Aufbaus gegenüber bin ich absoluter Laie, von Industrieplanung verstehe ich nicht das Geringste [...] Tatsächlich gab es einen ganzen Haufen von Aufgaben, um die ich mich nicht gekümmert habe." (6)
Letztlich war er der Meinung, dass der Misserfolg auf mangelnden "revolutionärem Geist" zurückzuführen wäre. Ihm lag das "Bewusstsein der Massen" immer sehr am Herzen, da er in diesem eine weitere Produktivkraft entdeckte. Sein Eingeständnis war nur mit einem vorläufigen Rückzug verbunden.

Die Volkskommunen wurden daraufhin zwar nicht abgeschafft, aber ihr Kompetenzbereich stark eingeschränkt, die Privatnutzung wieder verstärkt zugelassen, freie Märkte gefördert.
Ähnlich wie in der Sowjetunion gab es in der Zeit der Durchsetzung des Sozialismus eine "rechte" Fraktion, die mit Zugeständnissen an materielle Interessen der Untertanen die Wirtschaft voranbringen wollte (z.B. Liu Schao-tschi, Deng Xiao-ping). Diese Fraktion setzte in bescheidenem Maße auf die Zulassung von Privatkapital, von freien Märkten, auf Lohnanreizsysteme, auf Eigenverwendung von Gewinnen, auf Privatparzellen der Bauern. Die "linke" Fraktion (z.B. Mao Tse-tung, Lin Piao) sah darin einen Rückfall in den Revisionismus und

die Gefahr, den Kapitalismus in China wieder stark zu machen. Das Volk sollte wieder mehr für den Sozialismus interessiert und eingespannt werden. Mao begann eine Erziehungs- und Kulturbewegung zu lancieren. Seine Strategie war darauf ausgelegt, die "Volksmassen" wieder für die sozialistische Erneuerung der Gesellschaft zu begeistern und damit auch die rechte Fraktion zurückzudrängen. Obwohl er mit Lin Piao den Armeechef und die Rote Armee auf seiner Seite hatte, riskierte er nicht, die innenpolitischen Gegner, wie Stalin es in der Sowjetunion praktiziert hatte, mit Gewalt auszuschalten.
Diese Erneuerungsbewegung erreichte in den Jahren 1966 bis 1969 mit der so genannten "Kulturrevolution" ihren Höhepunkt. Linke Kader gruppierten (zumeist junge) Leute in den "Roten Garden" um sich, die für folgende Inhalte begeistert wurden:
Die alteingesessene Parteibürokratie wäre nicht revolutionär, sie wolle sich mit kapitalistischen Methoden am Volk bereichern. Sie sei überall zu boykottieren und zu kritisieren. Alles, was an die alte Gesellschaft erinnert, sei abzuschaffen.
Wesentlich dabei ist, dass diese Bewegung keine ökonomische, sondern eine politisch moralische Revolution sein wollte und auch war.
Als Beispiel sei eine Erklärung von Radio Peking vom 17. Januar 1967 zum kritisierten "Ökonomismus" der "rechten" Fraktion angeführt:
"Verehrte Hörer, wir erläutern ihnen heute, was man unter Ökonomismus versteht. Der Ökonomismus richtet sich gegen den Marxismus-Leninismus und gegen die Lehre von Mao Tse-tung und gehört zur Gänze zum konterrevolutionären Revisionismus. Ökonomismus heißt, den Wünschen eines Teils der Massen, der ideologisch rückständig ist, entgegenzukommen, mit wirtschaftlichen Methoden und mit Bestechung den revolutionären Kampfgeist einzuschläfern und den politischen Kampf der Massen auf den Abweg des Ökonomismus zu führen. Mit anderen Worten, der Ökonomismus fordert das Proletariat auf, ausschließlich für Lohnerhöhungen und Verbesserung der Lebensbedingungen zu kämpfen und nur das vorläufige, persönliche Interesse, jedoch nicht das grundlegende Interesse des gesamten Proletariats auf lange Sicht zu berücksichtigen und den politischen Kampf für den Sozialismus und Kommunismus aufzugeben. Mit einem Wort: Es soll nur der Mammon, jedoch nicht die Politik alles beherrschen [...]
Der allgemeine Zusammenbruch einer Handvoll von Parteimitgliedern in Machtpositionen, die den kapitalistischen Weg gehen, und einer verschwindend kleinen Zahl von Starrköpfen, die an der reaktionären bürgerlichen Linie festhalten, hat begonnen." (7)

Die Agitatoren prangerten im Namen des Marxismus-Leninismus eine politische Geisteshaltung, bei der es um die "Verbesserung der Lebensbedingungen" geht, an. Dies verweist auf den Grundtenor des Maoismus, welcher in erster Linie die Stärkung der sozialistischen Moral (des "sozialistischen Bewusstseins") im Auge hatte.

Die Auswirkungen der Kulturrevolution auf die ökonomischen Verhältnisse waren gering. Die Produktion der Großbetriebe litt fallweise darunter, dass die Roten Garden Störmanöver vor und in den Betrieben durchführten. Die bis zu 50 Millionen Rotgardisten benützten für ihre "Wanderungen" Verkehrs- und Transportmitteln, die der Ökonomie entzogen wurden. Sie zerstörten oft mutwillig Einrichtungen, die sie dem alten System zuordneten.

Der Versuch, am Lande die Volkskommunen wieder zu stärken und die Privatparzellen einzuschränken, scheiterte am passiven Widerstand der Bauern. Die wenigen Änderungen im ökonomischen System während der Kulturrevolution wurden 1970 wieder rückgängig gemacht. Als die Roten Garden zum Marodieren übergingen, schritt schließlich die Armee gegen sie ein. So wie die Bewegung von oben angeleiert worden war, wurde sie auch von oben wieder eingedämmt. Politisch gesehen hatte Mao erreicht, dass er und seine sozialistischen Kräfte ihre Position im Politbüro gestärkt hatten, und einige politische Gegner vorerst hinausgesäubert wurden.

Ökonomisch gesehen ging die Kritik am maoistischen Sozialismus weiter - allerdings von der "rechten" Fraktion. Solange der Große Vorsitzende lebte, noch etwas gedämpft. Schließlich kehrten dann mit dem Tode des "Großen Steuermanns" 1976 die "rechten" Pragmatiker in die politischen Spitzenämter zurück.

3.1.4 Resümee

War der Sozialismus zu Zeiten Maos eine Alternative zur Marktwirtschaft?

Eine Alternative war der maoistische Sozialismus in jedem Fall, auch wenn freie Märkte für Lebensmittel geduldet wurden. Dieser Sozialismus war, was die Grundkonzeption betraf, am Realen Sozialismus stalinistischer Prägung ausgerichtet. Dies bedeutete Kollektivierung der Landwirtschaft, Staatseigentum der Industriebetriebe, Planung in Mengen- und Geldgrößen, Lohnzahlungen in Geld, Gewinnverrechnung der Betriebe mit den staatlichen Planungsstellen, Verkauf der Produkte auf Basis festgesetzter Preise und weitestgehende Abschot-

tung vom marktwirtschaftlichen Welthandel. Die Planung war allerdings weniger zentralistisch (also mehr regional) organisiert und die Betriebe wurden erst gegen Ende der Mao-Ära mit der "wirtschaftlichen Rechnungsführung" gemäß Kennziffern konfrontiert.
Diese Ökonomie hatte dementsprechend mit ähnlichen Problemen wie der Reale Sozialismus zu kämpfen (siehe Kapitel "Realer Sozialismus").

Wie war es um das "Endziel Kommunismus" bestellt?
Der Kommunismus wird im Maoismus als Ziel der Revolution erwähnt. Es ist anzunehmen, dass Mao die Vorstellungen der Bolschewiki vom Kommunismus übernahm, diese aber kaum weiter reflektierte oder ausführte und für die Agitation benützte. In seinen Schriften in den Zeiten des "Großen Sprungs" wird deutlich, dass er die Bildung der Volkskommunen als Schritt zur Einführung des Kommunismus ansah. Die Volkskommunen, die auch in diesem Sinne gefeiert wurden, waren weit davon entfernt, dem "Endziel Kommunismus" gerecht zu werden. Wirtschaftlich ineffektive Kleinbetriebe und mangelnde technische Ausstattung beeinträchtigten die Produktionsergebnisse. Die Arbeitskräfte wurden schonungslos ausgebeutet. Sie wurden dafür benützt, die Wirtschaft des Landes "mehr, schneller und besser" voranzubringen.
"Materielle Interessiertheit" hatte da keinen Platz, denn nach Mao brächte diese einen "schädlichen Individualismus" mit sich. Die Zuweisungen an die Arbeitenden in Form von Naturalien und Geld waren dementsprechend bescheiden und das Angebot an kostenlosen kommunalen Einrichtungen, wie Schulen, Krankenhäuser, Altenpflege kein ausreichender Anreiz, dass die Bauern darin eine bessere Alternative zu ihrer Subsistenzbewirtschaftung gesehen hätten. Diesbezüglich werden auch die Ausführungen des "Großen Steuermanns" zum mangelnden Interesse der Bauern an den Volkskommunen verständlich:
"Bezüglich der Entwicklung der Volkskommunen unseres Landes lohnt es sich, der Frage nachzugehen, ob es bei der Umwandlung des Eigentumssystems [...] unter einem Teil der Bevölkerung zu Konfrontationen kommt ... Beispielsweise hat die Anwendung (des Prinzips) 'Jedem nach seiner Leistung', 'Für mehr Arbeit mehr Lohn' für sie große Vorteile, sobald man aber zum (Prinzip) 'Jedem nach seinen Bedürfnissen' übergeht, wird ihnen wahrscheinlich unbehaglich . [...] Der Mensch ist schon ein seltsames Wesen; kaum bieten sich einmal hervorragende Bedingungen, nimmt er prahlerisches Gehabe an." (8)

Hätte es wirklich die Absicht gegeben, eine kommunistische Gesellschaft einzurichten, so wäre es nicht damit getan gewesen, das Privateigentum abzuschaffen und Schulungen "sozialistischen Bewusstseins" zu betreiben. Wie sollten die Menschen von einer neuen Gesellschaft überzeugt werden, wenn die Ausbeutung der Arbeitskraft zunahm, und sich die Versorgung nicht merkbar besserte, sogar verschlechterte? Deshalb hegte Mao eine Abneigung bezüglich der "materiellen Interessiertheit" der Leute, die er als Behinderung bei der Fortentwicklung des Sozialismus erachtete. Das "sozialistische Bewusstsein" in Maos Sinne bedeutete, von der individuellen "materiellen Interessiertheit" Abstand zu nehmen und für das Wohl der Gemeinschaft zu leben und zu arbeiten.
In einer BVW-Gesellschaft wäre individuelle "materielle Interessiertheit" und Arbeit für das Wohl der Gemeinschaft kein Gegensatz, und moralische Appelle, sich zu bescheiden und an das große Ganze zu denken, fehl am Platz.
Vorerst sollte sich also die Bevölkerung Chinas bescheiden - wenn die Länder der Ersten Welt eingeholt und überholt wären, dann könnte auch mehr geboten werden. Auch in dieser Hinsicht sind die Parallelen mit dem "Realen Sozialismus" nicht zu übersehen.

Gab es ökonomische Unterschiede zum Aufbau des Sozialismus in der SU?
Die wesentlichen Unterschiede bestanden darin, dass
- die Kollektivierung der Landwirtschaft - bis auf die kurze Zeit der Volkskommunen - nicht flächendeckend durchgesetzt wurde,
- die Planung von nur ganz wenigen Gütern (wie z.B. Getreide) zentral vorgegeben wurde (für die meisten Güter gab es nur Richtlinien, die an regionale Verwaltungseinheiten weitergeleitet wurden),
- die Betriebe selten zu Großbetrieben oder Kombinaten zusammengefasst wurden, also viele regional verstreute Kleinbetriebe bestehen blieben,
- die "wirtschaftliche Rechnungsführung" weniger ausgebildet war und
- der Entwicklung der Landwirtschaft ein höherer Stellenwert eingeräumt wurde - dies auch aufgrund der in Relation zum Bevölkerungswachstum recht geringen Anbauflächen.

Was erreichte der chinesische Sozialismus bis Maos Tod?
Chinas entbehrungsreiche sozialistische Entwicklung, die zwar viele Opfer mit sich brachte, ersparte dem Land allerdings das Schicksal

eines Entwicklungslandes der Dritten Welt, deren Hungerstatistiken für sich sprechen und mittlerweile Normalität geworden sind. Als Mao starb, war der Aufbau einer veritablen Industrie gelungen, das Land war relativ autark, vor allem was die Produktion der grundlegendsten Lebensmittel betraf. Der Lebensstandard der Chinesen war bescheiden, die Ernährung vage gesichert (wenn nicht Naturkatastrophen zu Missernten führten), und mit den Jahren konnte eine flächendeckende Gesundheitsversorgung und Schulausbildung gewährleistet werden. Das Land hatte keine Auslandsschulden und kannte keine Finanz- oder Geldkrisen.

Vielfach besteht die Ansicht, dass für die Entwicklung unterentwickelter Länder eher der Sozialismus geeignet wäre und für die Weiterentwicklung dann der Kapitalismus bzw. die Marktwirtschaft - so ähnlich dürften es wohl auch die Nachfolger Maos gesehen haben. Im Hinblick auf die ersten Entwicklungsschritte scheinen die Sowjetunion und China die These zu bestätigen. Der Aufbau einer nationalen Industrie, einer relativ autarken Lebensmittelproduktion und der flächendeckende Einsatz von Arbeitskräften kamen deshalb zustande, da dies der Staat in Eigenregie, abgeschottet vom Welthandel und unabhängig von privatkapitalistischen Kalkulationen, vorantrieb. Es wurden inländische Kapitalinteressen und vor allem auch ausländische Kapitalinteressen entweder überhaupt nicht oder nur an der staatlichen Leine zugelassen. Macht sich ein Entwicklungsland vom ausländischen privaten Kapitalinteresse (mangels inländischem) abhängig, dann kommt so eine Entwicklung in der Regel nicht zustande. Nur wenn an einem Land ein vehementes politisch strategisches Interesse besteht, wird es von der Ersten Welt auch ökonomisch aufgerüstet (wie z.B. Taiwan oder Südkorea).

Eine Entwicklung ganz anderer Art wird mit der Einführung der Marktwirtschaft in einem ehemals sozialistischen Land vollzogen. Viele Gebrauchsgüter des "alten" Systems werden "wertlos", und die in Gang gesetzte Akkumulation schafft vermehrten Reichtum auf der einen und Armut auf der anderen Seite. Zudem ist nicht abzusehen, ob solchen "Entwicklungsländern" jemals das gelingt, was diese anstreben, nämlich wirtschaftlich konkurrenzfähige Staaten der Ersten Welt zu werden.

Hinsichtlich des Versorgungsstandes der Bevölkerung waren die Ergebnisse alles andere als zufriedenstellend gewesen. Was die chinesischen Politiker allerdings mehr störte, war, ähnlich wie in der UdSSR, das Zurückbleiben hinter dem noch immer gültigen Ziel, die Länder

der Ersten Welt als ökonomische und politische Macht einzuholen und zu überholen.

3.2 Postmaoistische Ära

Sofort nach Maos Tod im Jahre 1976 wurde mit dem maoistischen Sozialismus, verkörpert durch die "Viererbande" (vier einflussreiche "linke" Politiker, darunter Maos Frau, welche führend die Kulturrevolution mitbeeinflussten), abgerechnet. Mao blieb, ähnlich wie Lenin, als ideologische Galionsfigur erhalten. Einige seiner Aussagen zu Kommunismus und Politik, die sich kaum auf die Ökonomie bezogen, wurden weiter in Form des "Roten Buches" der Bevölkerung als bedeutende Errungenschaft zum Studium empfohlen.
In der Führungsetage der KPCh setzten sich immer mehr solche Politiker durch, die für Veränderungen des chinesischen Sozialismus plädierten. Sie änderten nichts am Ziel, China in kürzester Zeit zu einer Weltmacht zu machen und hielten, um dieses Ziel zu erreichen, vorerst am Sozialismus fest. Wie Mao sahen sie in den zahlreichen Untertanen eine Produktivkraft, doch im Gegensatz zu Mao vertrauten sie nicht auf die jahrelang betriebene Agitation, die lautete: Wenn den äußeren und inneren Feinden standgehalten und mit Disziplin und Opferbereitschaft der Aufbau des Sozialismus weitergetrieben wird, dann würde alle bald eine rosige Zukunft erwarten. Den Pragmatikern war klar, dass die erreichten Erfolge zu bescheiden im Vergleich zu den Anstrengungen waren, und das "Einholen" der Ersten Welt weit längere Zeit in Anspruch nehmen würde als versprochen, bzw. mit dem Sozialismus gar nicht gelingen konnte. Sie gingen davon ab, auf das sozialistische Bewusstsein der Massen zu setzen, und versuchten immer mehr "Methoden" zu implementieren, welche der Marktwirtschaft entnommen wurden, um Betriebe und Arbeitskräfte effektiver auszubeuten. Die folgenden Kapitel machen deutlich, wie sich die chinesische Wirtschaft der Marktwirtschaft annäherte. Eingeleitet und geprägt wurde diese Ära vor allem von Deng Xiao-ping.

3.2.1 "Sozialistische Warenwirtschaft" (ab 1978)

Vorerst wurde die zentrale Planung in einigen Bereichen etwas zurückgenommen und eine Privatwirtschaft, vor allem in der Landwirtschaft und im Dienstleistungsbereich, begrenzt zugelassen. Das Lohnsystem wurde mit materiellen Anreizen ausgestattet. Dies konnte noch nicht als wirkliche Reform des Systems bezeichnet werden, doch zu-

mindest war damit ein Signal gesetzt, von der alten Doktrin abzugehen und das individuelle Geldverdienen (als "Leistungsinteresse" tituliert) anzustacheln und nützen zu wollen.
Als bedeutender sind die Einführung des strikten Fiskalismus der Haushaltspolitik und die ersten Versuche mit Sonderwirtschaftszonen zu sehen.
Die Budgetierung von Ausgaben und Einnahmen und das Unterwerfen der Ökonomie unter diesen Gesichtspunkt goss das Interesse des Staates, sich mit Abgaben an seiner Wirtschaft bedienen zu wollen, in Zahlen und verwandelte damit auch alle Ausgaben für den Sozialbereich in eine Belastung für das Staatsbudget.
Die Sonderwirtschaftszonen wurden als spezielle Verwaltungsgebiete eingerichtet, in denen ausländische Firmen investieren, Gewinne transferieren und billige chinesische Arbeitskräfte benutzen konnten. Der Kapitalismus wurde ins Land geholt und in einer Art Gehege unter chinesischer Aufsicht und Beteiligung kontrolliert benützt.
Das, was Mao noch vermeiden wollte, setzte sich jetzt als Wirtschaftsprogramm immer mehr durch: den Kapitalismus als vom Staat kontrollierte Methode benützen zu wollen, um die "Produktivkräfte" und die staatliche Reichtumsvermehrung voranzubringen.
Tatsächlich erlebte die landwirtschaftliche Produktion Anfang der 80er Jahre einen Aufschwung. Die Kehrseite bestand allerdings in der einsetzenden Verarmung jener Teile der ländlichen Bevölkerung, welche die Privatwirtschaft nicht nutzen konnten. Scharen von Wanderarbeitern kamen in die Städte. Diesen wurde als neues Arbeitsverhältnis vom Staat ein Vertragsarbeitsverhältnis angeboten, welches für einen gewissen Zeitraum die Nutzung der Arbeitskraft gewährleistete. Die Arbeitsplatzsicherheit wurde aufgeweicht, Arbeitslosigkeit und fehlende soziale Absicherung wurden von der staatlichen Führung akzeptiert.

3.2.2 "Geplante Marktwirtschaft ohne Kapitalismus" (ab 1984)

Die weiteren Reformschritte betrafen vor allem die Industrie:
- größere Eigenverantwortung der Betriebe (Gewinnverantwortlichkeit, Rentabilitätsberechnungen),
- "Anwendung des Wertgesetzes", was bedeutete, Preisfestsetzungen zu lockern und eine Preispolitik der Betriebe zuzulassen,
- Kreditfinanzierung durch Einrichtung von Banken,
- weitere Zurücknahme der staatlichen Planauflagen,

- Wirtschaftsfachleute und nicht Parteikader sollten nun die Betriebe führen, also eine beginnende Aufgabenteilung von Politik (Staat) und Wirtschaft,
- Leistungsentlohnung,
- verstärkter Außenhandel und Technologieimport - all das noch gezügelt durch staatliche Kontrolle.

"Den Tiger (Kapitalismus) reiten" wurde als Parole ausgegeben, wie auch "Bereichert euch", was zunehmend Gefallen, vor allem der Funktionäre der KPCh und der Armee, fand, die vorerst als Privatnutzer, später als Privateigentümer eigene Betriebe führten.

All dies wurde von den chinesischen Ideologen als "geplante Marktwirtschaft ohne Kapitalismus" bezeichnet.

Es ist schon seltsam, Marktwirtschaft und Kapitalismus als zwei verschiedene Methoden zu beurteilen, nämlich einerseits Marktwirtschaft zu befürworten, andererseits Kapitalismus abzulehnen. Kapitalismus steht wohl für das damals noch bedenkliche Privatkapital - die Gewinne großer Betriebe wurden noch nicht privatisiert und Betriebskapital bzw. Grund und Boden konnten (noch) nicht (privat) verkauft und gekauft werden. Noch seltsamer mutet der Begriff "geplante Marktwirtschaft" an, der ein Widerspruch in sich ist. Bezeichnet wurde damit eine Ökonomie, welche dem Markt mit freier Preisgestaltung und Gewinnkalkulation einen größeren Raum einräumte, der Staat sich jedoch (noch) Eingriffe in Form von Preisregulierungen und Planungsrichtlinien vorbehielt.

3.2.3 "Sozialistische Marktwirtschaft" (ab 1994)

Die 90er Jahre brachten weitere Schritte in Richtung "ungeplanter" Marktwirtschaft - die neue Selbstdefinition der chinesischen Wirtschaft lautete nun "Sozialistische Marktwirtschaft":
- Die Ablieferungsverpflichtungen der Bauern an den Staat wurden reduziert. Die Waren wurden nun auf freien Märkten und an Betriebe zu Marktpreisen verkauft.
- Die meisten staatlich festgesetzten Preise wurden freigegeben. Dies brachte u.a. erhöhte Preise für Lebensmittel mit sich.
- Die Klein- und Mittelbetriebe wurden zunehmend privatisiert und nach marktwirtschaftlichen Gesichtspunkten geführt. Die Kluft zwischen Arm und Reich verschärfte sich, Korruption und Wirtschaftskriminalität nahmen sprunghaft zu.
- Die großen Betriebe wurden von der Gewinnablieferung an den Staat befreit und eine Gewinnbesteuerung wurde eingeführt.

- Der Außenhandel wurde intensiviert. China wurde immer mehr dem Weltmarktkapital geöffnet, Zollschranken und unzulässige Subventionierungen wurden abgebaut (China ist im Jahre 2002 der WTO beigetreten). Dies verstärkte nicht nur Technologieimporte, sondern unterwarf die gesamte Ökonomie (nicht nur die Exportbetriebe) dem Weltmarktpreisniveau.

Vor allem die großen Betriebe müssen sich den Konkurrenzbedingungen des Welthandels stellen und dessen Maßstäbe übernehmen. Rationalisierungen standen und stehen ins Haus, der ehemals sichere Arbeitsplatz und die "eiserne Reisschüssel" gehören der Vergangenheit an. Der Staat, der nun auf seine Stellung in der Weltwirtschaft zu achten hat, überprüft seinen Staatshaushalt und die Stabilität seiner Währung und überlegt sich, ob er sich noch Betriebe leisten kann, die ständig Verluste machen.

Für eine große Anzahl von Arbeitnehmern bedeutet dies Arbeitslosigkeit ohne soziales Netz. Die Einführung der Marktwirtschaft geht schneller vonstatten als der Aufbau eines Sozialwesens, das bislang an den Restriktionen des Staatshaushaltes gescheitert ist - dies erzeugt bei einer Arbeitslosigkeit von beinahe 25% einiges an Elend.

- Eine Aktienbörse wurde eingerichtet und Aktien großer Betriebe wurden angeboten - noch alles unter staatlicher Kontrolle und Beteiligung, doch mit dem zukunftsweisenden Aspekt, Privatbesitz auch bei größeren Betrieben uneingeschränkt zuzulassen.
- Hongkong wurde heim ins Reich geholt und ohne Änderung der wirtschaftlichen Verfassung dieser marktwirtschaftlichen Handels- und Finanzmetropole in die chinesische Ökonomie eingegliedert.
- Im Jahr 2003 fällt schließlich eines der letzten Relikte des Sozialismus: Die mittlerweile überflüssig gewordenen Fünfjahrespläne werden abgeschafft.

Einerseits gibt es Profiteure der Entwicklung der letzten Jahre, die das "Bereichert euch" wahr gemacht haben, andererseits eine wachsende Zahl unter das Existenzminimum gedrückter Existenzen, die, wenn vorhanden und möglich, von ihren Familien erhalten werden. Vermehrt wandern sie in Slums ab oder versuchen, mit Diebstahl oder anderen Gelegenheiten an Geld zu kommen.

Ansonsten boomt die Wirtschaft der mittlerweile sechstgrößten Volkswirtschaft der Welt, und die früher gegenüber China skeptischen Wirtschaftsreporter sind begeistert: "Die Produkte strömen zum einen auf den schnell wachsenden asiatischen Exportmarkt, zum anderen steigt aber auch die Inlandsnachfrage. Allerdings ist der Inlandsmarkt von

Konsumgütern und Nahrungsmitteln übersättigt - weshalb die Regierung seit Jahren versucht, die Nachfrage anzukurbeln." (9) So kann man es marktwirtschaftlich auch ausdrücken, dass die Chinesen zu wenig kaufen, obwohl das Angebot vorhanden ist. Woran liegt das wohl? Doch nicht daran, dass sie nachfragefaul bzw. kauffaul sind, sondern daran, dass sie zu wenig Geld im Portemonnaie haben. Das chinesische Volk muss wohl noch lernen, sich mit Krediten zu verschulden.

3.2.4 Resümee

Inwiefern unterscheidet sich die chinesische Ökonomie derzeit noch von einer Marktwirtschaft der Ersten Welt?
Die Unterschiede zu einer Marktwirtschaft der Ersten Welt sind nur mehr marginal:
- kaum vorhandener Privatbesitz von Immobilien

Formell ist der Staat nach wie vor Besitzer von Immobilien, doch die gepachtete Immobilie kann weitervermietet oder die Pacht verkauft werden.
- staatlicher Sektor der Infrastruktureinrichtungen

Dies ist allerdings in so manchen marktwirtschaftlichen Staaten der Ersten Welt auch nicht anders.
- staatliche Beteiligungen an großen Unternehmen

Die Politik des chinesischen Staates behält sich (noch) in einigen wirtschaftlichen Bereichen vor, die Zügel im Griff zu behalten. Bedeutende Teile der Wirtschaft sollen nicht aus der Hand geben, weil das womöglich eine Abhängigkeit von ausländischen Firmen und Staaten bedeuten würde. Auch dieser Standpunkt wird ständig reformiert - die totale Öffnung für ausländisches Kapital scheint nur eine Frage der Zeit zu sein.
- keine Freigabe der heimischen Währung, des Yuan (Renminbi), für die internationale Devisenspekulation. Der Kurs zum Dollar wird derzeit noch staatlich fixiert.
- das politische System, welches so gar nicht zur Marktwirtschaft passt. Es regiert eine kommunistische Partei, die keine demokratischen freien Wahlen zulässt und noch immer keine Parteiumbenennung vorgenommen hat.

Dies macht diesen Staat noch immer für das marktwirtschaftlich demokratische Ausland verdächtig, und Staaten der Ersten Welt begegnen der politischen Führung Chinas nach wie vor mit Misstrauen.

Offensichtlich sieht die KPCh in einer Demokratisierung noch immer die Gefahr, die wirtschaftliche Entwicklung mit politischen Interessensstreitigkeiten zu blockieren. Die KPCh will die Umstrukturierung der Wirtschaft weiterführen, ohne dabei das Heft aus der Hand zu geben.

Wofür steht eigentlich noch der "Kommunismus" in der Parteibezeichnung?
Oder anders gefragt: Wie sieht es mit dem Ziel aus, den Kommunismus zu erreichen? Dazu folgende Anekdote:
Deng Xiao-ping antwortete M. Thatcher auf die Frage, weshalb man sich beim Hongkong-Abkommen für eine 50-jährige Übergangszeit entschieden habe: "China hoffe, nach Ablauf dieser Zeit den Entwicklungsstand fortschrittlicher Nationen erreicht zu haben. Wenn China sich wirtschaftlich entwickeln wolle, müsse es sich während dieser gesamten Periode weltoffen zeigen. Die Erhaltung von Hongkongs Stabilität und Prosperität stehe im Einklang mit dem Interesse Chinas an der Modernisierung seiner Volkswirtschaft. Dies bedeute jedoch nicht, dass das Land in 50 Jahren kapitalistisch sein werde. Ganz im Gegenteil, er meinte, die eine Milliarde Chinesen auf dem Festland werde weiterhin dem Sozialismus anhängen." (10)
Vorerst ist man wie Mrs. Thatcher erstaunt, dies vom Wegbereiter der Marktwirtschaft zu hören. Doch was wurde bei Deng aus dem ideologischen Zweck des Sozialismus, nämlich den Kommunismus vorzubereiten? Deng: "Die wahre Natur des Sozialismus ist es, die Produktivkräfte zu entfesseln, und das letzte Ziel des Sozialismus ist es, allgemeinen Wohlstand zu erlangen." (11)
"Allgemeiner Wohlstand" ist wahrlich eine sehr vage Beschreibung dessen, wofür Kommunismus (z.B. bei den Bolschewiki) gestanden ist. Jeder Ideologe oder Politiker der marktwirtschaftlichen Demokratie könnte obiges auch als Ziel für die Marktwirtschaft angeben.
Dieser Wohlstand kommt laut Deng sowieso nur dann zustande, wenn vorerst der Staat bedient wird und dann etwas für die "Einzelpersonen" überbleibt:
"Wird mehr Reichtum für den Staat geschaffen, so sollten die Einkünfte der Einzelperson ein wenig angehoben und die Wohlfahrt einigermaßen verbessert werden." (12)

Sozialismus bzw. Kommunismus steht für eine Politik, welche die Wirtschaft für den Staat benützen und nicht privaten Einzelinteressen

übergeben und damit einem nicht absehbaren staatlichen Nutzen überlassen will.
Wer weiß, vielleicht wird die politische Führung des Landes demnächst auch dieses ideologischen Überbaus überdrüssig, ändert den Parteinamen, etwa in "Chinesische Volkspartei" und lässt auch demokratische Wahlen zu - sofern sie sich dadurch eine Stärkung der Souveränität Chinas verspricht.

Ist das Einschwenken der Chinesen auf die Marktwirtschaft wieder ein Beweis dafür, dass die Marktwirtschaft die einzige wirtschaftlich sinnvolle und mögliche Alternative zur Marktwirtschaft ist?
China bewies 30 Jahre lang, dass der Aufbau einer eigenständigen, die Versorgung in bescheidenem Maße leistenden Landwirtschaft und Industrie auch ohne Marktwirtschaft gelingen kann.
Die Etablierung der Marktwirtschaft in China entsprang wie in der Sowjetunion einem politischen Entschluss und nicht einer ökonomischen Notwendigkeit. Man fühlte sich stark genug, "den Tiger reiten zu können", ohne dass sich der Staat bis jetzt die Zügel aus der Hand nehmen lässt. Wenn die politischen Ambitionen der Ersten Welt übernommen, und dieser in jener Hinsicht eine Konkurrenz angetragen werden soll, dann ist wohl die einzige Alternative zur Marktwirtschaft eine Marktwirtschaft, welche dieser Konkurrenz standhält. Letzteres wird sich weisen. Wenn es gelingt, dann war es für eben diese Ambitionen auch eine wirtschaftlich sinnvolle Alternative - und zwar für den chinesischen Staat. Für die Bevölkerung ist dies eine zweischneidige Sache. Einige profitieren davon, was ihre Lebensumstände betrifft, für viele bedeutet dies Verarmung bzw. ein höheres Risiko zu verarmen. Aber das stört wahrscheinlich die ehrgeizigen Weltmachtpolitiker Chinas nicht, die dabei sind, die Visionen (Maos und) Dengs zu verwirklichen:
"Das oberste Ziel Deng Xiao-pings ist es, [...] die politischen und wirtschaftlichen Voraussetzungen dafür zu schaffen, dass China sich zu einer starken und wohlhabenden Weltmacht entwickelt und künftig wieder den Platz als "Reich der Mitte" der Welt einnimmt." (13)

SCHLUSSBEMERKUNGEN

Nach dem Zerfall der Sowjetunion und damit des „Realen Sozialismus" scheint es als einzige Alternative zur Marktwirtschaft nur mehr die Marktwirtschaft zu geben. Selbst Kritiker dieser Wirtschaft können sich eine radikale Alternative nicht mehr vorstellen, sondern versuchen nachzuweisen, dass eine sozialere bzw. menschenfreundlichere Marktwirtschaft möglich ist. Dabei gehen sie nach wie vor von einem Markt, von Preisen und von Lohnarbeit aus. Allenfalls machen sie den Staat darauf aufmerksam, seine Wirtschaft sozial verträglicher zu gestalten. Auch Globalisierungskritiker warnen vor den schädlichen Wirkungen eines weltweiten „Raubtierkapitalismus" und schlagen Maßnahmen vor, diesen einzudämmen.

Doch auch eine Marktwirtschaft ohne „Auswüchse", die übrigens notwendig zu dieser dazugehören, wäre keine erstrebenswerte Perspektive. Solange Markt, Tauschwert, Lohnarbeit und Geld die Grundprinzipien einer Wirtschaft sind, solange wird es auch Armut, Existenzgefährdung, vernichtende Konkurrenz, Umweltzerstörung etc. geben. Kosmetische Änderungen lässt die Marktwirtschaft durchaus zu, wenn damit Wirtschaftswachstum und Staatsbudget nicht allzu sehr strapaziert werden. Vorgegebene Sachzwänge stecken jedoch diesen Veränderungen Grenzen – diese können nur aufgehoben werden, wenn die „Sache" grundlegend anders organisiert wird.

Das Modell der BVW würde nicht alle gesellschaftlichen, bestimmt aber den Großteil der wirtschaftlichen Probleme reduzieren. Die BVW ist zweifellos eine radikal andere Wirtschaft – und ist, wie argumentiert wurde, durchaus machbar. Es wäre zu leichtfertig, diese Alternative als Utopie zu bezeichnen. Die diesbezüglich häufig vorgebrachten Argumente, so eine Wirtschaft ließe sich aufgrund wirtschaftlicher Sachnotwendigkeiten und den Unzulänglichkeiten der menschlichen Natur nicht realisieren, wurden eingehend behandelt und stellten sich als nicht stichhaltig heraus.

Letztlich kann eine BVW nur an dem gesellschaftlichen Konsens, so eine Wirtschaft und Gesellschaft zu wollen, scheitern.

Verständlich ist, dass eine Alternative wie die Sowjetunion nicht gewollt wird. Obwohl der Ausgangspunkt des Realen Sozialismus auch eine Kritik an Markt, Tauschwert und Lohnarbeit war, wurden in der praktischen Durchführung wesentliche Elemente der Marktwirtschaft beibehalten und das Ziel, eine von Gewalt und ökonomischen Zwängen befreite Gesellschaft aus den Augen verloren, bzw. ad acta gelegt.

Dies kann aber nicht dem Modell der BVW angelastet werden, das (unbelastet) Eingang in die gesellschaftskritische Diskussion finden sollte.

ÜBERSICHT: DIE WESENTLICHEN UNTERSCHIEDE DER WIRTSCHAFTSSYSTEME

Auf den folgenden beiden Seiten werden die wesentlichen Grundzüge der Marktwirtschaft und Zentralverwaltungswirtschaft (der Sowjetunion) zusammengefasst und dem Modell der bedürfnisorientierten Versorgungswirtschaft (Absatz für Absatz) gegenübergestellt.

Übersicht: Die wesentlichen Unterschiede der Wirtschaftssysteme

Marktwirtschaft

Produktionsmittel und Grund/Boden sind großteils Privateigentum.

Privateigentümer verkaufen ihre Waren auf dem Markt. Bei dieser Transaktion gilt es, einen Gewinn zu realisieren. Beim Verkauf kommt es auf den Tauschwert an. Jede Ware hat einen Preis, der eine Geldgröße ist.

Arbeitnehmer verkaufen ihre Arbeitskraft an den Unternehmer - sie erhalten für ihre Arbeit Lohn. Dieser und der Arbeitsplatz selbst sind von der Kalkulation des Unternehmers abhängig. Löhne sind einerseits Lebensunterhalt für die Arbeitenden und andrerseits Kosten für den Unternehmer und deshalb gering zu halten. Auch die Arbeitsbedingungen sind der Kostenrechnung unterworfen.

Die Produktion und Erstellung der Leistungen vollziehen sich in Konkurrenz der Privateigentümer untereinander. Auf den gesellschaftlichen Bedarf wird dabei keine Rücksicht genommen - Krise und Boom wechseln einander ab.

Die politische Klammer dieser Ökonomie ist der bürgerliche Staat. Die Interessensgegensätze werden mit der Herrschaft (Gewalt) der Demokratie funktional für den Staatszweck erhalten. Die Bürger dürfen regelmäßig die Regenten wählen.

Die Politik des bürgerlichen Staates zielt auf die bestmögliche Stärkung seiner Souveränität. Dazu bedarf es einer profitablen Wirtschaft und einer wirkungsvollen Staatsgewalt.

BVW

Produktionsmittel und Grund/Boden sind vergesellschaftet.

Produkte (und Leistungen) werden nach Bedarf zugeteilt. Betriebe liefern an andere Betriebe ohne Geldverrechnung. Bei der Zuteilung kommt es auf den Gebrauchswert an. Menge und Qualität sind bestimmende Größen. Preise und Geld erübrigen sich.

Die Arbeitenden stellen ihre Arbeitskraft in geplantem Einsatz der gesellschaftlichen Produktion zur Verfügung und haben gemäß ihrer Arbeitsstunden Anspruch auf die jeweilige Zuteilung. Die Erfüllung ihrer Ansprüche ist abhängig von ihrer Leistung und der gesamtgesellschaftlichen Erarbeitung von Produkten und Leistungen. Physische und psychische Belastungen der Arbeitenden werden unter allen Umständen gering gehalten.

Die Produktion und Erstellung von Leistungen wird geplant gemäß gesellschaftlichem Bedarf vollzogen. Geplant wird in technischen Größen (und nicht in Geldgrößen). Nur mangelnde Mitarbeit könnte eine gute Versorgung gefährden. Die Entscheidungen bezüglich der Versorgung obliegen Komitees und Ausschüssen. Die Mitglieder dieser Gremien werden von anderen Gremien gemäß Eignung gewählt. Herrschaftsausübung ist aufgrund der gemeinsamen Interessen nicht notwendig.

Die Politik der BVW zielt auf das Erreichen der bestmöglichen Versorgung für die BVW-Mitglieder. Dazu bedarf es der Einhaltung der Prinzipien der BVW, die von den Mitgliedern ohne Zwang mitgetragen und umgesetzt werden.

Übersicht: Die wesentlichen Unterschiede der Wirtschaftssysteme

Zentralverwaltungswirtschaft der SU

Produktionsmittel und Grund/Boden waren Staatseigentum. Güter wurden an staatliche Betriebe oder Konsumenten verkauft. Die Betriebe waren darauf verwiesen, Gewinne zu machen.

Der Verkauf sollte mit dem "richtigen" Tauschwert bezüglich des gewünschten Gebrauchswertes vonstatten gehen. Preise wurden festgesetzt, um auf dieser Basis die geplanten Gebrauchsgüter zu erstellen.

Den Arbeitskräften wurden Arbeitsplätze durch die staatlichen Behörden bereitgestellt bzw. zugewiesen. Das Recht auf Arbeit sicherte den Arbeitsplatz. Die Lohnhöhe wurde von der Behörde und die Prämie vom Betrieb bestimmt. Löhne waren Kosten für die Betriebe (und für den Staat). Verbesserungen der Arbeitsbedingungen durften den Gewinn und die Produktivität nicht schmälern.

Die Produktion und Erstellung der Leistungen wurde geplant und gemäß vorgegebener Kennziffern vollzogen. Letztere bestanden aus Mengen- und Geldgrößen. Dadurch ergaben sich Probleme bei der Gebrauchswertproduktion.

Als politischer Hoheitsträger galt der "volksdemokratische" Staat, dessen Interessen mit Herrschaft (Gewalt) gegenüber dem Volk durchgesetzt wurden. Vertreten wurde das Volk durch die kommunistische Partei, die aus ihren Reihen die Regenten wählte.

Die Politik des sowjetischen Staates zielte auf die bestmögliche Stärkung seiner Souveränität. Dazu bedurfte es einer staatsdienlichen Wirtschaft und einer wirkungsvollen Staatsgewalt.

BVW

Produktionsmittel und Grund/Boden sind vergesellschaftet. Produkte (und Leistungen) werden nach Bedarf zugeteilt. Betriebe liefern an andere Betriebe ohne Geldverrechnung.

Bei der Zuteilung kommt es auf den Gebrauchswert an. Menge und Qualität sind bestimmende Größen. Preise und Geld erübrigen sich.

Die Arbeitenden stellen ihre Arbeitskraft in geplantem Einsatz der gesellschaftlichen Produktion zur Verfügung und haben gemäß ihrer Arbeitsstunden Anspruch auf die jeweilige Zuteilung. Die Erfüllung ihrer Ansprüche ist abhängig von ihrer Leistung und der gesamtgesellschaftlichen Erarbeitung von Produkten und Leistungen. Physische und psychische Belastungen der Arbeitenden werden unter allen Umständen gering gehalten.

Die Produktion und Erstellung von Leistungen wird geplant gemäß gesellschaftlichem Bedarf vollzogen. Geplant wird in technischen Größen (und nicht in Geldgrößen). Nur mangelnde Mitarbeit könnte eine gute Versorgung gefährden.

Die Entscheidungen bezüglich der Versorgung obliegen Komitees und Ausschüssen. Die Mitglieder dieser Gremien werden von anderen Gremien gemäß Eignung gewählt. Herrschaftsausübung ist aufgrund der gemeinsamen Interessen nicht notwendig.

Die Politik der BVW zielt auf das Erreichen der bestmöglichen Versorgung für die BVW-Mitglieder. Dazu bedarf es der Einhaltung der Prinzipien der BVW, die von den Mitgliedern ohne Zwang mitgetragen und umgesetzt werden.

LITERATURANGABEN

Thomas Morus - „Utopia"

(1) T. Morus, Utopia, in K.J. Heinisch (Hrsg.), Der utopische Staat, Reinbek bei Hamburg 1998
(2) ebenda, S. 24
(3) ebenda, S. 26
(4) ebenda, S. 26
(5) K. Marx, Das Kapital (Marx-Engels-Werke Band 23), Berlin 1988, S.742
(6) ebenda, S. 761
(7) T. Morus, a.a.O., S. 28
(8) ebenda, S. 44
(9) ebenda, S. 45
(10) ebenda, S. 45
(11) ebenda, S. 46
(12) ebenda, S. 50
(13) ebenda, S. 108
(14) ebenda, S. 65
(15) ebenda, S. 66
(16) ebenda, S. 67
(17) ebenda, S. 59
(18) ebenda, S. 60
(19) ebenda, S. 56
(20) ebenda, S. 58
(21) ebenda, S. 85
(22) ebenda, S. 43

Weitere Literatur:

H. Freyer, Die politische Insel: Eine Geschichte der Utopien, Wien 2000
H. P. Heinrich, Thomas Morus, Reinbek bei Hamburg 1984
M. J. Lasky, Utopie und Revolution, Reinbek bei Hamburg 1989
W. Roper, The Life of Sir Thomas More, London 1935

Edward Bellamy – "Looking Backward"

(1) E. Bellamy, Ein Rückblick aus dem Jahre 2000 auf 1887, Stuttgart 1983, S. 269
(2) ebenda, S. 260
(3) ebenda, S. 120
(4) ebenda, S. 44
(5) ebenda, S. 45
(6) ebenda, S. 48
(7) E. Bellamy, Gleichheit, Stuttgart 1898, S. 491
(8) E. Bellamy, Ein Rückblick ..., a.a.O., S. 100
(9) ebenda, S. 49
(10) ebenda, S. 156
(11) ebenda, S. 156
(12) ebenda, S. 146f
(13) ebenda, S. 167
(14) ebenda, S. 152
(15) ebenda, S. 152
(16) ebenda, S. 162
(17) zitiert in F. X. Riederer, Edward Bellamys utopischer Sozialismus und sein Einfluss auf das sozialistische Denken in Deutschland, Diss. München 1961, S. 122
(18) E. Bellamy, Ein Rückblick ..., a.a.O., S. 291

Weitere Literatur:

E. Bellamy, Selected Writings, New York 1955
A.E. Morgan, Edward Bellamy, New York 1944

Die Nicht–Utopie: Der wissenschaftliche Sozialismus

(1) K. Marx und F. Engels, Das Kommunistische Manifest, in MEW (Marx-Engels-Werke) Band. 4, Berlin 1972, S. 468
(2) ebenda, S. 481f
(3) K. Marx, Kritik des Gothaer Programms, in MEW Bd. 19, Berlin 1974, S. 21
(4) F. Engels, Die Entwicklung des Sozialismus von der Utopie zur Wissenschaft, in MEW Bd. 19, Berlin 1974, S. 224
(5) K. Marx, Die Deutsche Ideologie, MEW Bd. 3, Berlin 1969, S. 33

(6) Protokoll des Parteitages von 1890 der sozialistischen Partei, Berlin 1890, S. 40
(7) Bebel und sein Zukunftsstaat vor dem Reichstag, Commissionsverlag und Druck von I. P. Bachem, Köln 1893, S. 18
(8) F. Engels, Die Entwicklung des Sozialismus, a.a.O., S. 228
(9) K. Marx, Brief an Weydemeyer, in: Ausgewählte Werke, Moskau 1975, S. 698
(10) K. Marx, Das Kapital, MEW Bd. 23, Berlin 1988, S. 790f
(11) Friedrich Engels, Beschreibung der in neuerer Zeit entstandenen und noch bestehenden kommunistischen Ansiedlungen, in MEW Bd. 2, Berlin 1976, S. 521

Weitere Literatur:

A. Bebel, Die Frau und der Sozialismus, Berlin 1923
M. G. Dillinger, Der Eigentumsbegriff bei den französischen Utopisten, Diplomarbeit Wien 1983
P. J. Proudhon, Die Volksbank, Wien 1985
P. Decker, K. Hecker, Das Proletariat, München 2002
E. Hasselmann, Robert Owen, Hamburg 1958
Bücher des Wissens: Marx-Engels 1, Studienausgabe Philosophie, Frankfurt / M., 1980
K. Marx, Das Elend der Philosophie, MEW Bd. 21, Berlin 1975
R. Owen, A New View of Society, London 1815

Vorspann: Die Reduktionen in Paraguay

P. Conzelmann, Wirtschaftswachstum und -entwicklung im Jesuitenstaat von Paraguay, Diss. Köln 1958
P. Lafargue, Der Jesuitenstaat in Paraguay, Berlin 1922
P.C. Hartmann, Der Jesuitenstaat in Südamerika 1609-1768, Weißenhorn 1994
F. Hochwälder, Das heilige Experiment, Wien 1988
G. Otruba, Der Jesuitenstaat in Paraguay, Wien 1962

Der Kriegskommunismus und der Reale Sozialismus

(1) N.I. Bucharin, E.A. Preobraschenski, Das ABC des Kommunismus, Wien 1920, Neuauflage Zürich 1985, S. 66
(2) ebenda, S. 92
(3) ebenda, S. 93
(4) ebenda, S. 116
(5) ebenda, S. 132ff
(6) ebenda, S. 138
(7) ebenda, S. 138
(8) ebenda, S. 141
(9) ebenda, S. 145
(10) ebenda, S. 395
(11) F. Engels, Die Entwicklung des Sozialismus von der Utopie zur Wissenschaft, Berlin 1973, S. 96
(12) R. Pipes, Die Russische Revolution Band 2, Berlin 1992, S. 592
(13) F. Pollock, Die planwirtschaftlichen Versuche in der Sowjetunion 1917-27, Frankfurt 1929, S. 111
(14) R. Pipes, a.a.O., S. 594
(15) F. Pollock, a.a.O., S. 67
(16) H. Weiss, Kriegskommunismus, Würzburg 1938, S. 137
(17) N. Bucharin, E.A. Preobraschenski, a.a.O., S. 573
(18) F. Pollock, a.a.O., S. 116
(19) Das 3. Parteiprogramm der KPdSU, in G. Wagenlehner, Kommunismus ohne Zukunft, Stuttgart 1962, S. 12
(20) ebenda, S. 124
(21) ebenda, S. 126
(22) ebenda, S. 208
(23) ebenda, S. 164
(24) ebenda, S. 154
(25) ebenda, S. 120
(26) Lehrbuch der politischen Ökonomie - Sozialismus, Autorenkollektiv, Berlin 1972, S. 570
(27) 3. Parteiprogramm, a.a.O., S. 120
(28) Lehrbuch der politischen Ökonomie - Sozialismus, a.a.O., S. 259
(29) ebenda, S. 284
(30) 3. Parteiprogramm, a.a.O., S. 80

Literaturangaben

Weitere Literatur:

H. Altrichter, H. Haumann (Hrsg.), Die Sowjetunion Band 2, München 1987
E.H. Carr, The Bolshevik Revolution, London 1953
N. Chruscev, Das Programm des Kommunisten, Moskau 1961
I. Deutscher, Stalin, Berlin 1979
M. Dobb, Soviet Economic Development since 1917, London 1948
A. Erlich, Die Industrialisierungsdebatte in der Sowjetunion 1924-1928, Frankfurt / Main, 1971
K. Held (Hrsg.), Von der Reform des 'realen Sozialismus' zur Zerstörung der Sowjetunion, München 1992
L. Kricman, J. Larin, Das Wirtschaftsleben in Sowjetrussland 1917-1920, Hamburg 1921
R. Lorenz, Sozialgeschichte der Sowjetunion, Band 1, 1917-1945, Frankfurt / M. 1976
B. Meissner, Sowjetische Kurskorrekturen 1964-1984, Osnabrück 1984
H. Raupach, Geschichte der Sowjetwirtschaft, Reinbek bei Hamburg 1964
J.V. Stalin, Die ökonomischen Probleme des Sozialismus in der UdSSR, Wien 1953
H.J. Wagener, Die Wirtschaft der SU 1950-1973, Wien 1974

Der Dritte Weg - Volksrepublik China

(1) Mao Tse-tung, Die chinesische Revolution und die Kommunistische Partei Chinas, Peking 1962, S. 1ff
(2) ebenda, S. 25
(3) ebenda, S. 46ff
(4) Mao Tse-tung, Worte des Vorsitzenden Mao Tse-tung, Peking 1972, S. 31f
(5) H. Martin (Hrsg), Das machen wir anders als Moskau (Aufsätze von Mao-Tse-tung), Reinbek bei Hamburg 1975, S. 87
(6) H. Martin (Hrsg.), Mao intern (Unveröffentlichte Schriften, Reden und Gespräche Mao Tse-tungs 1946 - 1976), München 1977, S. 152
(7) H. Dollinger, Mao und die Rote Garde, München 1968, S. 86
(8) H. Martin (Hrsg.), Das machen wir anders als Moskau, a.a.O., S. 39
(9) "Die Presse", Wien 03.09.2002

(10) M. Thatcher, Downing Street Nr.10, Düsseldorf 1993, S. 696
(11) M. Meisner, The Deng Xiao-ping Era, Chinese Socialism 1978 - 1994, New York 1996, S. 516
(12) Deng Xiao-ping, Ausgewählte Schriften, Peking 1983, S. 175
(13) China aktuell 4 / 92, zitiert in Gegenstandpunkt (Politische Vierteljahreszeitschrift), München, Nr. 4 / 94, S. 85

Weitere Literatur:

L. Awater, Die politische Wirtschaftsgeschichte der VR China, München 1998
J. Domes; M.L. Näth, Geschichte der Volksrepublik China, Mannheim 1992
P. Hennike, Die entwicklungstheoretischen Konzeptionen Mao Tsetungs, München 1978
W. Kraus, Economic Development and Social Change in the People's Republic of China, New York 1982
Mao Tse-tung, Die gegenwärtige Lage und unsere Aufgaben, Peking 1961
R.C. Thornton, China - A Political History 1917-1980, Westview 1982
E. Zander; S. Richter, China am Wendepunkt zur Marktwirtschaft?, Heidelberg 1992